唐文治集

唐文治 著　鄧國光 輯釋

上海古籍出版社

選堂

歐陽艷華　何潔瑩 輯校

唐文治經學論著集

第六冊

第六册目録

孟子編（續）

孟子救世編

卷四

卷五

卷八

卷九

孝經編 附 曾子輯佚

孝經大義

孝經救世編

孝經救世編卷三

勸孝編

附　曾子輯佚

孟子救世编

孟子救世編總序

救世以何爲要？讀經而已矣。讀經以何爲要？先讀《孟子》而已矣。昔司馬子長作《孟荀傳》叙騶衍閎大不經之説，謂：「中國名曰赤縣神州，禹之序九州是也，不得謂州數。中國外如赤縣神州者九，乃所謂九州。」而子長先提其端，曰：「余讀《孟子》書，至梁惠王問何以利吾國，未嘗不廢書而歎也。曰：嗟乎，利誠亂之始也。」〔一〕後世儒者或驚怖其言，或迂遠其論，不知是迺子長之特識也。二千餘年後，歐美發現大九洲之説，固有明徵矣。

愚嘗乘輪舶，泛裨海，馳鐵道，走大塗，抵英、法、美諸國都，礫格之語，象寄之倫，雜列於吾前，爭欲詢聖賢之彝訓，《詩》《書》之根本，廉耻名教之大坊，余常告以《孟子》仁義之説，雖舌人淺道，而彼都人士，多頫首會意，若不勝其歆羡者。孟子道性

〔一〕司馬遷《史記·孟子荀卿列傳》文。

善，東海西海，心理皆同，豈非具有明驗哉。

迨反觀吾國，則廢經不讀，而好利之弊，什伯倍於曩時。孟子所謂後義先利，不奪不饜，上下交征利，於斯爲極。不遺親，不後君，忠孝大節，炳若日星，疇其能深體而躬行之哉。嗚呼！可慨矣夫。利字本義，刃植其旁。縱欲濫取，怙勢强奪，必至自殺。《孟子》曰：「吾今而後知殺人親之重。」〔一〕余爲轉一解曰：「殺人之子孫，人亦殺其子孫。」而本心昏昧者，沉溺其中，卒莫之悟。嗚呼！可痛矣夫。

爰不揣鄙陋，倣朱子纂《孟子要略》〔二〕之例，編爲十類：曰孝弟學，曰尊孔學，曰貴民學，曰心性學，曰政治學，曰教育學，曰氣節學，曰雄辯學，曰論戰學，曰《周易》

〔一〕《孟子·盡心下》載孟子曰：「吾今而後知殺人親之重也。殺人之父，人亦殺其父；殺人之兄，人亦殺其兄。然則非自殺之也，一間耳！」

〔二〕《孟子要略》是朱子所撰，原書亡佚，歷來書目沒有記載。元儒金履祥撰《孟子集注考證》中有引用，但沒有明確指出，連序文也沒有交代，但其中一條注文提及《要略》書名。清人劉傳瑩據以輯錄復原，曾國藩謂金履祥百密一疏。劉傳瑩病逝，曾國藩爲之付梓刊刻。事見曾國藩《孟子要略序》。《孟子要略》輯本凡五卷。卷一「言人性本善，欲人存心養性，以復其初」，卷二「論孝弟之道」，卷三「嚴義利之辨」，卷四「辨王霸之方，明治道之要」，卷五「孟子尚論古人，而自言其爲學要領」。唐先生在《孟子大義》明言取法《孟子要略》，起筆所陳《孟子》全書大義凡五項，正是曾國藩於其書每卷之首所序的五項大要。

學。而於養平旦之氣，葆其良知良能，由愛親敬長達之天下，尤不憚苦口疾呼三致意焉。夫奮乎百世之上，百世之下，聞者莫不興起，非我所敢期也。

若夫閑聖道，正人心，息邪説，經正民興，則余嚮所服習者，不敢不自勉，而並以勉人也。江陰孫生壽熙〔一〕，寧波繆生天行〔二〕，受業於余，讀是書尤好之，爲出貲印行，深可感也。爰書其端〔三〕。

丁亥（一九四七）春正月蔚芝唐文治自序於海上南陽寓廬

〔一〕孫壽熙（一九〇一～一九六七），字煜峰，江蘇江陰人；上海商人，曾任閘北水電公司董事長、總經理，裕康房地産公司董事長。一九四九年後歷任上海市房地産公司副經理、工商聯副秘書長、上海市政協常委。好收藏文物。

〔二〕《方顯廷回憶録：一位中國經濟學家的七十自述》記載：「這個公司是由我的第一位妻子静英的表兄繆天行，爲銀行家和百萬富翁……」（北京：商務印書館，二〇〇六年，頁一五七。）陳廣沅《壯遊八十年》記載：「有一位姓繆的叫繆天行，剛到香港時身懷十幾萬美金，與王老板甚好，想係股東之一，稍通文墨，每談中國政治以爲非用法家方法不可。他自己也開了一間進出口行做生意，可是運氣不佳，手中積蓄蝕光，結果回大陸去。」（臺北：中外圖書出版社，一九八二年，頁六〇三。）

〔三〕按：《茹經堂文集》卷四有《孟子分類簡明讀本序》；又題《孟子分類學序》，編入《顔、曾、思、孟四賢宗要》中，已録入《唐文治文集》「經説類」，可互參。

卷一

孟子孝弟學

【釋】此卷收録經文十四章。先生《交通大學演講録》選第二「事孰爲大」章、第三「仁之實」章、第四「天下大悦」章、第十四「曾皙嗜羊棗」章四章講授，内文相同。《演講録》所附此專題之選目十四章，備載《孟子救世編》此卷。謹按：孝弟爲仁之本，本編以孝弟居首，循孔門義理。

孟子孝弟學題辭〔一〕

孟子曰：「謹庠序之教，申之以孝弟之義。」此學校之中教誨學生以孝弟也。又

〔一〕此題辭並載於《交通大學演講録》第四集上卷及《茹經堂文集》四編卷四；差異處皆出校注明。以下九卷同例，不贅注。

曰：「壯者以暇日，修其孝弟忠信，入以事其父兄，出以事其長上。」〔一〕此鄉里之間訓練壯丁以孝弟也。

孝者天之經，地之義，民之行，根於天性而不容已。而後世竟有非孝者，謬矣〔二〕。漢有韓信，我民族之英雄也，於漂母一飯之德，感念知己，報以千金，後人名之曰投金瀨，爲其知恩而圖報也。人子之於父母，自嬰孩至成人，飲食教誨，胥依賴於其親，乃悍然不知圖報，天下何貴有此忘恩無義之人乎？忘本滅倫，於是朝秦莫〔三〕楚，反覆無常，甚至倒戈相向，生民皆受其殃，哀哉！《孝經》曰：「非聖者無法，非孝者無親，此大亂之道也。」〔四〕

孟子學説最有功於世道人心者，曰：「平旦之氣，好惡與人相近。」〔五〕又曰：「人

〔一〕《孟子·梁惠王上》文。
〔二〕「謬矣」，《演講録》作「何也」。
〔三〕「莫」乃暮之本字。
〔四〕《孝經·五刑章》文。按：「非聖者無法」原文作「非聖人者無法」。
〔五〕《孟子·告子上》謂：「其日夜之所息，平旦之氣，其好惡與人相近也者幾希。」

之所不慮而知者良知也。」〔一〕蓋夜氣之萌，至子丑之後，一點良知，纏綿悱惻，生理生機，因之而發〔二〕。故《小宛》之詩曰：「明發不寐，有懷二人。」二人者，父母也〔三〕。人當平明初起，未有不思其父母者。曾子學於孔子數十年，一日蚤起，喟然歎曰：「往而不反者年也，逝而不可追者親也。」〔四〕及急歸耕。此良知乍發性善之明徵也。擴而充焉，事天明，事地察〔五〕，人人親其親長其長而天下平矣。明代王陽明先生諱守仁，倡致良知學説，最足警醒當世〔六〕，不可不心體而力行之也。

〔一〕《孟子·盡心上》謂：「人之所不學而能者，其良能也；所不慮而知者，其良知也。孩提之童，無不知愛其親者；及其長也，無不知敬其兄也。」

〔二〕此養夜氣以萌善幾之大義，乃先生獨到之心得，開宗明義，先生言度心之原點也。

〔三〕孔穎達《毛詩正義》釋「二人」爲「周之先世二人有聖德定天位者，唯文、武爲然」，指周文王及武王。朱子《詩集傳》：「二人，父母也。」唐先生用朱子義。

〔四〕此蔡邕《琴操》所述，見唐先生《顔、曾、思、孟四賢宗要》（一九三八）。謹按：《昭明文選》載馬融《長笛賦》：「澹臺載尸歸，皋魚節其哭。」李善注引《韓詩外傳》：「孔子出行，聞有哭聲甚悲，則皋魚也，披褐擁劍，哭於路左。孔子下車而問其故，對曰：『吾少好學，周流天下以後吾親死，一失也；高尚其志，不事庸君而晚仕無成，二失也；少擇交遊，寡親友而老無所託，三失也。夫樹欲靜而風不止，子欲養而親不待，往而不可反者年也，逝而不可追者親也，吾於是辭矣。』立哭而死。孔子謂弟子曰：『識矣！』於是門人辭歸養親者一十三人。」未明言是曾子事。

〔五〕《孝經·感應章》云：「昔者明王事父孝故事天明，事母孝故事地察，長幼順故上下治。」

〔六〕「最足警醒當世」句，《演講録》及《茹經堂文集》本無。

《孟子》曰：「諸侯有行文王之政者，七年之内，必爲政於天下。」〔一〕何也？《孝經》曰：「敬其父則子悦，敬其兄則弟悦。」「敬一人而千萬人悦，此之謂要道。」〔二〕蓋在學校行養老之禮，讀《禮記·文王世子》篇天子視學大昕鼓徵章，其制備矣。仁人之事親也，不獨自盡其孝，必教人皆盡其孝。《孟子》載文王善養老凡二章，一言伯夷、太公爲天下大老，一言文王制田里，教樹畜，道民妻子，使養其老。《既醉》之詩曰：「孝子不匱，永錫爾類。」當此之時，風俗純美，雍雍熙熙，成人有德，小人有造，何其盛乎！明王以孝治天下，「民用和睦，上下無怨」，「災害不生，禍亂不作」〔三〕，豈不信夫？我國復興之機〔四〕，四海嚮風，心理皆準，其必以教孝爲大原乎！輯孟子孝弟學第一〔五〕。

〔一〕《孟子·離婁上》文。
〔二〕《孝經·廣要道章》文。
〔三〕《孝經·孝治章》文。
〔四〕唐先生身處戰時淪陷區，不忘恢復，風骨崢然。
〔五〕「輯孟子孝弟學第一」《演講録》及《茹經堂文集》本無，乃《孟子救世編》所添。以下九卷同例，皆於每篇題辭末注明卷名與次序。後不贅注。

1 **滕定公薨章**《滕文公篇上》

滕定公薨。世子謂然友曰：「昔者孟子嘗與我言於宋，於心終不忘。今也不幸至於大故，吾欲使子問於孟子，然後行事。」

定公，文公之父。然友，世子之傅。大故，謂大喪〔一〕。行事，謂行喪禮也。〔二〕

然友之鄒，問於孟子。孟子曰：「不亦善乎！親喪，固所自盡也。曾子曰：『生事之以禮，死葬之以禮，祭之以禮』〔三〕，可謂孝矣。』諸侯之禮，吾未之學也。雖然，吾嘗聞之矣。三年之喪，齊疏之服，飦粥之食，自天子達於庶人，三代共之。」

之，至也。鄒，國名。「曾子曰」三句，見《論語》孔子答樊遲語。齊，衣下縫也。不緝曰斬衰，緝之曰齊衰。疏，粗布。古之喪禮，三日始食粥，既葬，乃疏食，此古今貴賤通行之禮也，故曰：「三代共之。」孟子所聞，蓋出於曾子所述孔子之語也〔四〕。

然友反命，定爲三年之喪。父兄百官皆不欲，曰：「吾宗國魯先君莫之行，吾先君亦

〔一〕本趙岐《孟子章句》。

〔二〕「行事」，朱子《孟子集注》但注「事」，唐先生注出「行」義，以見實踐之意。

〔三〕曾子之語本孔子，《論語・爲政》載孔子語：「生事之以禮，死葬之以禮，祭之以禮。」

〔四〕本朱子《孟子集注》。

之也。」

莫之行也。至於子之身而反之，不可。且志曰：『喪祭從先祖。』曰：「吾有所受

定爲三年之喪，蓋定一國皆行喪禮，非指世子言。滕與魯皆文王之後，故滕謂魯爲宗國也。志，記也。「吾有所受」句，文公語。或作父兄百官語，蓋父兄百官非欲世子之短喪，因全國行喪禮，滕與魯向未之行也。

謂然友曰：「吾他日未嘗學問，好馳馬試劍。今也父兄百官不我足也，恐其不能盡於大事。子爲我問孟子。」然友復之鄒，問孟子。孟子曰：「然，不可以他求者也。孔子曰：『君薨，聽於冢宰，歠粥，面深墨，即位而哭，百官有司莫敢不哀，先之也。』上有好者，下必有甚焉者矣。『君子之德，風也；小人之德，草也，草尚之風，必偃。』〔一〕是在世子。」

不我足，不以我滿足其意也。冢宰，六卿之長。歠，飲也。深墨，面黑色也。即，就也。尚，上也。偃，仆也。孟子言世子當自盡其哀，則父兄百官皆化之矣，勉世子本身作則，不强臣民。

〔一〕見《論語·顔淵》載孔子語。《論語》無兩也字。

然友反命。世子曰：「然，是誠在我。」五月居廬，未有命戒，百官族人，可謂曰知。及至葬，四方來觀之。顏色之戚，哭泣之哀，弔者大悦。

廬，喪廬也。戚，中心憂貌。泣，無聲而哭也。可謂曰知，言文公裁可而報以知。世子能盡其哀，故四方來觀者皆感之。

2 事孰爲大章 《離婁篇上》

孟子曰：「事孰爲大？事親爲大。守孰爲大？守身爲大。不失其身而能事其親者，吾聞之矣。失其身而能事其親者，吾未之聞也。

守身，持守其身，使不陷於不義也。諂諛貪利，則失父母清白之身矣，故《孝經》重立身。

孰不爲事？事親，事之本也。孰不爲守？守身，守之本也。

事親〔一〕，指事君事長而言。孰不爲守，指守家守國而言。《中庸》「立天下之大本」，鄭君注：「大本，《孝經》也。」

〔一〕「事親」，唐先生《孝經講義（九）：孝經翼（《孟子》論孝上）》作「孰不爲事」。

曾子養曾晳，必有酒肉，將徹，必請所與。問有餘，必曰：『有。』曾晳死，曾元養曾子，必有酒肉，將徹，不請所與。問有餘，曰：『亡矣。』將以復進也，此所謂養口體者也，若曾子則可謂養志也。

曾晳名點，曾子之父。曾元，曾子之子。徹，徹去也。曾子養親徹膳之時，必請於父曰：「餘者與誰？」或父問：「此物尚有餘否？」必曰有。曾元不請所與，雖有言無，其意將以復進於親，此但能養父母之口體而已。

事親若曾子者可也。」

後世之人，養其父母，當以曾子爲法，養父母之志，使之愉快，則親年眉壽矣[一]。

3　仁之實章《離婁篇上》

孟子曰：「仁之實，事親是也。義之實，從兄是也。

仁主於愛，而愛莫切於事親。義主於敬，而敬莫先於從兄。實者，果實也。孝弟

[一] 唐先生《孝經講義》引《大戴禮記·衛將軍文子》云「《大戴禮》記曾子養親，常以皓皓，是以曾晳眉壽，此其證也」以明大義。

之道，擴而充之，即爲仁義，其用之廣，猶果實得生理生氣則暢茂而條達也。

智之實，知斯二者弗去是也。禮之實，節文斯二者是也。樂之實，樂斯二者。樂則生矣，生則惡可已也。惡可已，則不知足之蹈之，手之舞之。」

斯二者，指事親、從兄言。仁義禮智四者，皆言實。蓋至誠所發俱歸實踐也。又此章言仁義禮智而不及性，上節實字，即性也。樂則生者，樂生機所發也。人無論富貴貧賤，家庭中皆有至樂，雖下至乞兒丐婦，侍親之旁，亦有歡忻鼓舞者，皆生機也。世之人豈可不孝而自斬其生機乎？

4　天下大悅章《離婁篇上》

孟子曰：「天下大悅，而將歸己。視天下悅而歸己，猶草芥也，惟舜爲然。不得乎親，不可以爲人。不順乎親，不可以爲子。

此節文法特奇，天下將悅句，破空而來。「視天下」二句，舜之心理也，下文始點出「惟舜爲然」。「不得乎親」二句，得者，得親之歡心，此孝子心理之所同也。「不順乎親」二句，順者有達權通變之巧，大舜心理之所獨也。

舜盡事親之道，而瞽瞍厎豫。瞽瞍厎豫而天下化，瞽瞍厎豫而天下之爲父子者定，此

之謂大孝。」

瞽瞍，舜父名。底，致也。豫，悦樂也。《禮記·祭義》篇曰：「諭父母於道。」諭者，喻也。謂能先親之意，承親之志，以曲喻吾親於道，俾吾親之過消弭於無形。若親有大過之處，人子所爲何事乎？「天下化」以心理言，「天下之爲父子者定」以名分言。唐虞之世，五品不遜，倫紀初明。舜躬行孝道，天下皆奉爲標準，所以爲大孝。

編者謹按：唐先生《孝經講義（九）：孝經翼（《孟子》論孝上）》補充云：「疊言『瞽瞍厎豫』，文氣更盛，與《齊桓晉文之事章》疊言『王之不王』，文法相類。」

5　君子所以異於人者章《離婁篇下》

孟子曰：「君子所以異於人者，以其存心也。君子以仁存心，以禮存心。

仁本乎孝，禮本乎弟。存心者，葆其良心也。

仁者愛人，有禮者敬人。

《孝經》曰：「愛親者，不敢惡於人，故能愛人。敬親者不慢人，故能敬人。」

愛人者人恒愛之，敬人者人恒敬之。

此報施之常理也。《詩》曰：「無德不報。」

有人於此，其待我以橫逆，則君子必自反也。我必不仁也？必無禮也？此物奚宜至哉？

此一自反。橫逆，强暴也。物，事也。反，自察也。

其自反而仁矣，自反而有禮矣，其橫逆由是也，君子必自反也，我必不忠。

此再自反。忠者，愛敬出於至誠也。

自反而忠矣，其橫逆由是也，君子曰：此亦妄人也已矣。如此則與禽獸奚擇哉？於禽獸又何難焉？

此三自反。奚擇，何異也。又何難焉，言不足與之校。世界中人，而有「與禽獸奚擇」者，可痛極矣！君子所以不與校者，非絶之已甚也，欲去其禽獸之心，而返於人也。

是故君子有終身之憂，無一朝之患也。乃若所憂則有之。舜人也，我亦人也。舜爲法於天下，可傳於後世，我由未免爲鄉人也，是則可憂也。憂之如何？如舜而已矣。若夫君子所患則亡矣，非仁無爲也，非禮無行也。如有一朝之患，則君子不患矣。」

鄉人，鄉里之平民也。君子所行，皆合仁禮，故如有一朝之患，則君子不患。此節宛轉悱惻，尤足啓發良心。嘗謂君子之居心處世，德與才之外，以量爲最要。

大量如江海，乃能有容。苟人而自足其智，惟我獨尊，常與讒諂面諛者居，則一身之横禍立至，一家一國之横禍亦立至矣。三自反，度量之大也。故此章上兩節兩「我」字，本節兩「我」字，皆虚心自謙之我，非妄自尊大之我，必如是，而後心術正，家國天下平。

6　匡章通國皆稱不孝章《離婁篇下》

公都子曰：「匡章通國皆稱不孝焉，夫子與之遊，又從而禮貌之，敢問何也？」

公都子，孟子弟子〔一〕。匡章，齊人。通國，全國也。禮貌，敬之也。

孟子曰：「世俗所謂不孝者五：惰其四支，不顧父母之養，一不孝也。博弈好飲酒，不顧父母之養，二不孝也。好貨財私妻子，不顧父母之養，三不孝也。從耳目之欲以爲父母戮，四不孝也。好勇鬭很以危父母，五不孝也。章子有一於是乎？

支，肢之省文。戮，羞辱也。很，忿戾也。從，縱之省文。放，縱也。惰其四支以

〔一〕「公都子，孟子弟子」句，據唐先生《孝經講義（十）：孝經翼（《孟子》論孝下）》補入。

下四不孝，皆秉性〔一〕陰柔之惡。好勇鬬很，秉性陽剛之惡。或謂好勇爲美德，不知勇於私鬬，必怯於公戰，《左氏傳》所謂「勇則害上」〔二〕，故危父母。

夫章子，子父責善，而不相遇也。

遇，相合也。因責善而不相合，故爲父所逐。

責善，朋友之道也。父子責善，賊恩之大者。

賊，害也。朋友之間，當責以善。父子之間行之，則賊害天倫矣。

夫章子豈不欲有夫妻子母之屬哉？爲得罪於父，不得近，出妻屏子，終身不養焉。其設心以爲不若是，是則罪之大者，是則章子已矣。」

言章子非不欲身有夫妻之配，子母之屬，但爲身不得近於父，故不敢受妻子之養，以自責罰。其心以爲不如此，則其罪益大也。竊謂人子處家庭之際，觀其設心焉爾。如章子處人紀之艱，而設心不負其父，聖賢猶哀其愚而諒之。世俗人子卑鄙悖逆，或好貨財，或私妻子，置父母於不顧，設心如此，無異禽獸矣。

〔一〕此段中所有「秉性」二字，唐先生《孝經講義》皆作「氣質」。
〔二〕《左傳》文公二年載狼瞫引《周志》之言：「勇則害上，不登于明堂。」

又按：此章當與《國策·齊策》齊威王使章子一段參看。

7　舜往于田章《萬章篇上》

萬章問曰：「舜往于田，號泣於旻天，何爲其號泣也？」孟子曰：「怨慕也。」

號泣于旻天，呼天而泣也。怨慕，怨己之不得其親而思慕也。

萬章曰：「父母愛之，喜而不忘。父母惡之，勞而不怨。然則舜，怨乎？」曰：「長息問於公明高曰：『舜往于田，則吾既得聞命矣。號泣于旻天，于父母，則吾不知也。』公明高曰：『是非爾所知也。夫公明高以孝子之心，爲不若是恝。我竭力耕田，共爲子職而已矣。父母之不我愛，於我何哉？』

勞，憂勞也。長息，公明高弟子。公明高，曾子弟子。恝，無憂貌。我竭力耕田四句，此倒句法。言孝子之心，不能若是恝然，所以爲慕之至。

帝使其子九男二女，百官牛羊倉廩備，以事舜於畎畝之中。天下之士多就之者，帝將胥天下而遷之焉，爲不順於父母，如窮人無所歸。

帝，堯也。胥，相視也。「爲不順於父母，如窮人之無所歸」二句，孟子度舜之心〔一〕，蓋憂勞而未得其方，所以爲慕之至。

天下之士悦之，人之所欲也，而不足以解憂。好色人之所欲，妻帝之二女，而不足以解憂。富人之所欲，富有天下，而不足以解憂。貴人之所欲，貴爲天子，而不足以解憂。人悦之、好色、富貴無足以解憂者，惟順於父母，可以解憂。

極天下之欲，不足以解憂，惟順於父母，可以解憂者，何也？天性之專惟此一事也，慕之至也。至於可以解憂，蓋能喻父母於道，格其頑嚚，順乎親即順乎理矣。

人少則慕父母。知好色，則慕少艾。有妻子，則慕妻子。仕則慕君，不得於君則熱中。大孝終身慕父母，五十而慕者，予於大舜見之矣。」

艾，美好也。不得，失意也。熱中，躁急心熱也。五十而慕，則終身慕矣〔二〕。五十以前，五十以後，皆可括之也。本章與下「小弁」章皆以怨慕二字並言，蓋怨者慕之所發，慕家庭之常，怨家庭之變。因慕而怨，愈見聖人悱惻之情，若如世俗之因怨而

〔一〕 朱子《孟子集注》謂：「孟子推舜之心如此，以解上文之意。」

〔二〕 本朱子《孟子集注》。

怒，則失其正而家庭多故矣。

8　詩云娶妻章《萬章篇上》

萬章問曰：「《詩》云：『娶妻如之何？必告父母。』信斯言也，宜莫如舜。舜之不告而娶，何也？」孟子曰：「告則不得娶。男女居室，人之大倫也。如告則廢人之大倫，以懟父母，是以不告也。」

《詩》，《齊風·南山》之篇。信，誠也。懟，讎怨也。告而廢倫，是懟父母也。

萬章曰：「舜之不告而娶，則吾既得聞命矣。帝之妻舜而不告，何也？」曰：「帝亦知告焉則不得妻也。」

帝堯知舜大孝，必秉命於父母而後娶。若父母不許，舜不敢違，則不得妻，故亦不告。

萬章曰：「父母使舜完廩，捐階，瞽瞍焚廩，使浚井，出，從而揜之。象曰：『謨蓋都君咸我績，牛羊父母，倉廩父母，干戈朕，琴朕，弤朕，二嫂使治朕棲。』象往入舜宮，舜在牀琴，象曰：『鬱陶思君爾。』忸怩，舜曰：『惟茲臣庶，汝其于予治。』不識舜不知象之將殺己與？」曰：「奚而不知也？象憂亦憂，象喜亦喜。」

象，舜異母弟。完，治也。捐，去也。階，梯也。揜，蓋也。謨，謀也。蓋，蓋井也。咸，皆也。績，功也。干，盾也。戈，戟也。琴，舜所彈五絃琴也。弤，彫弓也。二嫂，舜二女。鬱陶，思之甚而氣不得伸也。忸怩，慙色也。臣庶，謂其百官也。《史記》曰："使舜上塗廩，瞽瞍從下縱火焚廩，舜乃以兩笠自捍而下，去得不死。後又使舜穿井，舜穿井爲匿空旁出，舜既入深，瞽瞍與象共下土實井，舜從匿空中出。"此蓋古來傳説之詞，事之有無，不足辨，故孟子但論舜之心。

曰："然則舜僞喜者與？"曰："否。昔者，有饋生魚於鄭子產。子產使校人畜之池，校人烹之，反命曰：『始舍之，圉圉焉，少則洋洋焉，攸然而逝。』子產曰：『得其所哉！得其所哉！』校人出曰：『孰謂子產智？予既烹而食之，曰："得其所哉！得其所哉！"』故君子可欺以其方，難罔以非其道。彼以愛兄之道來，故誠信而喜之，奚僞焉？"

校人，主沼之小吏。圉圉，困而未紓貌。洋洋，則稍縱矣。攸然，自得而遠去也。方，道也。罔，蔽也。象以愛兄之道來，乃欺之以其方也，舜本不知其爲僞，故實喜之。

9　象日以殺舜爲事章《萬章篇上》

萬章問曰：「象日以殺舜爲事，立爲天子，則放之，何也？」孟子曰：「封之也，或曰放焉。」

放，置也。孟子言舜實封之，而或者誤以爲放也。

萬章曰：「舜流共工於幽州，放驩兜於崇山，殺三苗于三危，殛鯀于羽山，四罪而天下咸服，誅不仁也。象至不仁，封之有庳。有庳之人奚罪焉？仁人固如是乎？在他人則誅之，在弟則封之。」曰：「仁人之於弟也，不藏怒焉，不宿怨焉，親愛之而已矣。親之欲其貴也，愛之欲其富也。封之有庳，富貴之也。身爲天子，弟爲匹夫，可謂親愛之乎？」

流，徙也。共工，官名。驩兜，人名。三苗，國名。殛，誅也；或作極，放也。鯀，禹父名。幽州、崇山、三危、羽山、有庳皆地名。宿怨，蓄怨也。

敢問：「或曰放焉，何謂也？」曰：「象不得有爲於其國，天子使吏治其國，而納其貢稅焉，故謂之放，豈得暴彼民哉？雖然，欲常常而見之，故源源而來，不及貢，以政接於有庳，此之謂也。」

源源，若水之相繼也。來，謂來朝覲也。舜之封象，仁也。使吏治其國，納其貢稅，仁中之義也。不得暴其民，義中之仁也。欲常常而見之，故源源而來，又仁之至也。舜之於象，仁之至義之盡也。明王陽明先生作《象祠記》，謂象實爲舜所感化，見天下無不可化之人，義極正大。

10　盛德之士章《萬章篇上》

咸丘蒙問曰：「語云：『盛德之士，君不得而臣，父不得而子。』舜南面而立，堯帥諸侯北面而朝之，瞽瞍亦北面而朝之。舜見瞽瞍，其容有蹙。孔子曰：『於斯時也，天下殆哉，岌岌乎！』不識此語誠然乎哉？」孟子曰：「否。此非君子之言，齊東野人之語也。堯老而舜攝也。《堯典》曰：『二十有八載，放勳乃徂落，百姓如喪考妣，三年，四海遏密八音。』孔子曰：『天無二日，民無二王。』舜既爲天子矣，又帥天下諸侯以爲堯三年喪，是二天子矣。」

咸丘蒙，孟子弟子。蹙頞，蹙然不安貌。岌岌，危也。齊東，齊國之東鄙也。《堯典》，《虞書》篇名。放，大也。放勳，堯之徽號。徂，升也。落，降也。人死則魂升而魄降。遏，止也。密，靜也。八音，金、石、絲、竹、匏、土、革、木是也。

咸丘蒙曰：「舜之不臣堯，則吾既得聞命矣。《詩》云：『普天之下，莫非王土。率土

之濱，莫非王臣。』而舜既爲天子矣，敢問瞽瞍之非臣如何？」曰：「是《詩》也，非是之謂也。勞於王事，而不得養父母也。曰：『此莫非王事，我獨賢勞也。』故説《詩》者不以文害辭，不以辭害志，以意逆志，是爲得之。如以辭而已矣，《雲漢》之詩曰：『周餘黎民，靡有孑遺。』信斯言也，是周無遺民也。

《詩》，《小雅·北山》篇。普，徧也。率，循也。逆，迎也。《雲漢》，《大雅》篇名。孑，獨立貌。言説《詩》之法，不可以一字而害一句之義，亦不可以一句而害一辭之志，當以己意，迎取作者之志，乃得之。此孟子説《詩》之家法也。

孝子之至莫大乎尊親，尊親之至莫大乎以天下養。爲天子父尊之至也，以天下養養之至也。《詩》曰：『永言孝思，孝思惟則。』此之謂也。

《詩》，《大雅·下武》篇。言人能長言孝思而不忘，則可以爲天下法則也。或疑此節非尋常孝子所能及，不知匹夫畎畝之中，亦有嚴父尊親之意，未始非孝子之至也。

《書》曰：『祗載見瞽瞍，夔夔齊栗，瞽瞍亦允若。』是爲父不得而子也。」

《書》逸文。祗，敬也。載，事也。夔夔齊栗，敬謹恐懼貌。允，信也。若，順也。言舜事瞽瞍，往而見之，敬謹如此，瞽瞍亦信而順之也。至誠所感，無所不通。

11 人皆可以爲堯舜章《告子篇下》

曹交問曰：「人皆可以爲堯舜，有諸？」孟子曰：「然。」

曹交，或謂曹君之弟。惟其時曹亡，當是曹之後裔。

「交聞文王十尺，湯九尺，今交九尺四寸以長，食粟而已，如何則可？」

此曹交問也。食粟而已，言無他技能也。

曰：「奚有於是？亦爲之而已矣。有人於此，力不能勝一匹雛，則爲無力人矣。今曰舉百鈞，則爲有力人矣。然則舉烏獲之任，是亦爲烏獲而已矣。夫人豈以不勝爲患哉？弗爲耳。

烏獲，古之有力者也。此節發明事在人爲之意。

徐行後長者謂之弟，疾行先長者謂之不弟。夫徐行者，豈人所不能哉？所不爲也。堯舜之道，孝悌而已矣。

孝弟者，天性所固有，人道之根本也。作聖之基，實始於此。然則爲堯舜亦奚難哉？

子服堯之服，誦堯之言，行堯之行，是堯而已矣。子服桀之服，誦桀之言，行桀之行，是桀而已矣。」

此孟子勸曹交學堯舜之道也。《孝經》曰：「非先王之法服不敢服，非先王之法言不敢道，非先王之德行不敢行。」堯、桀之分，在人自爲之耳。

曰：「交得見於鄒君，可以假館，願留而受業於門。」

假館而後受業，又可見求道之不篤。

曰：「夫道，若大路然，豈難知哉？人病不求耳。子歸而求之，有餘師。」

歸而求之有餘師者，盡其孝弟之道而已，學問在家庭中也。此章稱堯舜而歸於孝弟，亦發明性善之旨。因曹交求道不誠，故感發其良知，而拒絕其受業。

12　小弁章《告子篇下》

公孫丑問曰：「高子曰：『《小弁》，小人之詩也。』」孟子曰：「何以言之？」曰：「怨。」

高子，齊人。《小弁》，《小雅》篇名。周幽王欲殺其太子宜臼，宜臼之傅，爲作此詩，以寫其怨。

曰：「固哉！高叟之爲《詩》也。有人於此，越人關弓而射之，則己談笑而道之。無他，疏之也。其兄關弓而射之，則己垂涕泣而道之。無他，戚之也。《小弁》之怨，親親也。親親，仁也。固矣夫！高叟之爲《詩》也。」

固，謂執滯不通。越，國名。關，挽也。道，語也。其兄挽弓射之，是兄欲射殺其弟，故涕泣而道，以譬《小弁》之怨。

曰：「《凱風》何以不怨？」

《凱風》，《詩·邶風》篇名。衛有七子之母，不能安其室，七子作此以自責也。

曰：「《凱風》，親之過小者也。《小弁》，親之過大者也。親之過大而不怨，是愈疏也。親之過小而怨，是不可磯也。愈疏不孝也，不可磯亦不孝也。

磯，水激石也。不可磯，言微激之而遽怒也。

孔子曰：『舜其至孝矣，五十而慕。』」

五十而慕，至誠至孝也。人生鮮有至百年者，人子事親之時，最幸者自六十以至七十，而父母逮存則大幸矣。故夫人至五十，念事親之時，爲期日短，則其愛慕之情，有至老而彌摯者矣。若夫未至五十而親先不在者，比比矣。讀孔子之言，能無憬然以悟，而及時以盡孝乎？

13 人之所不學而能者章 《盡心篇下》

孟子曰：「人之所不學而能者，其良能也。所不慮而知者，其良知也。

良者，本然之善，故可不學而能，不慮而知。

孩提之童，無不知愛其親也。及其長也，無不知敬其兄也。

孩提，幼孩可提抱者也。愛親，孝也。敬兄，弟也。孝弟出乎天性，所謂良知良能也。

親親仁也，敬長義也。無他，達之天下也。」

達之天下，所謂推而放諸四海皆準也。良知良能，在家庭爲愛敬，達之天下，即爲仁義。自明王陽明先生創致良知之説以教人，後人發明其説，訓練國民，知覺可以善良而靈警，此立國之根基，所由以孝弟爲先也。

14 曾晳嗜羊棗章《盡心篇下》

曾晳嗜羊棗，而曾子不忍食羊棗。

羊棗，實小黑而圓。不忍食者，孝思也，出於自然之天性也。

公孫丑問曰：「膾炙與羊棗孰美？」孟子曰：「膾炙哉。」公孫丑曰：「然則曾子何爲食膾炙，而不食羊棗？」曰：「膾炙所同也，羊棗所獨也。諱名不諱姓。姓所同也，名所獨也。」

肉聶而切之爲膾。炙，炙肉也，所同所獨，孟子分析極精，然此專論一端而已。大孝之人，見所獨而感觸，有時見所同而亦感觸。天性之悱惻纏綿，終身不忘其親也〔一〕。

以諱名爲喻者，蓋戰國時有直呼其母之名者矣。見《戰國策·魏策》周訢謂魏王語。故孟子激切言之，所以啓發人之良知也。出學三年，歸而名其母，所學之謬妄可知，此戰國時所以大亂也。至周代「名終則諱」之義，由孝子聞親之名瞿然惕然也，此豈外鑠者哉〔二〕！

〔一〕「然此專論一端而已」至「終身不忘其親也」，據《孝經講義（十）：孝經翼（《孟子》論孝下）》補入。

〔二〕「出學三年」以下一段，據前揭開《孝經講義》文補入。

卷二

孟子尊孔學

【釋】此卷收録經文十章。《演講録》節選四章，其所列選目，備載本卷選文内。

孟子尊孔學題辭

人必自愛其心、自保其心而後可以爲人，國必自愛其心、自保其心而後可以立國。我國之重心維何，「尊孔」是矣。夫他人尊孔而我獨廢孔，我推之而人挽之，是自滅也。他人尊孔而我始尊孔，人云然我亦云然，是自誣也。

「孔子之道」曰仁與義，孟子申之曰：「亦有仁義而已矣！何必曰利？」〔一〕去仁義

〔一〕《孟子・梁惠王上》文。

貪利，而國心失矣。孔子之道，樂天畏天，孟子申之曰：「樂天者保天下，畏天者保其國。」〔一〕蔑視天命而國心隳矣。孔子之道，嚴辨君子小人，孟子申之曰：「人之所以異於禽獸者幾希，庶民去之，君子存之。」〔二〕進小人，退君子，而國心糜爛不可收拾矣。凡兹尊孔要端，在實事不在虚言。

今世人士曰：「我孔子之精神，他逝已久矣。」蓋吾國往者之尊孔，雖去其精神，猶存其郛郭，今則並其郛郭而掃除之，詎非自滅乎？然則欲復興中國〔三〕，必先復孔子之精神；欲復孔子之精神，在教師能講經，學生能讀經。輯孟子尊孔學第二。

1　夫子加齊之卿相章《公孫丑篇上》〔四〕

公孫丑問曰：「夫子加齊之卿相，得行道焉，雖由此霸王不異矣！如此則動心否乎？」孟子曰：「否。我四十不動心。」

〔一〕《孟子・梁惠王下》文。

〔二〕《孟子・離婁下》文。

〔三〕先生再申復國大義。

〔四〕此章《交通大學演講録》節選「宰我、子貢善爲説辭」至「自生民以來，未有盛於孔子也」以孔子爲叙述焦點之一段。

不動心，謂道明德立，無所疑懼，自可以當大任，此窮理之功也。

曰：「若是，則夫子過孟賁遠矣。」曰：「是不難。告子先我不動心。」

孟賁，勇士。告子，名不害。此二人之不動心，雖淺深不同，而其未聞道則一也。

曰：「不動心有道乎？」曰：「有。北宮黝之養勇也，不膚撓，不目逃，思以一毫挫於人，若撻之於市朝。不受於褐寬博，亦不受於萬乘之君，視刺萬乘之君，若刺褐夫，無嚴諸侯。惡聲至，必反之。

北宮姓，黝名。膚撓，謂肌膚被刺而撓屈。目逃，謂目被刺而轉睛逃避。褐寬博，寬大之衣。嚴，憚也。此俠客之流也。

孟施舍之所養勇也，曰視不勝猶勝也。量敵而後進，慮勝而後會，是畏三軍者也。舍豈能爲必勝哉？能無懼而已矣。

孟施姓，舍名。慮勝，籌必勝也。舍僅能無懼，亦俠客之流也。

孟施舍似曾子，北宮黝似子夏。夫二子之勇，未知其孰賢？然而孟施舍守約也。

黝專務殺敵，猶子夏之篤信聖人。舍專守己身，猶曾子之反求諸己。以聖門弟子爲比者，可見孔門之尚武。惜黝、舍皆血氣之勇耳。然天下有俠士，則正氣尚存，豪暴者知所忌憚。《史記·游俠傳序》可誦也。

昔者曾子謂子襄曰：『子好勇乎？吾嘗聞大勇於夫子矣。自反而不縮，雖褐寬博吾不惴焉。自反而縮，雖千萬人吾往矣。』

子襄，曾子弟子。縮，直也。不惴，係反説，謂豈不惴懼也。蓋以道義勝血氣也。

孟施捨之守氣，又不如曾子之守約也。」

舍之守約乃守氣，曾子之守約乃守理。守氣爲小勇，守理乃爲大勇。

「敢問夫子之不動心，與告子之不動心，可得聞與？」「告子曰：『不得於言，勿求於心。不得於心，勿求於氣。』不得於心勿求於氣，可。不得於言勿求於心，不可。夫志，氣之帥也。氣，體之充也。夫志至焉，氣次焉。故曰：持其志，無暴其氣。」

此孟子誦告子之言而斷之也。「告子曰」五句，孟子述告子之言，以下以己意斷之也。告子謂不得於心而不必更求其氣，此所以固守其心，猶之可也。謂不得於言而不求諸心，則既失於外，而遂遺其內，其不可也必矣。然曰可者，僅可，未盡之辭。志與氣，相合而不相離。持者敬守之意，無暴者培養之意。

「既曰『志至焉，氣次焉』，又曰『持其志，無暴其氣』者，何也？」曰：「志壹則動氣，氣壹則動志也。今夫蹶者趨者，是氣也，而反動其心。」

壹，偏著也。動，衝動也。蹶，顛躓也。趨，疾行也。蓋志與氣循環無間，氣有偏著，則志爲所牽引而動矣。

「敢問夫子惡乎長？」曰：「我知言，我善養吾浩然之氣。」

知言，窮理之學。浩然，盛大流行貌。此二者爲不動心切實工夫。

告子不求之言，即孟子所知之言。告子勿求之氣，即孟子所養之氣也。

「敢問何謂浩然之氣？」曰：「難言也。其爲氣也，至大至剛，以直養而無害，則塞於天地之間。

至大，無限量也。至剛，極堅强也。直養，修養以正道也。《易傳》所謂直其正也。無害，不雜以私意也。如此則自可與天地清明之氣相配矣。

其爲氣也，配義與道。無是，餒也。

配，合而助之也。義者，人心之裁制。道者，天理之自然。餒，氣乏而體不充。意無是，指氣而言。人若無浩然之氣，則本心愧怍，不能有爲矣。

是集義所生者，非義襲而取之也。行有不慊於心，則餒矣。我故曰：告子未嘗知義。以其外之也。

集義，猶積善也。人能見義勇爲，積之久則浩然之氣生生而不窮矣。襲取猶掩取，致飾於外，虛矯之氣也。不慊，有愧怍於心也。

必有事焉而勿正，心勿忘，勿助長也。無若宋人然。宋人有閔其苗之不長而揠之者，芒芒然歸，謂其人曰：『今日病矣，予助苗長矣。』其子趨而往視之，苗則槁矣。天下之不助苗長者寡矣。以爲無益而舍之者，不耘苗者也。助之長者，揠苗者也，非徒無益，而又害之。」

必有事焉，主敬也。勿正，勿多用氣，使之乏也。揠苗，拔苗而使之長大也。此莽夫之所爲，急求收獲，不問耕耘，必歸失敗。故養氣祇須由漸以直養之，始能成功也。不耘苗，僅失養而已。揠則反以害之，天下之逞意氣者，類如是也，害事爲不小矣。

「何謂知言？」曰：「詖辭知其所蔽，淫辭知其所陷，邪辭知其所離，遁辭知其所窮。生於其心，害於其政。發於其政，害於其事。聖人復起，必從吾言矣。」

詖，偏陂也。淫，放蕩也。邪，邪僻也。遁，逃避也。此皆不合道義，不明心理，故流於蔽隔、陷溺、離叛、窮困之弊。此四者學説行於世，則害於政治，害於事業，楊、墨、莊、列之類也。必從吾言者，知一己之正言，而後能闢異端邪説也。

「宰我、子貢善爲説辭，冉牛、閔子、顔淵善言德行，孔子兼之，曰：『我於辭命則不能也。』然則夫子既聖矣乎？」

此公孫丑問也。説辭，業普通言辭。善言德行，發揮道德之藴也。辭命不能，孔子謙辭。

曰：「惡是何言也？昔者子貢問於孔子曰：『夫子聖矣乎？』孔子曰：『聖則吾不能，我學不厭而教不倦也。』子貢曰：『學不厭，智也。教不倦，仁也。仁且智，夫子既聖矣乎。』夫聖，孔子不居，是何言也？」

學不厭，學古人之言。教不倦，教今人之言。亦皆知言之學。

「昔者竊聞之，子夏、子游、子張，皆有聖人之一體。冉牛、閔子、顔淵，則具體而微。敢問所安？」

此亦丑問也。一體，蓋學問之一端。具體而微，謂得其全體而未廣大者。

曰：「姑舍是。」

曰：「伯夷、伊尹何如？」曰：「不同道，非其君不事，非其民不使，治則進，亂則退，伯夷也。何事非君，何使非民，治亦進，亂亦進，伊尹也。可以仕則仕，可以止則止，可以久則久，可以速則速，孔子也。皆古聖人也，吾未能有行焉，乃所願，則學孔子也。」

伯夷，聖之清者，故堅守節操，不屑輕就。伊尹，聖之任者，故不論治亂，但冀於治。孔子聖之時者，各當其可，無有堅執，蓋兼三聖之長而時出也。顧學孔子，孟子尊孔之特識也。

「伯夷、伊尹於孔子，若是班乎？」曰：「否、自有生民以來，未有孔子也。」

班，齊等也。惟孟子尊崇孔子特甚，故稱生民以來未有。

曰：「然則有同與？」曰：「有。得百里之地而君之，皆能以朝諸侯有天下。行一不義，殺一不辜而得天下，皆不爲也。是則同。」

得百里之地而君之，皆能以朝諸侯有天下者，言仁政德治之盛，必可感化萬民也。聖人決無倖取天下之心，故必行仁義以得之，然後能公天下也。

曰：「敢問其所以異？」曰：「宰我、子貢、有若，智足以知聖人，汙不至阿其所好。

《禮記》曰：「道隆則從而隆，道汙則從而汙。」然智足以知聖者，決不因道汙而阿其所好，蓋欲反道汙爲道隆也。

宰我曰：『以予觀於夫子，賢於堯舜遠矣。』

堯舜昌明政治，孔子開宗教育。政治爲事功之本，教育則彙事功德行之全，此孔子所以賢於堯舜也。後世尊之爲素王，轉形其小矣。

子貢曰：『見其禮而知其政，聞其樂而知其德，由百世之後，等百世之王，莫之能違

也。自生民以來，未有夫子也。』

見禮知政五句，即指孔子而言。舊説以爲子貢自言者，未是。由百世之後，等百世之王，所以品評列代之得失是非，而折衷至當，故後世莫能違孔子之議論。

有若曰：『豈惟民哉！麒麟之於走獸，鳳凰之於飛鳥，泰山之於丘垤，河海之於行潦，類也。聖人之於民亦類也，出於其類，拔乎其萃，自生民以來，未有盛於孔子也。』」

麒麟，毛蟲之長。鳳凰，羽蟲之長。垤，蟻封也。行潦，道上無源之水也。拔，特起也。萃，聚也。然須知走獸不能爲麒麟，飛鳥不能爲鳳凰，而惟民可勉爲聖人也，吾輩可不自勵乎？自勵若何？自知言養氣始。

2 伯夷非其君不事章《公孫丑篇上》

孟子曰：「伯夷非其君不事，非其友不友，不立於惡人之朝，不與惡人言。立於惡人之朝，與惡人言，如以朝衣朝冠坐於塗炭。推惡惡之心，思與鄉人立，其冠不正，望望然去之，若將浼焉。是故諸侯雖有善其辭命而至者，不受也。不受也者，是亦不屑就已。

伯夷，聖之清者也，非其君，非其友，不立惡人朝，不與惡人言，皆保其節操，尊其道德也。浼，汙也。屑，潔也。不受辭命，固因其言之虚飾，亦視天下無可爲也，故曰不屑。

柳下惠不羞汙君，不卑小官。進不隱賢，必以其道。遺佚而不怨，阨窮而不憫，故曰：『爾爲爾，我爲我，雖袒裼裸裎於我側，爾焉能浼我哉？』故由由然與之偕而不自失焉，援而止之而止。援而止之而止者，是亦不屑去已。」

柳下惠，魯大夫，名展禽。聖之和者，故汙君小官不足汙吾道。遺佚，放棄也。阨窮，貧困也。二者亦不足損吾道。袒裼，露臂。裸裎，露身。由由然，自得貌。不自失，和中有介也。援，留行也。

孟子曰：「伯夷隘，柳下惠不恭。隘與不恭，君子不由也。」

隘，狹窄，是過清之弊。不恭，簡慢，是過和之弊。夷、惠之行，造乎至極，而學之者，則不免有流弊矣。君子謂孔子。孔子所由者，中庸之道也。孟子願學孔子之意，自在言外。

3　伯夷目不視惡色章《萬章篇下》

孟子曰：「伯夷，目不視惡色，耳不聽惡聲，非其君不事，非其民不使。治則進，亂

則退。橫政之所出，橫民之所止，不忍居也。思與鄉人處，如以朝衣朝冠坐於塗炭也。當紂之時，居北海之濱，以待天下之清也。故聞伯夷之風者，頑夫廉，懦夫有立志。

橫，暴也。暴政多壓迫，暴民多叛亂，必有貪酷欺詐之弊，故不忍居也。居北海之濱，以待天下之清者，此西山《采薇》之歌所由作也。頑夫，無知覺者。廉，有分辯。懦夫，柔弱者。言伯夷之氣節，足以感動此類人也。

伊尹曰：『何事非君？何使非民？』治亦進，亂亦進。曰：『天之生斯民也，使先知覺後知，使先覺覺後覺。予天民之先覺者也〔一〕，予將以此道覺此民也。』思天下之民，匹夫匹婦有不與被堯舜之澤者，若己推而內之溝中，其自任以天下之重也。

伊尹，聖之任者，但冀於治，無所不可。開知覺，爲訓練國民要素。此道，救民命正人心也。內，猶納。推而內之溝中，不忍民之陷溺也，其思想之大公如此。

柳下惠，不羞汙君，不辭小官，進不隱賢，必以其道；遺佚而不怨，阨窮而不憫；與鄉人處，由由然不忍去也。『爾爲爾，我爲我，雖袒裼裸裎於我側，爾焉能浼我哉？』故

〔一〕「予天民之先覺者也」原脱，據經文補。

聞柳下惠之風者，鄙夫寬，薄夫敦。

柳下惠，和藹之士，不講得失，不論階級，其事已見上章。鄙，狹陋。寬，廣大。薄，輕浮。敦，厚重。言惠有容人之量，故能化天下不正之人也。

孔子之去齊，接淅而行。去魯，曰：『遲遲吾行也。』去父母國之道也。可以速而速，可以久而久，可以處而處，可以仕而仕，孔子也。」

孔子聖之時者。接淅，承漬米水。欲速行，不及炊也。遲遲，依依不捨貌。速、久、處、仕，從容不迫，與時偕行之義也。

孟子曰：「伯夷聖之清者也，伊尹聖之任者也，柳下惠聖之和者也，孔子聖之時者也。

孔子兼清任和之長，而以時出之，合乎道體之中庸也。時者，猶陰陽寒暑之適宜也，若誤以爲時髦，則同流合汙矣。

孔子之謂集大成。集大成也者，金聲而玉振之也。金聲也者，始條理也；玉振之也者，終條理也。始條理者，智之事也。終條理者，聖之事也。

此節以樂爲喻。成，樂之一闋。三子一小成，孔子則大成也。金，鐘屬。聲，宣也。玉，磬也。振，收也。條理，猶言脈絡。凡作樂，先擊鎛鐘鎛鐘，大鐘。以宣其聲。

後擊特磬特磬，大磬。以收其韻。智者，知之所及。聖者，德之所就。三子之聖雖各造其極，猶不若孔子之智聖兼全也。

智，譬則巧也。聖，譬則力也。由射於百步之外也，其至爾力也，其中非爾力也。」

此節以射爲喻。孔子智聖兼備，譬若射者，巧力俱全。三子則力有餘而巧不足，是以一節雖至於聖，而智未足以及乎時中也。先儒謂三子如春夏秋冬各一其時，孔子則如太和雲氣之流行於四時，蓋其德蔑以加矣。

4 人之所以異於禽獸四章《離婁篇下》

孟子曰：「人之所以異於禽獸者幾希，庶民去之，君子存之。

幾希，言少也。人之所以異於禽獸者，有良心也。去之者，去良心也。存之者，存良心也。以下四章，陳列聖道統，而以此節發其端。

舜明於庶物，察於人倫，由仁義行，非行仁義也。」

明庶物，格物學也。明人倫，辨倫理也。「由仁義行」二句，言從心而行，無非仁義，非別有他人所行仁義以爲標準也。

5 禹惡旨酒章《離婁篇下》〔一〕

孟子曰：「禹惡旨酒，而好善言。

旨酒，甘酒也。可惡者不獨旨酒一端，由旨酒而推之，則凡害於政治者，皆當惡而遠之矣。好善言而拜之，則天下之善皆歸於我。

湯執中，立賢無方。

中者，不偏不倚之道。方，猶格也。立賢無方，因其方而用之，以盡其長，不拘資格也。以資格用人，屈抑賢才，國所以亂。

文王視民如傷，望道而未之見。

如傷者，未傷也。未傷而視之如傷，文王對民之心理常歉然也。未見者，已見也，已見而望之如未見，文王求道之心理常欿然也。

武王不泄邇，不忘遠。

泄，狎也。邇者，人所易狎而不泄。遠者，人所易忘而不忘。則近者畏威，而遠者懷德矣。

〔一〕自此以下三章《孟子》原書聯章，謹按先生此書義例標示章名。

周公思兼三王，以施四事，其有不合者，仰而思之，夜以繼日。幸而得之，坐以待旦。」

四事，上四條之事。不合者，世變日新，人情風俗各異，故所行之政，有不同也。仰而思之，因乎時也。坐以待旦，急於行也。先儒謂周公集羣聖之大成者此也。

6　王者之迹熄章　《離婁篇下》〔一〕

孟子曰：「王者之迹熄而《詩》亡，《詩》亡然後《春秋》作。

王者之迹熄，謂平王東遷以後。《詩》亡，謂太史陳詩之職廢。《春秋》，魯史記之名。《詩》雖亡，而天下是非善惡猶存於魯之《春秋》。

晉之《乘》，楚之《檮杌》，魯之《春秋》，一也。

乘，記兵車之事。檮杌，惡獸之名。古者因以爲凶人之號。晉、楚之文勝於列國，與魯《春秋》相等。

其事則齊桓、晉文，其文則史。孔子曰：『其義則丘竊取之矣。』」

史，史官所記之文。至孔子修《春秋》，尊王黜霸而大義始明於天下。孔子曰：

〔一〕此章原未分別章名，今謹分出並標示之。又此章選載於《演講録》之尊孔學選讀文中。

「吾志在《春秋》。」[一]言志在誅亂臣賊子，故曰孔子成《春秋》而亂臣賊子懼，人之良心，因之不死。

7　君子之澤章　《離婁篇下》[二]

孟子曰：「君子之澤，五世而斬。小人之澤，五世而斬。

澤，氣之薰蒸也。三十年爲一世。斬，絶也。五世而斬，言其大略，故爲惡有不滅者，先世猶有餘德也，德盡乃滅。爲善有不昌者，先世猶有餘殃也，殃盡乃昌。

予未得爲孔子徒也，予私淑諸人也。」

私，竊也。淑，善也。人，謂子思之徒。孟子距孔子一百四十餘年，但得聞孔子之道而取，治其身心耳。自虞舜以下列聖遥遥相承，學識遞嬗於世，此良心之所以不泯於萬世也[三]。

[一] 何休《春秋公羊傳序》引孔子言。

[二] 此章原未分别章名，今謹分出並標示之。又此章選載於《演講録》之尊孔學選讀文中。

[三] 「自虞舜以下列聖遥遥相承，學識遞嬗於世，此良心之所以不泯於萬世也」三句，《演講録》作「學説傳嬗于萬世，吾輩皆當爲私淑孔孟之徒」。

8　孔子登東山章《盡心篇上》

孟子曰：「孔子登東山而小魯，登太山而小天下。故觀於海者難爲水，遊於聖人之門者難爲言。

東山，魯城東之高山。而泰山爲五嶽之冠，又高矣。或云孔子自登東山、泰山，或云孔子之道，譬之東山、泰山。二説皆可通。言所處益高，視下益小也。故能知孔門精微廣大之道者，則諸子百家之説，舉不足道。

觀水有術，必觀其瀾。日月有明，容光必照焉。

瀾，水之湍急處也。容光必照，日月之光有隙必入也。此言道體之有本也。

流水之爲物也，不盈科不行；君子之志於道也，不成章不達。」

科，坎也。章，文章也。言道必寓於文而後顯，《論語》所謂斐然成章也。達爲精微畢出。此言君子學道，必求之於文章，孔子道德文章之大宗也。

9　孔子在陳章《盡心篇下》

萬章問曰：「孔子在陳，曰：『盍歸乎來！吾黨之小子狂簡，進取不忘其初。』孔子在陳，何思魯之狂士？」

狂簡，謂志大而略於事。進取，謂求望高遠。不忘其初，不能改其舊也。不忘舊學，乃能進於新學。此節與《論語》第十三篇文略異。

孟子曰：「孔子不得中道而與之，必也狂獧乎！狂者進取，獧者有所不爲也。孔子豈不欲中道哉？不可必得，故思其次也。」

「不得中行」四句，據《論語》爲孔子之言。「孔子豈不欲」以下，乃《孟子》言也。狂者過，非中也。然而其志高，高則勇於進取。獧者不及，非中也。然而其志潔，潔則有所不爲。

「敢問何如，斯可謂狂矣？」

此萬章問其人也。

曰：「如琴張、曾皙、牧皮者，孔子之所謂狂矣。」

琴張名牢，字子張。曾皙名點，曾參父。子桑戶死，琴張臨其喪而歌。季武子死，曾皙倚其門而歌。此皆狂者所爲。牧皮未詳。

「何以謂之狂也？」

此萬章問其行也。

曰：「其志嘐嘐然，曰：『古之人古之人。』夷考其行，而不掩焉者也。

嘐嘐，志大言大也。古之人，古之人，其心常嚮往乎古人，故動輒稱之也。夷，平也。掩，覆也。言其行有不檢之處，亦不自覆其語也。此性情高曠，非若後人以輕浮誕蕩爲狂也。

狂者又不可得，欲得不屑不潔之士而與之，是獧也，是又其次也。

不屑不潔，不屑爲汙濁之行也。此鄉黨自好之士，俗世亦已難得。

孔子曰：『過我門而不入我室，我不憾焉者，其惟鄉原乎！鄉原，德之賊也。』」曰：「何如，斯可謂之鄉原矣？」

萬章引孔子之言而問也。過門不入而不憾，惡之甚也。原與愿通，似德非德，故鄉人反以爲謹愿。《論語》祇載鄉愿德賊一語。

曰：「『何以是嘐嘐也？言不顧行，行不顧言，則曰古之人，古之人，行何爲踽踽涼涼？生斯世也，爲斯世也善，斯可矣。』閹然媚於世也者，是鄉原也。」

何以是至古之人？爲鄉原譏狂者之言。行何爲踽踽？爲鄉原譏狷者之言。踽踽，獨行不進貌。涼涼，薄也，不見親厚於人也。「生斯世」三句，爲鄉原自鳴得意之語。閹然，閉藏意也。媚，求悅於人也。媚人猶不可，況媚世乎？其心卑鄙極矣。

萬子曰：「一鄉皆稱原人焉，無所往而不爲原人。孔子以爲德之賊，何哉？」

鄉原之爲人，鄉人皆好之，而孔子以爲德之賊，故萬章疑而問之。曰：「非之無舉也，刺之無刺也。同乎流俗，合乎汙世。居之似忠信，行之似廉潔。衆皆悦之，自以爲是而不可與入堯舜之道，故曰德之賊也。」

「非之無舉，刺之無刺」，媚之術也。「同乎流俗，合乎汙世」，媚之骨也。「居之似忠信，行之似廉潔」，媚之飾也。如是則衆皆悦之矣。悦者悦其媚也。天下豈有媚世之人而可以入堯舜之道乎？故曰媚者，德之賊也。

孔子曰：『惡似而非者：惡莠，恐其亂苗也；惡佞，恐其亂義也；惡利口，恐其亂信也；惡鄭聲，恐其亂樂也；惡紫，恐其亂朱也；惡鄉原，恐其亂德也。』

惡似而非者，言是非倒置，辨之不易，將爲天下大患也。莠，似苗之草。佞，才智之邪者。利口，多言而不實。鄭聲，樂之淫者。紫色，間色而不純粹者。此皆似是而非，而鄉原之亂德，尤足以亂天下。

君子反經而已矣。經正則庶民興，庶民興，斯無邪慝矣。」

經者，萬世不變之常道也。興，興起於善也。世衰道微，大經不正，故處士横議，學説紛雜，於是邪慝作於其間，不獨媚一鄉媚一國，方且媚外，此君子最痛心者也。然常道無形而不可見，其實載於經籍，故曰：吾國之興，先讀孔子之經。此尊孔之要旨也。

10　由堯舜至於湯章《盡心篇下》

孟子曰：「由堯舜至於湯，五百有餘歲。若禹、皋陶，則見而知之；若湯，則聞而知之。

聖人之出，不能正五百年，故言有餘歲。見知聞知，知道統也。傳天下惟賢，傳道統惟聖。

由湯至於文王，五百有餘歲。若伊尹、萊朱，則見而知之；若文王，則聞而知之。

萊朱，湯賢臣，或曰即仲虺，爲湯左相。文王望道而未之見，蓋聞道統而懼其失傳也。

由文王至於孔子，五百有餘歲。若太公望、散宜生，則見而知之；若孔子，則聞而知之。

太公呂氏名尚。散氏，宜生名，文王賢臣也。《論語》孔子曰：「文王既沒，文不在茲乎？」文者道統所由傳也。

由孔子而來至於今，百有餘歲，去聖人之世，若此其未遠也，近聖人之居，若此其甚也，然而無有乎爾，則亦無有乎爾！」

百有餘歲，故言去聖世未遠。鄒魯相近，故云近聖人之居。孟子雖不明言擔任道統，而其意自在言外。「無有乎爾」二句，望後世學者於無窮也。此章歷叙道統相傳，而歸結於孔子，皆歷歷可數。千載後吾中國之文化，誰能繼而承之、昌明而廣大之？豪傑之士，當奮然興起矣。

卷三

孟子貴民學

【釋】孟子貴民學在《交通大學演講録》置於第五，其第三爲心性學，第四爲政治學。此卷收録經文六章。《演講録》選講四節，皆備在本卷。選目列出七篇，其中「鄒與魯鬨」章未見録於《孟子救世編》此卷，而收入在「論戰學」專題選文之中，故不並載。又此篇另題《孟子之民主思想輯要》，轉載於申慶壁在上海主持之《地方自治》第一卷第二期（一九四七年，頁二～四），其中「貴民」一詞全改爲「民主」。

孟子貴民學題辭

《孟子》曰：「民爲貴，社稷次之，君爲輕。」〔一〕此言出，而民與君之位定。後世有

〔一〕《孟子·盡心下》文。

欺君者，稱爲大惡，科以大罪，乃欺民者比比〔一〕，不聞有發其惡而科其罪者，抑何不平等之甚也？少數人專制於上，驅使民若奴隸，天下大亂皆起於此，是謂侮辱民位，吾怪其不讀《孟子》也。

孟子告鄒穆公曰：「君之民，老弱轉乎溝壑，壯者散而〔二〕之四方幾千人。」「有司莫以告，是上慢而殘下也。」〔三〕夫百姓皆赤子，赤子匍匐入井，忍心害理而莫之救，歛怨爲德，上下膜隔。後世胥蹈此弊，是爲抑遏民情，吾怪其不讀《孟子》也。

孔子曰：「舉直錯諸枉，則民服。舉枉錯諸直，則民不服。」〔四〕孟子言：國人皆曰賢，然後用之。皆曰不可，然後去之。皆曰可殺，然後殺之〔五〕。一切舉廢〔六〕生殺之權，悉聽諸國人。後世執政者，徇私害公，好民所惡，惡民所好，災及其身，而猶不悟，是謂剥削民權，吾怪其不讀《孟子》也。

〔一〕「比比」，《演講録》作「接踵」。
〔二〕「而」字據《孟子》原文補。
〔三〕《孟子・梁惠王下》文。
〔四〕《論語・爲政》載孔子對魯哀公語。
〔五〕唐先生意取《孟子・梁惠王下》文。
〔六〕「舉廢」，《演講録》作「用舍」。

天下最苦者莫如農民，手足胼胝，恪盡義務。悍吏至其鄉，叫囂隳突，一不稱意，縛之以去。遇凶荒兵革，流離更不忍言。孟子曰：「方命虐民。」〔一〕又曰：「終歲勤動，不得養其父母。」〔二〕可痛哉！是謂敲吸民財，吾怪其不讀《孟子》也〔三〕。

天之聰明，寄於民之視聽。孟子引伊尹曰：「天之生斯民也，使先知覺後知，先覺覺後覺。」又曰：「人之所不慮而知者，良知也。」訓練國民知覺，先善良而後能靈警。後世教民，惟務就淺，或反導以機變之巧，於是民之知識昏闇，皆落人後，是謂窒塞民智，吾怪其不讀《孟子》也。

《孟子》云：「域民不以封疆之界。」誠以邦畿千里，惟民所止，有民而後立國。後世譚愛國而不知愛民，言救國而不知救民，歧民與國而二之，民亡而國亦危，是謂遺棄民命，吾怪其不讀《孟子》也。

〔一〕《孟子·梁惠王下》文。
〔二〕《孟子·滕文公上》文。
〔三〕謹按：《演講録》題辭至此爲止。

我國創深痛鉅，必將復興。上下覺悟，翹足可待。余所謂侮奪民位、抑遏民情、剥削民權、敲吸民財、窒塞民智、遺棄民命諸端，皆當掃除而更張之。余所謂結民性、固民志、善民俗、厚民德諸端，皆當審問而力行之。將求先路之導，吾知其必讀《孟子》也。輯孟子貴民學第三。

1　孟子見梁惠王第二章《梁惠王篇上》

孟子見梁惠王，王立於沼上，顧鴻鴈麋鹿，曰：「賢者亦樂此乎？」孟子對曰：「賢者而後樂此，不賢者雖有此不樂也。

沼，池也。鴻，大雁。麋，大鹿。

《詩》云：『經始靈臺，經之營之，庶民攻之，不日成之。經始勿亟，庶民子來，王在靈囿，麀鹿攸伏。麀鹿濯濯，白鳥鶴鶴，王在靈沼，於牣魚躍。』文王以民力爲臺爲沼，而民歡樂之，謂其臺曰『靈臺』，謂其沼曰『靈沼』，樂其有麋鹿魚鼈。古之人與民偕樂，故能樂也。

《詩》，《大雅·靈臺》篇。經始，設計。靈臺，文王臺名。營，謀爲。攻，治也。不日，不限以日期。亟，速也。言文王戒以勿亟也。子來，如子來趨父事也。麀，牝鹿。伏，安而不動也。濯濯，肥澤貌。鶴鶴，潔白貌。於，歎美辭。牣，滿也。文王雖用民力以築臺囿，而民反歡樂之。蓋文王能愛其民，故民亦樂其樂也。

《湯誓》曰：『時日害喪，予及女偕亡。』民欲與之偕亡，雖有臺池鳥獸，豈能獨樂哉？」

《書・湯誓》篇。時，是也。日，指夏桀。害，何不也。桀嘗曰：「吾有天下如天之有日，日亡吾乃亡耳。」〔一〕民怨其虐，故欲其亡之速也。獨樂是謂獨夫，國且將亡，何有於樂？

2 莊暴見孟子章 《梁惠王篇下》

莊暴見孟子曰：「暴見於王，王語暴以好樂，暴未有以對也。曰：好樂何如？」孟子曰：「王之好樂甚，則齊國其庶幾乎！」

莊暴，齊臣。庶幾，近於治也。

他日見於王曰：「王嘗語莊子以好樂，有諸？」王變乎色曰：「寡人非能好先王之樂

〔一〕韓嬰《韓詩外傳》卷二、劉向《新序・刺奢》文。

也,直好世俗之樂耳。」

變色,慚好樂之不正也。先王之樂謂雅樂,世俗之樂謂俗樂。

曰:「王之好樂甚,則齊其庶幾乎!今之樂,由古之樂也。」曰:「可得聞與?」曰:「獨樂樂,與人樂樂,孰樂?」曰:「不若與人。」曰:「與少樂樂,與衆樂樂,孰樂?」曰:「不若與衆。」

「可得聞與」,是王問。「不若與人」、「不若與衆」,齊王答孟子問。然王所云人也衆也,指便嬖近臣,非言與民同樂也。

「臣請爲王言樂:

臣,孟子自稱。

今王鼓樂於此,百姓聞王鐘鼓之聲、管籥之音,舉疾首蹙頞而相告曰:『吾王之好鼓樂,夫何使我至於此極也?父子不相見,兄弟妻子離散。』今王田獵於此,百姓聞王車馬之音,見羽旄之美,舉疾首蹙頞而相告曰:『吾王之好田獵,夫何使我至於此極也?父子不相見,兄弟妻子離散。』此無他,不與民同樂也。

管籥,樂器。疾首,頭痛。頞,額也。極,窮也。羽旄,以羽飾旂。「父子不相見,兄弟妻子離散」,爲人生最苦事也。以王好鼓樂田獵,專務剥削其民,故致

此也。今王鼓樂於此，百姓聞王鐘鼓之聲、管籥之音，舉欣欣然有喜色而相告曰：『吾王庶幾無疾與？何以能鼓樂也？』今王田獵於此，百姓聞王車馬之音，見羽旄之美，舉欣欣然有喜色而相告，曰：『吾王庶幾無疾病與？何以能田獵也？』此無他，與民同樂也。

欣欣，喜悅貌。君能先謀民生，民無顛沛流離之苦，感王之愛民如子，故民皆喜形於色而愛王也。

今王與百姓同樂，則王矣。」

人主之喜怒哀樂，一切舉動，皆當順民意爲轉移。「今王與百姓同樂」，則民心之歸往，如水就下矣。

3　文王之囿章《梁惠王篇下》

齊宣王問曰：「文王之囿，方七十里，有諸？」孟子對曰：「於傳有之。」

囿，蕃育鳥獸之所。傳，謂古書。

曰：「若是其大乎？」曰：「民猶以爲小也。」曰：「寡人之囿方四十里，民猶以爲大，

何也？」曰：「文王之囿方七十里，芻蕘者往焉，雉兔者往焉，與民同之，民以爲小，不亦宜乎？

芻蕘者，樵夫也。雉兔者，獵夫也。文王開放一人之囿，公之於民，故嫌其小。臣始至於境，問國之大禁，然後敢入。臣聞郊關之内，有囿方四十里，殺其麋鹿者，如殺人之罪。則是方四十里，爲阱於國中，民以爲大，不亦宜乎？」

邑外謂郊，郊外有關。阱，掘地以陷獸者。殺其麋鹿者，如殺人之罪，可知王之愛麋鹿，甚於愛民也。以民所建之囿，視爲私産，以供王之獨樂，故雖小而民亦以爲大。此係乎心理，不係乎地之廣狹也。

4　雪宫章《梁惠王篇下》

齊宣王見孟子於雪宫。王曰：「賢者亦有此樂乎？」孟子對曰：「有。人不得，則非其上矣。

雪宫，離宫名。「非其上者」，何也？爲其私也。私則民不服，不服而非其上，民將不爲王所用矣。

不得而非其上者，非也。爲民上而不與民同樂者，亦非也。

民之非其上者，不得已也。爲民上而不謀民之樂者，休戚與民不相關，故非也。孟子之意注重下二句。

樂民之樂者，民亦樂其樂；憂民之憂者，民亦憂其憂。樂以天下，憂以天下，然而不王者，未之有也。

民之樂何在，所欲與聚也。民之憂何在，所惡勿施也。君視民如子弟，則民視君如父母。故憂樂同之，上下一體，則全國團結，所謂天下猶一家也。

昔者齊景公問於晏子曰：『吾欲觀於轉附、朝儛，遵海而南，放於琅邪，吾何修而可以比於先王觀也？』

轉儛、朝附，皆山名。琅邪，邑名，在齊東南境。此孟子道齊國之故典以告王也。

晏子對曰：『善哉問也！天子適諸侯曰巡狩。巡狩者，巡所守也。諸侯朝於天子曰述職。述職者，述所職也。無非事者，春省耕而補不足，秋省斂而助不給。夏諺曰：「吾王不遊，吾何以休？吾王不豫，吾何以助？一遊一豫，爲諸侯度。」

巡狩，視察。述職，報告。人君一舉一動，無非爲民之事，故曰無非事者。省，視也。斂，收穫也。給，足也。夏諺，夏時俗語。豫，樂也。王者之遊豫，皆有恩惠及民，而諸侯皆取法焉。

今也不然，師行而糧食，飢者弗食，勞者弗息。睊睊胥讒，民乃作慝。方命虐民，飲食若流。流連荒亡，爲諸侯憂。

今，謂景公之時。二千五百人爲師。睊睊，側目貌。胥，相也。讒，謗也。慝，怨惡也。「民乃作慝」，言不勝其苦，而起謗怨也。方，逆也。命，天命。若流，如水之流。師行之害如此，諸侯憂而國民慘痛矣。

從流下而忘反，謂之流；從流上而忘反，謂之連；從獸無厭，謂之荒；樂酒無厭，謂之亡。

此釋上文之義。從流下，謂放舟隨水而下。從流上，謂挽舟逆水而上。從，逐也。亡，失也。言廢時失事也。

先王無流連之樂，荒亡之行，惟君所行也。』

「流連之樂，荒亡之行」，百姓因君之有此行，至於敗家破產，不得其所也。

景公說：『大戒於國，出舍於郊。』於是始興發，補不足。召大師曰：『爲我作君臣相說之樂。』蓋《徵招》《角招》是也。其詩曰：『畜君何尤。』畜君者，好君也。」

戒，告命也。出舍，自責以省民也。興發，發倉廩。太師，樂官。樂有五聲，三曰角爲民，四曰徵爲事。招，與韶通，舜樂。其詩，《徵招》《角招》之詩也。畜，止也。尤，過也。晏子能止君之欲，是愛其君也。景公昏庸之君，聞晏子之言，而良知呈露，惜其不能擴充仁政爾。

5　**明堂章**《梁惠王篇下》

齊宣王問曰：「人皆謂我毁明堂，毁諸？已乎？」

明堂，泰山明堂。周天子東巡守朝諸侯之處。

孟子對曰：「夫明堂者，王者之堂也。王欲行王政，則勿毁之矣。」

明堂，王者所居，以出政令之所。此孟子因明堂而諷齊王行王政也。

王曰：「王政可得聞與？」對曰：「昔者文王之治岐也，耕者九一，仕者世禄，關市譏而不征，澤梁無禁，罪人不孥。老而無妻曰鰥，老而無夫曰寡，老而無子曰獨，幼而無父曰孤，此四者，天下之窮民而無告者，文王發政施仁，必先斯四者。《詩》云：『哿矣富人，哀此煢獨。』」

岐，周之邑名。「耕者九一」，井田之制也。中百畝爲公田，外八百畝爲私田。八家各受私田百畝，而同養公田，是九分而稅其一也。世禄，言仕有功者，與其子孫以世禄，不與以官。關，道路之關。市，都邑之市。譏，檢查。征，收税。澤，渚水。梁，魯梁。與民同利而不設禁也。孥，妻子。煢，困悴貌。哿，通可。文王行仁政，不僅行於鰥寡孤獨，特以此爲先。本此仁心，而推之於他政，則萬民皆得所矣。

王曰：「善哉言乎！」曰：「王如善之，則何爲不行？」王曰：「寡人有疾，寡人好貨。」對曰：「昔者公劉好貨，《詩》云：『乃積乃倉，乃裹餱糧。于橐于囊，思戢用光。弓矢斯張，干戈戚揚，爰方啓行。』故居者有積倉，行者有裹糧也，然後可以爰方啓行。王如好貨，與百姓同之，於王何有？」

《詩》，《大雅·公劉》篇。積，露積。餱，乾糧。無底曰橐，有底曰囊，皆所以盛餱糧也。戢，安集也。言思安集其百姓，以光大其國家也。戚，斧也。揚，鉞也。爰，於也。啓行，言遷豳也。齊王好貨，乃好貨財，而孟子即因公劉之事，冀其歸於正。實則公劉非真好貨也。

王曰：「寡人有疾，寡人好色。」對曰：「昔者太王好色，愛厥妃。《詩》云：『古公亶父，來朝走馬。率西水滸，至於岐下。爰及姜女，聿來胥宇。』當是時也，内無怨女，外無曠夫，王如好色，與百姓同之，於王何有？」

《詩》，《大雅·綿》之篇。古公，太王本號，後乃追尊爲太王。亶父，太王名。「來朝走馬」，避狄人之難也。率，循也。滸，水涯。岐下，岐山之下。姜女，太王之妃。胥，相也。宇，居屋。太王非真好色也，特偕姜女以相居爾，而孟子云太王好色者，欲引齊王於道耳。

6　民爲貴章《盡心篇下》

孟子曰："「民爲貴，社稷次之，君爲輕。

社，土神。稷，穀神。君者，爲民而設，經理民事，故爲輕。

是故得乎丘民而爲天子，得乎天子爲諸侯，得乎諸侯爲大夫。

丘民，衆民也。「得乎丘民而爲天子」者，共和之學説，自孟子始也。蓋天子者，民之所愛戴，故民爲邦本，君以民爲天，若不爲民所愛戴者，則禍逮夫身而天下失矣。

諸侯危社稷，則變置。

變置，更易也。諸侯以守土地爲職，不能守其國，將爲人所滅，而民亦喪失其身家性命，故變置之，所以保民而安社稷也。

犧牲既成，粢盛既潔，祭祀以時。然而旱乾水溢，則變置社稷。」

旱乾水溢，水利不修，變置社稷，非迷信也，民之心理然也，而君亦當自責矣。故曰國以民爲寶。民者萬世所賴，不可得而變置者也。

附録：孟子貴民學後論〔一〕

凡生天地間者孰爲重？曰：民命爲最重。孟子當戰國汩亂之世，豈以救民命爲要旨？其言曰：救民於水火之中，取其殘而已矣。曷謂殘？殘者，民生大疾苦也。欲去民之大疾苦，必先知民疾苦之所在。疆埸之上，兩軍交綏，殺父兄，係子弟，民之大疾苦而哀籲於天者，仁人君子有不忍聞而不忍言者矣。

萬章問：「今有禦人於國門之外者，交以道，接以禮，可受禦與？」孟子引《康誥》曰：「殺越人于貨，閔不畏死，凡民罔不憝。」〔二〕禦人國外者，是爲大憝。憝者，怨恨已極，大疾苦也。土匪交結盤互，百工不得通，商貨不得出，五穀食貨不得運，稍有積蓄，同被劫奪，吾民痛苦束手，坐以待斃而莫

〔一〕此後論慷慨淋漓，悲愴籲天，見載於《交通大學演講録》本題貴民學經文選讀之後，原未載入《孟子救世編》，今謹補入，用復完璧。

〔二〕《孟子·萬章下》文。

之救，白骨相望，忍哭吞聲，此殘之大者，有形可見。賊人者謂之賊，賊義者謂之殘，殘賊之人，謂之一夫，一夫豈特天子哉？長一鄉而殘其民，一鄉之桀紂也；長一邑而殘其民，一邑之桀紂也。推之一國天下，則毒痡四海矣。孟子論戰國之君曰「陷溺其民」〔一〕。陷者，陷諸井；溺者，溺諸水。如水益深，如火益熱，亦運而已矣，哀哉！

今不暇言治民，當先救民，欲救民當先知民之大疾苦。古之爲關也，將以禦暴；今之爲關也，將以爲暴。爲暴者左右望而罔市利，是無異於禦人也，故孟子言戰國之弊曰：「方命虐民，流連荒亡。」〔二〕是不啻驅虎狼以噬人。最苦者吾民耳！上下交征，呼號不聞，下情末由上達，民力竭矣，雖剝膚椎髓，亦復何益？哀哉！爲民請命者，不禁痛哭流涕而道之矣。夫憂民之憂，民亦憂其憂，後世其有憂民之憂者哉？憂之而欲救之，惟有安清閭閻，鋤强除暴，罷去一切苛捐雜税，然後民得安居而樂業，此孟子之要旨也。

戰國末造，秦用商鞅、韓非、李斯，專尚刑法，慘酷寡恩。始皇焚書坑儒，以愚黔首，殘民外無餘事，不旋踵而亡。漢高入關，約法三章，稍除苛政，收拾民心。文帝嗣位，注重孝弟，詢問三老，周知民間疾苦，而漢祚以隆。自是厥後，以迄唐宋元明，凡體恤民艱者，未有不興者也。凡忽視民瘼者，

〔一〕《孟子·梁惠王上》文。
〔二〕《孟子·梁惠王下》文。

未有不亡者也。是故孟子貴民之説，有國者當日三復也。

西人有言，凡國多匪者，積久謂之盜國。至於山野草澤，窮鄉僻壤，數見不鮮，即城市亦屢告警，小民困於飢寒，鋌而走險，脅從者日益衆，皆不得已而出此，杞憂無已時矣。

卷四

孟子心性學

【釋】孟子心性學在《交通大學演講録》置第三，唐先生於《演講録》此題辭前下一筆聲明云：「孟子心性學，余於前兩期已講明大旨，如『不忍人之心』三章、『牛山之木』三章及『性善良知』等章，最爲精要。惟孟子盡性之學，莫詳於《告子》篇，特再精選講貫。」故選講《告子》篇之「生之謂性」章、「富歲」章、「舜發於畎畝之中」章三章。唐先生所列選目二十四章，悉備載《孟子救世編》所選三十二章之中。至於《演講録》之《孟子論知覺學》講義，附録在本卷後，以見先生經説之整體。

孟子心性學題辭

【釋】此題辭四問四答，拾級而上，至於平天下。《交通大學演講録》選録其初始之問答，蓋因材施教，立志爲先。

或問曰：「孔子罕言性與心，《論語》言心僅二章，「從心所欲」、「其心三月不違仁」，餘如「有心哉」、「無所用心」之類，皆與學問無涉。言性僅一章，性相近。而《孟子》乃極言心性，豈孟子之學高於孔子與？」曰：「不然。孔子之言心性，詳於《周易·繫辭傳》《説卦傳》，其言心性也深，《孟子》之言心性也淺。戰國之世，横政暴行，遠過於春秋。以挺刃殺人，以政治〔一〕殺人，以學説〔二〕殺人，心術之害，慘於洪水猛獸，非直指本原，不能激良心而復本性。故孔子之言心性，爲中人以上言之也。孟子之言心性，爲庸愚之輩〔三〕言之也，聖賢立教，各因其時。救世之心一也〔四〕。

或問曰：「《孟子》言心性救世，精義安在？」曰：「合性與知覺有心之名，宋張子

〔一〕「政治」，《演講録》作「虐政」。
〔二〕「學説」，《演講録》作「邪説」。
〔三〕「庸愚之輩」，《演講録》作「中人以下」。
〔四〕《演講録》至此爲止。後附一段概括性説明云：「更有進者，性者理也，心合理氣者也。心有形而性無迹，性寓於心，非即心也；心統乎性，非即性也。明心性之辨，斯得學道之方。」唐先生辨心性，所以竅向善良道德意志爲倫理道德之根本也。

《正蒙》語。《孟子》論心性，訓練知覺而已矣，學無論中西，胥歸於實。推知覺虛靈，能御實而使之精。吾國民之積弱，正由於知覺之蠢愚浮躁。居一邑而不辨其人之賢否也，辨一事而不究其事之始終也，讀一書而不明其所言之綱要也，如此遲鈍，故事事落於人後。孟子述伊尹之言曰：『先知覺後知，先覺覺後覺。』知，養於平時者也。覺，發於臨事者也。視必求其明，聽必極其聰，思必致其遥。學之弗得弗措，行之弗篤弗措。夫然後知覺靈，而智慧達。然若私智穿鑿，機心相角，利欲相計較，則知覺轉爲之窒塞。故孟子又清其源曰良知。本家庭之愛敬，擴而充之於治平，善良以爲體，靈警以爲用，善良以治内，靈警以對外，推諸東海西海，此心同，此性同也。推諸南海北海，此心同，此性同也。故《孟子》之學，不獨可以救國，且可以救世。」

或又問曰：「《孟子》心性之學，傳授如何？宋之陸子，諱九淵，號〔二〕象山。明之王子，諱守仁，號陽明。或譏其空談心性，豈非其弊與？」曰：「此臆説也。師《孟子》者不獨程子、朱子皆有實用，即陸子、王子亦絶非空談。《孟子》言本心，陸子宗之，此指禮義廉耻而言，曰：『「萬鍾則不辨禮義而受之，爲宮室之美，妻妾之奉，所識窮乏者得

〔二〕「號」原作「字」，據史爲正。下王守仁同。

我」。後之人，爲宮室妻妾所識窮乏者所累，至喪失人格者多矣，豈不哀哉！』王子之宗良知曰『知善知惡』，其解《大學》致知格物，曰：『致吾心之良知於事事物物，正其不正以歸於正。』夫致良知，在内者也。致知於事事物物以歸於正，在外者也。合内外之道，萬物皆備於我也，何空虚之有？」

或又問曰：「然則《孟子》之言心性，用功當何如？」曰：「始也動心忍性，繼也操心知性，終也存心養性。動也忍也，所以生其心於憂患，不使死其心於安樂，然後增益其所不能也。孔子論性曰：『操則存，舍則亡。』存亡云者，一心之存亡，即一身一家一國之存亡也。知者，知天之所以命我，仁、義、禮、智爲經，惻隱、羞惡、辭讓、是非爲緯也。存養者，涵養未發之中，辨善惡於幾先也。動與忍，豪傑之事。操與知，希賢之事。存與養，希聖之事。《荀子·勸學》始乎爲士，終乎爲聖人。《孟子》論學，始乎爲豪傑，《盡心篇》「豪傑之士，雖無文王猶興。」終乎爲聖賢。至宋朱子晚年，專教人讀《孟子》道性善及求放心二章。蓋孟子言性善，非徒一人之性善，欲以善國性也。言求放心，非徒一人之放心，將以求國心也。國性善，人倫明於上，小民親于下也。國心固，人心〔一〕和，而無敵於天下也。《孟

〔一〕「心」字脱，據《茹經堂文集》文補入。

子》之意如此，朱子之意亦如此。」

國家者，執政與人民心性所造成也，故心性之學盛，則國運盛；心性之學衰，則國運衰。《孝經》曰：「天地之性，人爲貴。」《禮運》曰：「人者天地之心。」此乾坤剛大清明之氣，充塞於人間，而終古不息者也。吾是以曰：救世必先救人心。救心何方？師孔門講學而已矣。輯孟子心性學第四。

1 性善章《滕文公篇上》

滕文公爲世子，將之楚，過宋而見孟子。

世子，太子也。是時楚都於郢，在今湖北襄陽宜城縣西南九十里。宋都商丘，在今河南歸德商丘縣。滕在今山東兗州滕縣西南十四里。自滕至楚，取道商丘，路稍迴遠。

孟子道性善，言必稱堯舜。

道，言也。或謂性有義理、氣質之分。善者，義理之性也。實則不然。天以陰陽五行化生萬物，氣以成形而理賦焉。仁義禮智屬於理者也，知覺動靜屬於氣者也。理即在氣之中，理善氣亦善。其流而爲惡，乃善惡混者，氣之昏而雜，又有私欲以壞之，非性之常也。性善之説，救世苦心。堯舜之道，孝弟而已矣。

世子自楚反，復見孟子。孟子曰：「世子疑吾言乎？夫道一而已矣。

世子至楚時，已爲許行之徒所咻，而其時性惡之説，方在萌芽，故復見孟子，孟子即曰：「世子疑吾言乎？」凡人不能入道，病在於疑。故孟子告梁王，亦曰：「王請勿疑。」惟篤信乃能學道。道統於一尊，不可惑雜家之説也。

成覸謂齊景公曰：『彼丈夫也，我丈夫也，吾何畏彼哉？』顔淵曰：『舜何人也？予何人也？有爲者亦若是。』公明儀曰：『文王我師也，周公豈欺我哉？』

成覸，人姓名。彼，謂聖賢也。有爲者，爲法於天下，可傳於後世也。公明，姓；儀，名，魯賢人。「文王我師也」，蓋周公之言，公明儀亦以文王爲必可師，故誦周公之言，而歎其不我欺也。孟子特提舜與文王、周公者，舜大孝，文王至孝，周公達孝，皆性善之標準也。周公師文王，讀《尚書・無逸》篇、《詩・周頌・敬之》篇，可見大意。

今滕絶長補短，將五十里也，猶可以爲善國。《書》曰：『若藥不瞑眩，厥疾不瘳。』」

絶，猶截。《書》，《商書・説命》篇。瞑眩，憒亂。瘳，愈也。性善，良知也。國民具有良知，則國性善矣。故性善之説，人之藥也；善國之説，國之藥也。戰國時國疾甚矣，孟子欲攻之達之，無如病者不能用，而厥疾至於不可爲，惜哉！

2　大人不失赤子之心章《離婁篇上》

孟子曰：「大人者，不失其赤子之心者也。」

「赤子之心」，孺慕而已。晝則慕其父母也，夜則慕其父母也，時時日日而常慕其父母也。嬰兒中路失其母，哭泣無常聲，其心之至誠如此，故惟大舜之五十而慕，文王之視膳問安，見《禮記·文王世子篇》。方可謂之大人。

3　天下之言性章《離婁篇下》

孟子曰：「天下之言性也，則故而已矣。故者以利爲本。

「天下之言性」，猶言天下之性，係倒字法。故者，已然之迹也。惻隱、羞惡、辭讓、是非，四端之發見，皆所謂故，《易傳》所謂「感而遂通天下之故」也。利者，自然之理也。求已然之迹，當知其爲自然之理，《易傳》所謂「變動以利言」也，此人性本善之徵也。

所惡於智者，爲其鑿也。如智者若禹之行水也，則無惡於智矣。禹之行水也，行其所無事也。如智者亦行其所無事，則智亦大矣。

戰國時言性者多矣，或謂性惡，其善者僞；或謂無善無不善；或謂有善有不善。

如此學説，所謂天下本無事，庸人自擾之者也。「人無有不善，水無有不下」，鑿水之性，則水性壅遏而爲害。鑿民之性，則民性乖戾而多歧。此以地道喻人性之本善也。

天之高也，星辰之遠也，苟求其故，千歲之日至，可坐而致也。」

日至，言造曆者以上古十一月甲子朔，夜半冬至爲曆元也。《易·復卦》冬至之日，見天地之心。一陽之氣，無有不復。人心之良知，當平旦之時，亦無有不復，此係天道喻人性之本善也。

4　性猶杞柳章《告子篇上》

告子曰：「性，猶杞柳也；義，猶桮棬也。以人性爲仁義，猶以杞柳爲桮棬。」

杞柳，櫃柳。桮棬，屈木所爲，若巵匜之屬。仁義者，人性所固有，即人性也。而告子乃曰：「以人性爲仁義。」是以人性爲一物，仁義爲一物，而强爲之也，則其失甚矣。

孟子曰：「子能順杞柳之性，而以爲桮棬乎？將戕賊杞柳，而後以爲桮棬也？如將戕賊杞柳，而以爲桮棬，則亦將戕賊人以爲仁義與？率天下之人而禍仁義者，必子之言夫。」

杞柳不能自然爲桮棬也，必戕賊而後成之，桮棬成而杞柳之性失矣。以此而喻性，則是仁義非人性，必出於矯揉造作也。故孟子斥之曰：「率天下之人而禍仁義。」

5 性猶湍水章《告子篇上》

告子曰：「性，猶湍水也。決諸東方則東流，決諸西方則西流。人性之無分於善不善也，猶水之無分於東西也。」

湍，波流瀠洄之貌。告子因前説而稍變之，近於楊子「善惡混」之説。

孟子曰：「水信無分於東西，無分於上下乎？人性之善也，猶水之就下也。人無有不善，水無有不下。

告子言無分，而孟子分之。告子言東西，而孟子言上下。善者人之性，就下者水之性也。

今夫水，搏而躍之，可使過顙；激而行之，可使在山，是豈水之性哉？其勢則然也。人之可使爲不善，其性亦猶是也。」

搏，擊也。躍，跳也。顙，額也。此言水之不可使上也。告子言決，孟子進一解曰搏、曰激。孰搏之？孰激之？其在於人，則意氣之紛呶也，社會之漸染也，教育之束縛馳驟也，其勢則然，豈其性之本然乎？

6 生之謂性章《告子篇上》〔一〕

告子曰：「生之謂性。」

性，生也，古訓也，告子本古訓立言，未嘗不是，特其意專指知覺運動言，非合仁義禮智言，故昧於人物之辨。

孟子曰：「生之謂性也，猶白之謂白與？」曰：「然。」「白羽之白也，猶白雪之白；白雪之白，猶白玉之白與？」曰：「然。」

「白之謂白」，渾而言之是也。「白羽」以下，孟子再問，而告子曰「然。」則不知分析之義矣。「白雪」如釋氏之寂滅也，「白羽」如道家之清虛也，「白玉」如儒家之温潤而精明也，三者之性迥殊，故孟子以爲喻。

「然則犬之性，猶牛之性；牛之性，猶人之性與？」

人與物之理不同也，而氣亦何嘗不異？物與物之理異也，而氣亦何嘗同？以犬牛言之，犬能守夜，牛能耕犂，犬與牛之性且不同矣。其所以不同者，由其氣質之異也，而謂犬與牛之氣質可同於人乎？告子之學，「不得於言，勿求於心」，但知混同，而

〔一〕此章唐先生收在《紫陽學術發微》卷三《朱子心性學發微》；亦收在《演講録》中。

不知分析，故非特不知理，並不知氣。

7 食色性也章《告子篇上》

告子曰：「食色，性也。仁，内也，非外也；義，外也，非内也。」

告子但知氣質，而不知氣質中有善，如甘食悦色固性也，而甘食中有辭讓，悦色中有羞惡，即善也，此告子所不知也。浩然之氣，集義所生，即因内心而發，告子未嘗知義，以其外之也。

孟子曰：「何以謂仁内義外也？」曰：「彼長而我長之，非有長於我也；猶彼白而我白之，從其白於外也，故謂之外也。」

此節與上章皆以白爲喻者。公孫龍子講堅白之學，作《白馬》篇，謂凡言馬者以馬爲主，而言白馬，則以白爲主，非凡馬可比。告子亦猶公孫龍子意。

曰：「異於白馬之白也，無以異於白人之白也；不識長馬之長也，無以異於長人之長與？且謂長者義乎？長之者義乎？」

此孟子即以公孫龍子之説闢告子，見白之不可以喻長也。言異於白馬之白，固無以異於白人之白矣。然長馬之長，不過數馬齒，而長人之長，則有恭敬之心焉。

「長者義乎」二句，最明晰。長者雖在外，而所以長之者則在吾心，故曰内也。

或讀「異於白」爲句，或謂上「異於」二字衍，恐皆非。

曰：「吾弟則愛之，秦人之弟則不愛也，是以我爲悦者也，故謂之内。長楚人之長，亦長吾之長，是以長爲悦者也，故謂之外也。」

此皆告子似是而非之説，愛吾弟與愛秦人之弟，當有差别，烏得謂秦人之弟則不愛？是告子並不知仁内之説也。長楚人之長，與長吾之長，其恭敬之心，豈得混而無别？蓋告子但知長者爲義之主，而不知長之者爲義之主也。

曰：「耆秦人之炙，無以異於耆吾炙。夫物則亦有然者也，然則耆炙亦有外與？」

此孟子即以甘食之説喻告子也。耆與嗜同。耆秦人之炙，由吾心耆之也。耆吾炙，亦由吾心耆之也。炙在外，而耆之之心在内。長在外，而長之之心在内，豈僅長長爲然？夫耆物則亦有然者也。今必以長長爲在外，然則耆炙亦在外與？

8　何以謂義内章《告子篇上》

孟季子問公都子曰：「何以謂義内也？」

孟季子，疑孟仲子之弟也，蓋聞孟子之言而未達，故私論之。

曰：「行吾敬故謂之內也。」

義者我也，言由我處事得其宜也。敬主於中，故謂之內。

「鄉人長於伯兄一歲，則誰敬？」曰：「敬兄。」「酌則誰先？」曰：「先酌鄉人。」「所敬在此，所長在彼，果在外，非由內也？」

此孟季子問，公都子答。伯，長也。酌，酌酒也。敬兄與先酌鄉人，義也。「所敬在此，所長在彼」，在此在彼，處之得其宜者我也。而季子之意，偏重所長在彼，故仍疑其在外也。

公都子不能答，以告孟子。孟子曰：「敬叔父乎？敬弟乎？彼將曰『敬叔父』。曰：『弟爲尸，則誰敬？』彼將曰『敬弟』。子曰：『惡在其敬叔父也？』彼將曰：『在位故也。』子亦曰：『在位故也。庸敬在兄，斯須之敬在鄉人。』」

尸，古者祭祀所主以象神。庸，常也。斯須，暫時也。孟子不論義而專論敬，不論長長而論敬叔父、敬弟，弟非長也，此所謂辨學也。孰者宜庸敬？孰者宜斯須之敬？所以處之得其宜者我也，故謂之內也。

季子聞之曰：「敬叔父則敬，敬弟則敬，果在外，非由內也？」公都子曰：「冬日則飲湯，夏日則飲水，然則飲食亦在外也？」

冬日飲湯，夏日飲水，義也。何時而宜飲湯，何時而宜飲水，所以飲之得其宜者我也，故謂之内也。季子惑於告子之説，以人爲主，而不以我爲主。然自有義外之説，於是以性爲無善，而國性將漓矣。故以上兩章，孟子亟辨之。

9　性無善無不善章《告子篇上》

公都子曰：「告子曰：『性無善無不善也。』

明王陽明先生學派，以爲無善無惡心之體，頗近禪學，更與此説相類。後儒謂告子無善無惡，近於佛氏心之精神光明寂照之義，故朱子注「生之謂性」章，亦比之作用是性。實則告子未必見及此，實係渾淪不知辨别，故於諸説莫衷一是也。

或曰：『性可以爲善，可以爲不善；是故文、武興，則民好善；幽、厲興，則民好暴。』

此即湍水之説也。

或曰：『有性善，有性不善；是故以堯爲君而有象，以瞽瞍爲父而有舜；以紂爲兄之子，且以爲君，而有微子啓、王子比干。』

唐韓子性有三品之説蓋如此。按《史記》，紂爲微子之弟，爲比干兄之子，而此以比干、微子皆以紂爲兄之子者，舉長以該幼，省文也。

今曰性善，然則彼皆非與？」孟子曰：「乃若其情，則可以爲善矣，乃所謂善也。

乃若，發語辭。情者，性發見之端也。此因有性不善之説，而解其惑。謂彼性雖不善而仍有善，即如象之性誠不善矣，乃若見舜而忸怩，則其情可以「爲善」。可見象之性仍有善，是乃所謂性善也。

若夫爲不善，非才之罪也。

才猶材質，人之能也。此答上述性可以爲不善之説也。人各有良能，而有爲不善者，乃本心之陷溺，非材質之罪也。才且善而況性乎？

惻隱之心，人皆有之；羞惡之心，人皆有之；恭敬之心，人皆有之；是非之心，人皆有之。惻隱之心，仁也；羞惡之心，義也；恭敬之心，禮也；是非之心，智也。仁義禮智，非由外鑠我也，我固有之也，弗思耳矣。故曰：『求則得之，舍則失之。』或相倍蓰而無算者，不能盡其才者也。

鑠，以火銷金之名，自外以至内也。五倍曰蓰，算數也。曰皆有，曰固有，以有對無，所以破無善無不善之説。此與《公孫丑》篇「不忍人之心」章略異。彼章由性而達之於情，此章乃由情而反之於性。「弗思耳矣」上，發明情之可以爲善，以見性之善。「求則得之」下，發明爲不善非才之罪，益以證性之善。性也、情也、才也，雖有體用之殊，而其善則一也。

《詩》曰：『天生蒸民，有物有則。民之秉夷，好是懿德。』孔子曰：『爲此詩者，其知道乎？故有物必有則，民之秉夷也，故好是懿德。』

《詩》，《大雅·蒸民》之篇。蒸，衆也。物，事也。則，法也。夷，通作彝，常也。懿，美也。「有物必有則」，如有耳目則有聰明之德，有父子則有慈孝之心，是民所秉執之常性也。此節引孔子説《詩》之言，總闢上文三者之説。曰「有物必有則」，是非無善無不善矣。曰「好是懿德」，是民好善而非好暴矣。曰「民之秉彝」，是有性善者其常，有性不善者其變矣。孔子説《詩》，僅用數虚字咏歎，而意義自顯，與「仁則榮」章引《鴟鴞》詩同例。聖門説《詩》家法，善於啓發人心以悟道也。

10 富歲章《告子篇上》〔一〕

孟子曰：「富歲，子弟多賴。凶歲，子弟多暴。非天之降才爾殊也，其所以陷溺其心者然也。

〔一〕此章收入《演講録》。

富歲，豐年也。賴，舊解作賴藉而爲善，非也。賴爲懶字省文。子弟坐擁膏腴，遂生貪懶，故下文總言陷溺其心。前數章皆論性，以下各章皆論心。又此章以「同」字作主，本節「殊」字與「同」字相對。

今夫麰麥，播種而耰之，其地同，樹之時又同，浡然而生，至於日至之時，皆熟矣。雖有不同，則地有肥磽，雨露之養，人事之不齊也。

麰，大麥。耰，覆種也。「日至之時」，謂當成熟之期也。磽，瘠薄也。

故凡同類者，舉相似也，何獨至於人而疑之？聖人與我同類者。

上節專指植物言，此節曰「凡同類」，原該動植物言。疑字最害事，疑則不能爲聖賢矣。宋張子云：「天地之塞吾其體，天地之帥吾其性。」[一]凡人同得天地之氣以爲氣，而同得天地之性以爲性，故曰聖人與我同類者。

故龍子曰：『不知足而爲屨，我知其不爲蕢也。』屨之相似，天下之足同也。

蕢，草器也。不知人之足大小而爲之屨，雖未必適中，然必似足形，不至成蕢也。上以物爲喻，此就人身言，以下始就知覺之相同而言，文法特奇橫。

[一] 張載《正蒙·乾稱》文。

口之於味，有同耆也。易牙先得我口之所耆者也。如使口之於味也，其性與人殊，若犬馬之與我不同類也，則天下何耆皆從易牙之於味也？至於味天下期於易牙，是天下之口相似也。

耆，與嗜同。易牙知味者，齊桓公時人。言易牙所調之味，天下皆以爲美也。下文言耳目，而此節於口味特詳者，不獨文法繁簡錯綜，蓋因口味感覺最深也。

惟耳亦然。至於聲，天下期於師曠，是天下之耳相似也。

師曠，能審音者也。言師曠所和之音，天下皆以爲美也。

惟目亦然。至於子都，天下莫不知其姣也。不知子都之姣者，無目者也。

子都，古之善修飾者。姣，好也。「不知」二句，文法變化。

故曰：口之於味也，有同耆焉；耳之於聲也，有同聽焉；目之於色也，有同美焉。至於心獨無所同然乎？心之所同然者，何也？謂理也，義也。聖人先得我心之所同然耳。故理義之悦我心，猶芻豢之悦我口。」

草食曰芻，牛羊是也。穀食曰豢，犬豕是也。理者，性也，兼仁義禮智信五德而言。自其含於性者言之，謂之理。自其發於事者言之，謂之義。理義悦我心，人人皆然。故因心之同，益見性之善。文法如百川歸壑，尤宜熟讀。

11　牛山之木章《告子篇上》

孟子曰：「牛山之木嘗美矣，以其郊於大國也，斧斤伐之，可以爲美乎？是其日夜之所息，雨露之所潤，非無萌蘗之生焉，牛羊又從而牧之，是以若彼濯濯也。人見其濯濯也，以爲未嘗有材焉，此豈山之性也哉！

牛山，齊之東南山。邑外謂之郊。山木不幸郊於大國，而遭斧斤之伐，其苦爲何如？人心不幸蔽於惡俗，亦如斧斤之伐，其苦更何如？息，生長也。如《周易》之義，隱藏爲消，發舒爲息也。萌，芽也。蘗，芽之旁出者。萌蘗爲牛羊所牧，其苦爲何如？人心善念之萌芽，爲嗜欲所錮，貨利所戕，其苦更何如？濯濯，光潔貌。山之性以生木爲材，是山之良能也。

雖存乎人者，豈無仁義之心哉？其所以放其良心者，亦猶斧斤之於木也，旦旦而伐之，可以爲美乎？其日夜之所息，平旦之氣，其好惡與人相近也者幾希，則其旦晝之所爲，有梏亡之矣。梏之反覆，則其夜氣不足以存，夜氣不足以存，則其違禽獸不遠矣。人見其禽獸也，而以爲未嘗有才焉者，是豈人之情也哉！

「雖存乎人者」，爲心之已放而不存者言也。本章以心性情才四者，錯綜言之，而以心爲主，故特提仁義之心。良心者，良知也。良心放，知覺昏矣，哀哉！《詩·小宛》篇曰：「明發不寐，有懷二人。」二人，謂父母。人當平旦之時，善念初萌，故好惡與人相近，此性相近之證也。幾希，不多也。梏，械也。反覆，輾轉也。利欲之梏其良心也。夜氣不存，向之與人相近者，未及數時已違禽獸不遠，所謂習相遠也。危乎微乎！不言人之性而言情者，性之發即爲情，好惡乖違情也，故人見其如禽獸也。

故苟得其養，無物不長。苟失其養，無物不消。

此《周易》消息之也。《易·復》卦傳曰：「復其見天地之心乎。」先儒謂冬至之日，陽氣初萌，見天地生物之心。而孟子則言平旦者，蓋以一歲言，則冬至日爲陽氣初萌。以一日言，則子丑之交，爲陽氣初萌。人心良知初動，正在此時。故存其心，即所以養其性，長養此善念也。反是而其善念日消，近於禽獸矣。

孔子曰：『操則存，舍則亡；出入無時，莫知其鄉。』惟心之謂與？」

此治心之要訣也。聖人心不踰矩，無所謂出入。君子以仁存心，入時多而出時少。庸人放心不求，則出而莫知其鄉，良知昧矣。故聖人示用力之方曰「操」。操心與持志相近，惟持志在臨時，而操心則在平時。所謂操舍非有兩心也。心而自操，則亡者存，心而自舍，則存者亡耳。且以存亡言之者，一心之存亡，即一身一家一國之存亡也。上章提出心字，此章則言養心功夫。先儒謂此以下數章，學者亟宜熟讀而精思之。

12　無或乎王之不智章《告子篇上》

孟子曰："無或乎王之不智也。

此章發明性中之智，以證性善也。或，與惑同，疑怪也。王，疑指齊王。

雖有天下易生之物也，一日暴之，十日寒之，未有能生者也。吾見亦罕矣，吾退而寒之者至矣，吾如有萌焉何哉？

暴，日曝之也。暴爲陽氣，君子之象。寒爲陰氣，小人之象。"吾如有萌"句，與上章"非無萌蘖之生"二句相應。《詩·君子于役》篇曰："日之夕兮，羊牛下來。"日之夕故牛羊來而萌蘖盡，正人退故僉壬進而王之良知昧。

今夫弈之爲數，小數也；不專心致志，則不得也。弈秋，通國之善弈者也。使弈秋誨二人弈，其一人專心致志，惟弈秋之爲聽。一人雖聽之，一心以爲有鴻鵠將至，思援弓繳而射之，雖與之俱學，弗若之矣。爲是其智弗若與？曰：非然也。"

弈，圍棋也。數，技也。致，極也。弈秋，善弈者，名秋也。繳，以繩繫矢而射也。或疑專心與致志無別，要知專心者，專壹於是，智也；致志者，用智之深沉處也。夫世界一大弈場也，列國一大弈局也。不專心致志，事事較人拙，事事落人後，知覺昏蒙，未有不失敗者也。而世之人，方沉溺於富貴利達，是直空中之鴻鵠，幸而射中，實幻想耳，而在我之精神才智，隨鴻鵠而俱杳矣。

嘗作此章贊曰：「鴻鵠高飛，橫絶蒼茫。是真是幻，倏止倏揚。曷茲學子，心與俱翔？凌風鎩羽，弓矢斯張。誨爾諄諄，聽我芒芒。失學棄智，嗚呼齊王！」

13 魚我所欲章《告子篇上》

孟子曰：「魚我所欲也。熊掌，亦我所欲也。二者不可得兼，舍魚而取熊掌者也。生亦我所欲也，義亦我所欲也，二者不可得兼，舍生而取義者也。

此發明性中之義，以證性善也。孔子曰：「志士仁人，有殺身以成仁。」宋文文山先生衣帶銘：「孔曰成仁，孟曰取義。惟其義盡，所以仁至。」是天地之正氣也。

生亦我所欲，所欲有甚於生者，故不爲苟得也。死亦我所惡，所惡有甚於死者，故患有所不辟也。

得，得生也。「所欲有甚於生者」，義也。「所惡有甚於死者」，不義也。不苟生、不避死，是謂打破生死關。

如使人之所欲莫甚於生，則凡可以得生者，何不用也？使人之所惡莫甚於死者，則凡可以辟患者，何不爲也？

人生而但知趨利避害，將無所不至。而世之人，固有所欲甚於生者，貪位與利也。有所惡甚於死者，去位與利也。其心已死，安有性中之義乎？

由是則生而有不用也，由是則可以辟患而有不爲也。

有不用，有不爲，義之本然也。惟臨財不苟得，乃能臨難不苟免。

是故所欲有甚於生者，所惡有甚於死者，非獨賢者有是心也，人皆有之，賢者能勿喪耳。

此發明「羞惡之心，人皆有之」之説也。「賢者能勿喪」，人心所以不死也。今之人知有氣節者，孟子之教也。

一簞食，一豆羹，得之則生，弗得則死。嘑爾而與之，行道之人弗受；蹴爾而與之，乞人不屑也。

豆，木器。嘑，咄啐貌。蹴，踐踏也。此節從生死關透入義利關，而欲明義利之辨，必自辭受取與始。《禮記・檀弓》篇：齊大饑，黔敖爲食於路，有餓者貿貿然來。黔敖曰：「嗟！來食。」揚其目而視之曰：「予惟不食嗟來之食，以至於斯也。」從而謝焉，終不食而死。余按此餓者，不失爲氣節之士。孟子兩言「人」，表其有人格也。而如黔敖之嗟，悔已不及。後之放賑者，其慎之尤慎哉！

萬鍾則不辨禮義而受之，萬鍾於我何加焉？爲宮室之美、妻妾之奉、所識窮乏者得我與？

萬鍾，俸禄之厚者。得，德也，言感我之德也。簞食豆羹，有羞惡之心而不受，至於萬鍾不辨禮義，則羞惡之心昧，而是非之心亦昧矣。何以至此？爲宮室、妻妾、所識窮乏者而昧其心也。夫人固有未失本心，爲妻妾、窮乏者所累，而不得不受萬鍾者矣。夫爲妻妾與所識者累，而輕受萬鍾，與妻妾之親屬，及所識者之不能自立，而累人輕受萬鍾，二者皆末世之敝俗，有心人尤宜猛省也。

鄉爲身死而不受，今爲宮室之美爲之；鄉爲身死而不受，今爲妻妾之奉爲之；鄉爲身死而不受，今爲所識窮乏者得我而爲之，是亦不可以已乎？此之謂失其本心。」

簞食豆羹，生死關頭也；萬鍾非生死關頭也。而鄉與今判若兩人者，當天理人欲交戰之時，一念及宮室之美，妻妾之奉，所識窮乏者得我，可已而不已，則人欲勝而本心失矣。

嘗謂人之生死，係乎心而不係乎身。身雖生而其心已死，謂之死可也。義與不義，人心生死之界也。人心死者多，則國性漓、國魂散矣。此章自首節至「能勿喪耳」爲一段，言舍生取義。自「一簞食」至末節爲一段，言不辨禮義而失本心。

14 仁人心章《告子篇上》

孟子曰：「仁，人心也。義，人路也。

此發明性中之仁，以證性善也。仁爲人心，不存心即非人。義爲人路，不辨路即非人。宋程子釋仁字，有「穀種」之喻，最妙。如桃仁、杏仁皆稱仁是。此人心中之生理也。

舍其路而弗由，放其心而不知求，哀哉！

仁爲體而義爲用，所以「舍其路而弗由」者，由先放其心也。宋張子云：「合性與知覺有心之名。」放心不求，知覺昏矣。

人有雞犬放，則知求之。有放心而不知求。

此淺譬也。雞犬至輕、至賤、至微，而心則至重、至貴、至大。況雞犬在外者也，心在内者也。乃人於蚤晚皆知求雞犬，而於平旦不知求良心，謂之無知覺可矣。

學問之道無他，求其放心而已矣！」

求放心者，求仁也。如何求之？以學問求之。學問者，非鶩廣而炫博也，要在收攝於一心。而心之爲物，一不自覺，已飛揚馳逐于千里之外。求之之方甚廣，靜中體察求也，誦《詩》讀《書》求也，處事接物，亦所以爲求也，隨地皆學問，隨時皆求其放心，實則隨處皆求仁也。孔子曰：「我欲仁，斯仁至矣。」

15　無名之指章《告子篇上》

孟子曰：「今有無名之指，屈而不信，非疾痛害事也。如有能信之者，則不遠秦、楚之路，爲指之不若人也。指不若人，則知惡之。心不若人，則不知惡，此之謂不知類也。」

無名指，手之第四指。信，通作伸。

天下無論何等學問，必以分類爲第一要義，而心爲甚。上章言雞犬，以動物類喻心也。此章言無名之指，以身體類喻心也。下章言桐梓，以植物類喻身也。《易傳》曰：「方以類聚。」惟能知類，乃能悟洗心之學。《易傳》曰：「聖人以此洗心。」否則失是非之心，並失羞惡之心矣。

16 人之於身章 《告子篇上》

孟子曰：「人之於身也兼所愛。兼所愛，則兼所養也。無尺寸之膚不愛焉，則無尺寸之膚不養也。所以考其善不善者，豈有他哉？於己取之而已矣。

人於一身固當兼養，然欲考其所養之善否者，在取其善養者以爲法耳。以上有桐梓一章言養身，未入篇。

體有貴賤，有小大。無以小害大，無以賤害貴。養其小者爲小人，養其大者爲大人。

此所謂知類也。《周易》之例，陽爲貴爲大，陰爲賤爲小。血氣屬於陰者也，故賤而小。心志屬於陽者也，故貴而大。

今有場師，舍其梧檟，養其樲棘，則爲賤場師焉。

場師，治場圃者。梧，桐也。檟，梓也。皆美材也。樲棘，酸棗，非美材也。

養其一指，而失其肩背而不知也，則爲狼疾人也。

狼善顧，疾則不能，故以爲失肩背之喻。或云狼性暴戾，如有狂者。狼疾，狂病也。

飲食之人，則人賤之矣，爲其養小以失大也。

凡養生者，欲極口味之美，易爲飲食所累。貪於飲食，則必冒於貨賄，故人賤之。

飲食之人無有失也，則口腹豈適爲尺寸之膚哉？」

適，祇也。言所養豈祇尺寸之膚也。「無有失者」，不以飲食累其心也。衛生家吐納空氣，能保養矣。抑知聖賢所以吐納者，皆天地生生之善氣。推而廣之，兼所愛則兼所養。以民族爲體膚，故時人者，聖賢之身也，豈不大哉？此章文法，極盤旋穿插之妙。

17 鈞是人也章《告子篇上》

公都子問曰：「鈞是人也，或爲大人，或爲小人，何也？」孟子曰：「從其大體爲大人，從其小體爲小人。」

鈞與均同。從，隨也。大體，心也。小體，耳目之類也。人生天地間，爲大爲小，各有偏向，隨人自擇而已。論性以公都子問作結，論心亦以公都子問作結。

曰：「鈞是人也，或從其大體，或從其小體，何也？」曰：「耳目之官不思，而蔽於物，物交物，則引之而已矣。心之官則思，思則得之，不思則不得也。此天之所與我者，先立乎其大者，則其小者不能奪也。此爲大人而已矣。」

官，司也。耳司聽，目司視，而心之職在思。心不能思，則耳目蔽於物欲，而亦爲一物。外物來交，引誘之而去矣。先立乎其大，《洪範》所謂「思曰睿」是也。宋陸象山先生以此語爲講學宗旨，然與《孟子》略有不同。蓋自其淺者言之，是以制此心嗜欲之動，與《孟子》祛耳目之欲相合。自其深者言之，《孟子》承「思則得之」言，蓋欲立仁義禮智之本心，以推行於事物；而象山則一空其心之所有，欲立其心於虚渺之域，學者不可不辨也。

《朱子集注》録范氏浚《心箴》，作爲治心之法，其文曰：「茫茫堪輿，俯仰無垠。人於其間，眇然有身。是身之微，太倉稊米。參爲三才，曰惟心爾。往古來今，孰無此心。心爲形役，乃獸乃禽。惟口耳目，手足動静。投間抵隙，爲厥心病。一心之微，衆欲攻之。其與存者，嗚呼幾希。君子存誠，克念克敬。天君泰然，百體從令。」范浚，字茂明，宋紹興時人。

18 天爵章 《告子篇上》〔一〕

孟子曰：「有天爵者，有人爵者。仁義忠信，樂善不倦，此天爵也。公卿大夫，此人爵也。

〔一〕「告子篇上」，原誤作「告子篇下」，據《孟子》文正。

「仁義忠信，樂善不倦」，性分之尊，本然之貴，由天賦者也，故曰天爵。「公卿大夫」，外至之榮，緣飾之美，由人合者也，故曰人爵。上章「萬鍾不辨禮義」，嚴行垂戒。然凡人求爲大官之心，根株尤不易拔，故特揭明之。

古之人修其天爵，而人爵從之。

古之時，士有德行道藝，升於司徒。凡修明德行之士，未有不被選舉者也，故曰「人爵從之」。

今之人修其天爵，以要人爵。既得人爵，而棄其天爵，則惑之甚者也，終亦必亡而已矣！」

要，求也。修而有所要，欺詐得官者也。竊嘗謂人者天之所命，官者亦天之所命也，人與官宜合而爲一，不當岐而爲二。若分而二之，則爲官者無人格矣。乃後世公卿大夫，莫不與「仁義忠信、樂善不倦」背道而馳，嗚呼！《孟子》所謂今之人，近世所謂古之人矣，終亦必亡，高官豈能久享哉？

19　良貴章《告子篇上》〔一〕

〔一〕「告子篇上」，原誤作「告子篇下」，據《孟子》文正。

孟子曰：「欲貴者，人之同心也。人人有貴於己者，弗思耳。

「貴於己者」，謂之天爵。「公都子」章曰「弗思耳矣」，「桐梓」章曰「弗思甚也」，此章曰「弗思耳」，三言「弗思」，如呼寐者而使之覺，可不矍然自省耶？上章於飲食之養小失大已垂戒，然凡人有慕膏粱文繡之心，鄙吝復生矣，故特揭明之。

人之所貴者，非良貴也。趙孟之所貴，趙孟能賤之。

趙孟，晉卿，趙文子也。孟子言心則謂良心，言知能則曰良知良能，言貴則曰良貴，良字極有味。蓋天所賦者謂之良，舍乎是而求於外，則不良矣。「趙孟之所貴，趙孟能賤之」者，惟其自賤，故趙孟得而賤之也。

《詩》云：『既醉以酒，既飽以德。』言飽乎仁義也，所以不願人之膏粱之味也。令聞廣譽施於身，所以不願人之文繡也。」

《詩》，《大雅·既醉》篇。膏，肥肉。粱，美穀。令，善也。聞，亦譽也。文繡，衣之美者。《中庸》曰：「君子素其位而行，不願乎外。」衣食爲生人所至急，然食能果腹，衣足蔽身斯可矣。苟加我不義之富貴，而食我膏粱，衣我文繡，可耻孰甚？所以不願者，羞惡之良心不泯也。諺云：「膏粱文繡中無佳子弟。」可畏哉！

20　舜發於畎畝之中章《告子篇下》

孟子曰：「舜發於畎畝之中，傅説舉於版築之間，膠鬲舉於魚鹽之中，管夷吾舉於士，孫叔敖舉於海，百里奚舉於市。

舜耕歷山，三十登庸。説築傅岩，武丁舉之。膠鬲遭亂，鬻販魚鹽，文王舉之。管仲囚於士師，桓公舉以相國。孫叔敖隱處海濱，楚莊王舉爲令尹。百里奚虞人，秦穆公舉爲相。舜以下三人，聖賢也。管夷吾以下三人，英雄也。聖賢實兼英雄之資，而英雄可以希於聖賢。

故天將降大任於是人也，必先苦其心志，勞其筋骨，餓其體膚，空乏其身，行拂亂其所爲，所以動心忍性，曾益其所不能。

大任雖由天降，實由人之自任。心性之學，要在磨練。苦心志，磨鍊其心思。勞筋骨，餓體膚，磨鍊其體骨。空乏其身，拂亂其所爲，經濟中世故中之磨鍊。聖賢之動忍，《書》所謂〔一〕「思曰睿，睿作聖」〔二〕，因磨鍊而先知先覺也。英雄之動忍，因磨鍊

〔一〕「《書》所謂」三字脱，據《演講録》文補入。
〔二〕《書・周書・洪範》文。

而知覺愈靈。故知人所不知謂之英，能人所不能謂之雄。

人恒過，然後能改。困於心，衡於慮，而後作。徵於色，發於聲，而後喻。

恒，常也。橫，不順也。作，奮起也。徵，驗也。喻，曉也。此節人字與上節人字不同，乃指中人以下言。「恒過然後能改」，知覺之滯鈍也。後作後喻，知覺之落於人後也。困心橫慮，不過吾心之悔吝。至徵色發聲，則辱及其身矣。心，合知覺與性者也，故此節單提心字。

入則無法家拂士，出則無敵國外患者，國恒亡。

法家，法度之世家。拂與弼同，輔弼之賢士。此節仍重在一心。國之所以存者，本心之戒謹恐懼也。苟有法家拂士，而拒諫飾非；有敵國外患，而晏安酖毒，國亦終歸於亡。故出入之間，皆當動吾心之戒懼，警吾心之知覺。《易傳》曰：「君子存而不忘亡。」是以身安而國家可保也。

然後知生於憂患，而死於安樂也。」

二語如霹靂震空。生死之界，尤重在一心。凡人處憂患之境，此心自然清明。清明者，生機也。安樂之境，此心恒多昏闇。昏闇者，死氣也。然後世之士，未嘗不知憂患，而不本於心性之本原，則其憂患實多隔膜。憂雖日深，而患不能弭。此安樂之心有以間之也。聖賢英雄之處境，無所謂憂患、安樂，惟體驗吾心之生與死耳。《莊子》曰：「哀莫大於心死。」〔一〕欲救人心之死。先震醒國民之良知。

21 盡心知性章《盡心篇上》

孟子曰：「盡其心者，知其性也。知其性，則知天矣。

盡心者，盡吾心萬物皆備之體。知性者，知仁義禮智信五德，莫非五性。知天者，知仁義禮智信之德，皆天之所以命我，而當推之於人。

或謂先盡心後知性，或謂知性然後盡心。

按：朱注：「知性則物格之謂，盡心則知至之謂。」是知性當在盡心之先，即知天亦當包乎盡心之内。

存其心，養其性，所以事天也。

存謂操而不舍，養謂順而不害。《禮記·哀公問》篇曰：「仁人之事天也如事親，事親也如事天。」乾坤爲大父母，事天者，無忝所生，所謂仰不愧於天也。

〔一〕《莊子·田子方》文。

殀壽不貳，修身以俟之，所以立命也。」

殀壽，命之短長也。不貳者，不貳其志也。《中庸》曰：「君子居易以俟命。」修身以俟者。俟命非俟死也。立命者，非立一己之命，乃經綸天下之要務，爲生民立性命。大之則挽回氣運，進於造命矣。

按：心性之辨，至不易明。陸稼書先生謂：「人之生也，氣聚而成形，而氣之精英，又聚而爲心。是心也，神明不測，變化無方。要之亦氣也，其中所具之理則性也。故程子曰性即理也，邵子曰心者性之郛郭，朱子曰靈處是心不是性。是心也者，性之所寓，而非即性也。性也者，寓於心而非即心也。」〔一〕據陸先生之説，可見知性即窮理，盡心則包乎萬彙，存心即求放心，養性則養喜怒哀樂未發之中。而其實皆天所賦之良知良能，葆天之命，斯可以立民之命，此章之旨瞭然矣。

22 莫非命也章《盡心篇上》

孟子曰：「莫非命也，順受其正。

〔一〕陸隴其《學術辨》「中」文。

性有義理氣質之分，命亦有義理氣數之分。義理者，福善禍淫。虞舜大德受命，孔子千秋俎豆，所謂德命是也。氣數者，禍福與善惡相反。顏淵蚤夭，盜跖壽終，所謂禄命是也。二者皆莫之致而至，故曰莫非命。受順者，順受義理之正，挽回氣數，爲生民立命。不然，雖富貴亦爲倖致，壽考亦徒不死。天之所厚我生者，皆虛擲矣。

是故知命者，不立乎巖牆之下。

此以下命字，皆義理之命。巖牆，牆之將覆者，天下希圖徼倖之事，立巖牆之類。

盡其道而死者正命也。

孟子特舉巖牆以爲喻爾。彼倚賴富貴，自蹈危機，冰山一倒，己身隨之而糜，何可勝道？《易·困》卦曰：「困于石，據乎蒺藜。」不安分而不知命也。曾子曰：「啓予足，啓予手，戰戰兢兢，如臨深淵，如履薄冰。」可謂盡其道而死矣。又曰：「戰陳無勇，非孝也。」可見盡道者，視乎義之所宜。殺身成仁，亦盡道也。周、孔、顏、曾，盡其道者也。夷、齊、龍、比、睢陽、文山，亦盡其道者也，故曰正命。

桎梏死者，非正命也。」

桎梏所以拘罪人者，毀傷其體膚矣。《孟子》言旦晝所爲，梏亡其良心。人必先桎梏其心，乃至於桎梏其身而死，故曰「非正命」。

23 求則得之章 《盡心篇上》

孟子曰：「求則得之，舍則失之，是求有益於得也，求在我者也。

「求則得之」二句，與「公都子問性」章相應。在我者，謂天命之性。仁義禮智信之五德，人生當世，不可失其爲我。明顧涇陽先生《識我》篇謂：「人有萬里而尋求父兄者，孝弟之至矣。顧未聞有反身而尋求我者，蓋由放心而不知求也。」

求之有道，得之有命，是求無益於得也，求在外者也。」

有道，言不可妄求。有命，兼理教言，不可必得。在外者謂富貴利達，凡外物皆是。《孟子》謂：「人之所以求富貴利達者，其妻妾不羞也，而不相泣者幾希。」大丈夫當有氣骨，何至因儻來之物而爲無益之求乎？故有志者，心不可萌非分之思，身不可作無益之求。

24 萬物皆備章 《盡心篇上》

孟子曰：「萬物皆備於我矣。

此《大學》格物之功也。《詩》曰：「天生烝民，有物有則。」大則君臣父子，小則事物細微，其當然之理，無一不具於性分之内也。有以格而致之，則能類萬物之情，而使之各得其所，故曰皆備於我。

反身而誠，樂莫大焉。

此《大學》八條目，以修身爲本，而修身以誠意爲本也。樂者自慊名教中之至樂也。曰樂莫大，則心廣體舒矣。古語曰：「作德，心逸日休。作僞，心勞日拙。」〔一〕誠僞之辨，人心生死之界也。君子必誠其意。樂則生機日暢矣。

彊恕而行，求仁莫近焉。」

此《大學》絜矩之道，即仁恕一貫之道也。恕者如心之謂，推吾心以及人。所惡于上，毋以使下。所惡於下，毋以事上。推之前後左右無不皆然，所謂恕也。仁者己欲立而立人，己欲達而達人也。生人大患，莫若有己而無人。惟有己無人則事事隔閡，爭民施奪，而殺機以起。《孟子》因恕之難行也，故曰彊。因人之以仁爲遠也，故曰求仁莫近。然則行恕求仁之方宜如何？曰：仁者與民同好惡，以財發身，而不以身發財，故當自公好惡辨義利始。

〔一〕見載《羣書治要》所引《書・周官》。

25　君子有三樂章《盡心篇上》

孟子曰：「君子有三樂，而王天下不與存焉。

君子之志，以王天下爲樂者也。不得位則退而求三樂，隱居求志非忘天下也。

父母俱存，兄弟無故，一樂也。

此人生至難得之事。《大戴禮記・曾子疾病》篇曰：「親戚親戚，指父母言。既沒，雖欲孝，誰爲孝乎？年既耆艾，雖欲弟，誰爲弟乎？」父母俱存，兄弟無故，爲人生莫大之福。君子樂之，心性中之至樂也。

仰不愧於天，俯不怍於人，二樂也。

事有不可對於天者，於是乎愧。事有不可對於人者，於是乎怍。不可對於天與人，即其不可對於心者也。故愧怍二字皆從心，皆發於本心之良知也。昔湯潛庵先生諱斌，河南人，教人專以不愧不怍爲主。惟不愧而後能養浩然正大之氣，不怍而後能收開物成務之功，君子樂之，道德中之至樂也。

得天下英才而教育之，三樂也。

聖賢之學，善世爲先，而善世以教育爲本，《中庸》所謂「由成己而成物」也。惟教育之行，非可强致。有囿於一鄉一黨者，有囿於一國一邑者。曰得天下英才，則其爲效也大矣。後代惟漢之鄭君、宋之朱子，足以當之。君子樂之，學問中之至樂也。

君子有三樂，而王天下不與存焉。」

達而在上，則極王天下之量；窮而在下，則彙三樂之全。《易》曰「見龍在田，天下文明。」師道即君道也。君子必有樂於此樂乎？

26　廣土衆民章《盡心篇上》

孟子曰：「廣土衆民，君子欲之，所樂不存焉。

孟子論以齊王，曰：「地不改辟矣，民不改聚矣，行仁政而王，莫之能禦。」廣土衆民，可以爲行政之地，故君子欲之。

中天下而立，定四海之民，君子樂之，所性不存焉。

此《易傳》所謂「聖人南面而聽天下，嚮明而治」[一]也。可見以王天下爲樂也。後儒菲薄事功，以爲「君子之於王天下，若浮雲之過太虛」[二]，其説過高矣。

[一]《説卦傳》文。
[二]《唐宋文醇》卷一一總評柳宗元《桐葉封弟辨》之語。

君子所性，雖大行不加焉，雖窮居不損焉，分定故也。

有名分，有位分，有性分。庸夫俗子，得一金而莫知所措，得一官而終身依戀者，亦其分也。君子分定，在尊德性，大行不加，窮居不損，此《易·乾》卦樂行憂違，善世不伐，德博而化之象，「舜禹有天下而不與」〔一〕是也，性之所固有也。

君子所性，仁義禮智根於心。其生色也，睟然見於面，盎於背，施於四體，四體不言而喻。」

根心，確乎不可拔也。睟然，清和潤澤貌。盎，豐厚盈溢之意。「施於四體」謂見於動作威儀間也。喻，曉也。此《易·坤》卦「正位居體，美在其中，而暢於四支」之象，孔子「從心所欲不逾矩」是也。性之所固有也。

27 飢者甘食章《盡心篇上》

孟子曰：「飢者甘食，渴者甘飲，是未得飲食之正也，飢渴害之也。豈惟口腹有飢渴之害？人心亦皆有害。

〔一〕《論語·泰伯》載孔子語。

天下害人者，莫若一甘字。因飢而甘食，因渴而甘飲，遂有不飢不渴，而亦甘食甘飲者，是悖乎生理，而失飲食之正也，甘害之也。因貧而甘富，因賤而甘貴，遂有不貧不賤而甘富甘貴者，憧憧爾思，失其天命之正，於是乎害其心、喪其名，以喪其身，甘害之也。

人能無以飢渴之害爲心害，則不及人不爲憂矣。」

世人號於衆曰：「我爲飢而求食也，我爲渴而求飲也，不得已也。」諺所謂：吃飯麪包問題。嗚呼！吾鮮聞有因飢渴而死者，是特因甘富貴，而籍口於飢渴耳。甘富貴則害心，而心且死。道德不及人，才能不及人，知覺靈警不及人，國民之大憂也。

28 形色天性章《盡心篇上》

孟子曰：「形色天性也，惟聖人然後可以踐形。」

形指全體言，色指顔色言。天性，天則也。踐形者，全乎天則也。自程子言性有義理、氣質之分，後人多舍氣質而高談義理。不知人有耳目即有當聽當視之則，有口即有當言之則，以及足容重、手容恭等，無非天則也，何必離氣質而言性乎？宋張子曰：「其踐形惟肖者也。」肖者，肖乎天也。人心之喜怒哀樂，如天道之春夏秋冬，悉合乎時中，則一身皆太和之元氣也。

29　口之於味章《盡心篇下》

孟子曰：「口之於味也，目之於色也，耳之於聲也，鼻之於臭也，四肢之於安佚也，性也，有命焉，君子不謂性也。

張子曰：「形而後有氣質之性，善反之，則天地之性存焉。」〔一〕故氣質之性，君子有弗性者焉。口之於味五者，人不能無欲，氣質之性也。然有命以限之者，君子則不謂之性，蓋以義理勝氣質也，所謂天勝人也，是爲立命之學。

仁之於父子也，義之於君臣也，禮之於賓主也，知之於賢者也，聖人之於天道也，命也，有性焉，君子不謂命也。」

仁、義、禮、智、天道五者，皆性之所固有也。然而有命以限之者，一則囿於氣稟之厚薄，一則因乎境遇之窮通也。凡人棄其性，即所以隳其命，故「君子不謂之命」者，是能以義理勝氣數也，所謂以人勝天也，是爲盡性之學。

〔一〕張載《正蒙·誠明》文。

30 人皆有所不忍章《盡心篇下》

孟子曰：「人皆有所不忍，達之於其所忍，仁也。人皆有所不爲，達之於其所爲，義也。

有所不忍、有所不爲，本心之良知也。達之於其所忍、所爲，其工夫非止一層。譬諸不忍於親，而忍於民；不忍於民，而忍於物；不忍於動物，而忍於植物。如何而達，要在舉斯心而加諸彼。譬諸不爲於簞食豆羹，而爲於數十鎰百鎰；不爲於數十鎰百鎰，而爲於千鍾萬鍾；不爲於千鍾萬鍾，而爲於千駟萬乘。如何而達？要在舉乎小以進於大，必推勘到極精極深處，充類至盡，方可爲仁，方可爲義〔一〕。

人能充無欲害人之心，而仁不可勝用也；人能充無穿窬之心，而義不可勝用也。

穿，穿壁。窬，踰牆。無欲害人、無穿窬，本心之良知也，無以充之，則良知易於汩没。試撫心自問，吾心果有所忮乎？有所忮，即有所忌。忌字應從己。己，蛇也〔二〕。一蛇盤踞於心，其不害人以自害也幾希。吾心果有所求乎？有所求則有所

〔一〕此段亦見唐先生《孟子大義》。
〔二〕陸世儀《思辨録輯要》卷六「誠正類」謂：「忌者己心也。己字古文作蛇。蛇有毒害之意，故人心莫毒於忌。」

作。《論語》曰：「色厲而内荏。譬諸小人，其猶穿窬之盜也與！」惟其有求而作僞也，必先去忮求之心，擴充到極深處，而仁義乃不可勝用。

人能充無受爾汝之實，無所往而不爲義也。

爾汝，人所輕賤之稱〔一〕。受爾汝之實，如奴僕性質也。何以甘爲奴僕？有所依賴也，有所干求也。末俗驕侈，動以爾汝臨人，欲充無受爾汝之實，必須有特立之氣節，特立之精神，養其浩然之氣，斯能進於道義，故曰：「無所往而不爲義也。」

士未可以言而言，是以言餂之也；可以言而不言，是以不言餂之也，是皆穿窬之類也。」

餂，探取之也。此指當時策士而言。以言餂或以不言餂，無非揣摩人之意指，思有以誘之，有以畏之，而遂我之私欲，所謂縱横捭闔是也。穿窬者，盜人之物，著於有形。餂人者，盜人之意指，藏於無形。而無形之穿窬爲害尤大，受其禍者必至亡國敗家而後已。

〔一〕朱子《孟子集注》義。

31 堯舜性者章《盡心篇下》

孟子曰：「堯舜，性者也。湯武，反之也。

堯舜，天性渾全，無待修爲，《中庸》所謂「自誠明」，生而知之者也。湯武，修身體道以復其性，《中庸》所謂「自明誠」，學而知之者也。

動容周旋中禮者，盛德之至也；哭死而哀，非爲生者也；經德不回，非以干祿也；言語必信，非以正行也。

經，常也。回，曲也。「動容」二句，指威儀。「哭死」二句，指性情。「經德」二句，指德行。「言語」二句，指言論。四者無爲而爲，性者也。

君子行法，以俟命而已矣。」

法者天則也。行法，尊先王之法則也。《尚書》所謂：「天叙有典，天秩有禮。」皆所以行法。或解作法律者，誤。行法而反求諸身，居易俟命，有所爲而爲，反之也。

32 養心章《盡心篇下》

孟子曰：「養心莫善於寡欲。其爲人也寡欲，雖有不存焉者寡矣。其爲人也多欲，雖有存焉者寡矣。」

欲，如口鼻耳目四肢之欲，雖聖人不能無欲，而節之以期於寡。君子治心之功，有出於消極者，有出於積極者。消極者，如《論語》「克己」，此章「寡欲」是也；積極者，如《論語》「復禮」，此章「養心」是也。未有不克己而能復禮者，未有不寡欲而能養心者。《易傳》曰：「成性存存。」存而又存，其功至密矣！世之人耽聲色貨利，以致梏亡其心；應守之戒，曰：「欲不可縱。」

附録：孟子論知覺學[一]

【釋】本篇具説經學之「心學」門法。

戰國之時，人心陷溺，惟功利是謀，生民知覺，日益混濁卑鄙，不可究詰，孟子之學，承曾子、子思之緒，曾子作《大學》曰：「知止而後有定。」子思作《中庸》曰：「知遠之近，知風之自，知微之顯。」皆聖門知覺學之精微，孟子掞張厥旨，發明救世之本，首正人心，時提先知先覺，次提良知，復大聲疾呼曰：「爲機變之巧者，無所用耻。」蓋知覺靈敏之機，發於平旦清明之氣，若誤以變詐爲事，則世道人

[一] 載《交通大學演講録》第二集上卷「經學心學類」第二期講義。

心，淪喪而不可救藥矣。爰續述孟子論知覺學。

《萬章篇》：（節録《孟子》引伊尹語）「**天之生此民也，使先知覺後知，使先覺覺後覺也。予，天民之先覺者也，予將以斯道覺斯民也，非予覺之而誰也。**」

三「予」字當注意，挺然自任，非嘐嘐然爲大言也。不言先聖先哲，而云先知先覺，可見聖人經綸天下，必以知覺學爲先。以在我之知覺，開生民之知覺，如何而普及以覺之？如何而分等差以覺之？要必有大經綸、大學問爲之提倡引導，《周易·屯》卦之所謂「幾」也。

《告子篇》：孟子曰：「仁，人心也；義，人路也。舍其路而弗由，放其心而不知求，哀哉！人有雞犬放，則知求之，有放心而不知求。學問之道無他，求其放心而已矣！」

《孟子》不輕言「哀」字，而「自暴自棄」章及此章皆言「哀哉」，哀莫大於心死也，心死則知覺亡，醫家所謂麻木不仁是也。本章「雞犬放則知求之」，以動物爲喻，下二章「指不若人，則知惡之」，以身體爲喻，「拱把之桐梓，人苟欲生之，皆知所以養之者」，以植物爲喻。心爲大體，而人反不知求、不知惡、不知養者，知覺亡也。

《告子篇》：孟子曰：「舜發於畎畝之中，傅説舉於版築之間，膠鬲舉於魚鹽之中，管夷吾舉於士，孫叔敖舉於海，百里奚舉於市。故天將降大任於是人也，必先苦其心志，勞其筋骨，餓其體膚，空乏其身，行拂亂其所爲，所以動心忍性，曾益其所不能。人恒過，然後能改；困於心，衡於慮，而後作；徵於色，發於聲，而後喻；入則無法家拂士，出則無敵國外患者，國恒亡，然後知生於憂患而死於安

樂也。」

人惟能苦其心志，而後能動心忍性。能動與忍，而知覺之靈機乃愈出，否則不能者終於不能矣。人與萬物競爭，即日處於悔吝榮辱之境，而萬物皆有與我以悔吝榮辱之權，所恃者，吾心知覺之靈警耳。法家拂士，敵國外患，皆所以警醒吾之知覺也。國恒亡者，知覺昏也，「然後知」二句，知之猶未爲晚也，生死關頭，在於知覺之通塞，知覺之於人大矣哉！

孟子曰：「人之所不學而能者，其良能也；所不慮而知者，其良知也。孩提之童，無不知愛其親也，及其長也，無不知敬其兄也。親親仁也，敬長義也，無他達之天下也。」

此性善之明徵也，性善則知覺亦善。王陽明先生「致良知」之學，實本於此，致即所謂達也。愚嘗謂：知覺之靈警，必本於善良，而後不流於欺詐。《孟子》「不忍人」章曰：「凡有四端於我者，知皆擴而充之矣。」此知字即良知也。「仁之實」章曰：「樂則生矣，生則惡可已也。」善良之知覺，莫非生機之洋溢，乃孟子言無不知愛敬，而世之人多有不知愛敬者，知覺之昧昧若此，天下所以多亂也。

《盡心篇》：孟子曰：「知者無不知也，當務之爲急；仁者無不愛也，急親賢之爲務。堯舜之知而不徧物，急先務也；堯舜之仁不徧愛人，急親賢也。不能三年之喪，而緦小功之察，放飯流歠，而問無齒決，是之謂不知務。」

「當務爲急」，所以爲智，不廢精神於無用之地也；「急親賢」，所以爲仁，不令小人間之也。不知務者日多，則政治日壞。饑饉之薦臻也，流離之載道也，不察也，乃猥而問牛喘（《漢書・丙吉傳》）；干謁之接踵也，賄賂之公行也，不察也，乃下而摭瑣節。耗數年之心力，研究無益之事，不知務也。竭億萬之貲財，供給無益之用，不知務孰甚。洎乎後世，闒冗淺妄者流，轉欲以章程條例治天下，壹意毛舉細故，察察爲名，文網愈密，限制人才，適以限制國力，而天下益多故矣！嗚呼！「不知務」而至於鑿其性、汩其性，知覺昏昧，不仁不智，是人役也，亡無日矣！

卷五

孟子政治學

【釋】孟子政治學乃唐先生孟子學核心。《交通大學演講録》置於第四集第四期，唐先生別撰一較爲精簡之序文，云：「孟子政治學，余於前兩期已講明大旨，兹更有進者。《論語》孔子告季康子曰：『政者，正也。子帥以正，孰敢不正。』蓋惟當道者能恪守正道，維持正氣，而後政治清明，百姓胥受其福。反是而爲不正，則生心害政，有不忍言者。孟子之言政治，皆内勘諸心，惟正其心，而後能提倡一國之正氣，以底於治平。兹特選四章講貫如左。」謹按：前兩期謂尊孔學及心性學，《講演集》第一講第六期爲《孟子分類大綱（政治學本於心性學）》，附録在本卷之後，以見唐先生論旨之全體。本卷收録四十八章，足見分量之重。《演講録》録三章，選目列四十六章，皆備載其中。

孟子政治學題辭〔一〕

「帝者與師處，王者與友處，亡國與役處。」此郭隗告燕昭王之言，卒以復燕國。詎知孟子已先言之。《孟子》之言曰：「不仁不智，無禮無義，人役也。」故人役而耻爲役，不啻弟耻受命於先師。弟子以先師爲迂而耻受命，則不能成人。小役大，弱役强，以大國爲法，則不能立國。然則欲免人役，而能自得師者，莫若師孟子。孟子本人道以言政治，《周易·説卦傳》：「立人之道曰仁與義。」曰行仁，曰懷義，曰不忍，曰「憂樂與民同，生殺與衆共」，詳矣。

而尤當服膺者，在答齊宣王外交之問，以句踐事吴爲法。「夫無報人之志，而使人疑之，愚也。有報人之志，而使人知之，危也。事未發而先聞，殆也。」此子貢告句踐之言也。見《史記·仲尼弟子列傳》。句踐師其言，卒復會稽之辱。故曰：「畏天者保其國。」畏者，謙慎斂藏之意。句踐十年生聚，十年教訓，如鷙鳥之先匿其形，而吴果爲沼。使其囂然號於衆曰：「我卧薪也，我嘗膽也。」其爲吴夫差擒決矣。是故智不深、

〔一〕文又載《茹經堂文集》四編，未録入《交通大學演講録》，「孟子政治學」《演講録》置於第四集第四期。

勇不沉，浮躁淺露，未有能濟事者也。吴夫差適得句踐之反，昧遠交近攻之策，窮兵黷武，雖勝齊艾陵，而精鋭銷亡，見《左氏・哀公十一年傳》。復遠略晉國，戰綫過長，成强弩之末。黄池之會，儼然盟主，見《左氏・哀公十三年傳》。而越已入吴矣。安其危而利其災，不仁者可與言哉？

吾讀《國語・吴語》與《史記・越世家》，喟然嘆曰：「前事之不忘，後事之師也。韜晦者如此，驕肆者如彼。逆天者如彼，畏天者如此。『滄浪之水，清斯濯纓，濁斯濯足。』後世有國者，其知識幸毋出孺子下哉！」余前既編《越句踐志》，復〔一〕輯孟子政治學第五。

1　孟子見梁惠王第一章《梁惠王篇上》〔二〕

孟子見梁惠王。

梁惠王，魏侯，名罃。以其都大梁，故稱梁王。

〔一〕「余前既編《越句踐志》，復」，《茹經堂文集》本無。

〔二〕此章録入《演講録》中。

王曰：「叟，不遠千里而來，亦將有以利吾國乎？」

叟，長老之稱。不遠千里而來，謂不以千里爲遠也。

孟子對曰：「王何必曰利？亦有仁義而已矣。

治國之道，唯有仁義爲根本。蓋戰國時代好利爭利，殺伐日熾。如以義爲利，則上下安而國治矣。故孟子首教梁王以義利之辨。

王曰何以利吾國，大夫曰何以利吾家，士庶人曰何以利吾身，上下交征利而國危矣。萬乘之國弒其君者，必千乘之家；千乘之國弒其君者，必百乘之家。萬取千焉，千取百焉，不爲不多矣。苟爲後義而先利，不奪不饜。

征，取也。交征利，不獨上征下利，上與上，下與下，亦互相征利。乘，兵車。萬乘之國，有一萬輛兵車之大國。下殺上曰弒。饜，足也。此節重「王曰」句。王惟利是求，則上行下效，相競以利，終必出於爭奪弒殺而後已。

未有仁而遺其親者也，未有義而後其君者也。

不遺親不後君，乃仁義中之利，大利美利也。何必言一人之私利。

王亦曰仁義而已矣。何必曰利？」

《孟子》七篇，首辨義利爲端心術之本。好利生於其心，則害於其政。《史記·孟子列傳》曰：「嗟乎！利誠亂之始也。孔子罕言利，常防其源也。」六國與秦皆好利，是以終至於滅亡。

2　寡人之於國章《梁惠王篇上》

梁惠王曰：「寡人之於國也，盡心焉耳矣。河内凶，則移其民於河東，移其粟於河内。河東凶亦然。察鄰國之政，無如寡人之用心者。鄰國之民不加少，寡人之民不加多，何也？」

寡人，寡德之人。河内、河東皆魏地。凶，謂災荒。加少，謂少而又少也。

孟子對曰：「王好戰，請以戰喻。填然鼓之，兵刃既接，棄甲曳兵而走，或百步而後止，或五十步而後止，以五十步笑百步，則何如？」曰：「不可。直不百步耳，是亦走也。」曰：「王如知此，則無望民之多於鄰國也。

填然，進兵急鼓聲。曳兵而走，倒戈而逃也。笑，譏笑也。「曰不可」至「是亦走也」三句，是惠王答辭。孟子因功利之人好戰，故以戰爲喻。不行王政，與鄰國相比，大虐小虐耳。

不違農時，穀不可勝食也；數罟不入洿池，魚鼈不可勝食也；斧斤以時入山林，材木

不可勝用也。穀與魚鼈不可勝食，材木不可勝用，是使民養生喪死無憾也。養生喪死無憾，王道之始也。

違，背也。農時，謂春耕、夏耘、秋收，人民務農之時也。數罟，密網。池，洿下之地。斤，亦砍木之斧。憾，遺恨也。養生喪死，人性之常。天産菁華，必須留其有餘，不可使之不足。孟子尚未言經紀之法，僅言其原質，故曰王道之始。

五畝之宅，樹之以桑，五十者可以衣帛矣；雞豚狗彘之畜，無失其時，七十者可以食肉矣；百畝之田，勿奪其時，數口之家，可以無飢矣；謹庠序之教，申之以孝悌之義，頒白者不負戴於道路矣。七十者衣帛食肉，黎民不飢不寒，然而不王者，未之有也。

「謹庠序之教」，慎重學校教育也。申者，丁寧反覆之意。講明孝弟之義，則民知仁親尊老之禮。頒白者，頭半白黑。負戴於道路，謂負戴重物，勞働途中也。此言於百姓衣食教養各端，施以善良制度，此王政之大成也。

狗彘食人食而不知檢，塗有餓莩而不知發，人死，則曰：『非我也，歲也。』是何異於刺人而殺之，曰：『非我也，兵也。』王無罪歲，斯天下之民至焉。」

檢，制止也。餓莩，餓屍也。發，發倉廩也。不知體惜民之疾苦，但推諉於歲凶，百姓離心，安有來歸之望乎？

3　願安承教章《梁惠王篇上》

梁惠王曰：「寡人願安承教。」

謂願意安心受教也。

孟子對曰：「殺人以梃與刃，有以異乎？」曰：「無以異也。」

梃，木杖。

「以刃與政，有以異乎？」曰：「無以異也。」

政，謂殺人之政。「無以異」二句，皆惠王答辭。

曰：「庖有肥肉，廄有肥馬，民有飢色，野有餓莩，此率獸而食人也。

以下，孟子答辭。庖，廚房。廄，馬棚。搜括民食以養禽獸，民飢而馬肥，無異驅獸食人。

獸相食，且人惡之；爲民父母，行政不免於率獸而食人，惡在其爲民父母也。

且人猶言人且，經書中倒字法。惡，憎也。「惡在」之惡，反語辭。「爲民父母」，愛民如子，故尊之曰父母。禽獸相鬭，人且憎厭。率獸食人，虐民政治，是民之寇讎也。稱爲父母，良心安在乎？

仲尼曰：『始作俑者，其無後乎！』爲其象人而用之也。如之何其使斯民飢而

死也？」

　　俑，人死從葬之木偶人，因其象人，故不忍用。在上者不知民之疾苦，與木偶無異。使民飢而且死，孰使之？長官使之也。

4　晉國天下莫强章《梁惠王篇上》

梁惠王曰：「晉國，天下莫强焉，叟之所知也。及寡人之身，東敗於齊，長子死焉，西喪地於秦七百里，南辱於楚，寡人耻之，願比死者一洒之，如之何則可？」

　　韓、趙、魏三家分晉，故梁王猶自謂晉國。惠王三十年，齊破魏軍，虜其帥太子申。十七年，秦取魏少梁。其後魏又數獻地於秦，又與楚將昭將戰敗，亡其七邑。比，爲也。願爲死者雪其耻也。梁王好戰喜功，以土地之故，糜爛其民而戰之，欲辟土地反失土地，乃欲洒耻，其可得乎？

孟子對曰：「地方百里而可以王。

　　欲雪舊耻，而不改前非，身辱國危，可立而待。如反其本而行仁政，則方百里可王矣。

王如施仁政於民，省刑罰，薄税歛，深耕易耨。壯者以暇日修其孝弟忠信，入以事其

父兄，出以事其長上，可使制梃以撻秦楚之堅甲利兵矣。

深耕，種之深也。易耨，耘不間也。撻，擊也。制梃以撻堅甲利兵，蓋平時訓練壯丁，始用木器，練習既熟，然後授以甲兵，非以吾民血肉之軀，當秦楚之堅甲利兵也。不然梁豈無甲兵乎？

彼奪其民時，使不得耕耨，以養其父母。父母凍餓，兄弟妻子離散。

不行仁政者，奪人民務農之時節，既不得耕耘，焉有養生之資？父母、兄弟、妻子皆其骨肉至親，而不免於凍餓離散之苦，豈不痛心？

彼陷溺其民，王往而征之，夫誰與王敵？

陷，陷於井。溺，溺於水。陷害百姓，爲民寇讎。「王往而征之」，征其民之寇讎也，能不簞食壺漿以迎王師乎？

故曰仁者無敵。王請勿疑。」

「仁者無敵」，蓋古語。仁政之不能推行，病在一疑字。疑事且無成，況疑道德爲迂闊乎？此梁王之所以敗也。

5 齊桓晉文之事章《梁惠王篇上》

齊宣王問曰：「齊桓、晉文之事，可得聞乎？」

齊宣王，姓田氏，名辟疆。戰國時，人多以功利爲事，故宣王以霸業問。

孟子對曰：「仲尼之徒，無道桓、文之事者，是以後世無傳焉，臣未之聞也。無以，則王乎？」

道，言也。以通已。無以，不得已也。王天下，歸往此「大同」之氣象也。

曰：「德何如則可以王矣？」曰：「保民而王，莫之能禦也。」

上句，宣王問語。下句，孟子答辭。保，愛護也。保民爲仁政之首務，惟愛民乃能保民。

曰：「若寡人者，可以保民乎哉？」曰：「可。」曰：「何由知吾可也？」曰：「臣聞之胡齕曰：王坐於堂上，有牽牛而過堂下者，王見之，曰：『牛何之？』對曰：『將以釁鐘。』王曰：『舍之，吾不忍其觳觫，若無罪而就死地。』對曰：『然則廢釁鐘與？』曰：『何可廢也？以羊易之。』不識有諸？」

胡齕，齊臣。釁鐘，鑄鐘，殺牲取血以塗也。觳觫，畏懼貌。孟子述胡齕之言，以不忍爲保民根本。

曰：「有之。」曰：「是心足以王矣！百姓皆以王爲愛也，臣固知王之不忍也。」

有之，齊王答辭。愛，吝惜也。

王曰：「然。誠有百姓者。齊國雖褊小，吾何愛一牛？即不忍其觳觫，若無罪而就死地，故以羊易之也。」

齊王未悟不忍之心，故誤會孟子之意。

曰：「王無異於百姓之以王爲愛也。以小易大，彼惡知之，王若隱其無罪而就死地，則牛羊何擇焉？」王笑曰：「是誠何心哉？我非愛其財，而易之以羊也，宜乎百姓之謂我愛也。」

異，怪也。彼，指百姓。隱，猶痛也。擇，别也。言無罪而死，牛羊有何分别？孟子故設此問，冀王反求本心，而王仍不悟也。

曰：「無傷也，是乃仁術也，見牛未見羊也。君子之於禽獸也，見其生，不忍見其死；聞其聲，不忍食其肉。是以君子遠庖廚也。」

無傷，寬解之辭。仁術，爲仁之方也。遠庖廚，所以養不忍之心也。此節參考蘇東坡《代張方平諫用兵書》。

王説曰：「《詩》云：『他人有心，予忖度之。』夫子之謂也，夫我乃行之，反而求之，不得我心。夫子言之，於我心有戚戚焉。此心之所以合於王者，何也？」

《詩》，《小雅·巧言》篇。忖度，猜測也。夫子，稱孟子也。戚戚，心動貌。不知不忍之可貴，故不知不忍之大用。

曰：「有復於王者，曰：『吾力足以舉百鈞，而不足以舉一羽；明足以察秋毫之末，而不見輿薪。』則王許之乎？」曰：「否。」「今恩足以及禽獸，而功不至於百姓者，獨何與？然則一羽之不舉，爲不用力焉；輿薪之不見，爲不用明焉；百姓之不見保，爲不用恩焉。故王之不王，不爲也，非不能也。」

復，告也。三十斤爲鈞。毛至秋，毫末更細而難見。否，王答辭。「今恩」以下，孟子之言。至重可舉，而至輕不舉。至微可見，而至大不見。恩及異類，而不及同類。不爲也，非不能也。惻隱之念，本心固有。不忍禽獸，何忍黎民？

曰：「不爲者與不能之形，何以異？」曰：「挾太山以超北海，語人曰我不能，是誠不能也。爲長者折枝，語人曰我不能，是不爲也，非不能也。故王之不王，非挾太山以超北海之類也，王之不王，是折枝之類也。

首句爲王問語，「挾泰山」以下皆孟子答辭。形，狀也。挾，腋下持物。超，躍而過也。折枝猶折肢，鞠躬也。自暴自棄者，類皆推諉不爲，心不定而志不堅也。

老吾老以及人之老，幼吾幼以及人之幼，天下可運於掌。《詩》云：『刑于寡妻，至于

兄弟，以御於家邦。』言舉斯心加諸彼而已。故推恩足以保四海，不推恩無以保妻子。古之人所以大過人者，無他焉，善推其所爲而已矣。今恩足以及禽獸，而功不至於百姓者，獨何與？

老，孝養義。幼，鞠育義。運於掌，言易也。《詩》，《大雅·思齊》篇。刑，法也。御，治也。斯心，不忍之心也。蓋擴充本心，爲仁政發端，推恩百姓，乃致王之基。果能推之，王天下何有？

權然後知輕重，度然後知長短，物皆然。心爲甚，王請度之。

權，稱錘也。度，丈尺也。物之輕重長短，必權度而後知。心爲無形之權度。「物皆然」三句，此致知格物之學也。

抑王興甲兵，危士臣，構怨於諸侯，然後快於心與？」

抑，語助辭。構，結也。行此三者，無益有害，何快於心？此孟子再抉王之本心也。

王曰：「否。吾何快於是？將以求吾所大欲也。」

欲，欲望也。心不以是爲快，而野心勃勃，爲欲望所驅。昧於心，昏於事也。

曰：「王之所大欲可得聞與？」王笑而不言。曰：「爲肥甘不足於口與？輕煖不足於

體與？抑爲采色不足視於目與？聲音不足聽於耳與？便嬖不足使令於前與？王之諸臣，皆足以供之，而王豈爲是哉？」曰：「否。吾不爲是也。」曰：「然則王之所大欲可知已。欲辟土地、朝秦、楚、莅中國，而撫四夷也。以若所爲，求若所欲，猶緣木而求魚也。」

便嬖，近幸小臣。「否，吾不爲是」句，爲王答辭。莅，臨也。撫，綏服也。若，如此也。所爲，指王興兵構怨事。所欲，指辟朝莅撫之大欲。緣木求魚，喻必不可得。口體之欲，其害尚小，邪心之欲，禍國殃民。

王曰：「若是其甚與？」曰：「殆有甚焉。緣木求魚，雖不得魚，無後災。以若所爲，求若所欲，盡心力而爲之，後必有災。」曰：「可得聞與？」曰：「鄒人與楚人戰，則王以爲孰勝？」曰：「楚人勝。」曰：「然則小固不可以敵大，寡固不可以敵衆，弱固不可以敵强。海内之地，方千里者九，齊集有其一。以一服八，何以異於鄒敵楚哉？蓋亦反其本矣。

殆，語助辭。曰可得聞，曰楚人勝，皆宣王語。集，合也。反本句領起下文五畝之宅節。甲兵興，士臣危，諸侯怨，國尚不得靖，而欲威加天下乎？繼此以往，不知反本，所謂不推恩，無以保妻子，災莫大焉。

今王發政施仁，使天下仕者，皆欲立於王之朝，耕者皆欲耕於王之野，商賈皆欲藏於王之市，行旅皆欲出於王之塗，天下之欲疾其君者，皆欲赴愬於王，其若是孰能禦之。」

赴愬，來相告訴也。民之歸仁也，猶水之就下，沛然誰能禦之。此節注重「發政施仁」四字。

王曰：「吾惛，不能進於是矣。願夫子輔吾志，明以教我，我雖不敏，請嘗試之。」曰：「無恒產而有恒心者，惟士爲能。若民則無恒產，因無恒心。苟無恒心，放辟邪侈，無不爲已。及陷於罪，然後從而刑之，是罔民也。焉有仁人在位，罔民而可爲也？

惛，昧也。罔，猶網羅，欺其不見而取之也。君子固窮，貧賤不移。若夫小民，旦暮所求，衣食而已。必先富後教，倉廩足而後禮義有所施也。

是故明君制民之產，必使仰足以事父母，俯足以畜妻子，樂歲終身飽，凶年免於死亡，然後驅而使之善。故民之從之也輕。

明君，即仁人。制，經畫也。樂歲，豐年，大有之年也。從，從善。輕，易也。行政之端，養民爲先。

今也制民之產，仰不足以事父母，俯不足以畜妻子，樂歲終身苦，凶年不免於死亡，此

惟救死而恐不贍，奚暇治禮義哉？

此節制字，乃削奪民産，非爲民經畫也。贍，足也。不暇治禮義，故陷於罪。民窮財盡之爲害，是在上者陷之也。

王欲行之，則盍反其本矣？

此節與上呼應。

五畝之宅，樹之以桑，五十者可以衣帛矣。雞豚狗彘之畜，無失其時，七十者可以食肉矣。百畝之田，勿奪其時，八口之家，可以無飢矣。謹庠序之教，申之以孝弟之義，頒白者不負戴於道路矣。老者衣帛食肉，黎民不飢不寒，然而不王者，未之有也。」

注釋見前。此乃文王之古制，孟子述之，所謂反本者是也。

6　交隣國章《梁惠王篇下》

齊宣王問曰：「交鄰國有道乎？」孟子對曰：「有。惟仁者爲能以大事小，是故湯事葛，文王事昆夷；惟智者爲能以小事大，故大王事獯鬻，句踐事吴。

葛，國名。昆夷、獯鬻，戎狄之國。句踐，越王名，先事吴王夫差，其後報讎復國。

以大事小者，樂天者也。以小事大者，畏天者也。樂天者保天下，畏天者保其國。

樂天者含宏徧覆，畏天者修身恐懼，要其旨歸，謙與誠而已矣。惟謙與誠，乃得人和，而可以用兵。

《詩》云：『畏天之威，于時保之。』」

《詩》，《周頌・我將》之篇。于時，於是也。《書》曰：「天明威，自我民明威。」顧畏於民，不敢自恣，即所以畏天之威，起下文安民之意。

王曰：「大哉言矣！寡人有疾，寡人好勇。」

對曰：「王請無好小勇。夫撫劍疾視，曰：『彼惡敢當我哉？』此匹夫之勇，敵一人者也，王請大之。

撫劍，按劍。疾視，怒目而視。匹夫血氣之小勇，敵一人者也。不若擴充義理之大勇，乃可無敵於天下。

《詩》云：『王赫斯怒，爰整其旅，以遏徂莒，以篤周祜，以對於天下。』此文王之勇也，文王一怒而安天下之民。

《詩》，《大雅・皇矣》篇。徂，往也。莒，《詩》作旅。言密人侵阮徂共之衆也。對，答

也。謂答天下仰望之心〔一〕。文王未有天下，而云安天下者，指其德量之大而言。

《書》曰：『天降下民，作之君，作之師。惟曰其助上帝寵之〔二〕**，四方有罪無罪，惟我在，天下曷敢有越厥志。』一人衡行於天下，武王耻之，此武王之勇也，而武王亦一怒而安天下之民。**

《書》，《周書·太誓》篇。作君作師，君道必本於師道也。或讀「上帝寵之」句。或讀「寵之四方」句。「一人衡行」，謂商紂。

今王亦一怒而安天下之民，民惟恐王之不好勇也。」

大勇小勇，判於公私。天下爲公，則仁義之師，有以對答於天下，文、武是也。一念爲私，則爭奪相殺，不久滅亡，六國是也。

7　爲巨室章《梁惠王篇下》

孟子見齊宣王曰：「爲巨室，則必使工師求大木。工師得大木，則王喜，以爲能勝其

〔一〕本朱子《孟子集注》。

〔二〕朱子「四方」屬上。唐先生引張栻《孟子説》「四方」屬下，今保存唐先生原意。

任也。匠人斲而小之，則王怒，以爲不勝其任矣。夫人幼而學之，壯而欲行之，王曰姑舍女所學而從我，則何如？

巨室，大宮也。工師，工程師。斲，以斧砍削也。幼學壯行，孟子素志，所學所行者何？仁義也，即修齊治平之道也。此節擴之極其大，乃爲政之宏綱。

今有璞玉於此，雖萬鎰，必使玉人彫琢之。至於治國家，則曰：『姑舍女所學而從我。』則何以異於教玉人彫琢玉哉？」

璞，玉之在石中者。二十兩爲鎰。玉人，玉工也。治玉必使玉人，治國必任賢者。分玉人之權，則玉不治。分賢者之權，則國不治矣。此篇析之極其精，乃爲政之細目。

8　夫子當路於齊章《公孫丑篇上》

公孫丑問曰：「夫子當路於齊，管仲、晏子之功，可復許乎？」

公孫丑，孟子弟子，齊人。當路，謂執政於齊也。晏子，名嬰，字平仲，相景公。許，猶期也。

孟子曰：「子誠齊人也，知管仲、晏子而已矣。

齊以功利成風，故每以管、晏霸强之業爲極則。

或問乎曾西曰：『吾子與子路孰賢？』曾西蹵然曰：『吾先子之所畏也。』曰：『然則吾子與管仲孰賢？』曾西艴然不悦曰：『爾何曾比予於管仲？管仲得君，如彼其專也；行乎國政，如彼其久也；功烈，如彼其卑也，爾何曾比予於是？』」

曾西，曾子之孫。蹵，不安貌。先子，指曾子。艴，怒色。烈，光也。管仲九合諸侯，一匡天下，而曾西與之比，蓋仁義爲王道之本，功利實霸國之餘。孟子述曾子之言，實上承曾子之師法也。

曰：「管仲，曾西之所不爲也，而子爲我願之乎？」

曰，孟子之言也。貴王賤霸，《春秋》之義。願，望也。

曰：「管仲以其君霸，晏子以其君顯。管仲、晏子猶不足爲與？」

顯，大名也。趨强要名，誠卑賤之不足道。丑誠齊人之知識矣。

曰：「以齊王，由反手也。」

猶通由。反手言易也。

曰：「若是則弟子之惑滋甚。且以文王之德，百年而後崩，猶未洽於天下。武王、周公繼之，然後大行。今言王若易然，則文王不足法與？」

滋，益也。洽，合也。大行，大行於天下也。

曰：「文王何可當也？由湯至於武丁，賢聖之君六七作，天下歸殷久矣，久則難變也。武丁朝諸侯有天下，猶運之掌也。紂之去武丁未久也，其故家遺俗，流風善政，猶有存者；又有微子、微仲、王子比干、箕子、膠鬲，皆賢人也，相與輔相之，故久而後失之也。尺地莫非其有也，一民莫非其臣也。然而文王猶方百里起，是以難也。

當，比也。商自湯至武丁，其間如太甲、沃丁、祖乙、盤庚，皆賢聖之君也。故家，舊臣之家。微子、微仲、王子比干、箕子、膠鬲，皆紂之賢臣。「猶方百里起」，言由百里之地而興起也。「流風善政」，久而不變，殷德未剥，文王亦無取代之心也。

齊人有言曰：『雖有智慧，不如乘勢。雖有鎡基，不如待時。』今時則易然也。

鎡基，田器，耒耜之屬。應時順勢，易如反掌。

夏后、殷、周之盛，地未有過千里者也，而齊有其地矣。雞鳴狗吠相聞，而達乎四境，而齊有其民矣。地不改辟矣，民不改聚矣，行仁政而王，莫之能禦也。

齊地過千里，居民稠密，是其勢易。

且王者之不作，未有疏於此時者也。民之憔悴於虐政，未有甚於此時者也。飢者易

爲食，渴者易爲飲。

朝無善政，民無善俗。水深火熱，輾轉死亡。亂極望治，危極思安。漢賈生曰：「天下之嗷嗷，新主之資也。」〔一〕此之謂矣。

孔子曰：『德之流行，速於置郵而傳命。』

德，恩澤也。置郵，驛馹也，用馬遞信〔二〕。

當今之時，萬乘之國行仁政，民之悦之，猶解倒懸也。故事半古之人，功必倍之，惟此時爲然。」

倒懸，喻百姓困苦之極，而望救之殷也。勢易時切，民之歸仁，猶水之就下，沛然莫之能禦也。此章意歸在尊王賤霸。

9　以力假仁章《公孫丑篇上》

孟子曰：「以力假仁者霸，霸必有大國。以德行仁者王，王不待大，湯以七十里，文王

〔一〕《史記·秦始皇本紀》載賈誼《過秦論》文。

〔二〕本朱子《孟子集注》。

以百里。

以力假仁者陰用强權，外託行仁之名也。以德行仁者，至誠感人也。

以力服人者，非心服也，力不贍也；以德服人者，中心悦而誠服也，如七十子之服孔子也。《詩》云：『自西自東，自南自北，無思不服。』此之謂也。」

贍，足也。《詩》，《大雅·文王有聲》之篇。民之歸仁若子弟之尊師，故孟子引文王詩爲證。

10 仁則榮章 《公孫丑篇上》〔一〕

孟子曰：「仁則榮，不仁則辱。今惡辱而居不仁，是猶惡濕而居下也。

好榮惡辱，人之常情。然人而不仁，則是下流，在人爲辱人，在國爲辱國。

如惡之，莫如貴德而尊士。賢者在位，能者在職，國家閒暇。及是時明其政刑，雖大國必畏之矣。

爲政以用人爲先。賢，有德者。能，有才者。在位，居要地。在職，供執事。及

〔一〕 此章録入《演講録》中。

是時，如不及也。

《詩》云：『迨天之未陰雨，徹彼桑土，綢繆牖戶。今此下民，或敢侮予？』孔子曰：『爲此詩者，其知道乎！能治其國家，誰敢侮之？』

《詩》，《豳風·鴟鴞》之篇。迨，及也。徹，取也。桑土，桑根之皮。綢繆，纏縣補葺。牖戶，巢之通氣出入處。予，鳥自謂也。此詩周公所作，以鳥之爲巢，譬人之治國。禦侮，爲國家要防，可以人而不如鳥乎？

今國家閒暇，及是時般樂怠敖，是自求禍也。

「盤樂怠敖」，縱欲偷安也。及是時，亦有如不及之意。明其政刑，求榮如不及。「盤樂怠敖」，求辱亦如不及。

禍福無不自己求之者。

求福求禍，仁與不仁，全出於自，所謂自侮、自毀、自伐也。

《詩》云：『永言配命，自求多福。』《太甲》曰：『天作孽，猶可違；自作孽，不可活。』此之謂也。」

《詩》，《大雅·文王》之篇。永，長也。言，思也。配命，合天命也。《太甲》，《商書》篇名。孽，災害也。違，挽回補救也。《左氏傳》「禍福無門，惟人是召」[一]，天命靡常，皆由人事，所謂自也。

11 尊賢使能章《公孫丑篇上》

孟子曰：「尊賢使能，俊傑在位，則天下之士，皆悦而願立於其朝矣。

俊傑，才德超衆之人。治國大端，首在用人。舉直錯枉，士樂爲用。

市廛而不征，法而不廛，則天下之商，皆悦而願藏於其市矣。

廛，市宅。意謂收房租則不征貨，徵地賦則不收房租也。商賈不征，則百貨雲集，貿易繁榮。

關譏而不征，則天下之旅，皆悦而願出於其路矣。

設關所以防奸。如以征利，則途多梗阻，商旅不行。

耕者，助而不税，則天下之農，皆悦而願耕於其野矣。

助耕公田，不税私田。人悦輕賦，皆來耕野。

[一]《左傳·襄公二十三年》文。

廛，無夫里之布，則天下之民，皆悦而願爲之氓矣。

布，錢也。夫里之布，罰不事田畝者，一夫之征，二十五家之布也。其後凡人皆廛，而復有夫里之布，則一征再征矣。

信能行此五者，則鄰國之民，仰之若父母矣。率其子弟，攻其父母，自生民以來，未有能濟者也。如此，則無敵於天下。無敵於天下者，天吏也；然而不王者，未之有也。」

天吏，奉行天命之意。得賢而輔，輕薄斂，民悦來歸，於王何有？鄰國之民，税重民苦，不得安生樂命，怨積而離。離則讎，讎則叛而去矣。

12 人皆有不忍人之心章《公孫丑篇上》

孟子曰：「人皆有不忍人之心。

此忍字乃殘忍之忍，非堅忍之忍。人與人同類，故不忍殘其同類，人人皆有此心也。

先王有不忍人之心，斯有不忍人之政矣。以不忍人之心，行不忍人之政，治天下可運之掌上。

先王之心，仁心也。先王之政，仁政也。以仁心行仁政，上下交泰，如身使臂，臂使指，故曰可運之掌上。

所以謂人皆有不忍人之心者，今人乍見孺子將入於井，皆有怵惕惻隱之心，非所以內交於孺子之父母也，非所以要譽於鄉黨朋友也，非惡其聲而然也。

乍，猶忽也。怵惕，驚懼貌。惻隱，哀痛意，即不忍人之心也。內，即納字。要，求也。聲，名也。俄頃之間，良知豁露，聖人行政，愛民如孺子，推此良知而已，豈有爲而然乎？

由是觀之，無惻隱之心，非人也；無羞惡之心，非人也；無辭讓之心，非人也；無是非之心，非人也。

羞，耻己之不善也。惡，憎人之不善也。辭，解使去己也。讓，推以與人也。是，知其善之爲是也。非，知其惡之爲非也。四端根於性，發於情，而統於心。孟子所以重疊言之者，見缺一不可以爲人。

惻隱之心，仁之端也；羞惡之心，義之端也；辭讓之心，禮之端也；是非之心，智之端也。

惻隱者，情也。仁、義、禮、智，性之德也。心統性情者也。端，緒也。因情之發，而性之本然可得而見，猶有物在中，而緒見於外，君子省察之功在於此。

人之有是四端也，猶其有四體也。有是四端而自謂不能者，自賊者也。謂其君不能者，賊其君者也。

四端無形之殘缺，更甚於四體有形之殘缺。自賊者，自賊其心。君有行政之權，賊其君之心，暴虐不仁，則殺千萬人矣。

凡有四端於我者，知皆擴而充之矣，若火之始然，泉之始達。苟能充之，足以保四海；苟不充之，不足以事父母。」

擴，推廣。充，滿也。先儒云：「常人忘有，二氏逃有，聖人善處有。」〔一〕善處有者，擴其良知也，充之以保四海，此心性學之通於政治也。不充不足以事父母，人而不仁，則敗家亡國。故政治重人道，人道首重不忍。

13　矢人章《公孫丑篇上》

孟子曰：「矢人豈不仁於函人哉？矢人唯恐不傷人，函人唯恐傷人。巫匠亦然，故術不可不慎也。

〔一〕呂坤《呻吟語》文。

矢人，造箭者。函人，制甲者。巫，爲人祈祝利人之生者。匠，作棺槨利人之死者。矢人、函人及巫與匠，均是人也，矢人與匠之本性，豈無惻隱之心？而所操之術不同，則所爲之事近乎殘忍不仁矣。

孔子曰：『里仁爲美，擇不處仁，焉得智？』夫仁，天之尊爵也，人之安宅也，莫之禦而不仁，是不智也。

里，以仁厚之俗爲美。尊爵，天所與我之爵。安宅，心所居處之宅。因不仁而不智，是非昧，本心失。

不仁不智，無禮無義，人役也。人役而耻爲役，由弓人而耻爲弓，矢人而耻爲矢也。

人役，奴僕性質也。國中人皆爲役，廉耻道喪，國其殆哉。

如耻之，莫如爲仁。

爲仁，猶言力仁，宜見諸實行，不可託諸空言也。

仁者如射，射者正己而後發。發而不中，不怨勝己者，反求諸己而已矣。」

「爲仁由己，而由人乎哉？」[一]此章注重仁字，極變化之妙。末節當與《中庸・素

[一]《論語・顏淵》載孔子語。

位而行章》參看。

14　孟子之平陸章《公孫丑篇下》

孟子之平陸，謂其大夫曰：「子之持戟之士，一日而三失伍，則去之否乎？」曰：「不待三。」

平陸，齊下邑。大夫，邑宰也。戟，戈有枝者。士，兵士。伍，行列也〔一〕。

「然則子之失伍也亦多矣。凶年饑歲，子之民，老羸轉於溝壑，壯者散而之四方者，幾千人矣。」曰：「此非距心之所得爲也。」

子之失伍，言其失職，猶士之失伍也。距心，平陸大夫名。「非距心之所得爲」，言國君失政，非己權力所及也。

曰：「今有受人之牛羊而爲之牧之者，則必爲之求牧與芻矣。求牧與芻而不得，則反諸其人乎？抑亦立而視其死與？」曰：「此則距心之罪也。」

求牧，求牧地也。芻，草也。距心自知其罪，尚有良知也。

〔一〕本朱子《孟子集注》。

他日見於王曰：「王之爲都者，臣知五人焉。知其罪者，惟孔距心。爲王誦之。」王曰：「此則寡人之罪也。」

爲都，治邑也。爲王誦其語，欲以風曉王也。爲政之要，曰良心，曰責任。距心與齊王自知其罪，亦自知其責任矣。然而老弱溝壑，壯者散處，如故者何也？良心雖乍露，一爲利欲所蔽，而仁政卒不能行也。豈不惜哉？

15　滕文公問爲國章《滕文公篇上》

滕文公問爲國。

問爲國，問治國之道也。

孟子曰：「民事不可緩也。《詩》云：『晝爾于茅，宵爾索綯。亟其乘屋，其始播百穀。』

民事，農事也。《詩》，《豳風·七月》篇。爾，語助辭。于，往取也。綯，絞也。亟，同急。乘，升也。播，布種也[一]。「國以民爲本，民以食爲天」，中國以農立國，故

[一]　本朱子《孟子集注》。

孟子首重民事，務本之道也。

民之爲道也，有恒産者有恒心，無恒産者無恒心。苟無恒心，放辟邪侈，無不爲已。及陷乎罪，然後從而刑之，是罔民也。焉有仁人在位，罔民而可爲也？

飢寒所迫，禮法難範，百姓之罪出於不得已也。仁人在位，當救民疾苦。

是故賢君必恭儉禮下，取於民有制。

制，節度也。恭則能以禮接下，儉則能取民有制。惟能恭故能禮下，惟能儉故能取民有制。

陽虎曰：『爲富不仁矣，爲仁不富矣。』

陽虎，即陽貨，春秋時，魯季氏家臣。「爲仁不富，爲富不仁」擇斯二者，孰重孰輕？爲富損下益上，似利而實害。爲仁損上益下，似害而實利。此孟子不以人廢言也。

夏后氏五十而貢，殷人七十而助，周人百畝而徹，其實皆什一也。徹者，徹也。助者，藉也。

后，君也。五十，七十，百畝，一夫所受之田。三代田制非有更張，特丈尺之大小不同耳。貢，入貢也。徹，通也，均也。藉，借助也。三代之制，法雖不同，而什一之取於民，則一也。

龍子曰：『治地莫善於助，莫不善於貢。貢者，校數歲之中以爲常。樂歲粒米狼戾，多取之而不爲虐，則寡取之。凶年糞其田而不足，則必取盈焉。爲民父母，使民盻盻然，將終歲勤動，不得以養其父母，又稱貸而益之。使老稚轉乎溝壑，惡在其爲民父母也？』

龍子，古賢人。校，比較也。狼戾，猶狼藉，言多也。糞，除也。言除算耕種之資本而猶不足也。盈，滿也。盻，恨視也。勤動，勞苦也。稱，舉也。貸，借也。此推論貢法之弊，非夏禹立法之病。孟子引之，欲滕之用助法耳。

夫世祿，滕固行之矣。

世祿，即文王時之仕者世祿也。今世祿滕已行之，惟助法未行耳。

《詩》云：『雨我公田，遂及我私。』惟助爲有公田。由此觀之，雖周亦助也。

《詩》，《小雅·大田》之篇。雨，降雨也。言先及公田，而後及於私田。人民愛公之心，親上之情，養民之大效也。

設爲庠序學校以教之。庠者，養也。校者，教也。序者，射也。夏曰校，殷曰序，周曰庠，學則三代共之，皆所以明人倫也。人倫明於上，小民親於下。

庠者六句爲文字學。庠者，養也，養其德性，重在德育。校者，教也，教以智識，重在智育。序者，射也，射以觀德，重在體育。庠、校、序，皆鄉學也。學，國學也。聖王施治，首重教化，所以明人倫也。「人倫明於上」，《大學》之明德也。「小人親於下」，《大學》之親於下也。

有王者起，必來取法，是爲王者師也。

王者師，模範國也。滕地偏小，故孟子不言王天下，言王者師也。

《詩》云：『周雖舊邦，其命惟新。』文王之謂也。子力行之，亦以新子之國。」

《詩》，《大雅·文王》之篇。言周雖后稷以來，舊爲諸侯，其受命而有天下，則自文王始也。子指文公。人生世界之内，維以日新又新爲切己之要，治國更以維新爲主，所慮者因循玩愒，不能力行耳。

使畢戰問井地，孟子曰：「子之君將行仁政，選擇而使子，子必勉之。夫仁政，必自經界始。經界不正，井地不均，穀禄不平。是故暴君汙吏，必慢其經界。經界既正，分田制禄，可坐而定也。

畢戰，滕大夫。井地，即井田也。經界，謂治地分田，經畫其溝塗封植之界也。經界正，則井田可均。井田均，則穀禄平。自公卿以至於士，各有常禄。自匹夫匹婦，各有常產。故曰：「分田制禄，可坐而定。」慢，廢棄也。溝洫廢而阡陌開，阡陌開而河患鉅，不獨田制紊亂，水利從此湮塞。迨後商鞅出而孟子之言益驗。

夫滕壤地褊小，將爲君子焉，將爲野人焉。無君子莫治野人，無野人莫養君子。

將，語助辭。君子，言有官守者。野人，言水野之民。滕雖地壤褊小，然其仕者、耕者不可偏廢。君子之生利在於無形，小人之生利在於有形，非限人以階級也。

請野九一而助，國中什一使自賦。

郊外之野，分田九一而行助法。邑内不授井，行十一之制，使自賦，蓋參用貢法也。

卿以下必有圭田，圭田五十畝。

士大夫之食，必有制禄。圭，潔也。圭田所以潔其粢盛，五十畝之地，亦足以奉祭祀之需矣。

餘夫，二十五畝。

餘夫非壯齡，未可以授田百畝者，此百畝常制之則，又有餘夫之田以厚野人也。或疑如此制，恐田地不敷。不知古者三十授田，六十歸田。有子婦以贍養，盈虚消息，支配自有餘地也。

死徙無出鄉，鄉田同井。出入相友，守望相助，疾病相扶持，則百姓親睦。

死，謂葬用公墓。徙，移居也。同井，謂八家也。友，伴也。守望，防姦寇也。扶持，謂救助也。睦，和善也。鄉民之結合，親切如此，乃自養自保之策，愛身而愛家，愛鄉而愛國，講信修睦，互無猜忌，此大同之基礎也。

方里而井，井九百畝，其中爲公田。八家皆私百畝，同養公田。公事畢，然後敢治私事，所以別野人也。

此詳言井田形體之制也。公田以爲君子之禄，而私田野人之所受。先公後私，所以别野人之分也。

此其大略也。若夫潤澤之，則在君與子矣。」

潤澤，言應時制宜也。君，指滕文公。子，謂畢戰。井地之法，此其大略。立法垂後，千古之常經。因時改革，天下之通義。是以放失舊聞，謂之忌本。堅執古制，謂之迂拘。必因古之綱而從今之變，方足以爲治。

16 戴不勝章《滕文公篇下》

孟子謂戴不勝曰：「子欲子之王之善與？我明告子。有楚大夫於此，欲其子之齊語

也，則使齊人傅諸？使楚人傅諸？」曰：「使齊人傅之。」曰：「一齊人傅之，衆楚人咻之，雖日撻而求其齊也，不可得矣。引而置之莊嶽之間數年，雖日撻而求其楚，亦不可得矣。

戴不勝，宋臣。齊語，齊人之語。傅，教師。求其齊，求其齊語。莊嶽，齊街里名。求其楚，求其楚語。習慣之移人如此，「近朱者赤，近墨者黑」，可不謹乎？

子謂薛居州，善士也。使之居於王所。在於王所者，長幼卑尊，皆薛居州也，王誰與爲不善？在王所者，長幼卑尊，皆非薛居州也，王誰與爲善？一薛居州，獨如宋王何？」

薛居州，宋賢臣。近賢臣遠小人，則王善。親小人遠賢臣，則王不善。若僅一薛居州，非特爲小人所排擠，抑且爲小人牽掣矣。此行政用人者不可不知也。

17 戴盈之章《滕文公篇下》

戴盈之曰：「什一，去關市之征，今兹未能。請輕之，以待來年然後已，何如？」

戴盈之，宋大夫。什一，謂井田之法。「關市之征」，商賈之税也。已，止也。

孟子曰：「今有人日攘其鄰之雞者，或告之曰：『是非君子之道。』曰：『請損之，月攘一雞，以待來年然後已。』

攘，物自來而取之也。損，減也。孟子知盈之非真能已也，故直抉其心，而以攘雞爲喻。

如知其非義，斯速已矣，何待來年。」

爲政之道，興利除弊，貴乎勇決。如知重賦苛税之非法，而不能速改，與月攘一雞何異？需事之賦也，因循玩泄，政治之大忌。痛改前非，尤恐不及，若推諉待時，則來年之後復有來年，何事能成耶？

18　離婁之明章《離婁篇上》

孟子曰：「離婁之明、公輸子之巧，不以規矩，不能成方員。師曠之聰，不以六律，不能正五音。堯舜之道，不以仁政，不能平治天下。

離婁，古之明目者。公輸子，名班，魯之巧人也。規，所以爲圓之器。矩，所以爲方之器。師曠，晉之樂師，知音者也。六律，截竹爲筩，陰陽各六，以節五音之上下。黄鐘、大蔟〔一〕、姑洗、蕤賓、夷則、無射，爲陽；大吕、夾鐘、仲吕、林鐘、南吕、應鐘，爲

〔一〕「蔟」，原誤作「簇」。

陰也。五音，宫、商、角、徵、羽也。此言治天下不可無法度也〔一〕。

今有仁心仁聞，而民不被其澤，不可法於後世者，不行先王之道也。

仁心，愛人之心。仁聞，仁聲也。齊宣王不忍一牛之觳觫，梁武帝斷死刑必爲涕泣，惟皆不能行先王之道，無益也。

故曰：徒善不足以爲政，徒法不能以自行。

徒，猶空也。有其心，無其政，是謂徒善。有其政，無其心，是謂徒法。法待人而後行，惟善人乃能行善法。

《詩》云：『不愆不忘，率由舊章。』遵先王之法而過者，未之有也。

《詩》，《大雅・假樂》篇。愆，過也。率，循也。章，典法也。所行不過差、不遺忘者，以其循用舊典故也。遵先王之法，要師其意而變通之，非守舊也。世有拘新舊之見者，誤矣。

聖人既竭目力焉，繼之以規矩準繩，以爲方員平直，不可勝用也。既竭耳力焉，繼之以六律，正五音，不可勝用也。既竭心思焉，繼之以不忍人之政，而仁覆天下矣。

〔一〕 本朱子《孟子集注》。

準，所以爲平。繩，所以爲直。覆，被也。繼者，經數聖人累代相傳，因時制宜，然後能臻美備。迨及後世，規律之粗者存，而仁政之精者鮮有行之矣。此天下所以治日少而亂日多也。

故曰：爲高必因丘陵，爲下必因川澤。爲政不因先王之道，可謂智乎？

丘陵本高，川澤本下，爲高下者因之，則用力少而成功多。上曰繼，下曰因，而道揆在其中矣。

是以惟仁者宜在高位。不仁而在高位，是播其惡於衆也。

播字有二義。一則對己而言，己之惡本未著，逮得高位，作福作威，而其惡始宣播於衆；一則對人而言，不仁者在高位，肆爲暴虐，復有散播其惡者，而百姓無不受其毒。探孟子之意，當以後説爲近。嗚呼！不仁者可以居高位乎哉？

上無道揆也，下無法守也，朝不信道，工不信度，君子犯義，小人犯刑，國之所存者幸也。

道揆，即《大學》之「絜矩」，《中庸》「時措之宜」，本經所謂：「先聖後聖其揆一也。」法守，即上文之規矩、準繩。失此二者，國不成爲國矣。

故曰：城郭不完，兵甲不多，非國之災也。田野不辟，貨財不聚，非國之害也。上無

禮，下無學，賊民興，喪無日矣。

辟，與闢同。上不知禮，則無以教民。下不知學，則易與爲亂。賊民者，賊仁賊義，喪心病狂，而造社會之惡化，人心喪而國亦喪矣。

《詩》曰：『天之方蹶，無然泄泄。』

《詩》，《大雅·板》之篇。蹶，顛覆之意。泄泄，怠緩悦從之貌。

泄泄，猶沓沓也。

泄泄，沓沓，多言也。又從言。荀子云「愚者之言諸諸然而沸」是也。蓋庸臣遇事，畏葸怠緩，惟多言以亂是非。

事君無義，進退無禮，言則非先王之道者，猶沓沓也。

非，詆毁也。先王之道，不便己之私圖，故莠言以誣衊之。

故曰：責難於君謂之恭，陳善閉邪謂之敬，吾君不能謂之賊。」

責難，格君之非心，故曰難。賊字與上賊民相應，無學謂之賊民，泄沓謂之賊臣。賊民妄縻國家之財，賊臣妄耗國家之禄，二者皆虚誑國家者也。故孟子痛言之。

19 規矩章《離婁篇上》

孟子曰：「規矩，方員之至也。聖人，人倫之至也。

至者，全盡而無以加之之謂也，所謂模範是也。規矩爲方圓之模範，聖人爲人倫之模範，故欲盡人道必學聖人。

欲爲君盡君道，欲爲臣盡臣道，二者皆法堯舜而已矣。不以舜之所以事堯事君，不敬其君者也；不以堯之所以治民治民，賊其民者也。

舜之所以事堯者，皆治民之事也。民性本直，而賊之以曲；民性本誠，而賊之以詐；民性本公正，而賊之以顛倒是非，何也？爲君者失其標準也。

孔子曰：『道二，仁與不仁而已矣。』

法堯舜，則盡君臣之道而仁矣；不法堯舜，則慢君賊民而不仁矣。二端之外，更無他道也。

暴其民甚，則身弒國亡；不甚，則身危國削。名之曰幽、厲，雖孝子慈孫，百世不能改也。

幽，暗。厲，虐。皆惡謚也。堯、舜仁之至者也。幽、厲不仁之至者也。「百世不能改」，廢人倫則百世下猶惡之也。

《詩》云：『殷鑒不遠，在夏后之世。』此之謂也。」

《詩》，《大雅·蕩》之篇。言商紂之所當鑑者，近在夏桀之世。孟子引之，見後世之自伐其國者，當永以幽、厲爲鑑也。

20　三代之得天下《離婁篇上》

孟子曰：「三代之得天下也以仁，其失天下也以不仁。國之所以廢興存亡者亦然。

三代，謂夏、商、周也。禹、湯、文、武以仁得之。桀、紂、幽、厲以不仁失之。

國之所以廢興存亡者亦然。

國，謂諸侯之國。

天子不仁，不保四海。諸侯不仁，不保社稷。卿大夫不仁，不保宗廟。士庶人不仁，不保四體。

此孟子傳《孝經》學也。《孝經》「五孝」章言保社稷、保宗廟、保禄位。兢兢自保，非私也。人必能自保，而後能保四海、保社稷。不仁則失其本心，何有於保？

今惡死亡而樂不仁，是由惡醉而强酒。」

惡醉强酒，惡濕居下之意。樂不仁，即樂其所以亡。

21　愛人不親章《離婁篇上》

孟子曰：「愛人不親反其仁，治人不治反其智，禮人不答反其敬。

此孟子傳曾子之學也。反躬自省之道，曾子爲最密。「君子異於人」章言三自反，此處世之道。本章言三自反，此爲治之道。吾儒學問無窮盡，聖賢度量無津涯矣。

行有不得者，皆反求諸己，其身正而天下歸之。

不得，謂不得其所欲，如不親、不治、不答是也。「反求諸己」，謂反其仁，反其智，反其敬。本身以作則，則天下歸心。此曾子傳《大學》所由，以修身爲本也。

《詩》云：『永言配命，自求多福。』」

能自求福則能保四海，而永配天命也。仁者福之基，求福者求仁也。

22　人有恒言章《離婁篇上》

孟子曰：「人有恒言，皆曰：『天下國家。』天下之本在國，國之本在家，家之本在身。」

此亦孟子傳曾子之學説也。恒言，常言也。常言之而不得分析之義，則失其本矣。大學之道，内則心、意、知，外則天下、國、家。而孟子所言此於身者，心不可見，而身則人所共見。身者天下國家之標準也，故《大學》八條目以「修身」爲本，而《中庸》言爲政九經，亦首以修身。

23 爲政不難章《離婁篇上》

孟子曰：「爲政不難，不得罪於巨室。巨室之所慕，一國慕之。一國之所慕，天下慕之。故沛然德教溢乎四海。」

巨室，地方公正賢士。得罪，謂身不正而取怨怒也。慕，向也。沛然，盛大流行貌。古之時户口稀少，最少者爲十室之邑，最大者爲千室之邑，其中必有賢士大夫焉，爲一方之表率，即爲一國之模範，故爲德教之起點。或曰：此地方自治法也。如得罪於德教，即得罪於民心矣。

24 天下有道章《離婁篇上》

孟子曰：「天下有道，小德役大德，小賢役大賢。天下無道，小役大，弱役强。斯二者天也。順天者存，逆天者亡。

役，見役於人也。「天下有道」，以公理勝，勢隨理轉。「天下無道」，以强權勝，理轉爲勢屈。順天者，非徇勢也。韜晦待時，若越勾踐是也。

齊景公曰：『既不能令，又不受命，是絶物也。』涕出而女於吴。

舊説謂景公羞與吴爲昏，未是。按：《越絶書》吴王闔廬脅齊女以爲質，後其女憂思而死，葬虞山，謂之齊女冢。然則景公生視其女充下乘嬖妾之列，如之何弗涕？

今也，小國師大國，而恥受命焉，是猶弟子而恥受命於先師也。

師大國者，師其專制横暴也。無道之世，小國尚欲倨傲無禮，弟子因之，亦以事師爲可恥，而廢其禮。所謂上無禮，下無學者也。先師，指有德之先生言，非已往之先師也。

如恥之，莫若師文王。師文王，大國五年，小國七年，必爲政於天下矣。

此因其愧恥之心，而勉以修德也。文王之政，載於本經。舉而行之，所謂師文王，五年七年，以其所乘之勢不同爲差。「師文王」，即所以順天。

《詩》云：『商之孫子，其麗不億。上帝既命，侯于周服。侯服于周，天命靡常。殷士膚敏，祼將于京。』孔子曰：『仁不可爲衆也。夫國君好仁，天下無敵。』

《詩》，《大雅·文王》篇。麗，數也。十萬曰億。侯，維也。殷士，商孫子來臣於周者也。膚，大也。敏，達也。祼，宗廟之祭，以鬱鬯之酒，灌地而降神也。將，助也。

言商之子孫衆多，其數不但十萬而已。上帝既命周以天下，則凡此商之孫子皆臣服于周矣。所以然者，以天命不常，歸於有德故也。

今也欲無敵於天下而不以仁，是猶執熱而不以濯也。《詩》云：**『誰能執熱，逝不以濯。』」**

《詩》，《大雅·桑柔》之篇。逝，語助辭。言誰能執持熱物，而不以水自濯其手乎？此章言不能自强，則聽天所命〔一〕。故曰人事可以勝天，强權久而必屈。

25 不仁者可與言哉章 《離婁篇上》

孟子曰：「不仁者可與言哉？安其危而利其菑，樂其所以亡者。不仁而可與言，則何亡國敗家之有？

「安其危利其菑者」，不知其爲危菑而反以爲安利也。所以亡者，謂荒淫暴虐，所以致亡之道也。縱觀吾國歷史，不仁之人，往往不聽忠言，以致自居敗亡。孟子雖礪齒言之，猶冀當世人君之一悟。

〔一〕本朱子《孟子集注》。

有孺子歌曰：『滄浪之水清兮，可以濯我纓。滄浪之水濁兮，可以濯我足。』

此楚歌也。見《楚辭》。滄浪，水名。纓，冠系。

孔子曰：『小子聽之，清斯濯纓，濁斯濯足矣，自取之也。』

言水清濁，有以自取之也。此兩節，文法縹渺，如絃外音。

夫人必自侮，然後人侮之。家必自毁，而後人毁之。國必自伐，而後人伐之。

自侮、自毁、自伐，皆始於安樂也，可諉之於人乎？

《太甲》曰：『天作孽，猶可違。自作孽，不可活。』此之謂也。」

解見前。作孽者，自作孽也，可諉之於天乎？

26 桀紂之失天下章《離婁篇上》

孟子曰：「桀紂之失天下也，失其民也。失其民者，失其心也。得天下有道，得其民，斯得天下矣。得其民有道，得其心，斯得民矣。得其心有道，所欲與之聚之，所惡勿施爾也。

有天下者，首在順民心。保天下者，首在審民之欲惡。順民之欲惡，則天下治而國常存。逆民之欲惡，則天下亂而國不旋踵而亡。中外古今，莫不皆然。

民之歸仁也，猶水之就下，獸之走壙也。

壙，廣野。言民之所以歸乎此，以其所欲之在乎此也。

故爲淵敺魚者，獺也；爲叢敺爵者，鸇也；爲湯、武敺民者，桀與紂也。

敺，與驅通。爵，與雀同。淵，深水。獺，食魚者。鸇，食雀之鳥。桀、紂逆民之所欲惡，則民不服，是仇視其民，故曰敺也。桀、紂知識，惟好猛暴，如獺與鸇矣。

今天下之君有好仁者，則諸侯皆爲之敺矣。雖欲無王，不可得已。

諸侯視民如寇讎，是無異敺其民。益敺之則益歸之矣。

今之欲王者，猶七年之病，求三年之艾也。苟爲不畜，終身不得。苟不志於仁，終身憂辱，以陷於死亡。

艾，草名，可以灸者，愈乾久愈有效。言早一日畜艾，則能早一日病愈。早一日志仁，則可早一日免於死亡。或問蓄艾之方，曰：聚民之欲。蓄即聚也。

《詩》云：『其何能淑，載胥及溺。』此之謂也。」

《詩》，《大雅·桑柔》篇。淑，善也。載，則也。胥，相也。水可載舟亦可覆舟，民與君相溺也，何以至此？所惡與之聚之，所欲勿施爾也。

27　自暴章《離婁篇上》

孟子曰：「自暴者不可與有言也，自棄者不可與有爲也。言非禮義，謂之自暴也。吾身不能居仁由義，謂之自棄也。

暴，猶害也。非，猶毁也。自害其身者，不知禮義之爲美而非毁之，雖與之言，必不見信也。自棄其身者，猶知仁義之爲美，但溺於怠惰，自謂必不能行，與之有爲，必不能勉也。言屬知，爲屬行，非禮義即非仁義，皆自戕賊而已矣。

仁，人之安宅也。義，人之正路也。

仁宅已見前篇。人皆知住與行，而不知爲人之根本，非毁仁義，即不得謂之人。

曠安宅而弗居，舍正路而不由，哀哉！」

「曠安宅」，則所居者，在巖墻之下。「舍正路」，則所由者，皆荆棘之途。所以可哀。孟子不輕言哀，而獨於《告子篇・仁人心章》與本章兩言「哀哉」，所謂哀莫大於心死也。後之人慎勿自暴自棄，而爲孟子所哀。

28　道在爾章《離婁篇上》

孟子曰：「道在爾而求諸遠，事在易而求諸難。人人親其親、長其長，而天下平。」

爾、邇古字通用。遠與難皆新奇偏僻之論，人或以爲可喜，而政治乃逾形龐雜。親親長長，即《大學》「修齊」之義，秩序定天自平矣。

29 居下位章 《離婁篇上》

孟子曰：「居下位而不獲於上，民不可得而治也。獲於上有道，不信於友，弗獲於上矣。信於友有道，事親弗悦，弗信於友矣。悦親有道，反身不誠，不悦於親矣。誠身有道，不明乎善，不誠其身矣。

此《中庸》修身學也。獲上，屬於政府。信友，屬於社會。事親，屬於家庭。戰國時。選舉尚未廢，故由家庭推諸社會，由社會薦諸政府，必以善人爲主。善人者，講明身學者也。

是故，誠者天之道也，思誠者人之道也。

此《中庸》天人一貫之道也。自强不息者誠也，天道也。而人道之自强，在慎思而篤行，《中庸》言誠之篤行見于工作者也。此章言思誠，慎思也，本於心理者也。

至誠而不動者，未之有也。不誠未有能動者也。」

此《中庸》所謂惟天下至誠爲能化也。誠者，人生知覺之靈，誠於此即動於彼，知覺之相感，若電學之相引，呼吸千里，萬物昭蘇。然而竟有不動者，平日之積誠未至也。

30　伯夷避紂章《離婁篇上》

孟子曰：「伯夷辟紂，居北海之濱，聞文王作，興曰：『盍歸乎來？吾聞西伯善養老者。』太公辟紂，居東海之濱，聞文王作，興曰：『盍歸乎來？吾聞西伯善養老者。』

作、興，皆起也。西伯即文王。太公，姜姓，呂氏，名尚。伯夷、太公，皆隱居以待天下之清，及其既也，伯夷隱而太公顯，一則求乎仁，一則通乎義也。

二老者，天下之大老也，而歸之，是天下之父歸之也。天下之父歸之，其子焉往？

大老，言非尋常人之老者。《孝經》云：「敬其父則子悦，敬其兄則弟悦，敬一人而千萬人悦，所敬者寡，而悦者衆。」〔一〕悦者，人心也。天下之父歸之，心歸之也。其子焉往者，敬一人而千萬人悦也。此得人心之效也。

諸侯有行文王之政者，七年之内，必爲政於天下矣。」

〔一〕《孝經》「廣要道」章文。

七年，以小國而言。大國五年，在其中矣。文王之政，蓋以養老之典，行於學校之中，教民以孝也。明王以孝治天下，和氣充積，天下歸仁。當時若梁若齊，如能信孟子而師文王，何患國勢之不强乎？

31　人不足與適章《離婁篇上》

孟子曰：「人不足與適也，政不足閒也。唯大人爲能格君心之非。君仁莫不仁，君義莫不義，君正莫不正。一正君而國定矣。」

適，過也。閒，非也。格，正也。程子曰：「天下之治亂，繫乎人君之仁與不仁。心非即害於政，不待發之於外也。昔者，孟子三見齊王而不言事，門人疑之，孟子曰：『我先攻其邪心。』，見《孟子外篇》，已佚。心既正，而後天下之事可從而理也。夫政事之失，用人之非，知者能更正，直者能諫之。然非心正焉，則事事而更之，後復有其事，將不勝其更矣。人人而去之，後復用其人，將不勝其去矣。然亦輔相之職，必在乎格君心之非，然後無所不正。而欲格君心之非者，非有大人之德，則亦莫之能也。」〔一〕

〔一〕朱子《孟子集注》引，有異文。

32 舜生於諸馮章《離婁篇下》〔一〕

孟子曰：「舜生於諸馮，遷於負夏，卒於鳴條，東夷之人也。

諸馮，蒲州。負夏，平陸。鳴條，安邑。皆山西河東地，故曰東夷之人。東夷者，東鄙也。

文王生於岐周，卒于畢郢，西夷之人也。

岐周，岐山下周舊邑。畢郢，亦作畢程，地近豐鎬，河西之地，故曰西夷之人。西夷者，西鄙也。

地之相去也，千有餘里。世之相後也，千有餘歲。得志行乎中國，若合符節。

東夷、西夷相距千餘里，得志行乎中國，謂舜、文王俱得行其道也。符節，古者以竹片、玉石爲之，篆刻文字而中分之，合以取信也。舜與文王其孝同，其仁同，其憂勤惕厲同，所以若合符節。

先聖後聖，其揆一也。」

揆，道揆也。上篇首章「上無道揆」，此章與之相應。然不言道一，而言揆一

〔一〕「離婁篇下」，原誤作「離婁篇上」。

者，道其體也，揆其用也。道歷世而不變，揆因時以制宜。聖人既竭心思者此也。

33　以善服人章《離婁篇下》

孟子曰：「以善服人者，未有能服人者也。以善養人，然後能服天下。天下不心服而王者，未之有也。」

「以善服人」，好勝之心，取强於人，有所爲而爲，非至誠大公，焉能使心悦誠服？「以善養人」，出於自然，涵育薰陶，漸仁摩義，無所爲而爲，人心悦而誠服矣。服近於要結，養本於慈愛，此心術公私之判也。

34　宋牼將之楚章《告子篇下》

宋牼將之楚，孟子遇於石丘。

宋牼，宋人，名牼。之，往也。石丘，地名。

曰：「先生將何之？」

學士年長者，故謂之先生〔一〕。此孟子問也。

曰：「吾聞秦、楚構兵，我將見楚王，説而罷之。楚王不悦，我將見秦王，説而罷之，二王我將有所遇焉。」

此宋牼答辭。説，遊説也。《莊子》載宋鈃，疑即此人〔二〕。志在弭兵，其意未嘗不善。

曰：「軻也請無問其詳，願聞其指説之將何如？」曰：「我將言其不利也。」曰：「先生之志則大矣，先生之號則不可。

指，宗旨也。號，名也。名不正，則言不順，故孟子特正其名。

先生以利説秦、楚之王，秦、楚之王悦於利，以罷三軍之師，是三軍之士樂罷而悦於利也。爲人臣者懷利以事其君，爲人子者懷利以事其父，爲人弟者懷利以事其兄，是君臣、父子、兄弟，終去仁義，懷利以相接，然而不亡者，未之有也。

先生以仁義説秦、楚之王，秦、楚之王悦於仁義，而罷三軍之師，是三軍之士樂罷而悦

〔一〕本趙岐《孟子章句》。
〔二〕本朱子《孟子集注》。

於仁義也。爲人臣者懷仁義以事其君，爲人子者懷仁義以事其父，爲人弟者懷仁義以事其兄，是君臣、父子、兄弟去利，懷仁義以相接也，然而不王者，未之有也。何必曰利？」

士，兵卒也。《易傳》言：「利者義之和。」又曰：「以美利利天下。」而《論語》有喻義喻利之辨。《孟子》嚴析義利，何也？蓋聖賢所謀者天下之公利，而所痛惡者一人之私利也。戰國策士莫不言利。此章「懷」字，辨心術也。懷利者，一國皆貪汙昏濁之氣。懷義者，一國皆清明正大之氣。一亡一王，在公私轉念間耳。章法震動排奡，與「莊暴」章相類。

35　五霸章《告子篇下》

孟子曰：「五霸者三王之罪人也，今之諸侯五霸之罪人也，今之大夫今之諸侯之罪人也。

五霸，齊桓、晉文、秦穆、宋襄、楚莊。三王，禹、商湯、周文、武。世運迭衰，每況愈下矣。

天子適諸侯曰巡狩，諸侯朝於天子曰述職。春省耕而補不足，秋省斂而助不給。入

其疆，土地辟，田野治，養老尊賢，俊傑在位，則有慶，慶以地。入其疆，土地荒蕪，遺老失賢，掊克在位，則有讓。一不朝，則貶其爵；再不朝，則削其地；三不朝，則六師移之。是故天子討而不伐，諸侯伐而不討。五霸者摟諸侯以伐諸侯者也，故曰五霸者三王之罪人也。

慶，賞也。益其地以賞之也。掊克，聚斂者。讓，責也。貶，降也。移之，誅其人而變置之也。討，宣布其罪狀以討之也。伐，諸侯奉天子命以伐之也。摟，率也。五霸率諸侯以伐諸侯，不用天子之命，是違三王之法制。此節論盛世，《論語》所謂：「禮樂征伐自天子出。」

五霸桓公爲盛。葵丘之會諸侯，束牲載書而不歃血。初命曰：『誅不孝，無易樹子，無以妾爲妻。』再命曰：『尊賢育才，以彰有德。』三命曰：『敬老慈幼，無忘賓旅。』四命曰：『士無世官，官事無攝，取士必得，無專殺大夫。』五命曰：『無曲防，無遏糴，無有封而不告。』曰：『凡我同盟之人，既盟之後，言歸於好。』今之諸侯皆犯此五禁，故曰今之諸侯五霸之罪人也。

按《春秋傳》僖公九年，「葵丘之會，陳牲而不殺，讀書加於牲上，壹明天子之禁。」樹，立也。已立世子，不得擅易也。「初命三事」，修身正家之要。賓，賓客也。旅，行旅也。皆當有以待之，不可忽忘。「士無世官」，恐其未必賢也。「官事無攝」，當廣求賢才以充之，不可闕人廢事也。「取士必得」，必得其人也。「無專殺大夫」，有罪則請命於天子而殺之也。「無曲防」，不得曲爲堤防，壅泉激水，以專小利，病隣國也。「無遏糴」，隣國凶荒，不得閉糴也。「無有封而不告者」，不得專封國邑而不告天子也。《論語》所謂：「禮樂征伐自諸侯出。」此節論衰世。

長君之惡其罪小，逢君之惡其罪大。今之大夫皆逢君之惡，故曰今之大夫，今之諸侯之罪人也。」

「長君之惡」，謂君有惡，從而順承以長之。「逢君之惡」，謂逆探其君之意，而引導之，狐狸其狀，虺蜴其心，排正士而害民生，毒之至矣。顧今之諸侯不獨不以爲罪，而反以爲忠，所以至亡國敗家也。此節論亂世，《論語》所謂：「政逮於大夫。」

36 魯欲使樂正子爲政章《告子篇下》

魯欲使樂正子爲政。孟子曰：「吾聞之，喜而不寐。」

樂正子，孟子弟子。聞將爲政，喜其道之得行也。

公孫丑曰：「樂正子强乎？」曰：「否。」「有知慮乎？」曰：「否。」「多聞識乎？」曰：

「否。」

此三者皆當世之所尚，而樂正子之所短，故丑疑而問之。

曰：「然則奚爲喜而不寐？」

丑問也。

曰：「其爲人也好善。」

好者篤之至也。人之一生，常具好善之心足矣，乃生生之機也。

「好善足乎？」

丑復問也。

曰：「好善優於天下，而況魯國乎！

優，有餘裕也。善人之性即國之性，善氣相感，優優大哉。故曰：「優於天下。」

夫苟好善，則四海之内，皆將輕千里而來告之以善。

此《論語》所謂「天下歸仁」也。輕，易也。言不以千里爲難也。善與人同，取人爲善，與人爲善，良知之感覺，千里之外應之矣。

夫苟不好善，則人將曰：『訑訑予既已知之矣。』訑訑之聲音顔色，距人於千里之外。士止於千里之外，則讒諂面諛之人至矣。與讒諂面諛之人居，國欲治，可得乎？」

詑詑，自足其智，不嗜善言貌。予既已知之，詑詑之言也。或作人言亦通。自古國家之亡，多亡於泄泄及詑詑之人。何謂泄泄，怠緩而盲道也。何謂詑詑，自足其智，不嗜善言也。紂之不善，不過智足以拒諫，言足以飾非耳。讒諂面諛人役也，常與人役居，故詑詑之亡更甚於泄泄，嗚呼戒之哉！

37　霸者之民章《盡心篇上》

孟子曰：「霸者之民，驩虞如也。王者之民，皞皞如也。

驩虞，猶歡娛。皞皞，廣大自得貌。霸者圖事功於有迹，王者施德澤於無形。

殺之而不怨，利之而不庸，民日遷善而不知爲之者。

殺之而不怨者，以生道殺民也。庸，用也，言利之而不盡民力也。民日遷善而不知爲之者，如長日加益而不自知。然王者經營擘畫，蓋甚苦矣。

夫君子所過者化，所存者神，上下與天地同流，豈曰小補之哉？」

君子，聖人之通稱。過化、存神，非空虛也。過化，《中庸》所謂「大德敦化」，化之速也。存神，《易傳》所謂「寂然不動，感而遂通天下」之至神也。天地同流，生機充滿於宇宙，參贊天地之化育也，盛德若此，豈小補於世哉？此節固屬聖人精神之貫澈，然專言精神而不言事業，亦非實事求是之義。

38　仁言章《盡心篇上》

孟子曰：「仁言，不如仁聲之入人深也。

言而能仁，可謂優美，然猶煦煦者所能爲也。若夫仁聲昭著，必其德行實有以感人者。曰「入人深」，蓋在無形之際也。

善政，不如善教之得民也。

三代以下尚政，三代以上尚教。法律家尚政，道德家尚教。夫政而能善，可謂優美矣，然不過政令之善而已。若夫善教，則涵育薰陶，能令人心皆底於善，故其得民亦在無形之際也。

善政民畏之，善教民愛之，善政得民財，善教得民心。」

夏日可畏，善政似之。冬日可愛，善教似之。得民財者善理財，非搜括也。得民心者天下歸往，非强迫也。言愛而畏即在其中，言民心而民財在其中。聖人寓善教於行政之中，非分政教爲二也。

39　有事君人者《盡心篇上》

孟子曰：「有事君人者，事是君則爲容悦者也。

事君者，但知有君，而不顧及社會國家之福利，阿徇以爲容，逢迎以爲悦，此鄙夫之事也。

有安社稷臣者，以安社稷爲悦者也。

大臣之計，在安社稷。眷眷於斯，樂其功業也。

有天民者，達可行於天下，而後行之者也。

天民，先知先覺者。「窮則獨善其身，達則兼善天下」，士君子不可不有此抱負。

有大人者，正己而物正者也。」

大人，盛德大業之人。正己物正，《易傳》所謂：「見龍在田，天下文明。」以師道兼君道者也。此章與「浩生不害」章相類，如《漢書・古今人表》大人第一等，天民第二等，安社稷臣第三等，事君人第四等。惟人自擇而已。

40　伯夷辟紂章《盡心篇上》

孟子曰：「伯夷辟紂，居北海之濱，聞文王作，興曰：『盍歸乎來！吾聞西伯善養老

者。』太公辟紂，居東海之濱，聞文王作，興曰：『盍歸乎來？吾聞西伯善養老者。』天下有善養老，則仁人以爲己歸矣。

己歸，謂己之所歸。

五畝之宅，樹牆下以桑，匹婦蠶之，則老者足以衣帛矣。五母雞，二母彘，無失其時，老者足以無失肉矣。百畝之田，匹夫耕之，八口之家足以無飢矣。

「五畝之宅」云云，本經凡三見。「西伯善養老」亦兩見。此必古書之文，而孟子述之，蓋文王經制之法也。

所謂西伯善養老者，制其田里，教之樹畜，導其妻子，使養其老。五十非帛不煖，七十非肉不飽。不煖不飽，謂之凍餒。文王之民無凍餒之老者，此之謂也。」

田，謂百畝之田。里，謂五畝之宅。樹，謂耕桑。畜，謂鷄彘。文王施政，在導其妻子，使養其老，衣帛食肉，孝行天下，所謂先王以孝治天下也。《詩・天保》篇曰：「羣黎百姓，徧爲爾德。」《禮・內則》篇曰：「降德於衆兆民。」皆文王之廣其德教，而行其政令也。

41　易其田疇章《盡心篇上》

孟子曰：「易其田疇，薄其稅斂，民可使富也。

此開源之法也。易，治也。疇，一井也。重稅爲民致貧之大病。使民富者，養其欲而給其求，百姓足而君無不足矣。

食之以時，用之以禮，財不可勝用也。

此節流之法也。「食之以時」，則食之者有制。「用之以禮」，則用之者當理。《易傳》曰：「節以制度，不傷財，不害民。」節之爲義，裕民財即以養民德。

民非水火不生活，昏暮叩人之門户，求水火無弗與者，至足矣。聖人治天下，使有菽粟如水火。菽粟如水火，而民焉有不仁者乎？」

有菽粟如水火者，《禮記・王制》篇：「三年耕必有一年之食，九年耕必有三年之食。以三十年之通制國用。」故有之至足也。或謂《孟子》先富後教，非也。聖人富教兼營。古稱十年生聚，十年教訓，言期限大略如此，非謂生聚之時不教訓，教訓之時不生聚也。《論語》言富教，意亦如此。

42 君子之於物章 《盡心篇上》

孟子曰：「君子之於物也，愛之而弗仁；於民也，仁之而弗親。親親而仁民，仁民而

愛物。」

物，謂禽獸草木。愛，惜也。言取之有時，用之有節。此章蓋理一分殊之説也。親親、仁民、愛物，皆發於不忍之心，所謂理一也。然親親有親親之道，仁民有仁民之道，愛物有愛物之道，所謂分殊也。墨氏愛無差等，欲以施之於家庭者，施之於途之人，失人道之大本矣。

43 知者無不知章《盡心篇上》

孟子曰：「知者無不知也，當務之爲急。仁者無不愛也，急親賢之爲務。堯舜之知，而不徧物，急先務也。堯舜之仁，不徧愛人，急親賢也。

當務爲急，所以爲智，不廢精神於無用之地也。親賢爲急，所以爲仁，不令小人間之也。此孟子補《大學》治平之義。《大學》言本末先後，本與先當急者也，末與後當緩者也。行政而不知緩急之序，且不知最急、次急之别，措施顛倒，焉得謂智？焉得謂仁？

不能三年之喪，而緦小功之察；放飯流歠，而問無齒決，是之謂不知務。」

三年之喪，服之重者。緦麻三月，小功五月，服之輕者。放飯，貪飯；流歠，長歡，不敬之大者。齒決，齧斷乾肉。不敬之小者。喪禮飲食，爲教民所重，載於《禮記》者甚詳。戰國時欲行短喪，飲食若流者多矣，故孟子以此爲喻。不知務而知覺昏，知覺昏而政事紊矣。

44 古之爲關章《盡心篇下》

孟子曰：「古之爲關也，將以禦暴。

檢查行旅，防匪賊之混迹，所以維治安也。

今之爲關也，將以爲暴。」

古者交通未便，民皆以物易物，關而征税，阻遏商旅，物不流通，國用不饒，民受其暴。且征税苛雜，關吏之待商民，叫囂隳突，百姓駭然喪膽，任意敲索，尤其餘事。孔子曰：「苛政猛於虎。」豈非暴哉！

45 不信仁賢章《盡心篇下》

孟子曰：「不信仁賢，則國空虛。

仁賢，國之寶也。國寶失則國無人矣。鄰國睨之曰：「此空虛之國也。」

無禮義則上下亂，

禮義所以辨上下，定民志。無禮義，則秩序亂，賊民興，犯上作亂之徒，接跡於國中矣。

無政事則財用不足。」

政，指朝廷言。事，指社會言。生於其心，則害於其政，發於其事，貪黷之人遍國，而無刑法以嚴懲之。公家之財用，盡入私人之囊橐矣。

46　齊饑章《盡心篇下》〔一〕

齊饑。陳臻曰：「國人皆以夫子將復爲發棠，殆不可復。」

棠，齊邑。孟子嘗勸王發棠邑之倉以振貧窮。至此又饑，國人冀孟子復請，故陳臻問之。

孟子曰：「是爲馮婦也。晉人有馮婦者，善搏虎，卒爲善士。則之野，有衆逐虎。虎負嵎莫之敢攖，望見馮婦，趨而迎之。馮婦攘臂下車。衆皆悦之，其爲士者笑之。」

〔一〕此章收入《演講録》中。

手執曰搏。之，適也。負，依也。山曲曰嵎。攖，觸也。發倉大事，而孟子答辭，似涉滑稽，何也？蓋戰國時積倉，經理不善，有虎而冠者，盤踞其中矣。而孟子不與之攖者，又何也？曰：孟子在齊爲客卿，其時將去齊，既無實權，爭之無益也。哀哉！齊民有饑莩矣。厥後宋朱子定《常平社倉法》，夏而出，冬而入，復作放賑詩云：「若知赤子原無罪，合有人間父母心。」〔一〕願愛民者，師其法而誦其言。

47 有布縷之征章 《盡心篇下》

孟子曰：「有布縷之征，粟米之征，力役之征。君子用其一，緩其二。用其二而民有殍，用其三而父子離。」

征，軍賦也。布，以製軍衣。縷，以縫鎧甲。粟米，軍糧。力役，服兵役也。粟米竭，故民有殍。兵役煩，故父子離。當國家多難之秋，國民宜急公赴義，然長民者，尤

〔一〕乾道三年（一一六七）七月，崇安暴發大水，淹没田疇，朱子目睹地方災荒慘狀，作《杉木長澗四首》致哀，其四曰：「阡陌縱横不可尋，死傷狼籍正悲吟。若知赤子元無罪，合有人間父母心。」

當惜民之力，否則民族凋殘，民心離涣矣。是即用其一，緩其二之義也。

48 言近指遠章《盡心篇下》

孟子曰：「言近而指遠者，善言也。守約而施博者，善道也。君子之言也，不下帶而道存焉。

言近，《中庸》所謂邇言，察言必自近也。言爲心之聲。帶所以束其身，而言則可以檢其心、束其身。此《大學》誠正之學，湯之盤銘日新又新之道也。

君子之守，修其身而天下平。

本經云：「守孰爲大，守身爲大。」惟修身乃能守身，身者天下之標準。此《大學》治平之學，「壹是以修身爲本也」。

人病舍其田而芸人之田，所求於人者重，而所以自任者輕。」

舍其田而芸人田，侵犯他人之權利也。求人重而自任輕，推諉自己之責任也。國民犯此二病，秩序淆而國性亂矣。近西儒言人人盡其職分之所當爲則國自治，不知孟子於二千年前，已先言之矣。

附録一：孟子分類大綱政治學本於心性學〔一〕

【釋】此講義先生特詳分類説經之淵源，而强調分類之基礎在「心學」，而觀念大源不離孔孟，其究竟則在孟子所言「不忍人之心」，諸善之共源也，故特精講「不忍人之心」三章。此講義之前，先生已經在無錫國專精講此三章，題爲《孟子「不忍人」三章講義》（一九三六）〔二〕，至一九三八年在滬交通大學再講此三章，前後數年間，國運之頽，親歷苦難，解説焦點皆有所不同，蓋體現「因時設教」之義，故兩篇講義並列，以見先生説經之淑世意義，其中鼓勵奮勇衛國與風骨氣節，皆見時代之學術良知，此「不忍人之心」之實在踐履也。

讀經之法，前數期已詳言之。而救世之方，尤以熟讀《孟子》爲要。孟子生當戰國時，目擊殺機洋溢、人道淪胥，故所著七篇，如孝弟人倫之本、出處取與之經、察識擴充之幾、闢邪反經之道，不憚剴切敷陳。而尤注意者，則在剖析義利，喚醒良知於醉生夢死之中，俾良心乍露。因其乍露而操存之，即正人心之本旨也。

〔一〕載《交通大學演講録》第一集上卷「經學心學類」第六期。

〔二〕載《茹經堂文集》四編卷四。

顧學者讀之，必先明分類之法。宋朱子輯《孟子要略》，共分五類。一，性善與存心養性之功。二，孝弟之道。三，義利之辨。四，王霸之分。五，尚論古人與授受道統源流。元金仁山先生録其目，近代劉氏苿雲纂成之，曾文正刊行之。余仿《要略》之意，擴充爲十一類，曰尊孔學，曰貴民學，曰論戰學，曰孝弟學，曰心性學，曰政治學，曰教育學，曰論辨學，曰氣節學，曰社會學，曰大同學。内以心性、政治二類爲重心。

蓋孔門以仁與政對言，而《孟子》則以仁與政合言。言仁而不施於政，則無由建諸實事；言政而不本於仁，則秩序淆亂，失道殃民，所謂：「生於其心，害於其政；發於其政，害於其事。」孟子言之，痛心極矣。

兹特講《公孫丑篇》「不忍人之心」三章，見爲政者必明心性之學，斯可以正人心而救民命。孔子之論心曰：「操則存，舍則亡。」一心之存亡，即一家一國之存亡也。《孟子》曰：「順天者存，逆天者亡。」天視民視，天聽民聽。畏天者保其國，虐民者棄其國矣。

至應參考各書。趙邠卿注詳於訓詁，略覺簡淺。朱子注探原性理，洞明奧旨，最宜熟讀。張南軒《孟子説》推闡精微，《大全》所載諸儒之説，無過之者。近戴東原《孟子字義疏證》、焦理堂《孟子正義》雖盛行一時，然於宋儒之學，初未窺其室奧，輕詆紫陽，余向未敢信。

附録二：《孟子》「不忍人」三章講義丙子（一九三六）〔一〕

【釋】此二十世紀三十年代中唐先生在無錫國專之講義也，表揚明代王守仁、俞大猷、戚繼光捍衛社稷之大功，此面臨强敵前之誨奮也。至於義理問題，並參先生於一九二二年所撰《不忍人之政論》三篇。

《易傳》「天地之大德曰生」。天地之德，生理、生機、生氣而已。天地以生物爲心，人處其中，因各得天地之心以爲心。此心也，天地間最可寶貴者也。余今日爲諸君講《孟子》「不忍人之心」三章，用廣天地生生之義，幸諸君垂聽焉。

「孟子曰：人皆有不忍人之心。」〔二〕此章要旨，乃教人爲人之道，特重一「人」字。人之本在性，性者何？即不忍人之心也。人而無不忍人之心，即非人矣。《説文》「忍」字，從心刃聲，此形聲字，亦兼會意；若曰加刃於心，是謂之忍，即欲殺人之心也。雖然，人而終日加刃於心，初則殺人，卒之未有不自殺者，此六書之微意也。

〔一〕載《茹經堂文集》四編卷四。

〔二〕《孟子·公孫丑上》文。

孟子又於《離婁》篇中言不忍人之心，曰：「聖人既竭心思焉，繼之以不忍人之政，而仁覆天下矣。」又曰：「不仁而在高位，是播其惡於衆。」嗚呼！以不仁人而爲政，宜乎「上無道揆，下無法守。朝不信道，工不信度。君子犯義，小人犯刑。賊民興，喪無日矣。」欲救此禍，請以六字贈諸君，曰：正人心，救民命。

「今人乍見孺子將入於井，皆有怵惕惻隱之心。」且曰：「非所以内交於孺子之父母也，非要譽於鄉黨朋友也，非惡其聲而然也。」此無他，即本心之良知也。天下芸芸民生，孰非孺子？昔宋朱子於同安放振時，見百姓流離失所，爲詩曰：「孰知赤子原無罪，合有人間父母心。」誠仁人之言也。《大學》引《康誥》曰：「如保赤子，心誠求之。」此心也，即不忍人之心也。孟子於下文即細分仁、義、禮、智之性寓於心者，曰：「無惻隱之心，非人也；無羞惡之心，非人也；無辭讓之心，非人也；無是非之心，非人也。」夫論不忍人之心，則「惻隱」二字足以括之，何必如是之累規叠矩？推《孟子》之意，蓋以爲人之所以爲人者，在四端俱備，失其一即非人。是知仁、義、禮、智之四端，人人有之。而諸君居今之世，又以是非之心爲重。蓋諸君今日之所以入學讀書者，何在？一言以蔽之，曰：「讀書以明理耳，明世界之是非耳。」須知《孟子》之意，四端猶四體不可缺一，故下文又有自賊賊君之論。《孟子》嘗言：「惟大人爲能格其君心之非。」蓋君者，民之表率也，表正則影端。若賊其君，即賊其民矣。

末節結論曰：「凡有四端於我者，知皆擴而充之矣。」此又有精義焉。蓋不忍人之心既屬人人有之，然當其惻隱之心之發也，或如電光石火，忽起忽滅，雖有是心，亦徒然耳，故尤貴乎能擴充。知皆擴而充之，即良知也，無待外求者也。「苟能充之」四句，深切精警。「不忍人章」大義如此。

孟子引《論語》云：「里仁爲美，擇不處仁，焉得智？」蓋仁者之里，風氣必純；不仁之里，殺機必熾。舍風氣善良之處不居，而日處機械變詐、危機四伏之中，可謂之智乎？孟子於是又進而論之曰：「不仁不智，無禮無義，人役也。」夫何以言人役哉？蓋不仁即不智，即無禮義，祇得爲人役耳。戰國時，燕逼於齊，危甚；迨燕昭王立，問教於郭隗先生，答曰：「帝者與師處，王者與友處，亡國與役處。」此可知不仁、不智、無禮、無義，即係奴僕性質。奴僕可耻爲人役乎？孟子既痛心此輩，故爲之喻曰：「猶弓人而耻爲弓，矢人而耻爲矢也。」夫仁、義、禮、智固屬爲人第一要義，然人欲立德，必先有量。孟子所謂取人爲善、與人爲善者，即量之謂也。

滕文公問：「齊人將築薛，吾甚恐。」當時以齊之强大，滅一蕞爾之滕固易事耳，是故其時滕之國勢實危殆已甚，而孟子答之曰「彊爲善」而已矣。夫所謂善，即不忍人之心也。充不忍人之心，治天下可運之掌上，故國雖危弱，苟行善政，猶足以自存。按：孟子告滕文公問爲國者二事，一曰復井田，二曰興學校。井田乃古制，今可不論；而興學校一事，則爲强國之基。蓋惟有善人斯有善政，有善政斯有善國。善政，民愛之；民既愛之，孰能亡之？滕雖弱，向使所行者盡仁政，則人倫明於上，小民親於下，猶可以爲善國也。夫人民何自而能善？官吏何自而能知行善政？惟有聖人之道，教化之薰陶之耳。此孟子所以教以設爲庠序學校也，是誠根本之論也。

我國人民在世界中，天性最爲和善，故爲善國也至易，孟子所以諄諄道性善者以此。孟子道性善，爲善之方有二，曰取人爲善，曰與人爲善；《易》《大有》、《同人》二卦是也。然此中功夫又分深淺，如此章「子路人告之以有過則喜，禹聞善言則拜，取人爲善也。大舜之舍己從人，樂取於人以爲善」，與人爲善也。非有容人之量，與天地江海同其大，曷克臻此？至於「舍己從人」，其功奈何？先在克己，惟克己而後能舍己。蓋天下之大善，在先人而後己；大惡，在有己而無人。曾文正公，清中興之豪傑也，其目光至遠，其識見至廣；其教人也，常以本章爲宗旨。時有李申夫者，請問爲人之方於文正公，公告之以「取人爲善」、「與人爲善」二事爲日常功課，又須日日計之，自省一日之中「取人爲善」者有某事、「與人爲善」者有某事，行之既久，則人格自高尚、局量自遠大矣。吾希望諸君亦能行如是功夫。同學中品行學問之優者，吾效法之，即「取人爲善」也；有功課稍遜者，吾扶助之，即「與人爲善」也。他日更從而推廣之，則德業無窮焉。故孟子於此章結論，所以云「君子莫大乎與人爲善」也。

雖然，舜之所以能「樂取於人以爲善」者，蓋舜乃大孝之人也。惟大孝之人乃能爲大善之人，所謂「孝爲百行先」是也。然則，諸君欲爲善，尤非自孝弟入手不爲功。世斷無不孝之人而能爲善者，更斷無不孝之人而能與人爲善者，諸君可以知之矣。是故人如心地不良，則必機械變詐，初則害人，駸至自害。聚千百機械變詐之人而成國，尚能成爲國乎？故欲謀强國，必先養國性。如人人能取人爲善、與人爲善，互相親愛，敦崇倫紀，如手足、如同胞、如父子，合力以互助，國安有不强者乎？故此章實救國救世之學也。

以上三章大義，余既略述梗概。雖然，讀經非可空言也，要當切實行之。余今更爲諸君言爲學切實功夫。

明代之捍衛社稷、建立大功者有三人，曰王守仁，曰俞大猷，曰戚繼光。俞、戚二人後於陽明先生，其行軍用兵亦一以陽明先生爲法。

陽明之學，最重「致良知」，實不外知覺、思想二事。人皆知思想當純正，殊不知如知覺不善良，思想何以能純正乎？此陽明所以言「致良知」也。今日吾人之思想往往落於人後，不能爲先知先覺之賢哲，而惟步人之後塵，殊屬可恥。然吾若不甘爲後知後覺之人，則必求知覺靈敏。夫知覺何以能靈敏？惟有致良知而已。人惟能行致良知功夫，其思想乃純正而不機詐。然此又須講學以訓練之，務使知覺靈敏純潔，而後思想之來，自無不正。陽明一生之功業，爛然可觀，爲歷史上罕見者，此蓋得力於致良知之功也。初先生以忤宦者劉瑾，遠謫龍場，萬念俱絶，遂悟致良知之學；未幾，遂大用，任江西巡撫。迨宸濠反，先生即舉兵討之。當前鋒交綏之時，猶在離南昌二十里地講學自若。嘗一日講《大學》未終，忽探報來謂前鋒受挫，當時有伍先鋒者已中鎗，我軍且潰，敵去此僅十數里矣，聞者皆驚懼，而先生講學如故。頃之，又來探報謂伍先鋒負創奮起，士卒感奮，我軍已反敗爲勝矣。而先生講學如故。頃之，又來探報謂我軍已大勝，前軍追殺數十里，已逼近南昌，先生復講如故。迨一章講畢，從容而退，於是弟子向之道賀，乃流涕答曰：「雖然，吾百姓之死者亦衆矣。彼敵軍死者，獨非忍乎！」且曰：「吾亦當往前綫。」未數日，捷音傳報，則宸濠已成擒。故用兵之道，一靜可以制百動。我國文臣用兵，未有如先生之神速者，蓋主靜之功也。靜則此心虛靈不昧，凡物之來，雖毫毛之細，察之彌精矣。

至戚繼光用兵，深得陽明先生之學，其所著《愚愚稿》有曰：「克一嚴城易，克一私欲難。」陽明亦曰：「殺山中賊易，除心中賊難。」皆致良知極精細之論。非其心之虛靜堅定，烏能如此？吾望諸君亦能以此法應付一切，無論世界如何，我常以「静心」出之，則無往而不綽綽然有餘裕焉。故余又望諸君切記「正人心，救民命」六字外，更能研究陽明先生學説，時時注意「致良知」。居家孝敬父母，在校尊敬師長，扶助同學，隨時隨處莫非良知之作用。諸君當此青年，誠蓬勃朝發之時，他日必有爲國家辨大事者，吾望諸君不忘斯言。

「不忍人之心」三章講義

【釋】此國難時期，先生在滬上交通大學之講義也，原載《演講録》第一集上卷《孟子分類大綱》下，今迻録於此。其中特倡王陽明「致良知」以行「人道教育」，突出火器殺人之慘毒，乃先生所親歷者，就此而説「不忍人之心」，其振撼力度，已非孺子入井之可比擬也。

此三章大義，當以明代王陽明先生「致良知」之學爲宗旨。不忍人之心即人人固有之良知也。人若無良知，即不得謂之人。故此章當重讀一人字。《説文》忍字，从心刃聲，形聲字亦兼會意。其意蓋謂加刃於心，是謂之忍，即欲殺人之心也。然人終日加刃於心，初則殺人，卒之未有不自殺者，此古人造字之精義。

「先王」二句，所謂合仁與政爲一，有仁心必當施諸實政。《孟子》於《離婁篇》言仁政曰：「聖人既竭心思焉，繼之以不忍人之政，而仁覆天下。」又曰：「不仁而在高位，是播其惡於衆。」嗚呼！以不仁人而爲政，宜乎「上無道揆，下無法守」，國之所存者幸矣！

「今人乍見孺子」二句，即良知之發。陽明先生之學，實本於此。主要在一「乍」字。乍見孺子入井，良知即乍發，當此之時計較之心未生，故曰「非所以納交」云云。惟此乍發之良知，如電光火石，倏起即滅，必如下文所謂「擴而充之」，擴充者，實致其良知也。

「無惻隱之心」四層文義，累規疊矩。《孟子》之意，蓋謂四端缺一即不得爲人。四端發見，爲察識之本。察識之時，即寓辨别之理。此端字即良知之乍發，如草木初萌，或引起而生長之，或斬絶而剷除之，祇在斯須之頃，危乎微乎！人第知戕賊四體之可痛，而不知戕賊四端之可痛。四體有形，四端無形。無形之體貴於有形。況君者，一國之代表也，賊其君是賊一國之國性，即賊一國之國民，哀哉！知皆擴而充之，良知也。

「火之始然」二句，應上「乍見」二字。火始然，其苗微，最易滅。泉始達，其源小，最易涸。乍見之良知，其時暫，最易消。苟能充之此心，推諸東西、海南、北海而準。苟不充之，雖家庭之間，亦不能生其愛敬之誠矣。此「致良知」所以爲最要功夫也。

綜全章之義，是謂「人道教育」。首節提人字。先王者，人之模範也。下文曰「今人」，曰「非人也」，曰「人之有是四端」，皆注重人字。凡有四端於我，則由人而返之於我矣。「自謂不能」二能字，良能也。「知皆擴而充之」，良知也。良知良能，當達之天下。達，即充也。人之所以異於禽獸者，五常與五倫而已。五常首仁，不忍人之心也。五倫首孝，所以事父母也。滅倫常，則人皆禽獸矣。故此章爲人道教育之本。

「矢人」章以「仁」字爲主。仁者，不忍人之心也。然仁與不仁，必求所以辨别之方，是良知也，所謂智也。「矢人惟恐不傷人」，絶滅其良知矣。「函人惟恐傷人」，能保其良知也。邇來火器日出而愈精，殺人之慘毒，千萬倍於戰國。然殺機之盛，不過數十年而止。必有提倡人道教育者。今人之哀戰國，猶後人之哀今人。《孟子》不忍人之學，急不容緩矣。

《大戴禮》載曾子曰：「與惡人居，如入鮑魚之肆，久而不聞，則與之化。」仁者之里，風氣必純；不仁之里，殺機必甚。舍風氣善良之里不居，而日處機械變詐、危機四伏之中，可謂智乎？戰國時，燕逼于齊，危甚。迨燕昭王立，問教於郭隗先生，答曰：「帝者與師處，王者與友處，亡國與役處。」不仁不智、無禮無義，是奴僕性質也。人役而耻爲役，是其良知之呈露乎？《孟子》曰：「小役大，弱役强，天也。」徒耻而不求道德，果何益乎？耻之耻之，一念而耻爲役，即一念而進於仁。不仁之人，專怨勝己者，而不求勝人之道，所以常處於劣敗之地。反求諸己，反求本心之良知而已。

良知充乎其極，則德量日宏。惟古聖賢之德量淺深，亦各不同。吾人當先學子路，進而學禹，再進而學舜，「聞過則喜，聞善言則拜」，皆取人爲善，發於良知，非勉强緣飾也。

「大舜有大焉」二語，即《周易》《大有》、《同人》二卦之義。蓋德無不備，而能變天下之志，故曰大有。同心之言，推暨四海，以一己之善，兼善天下，故曰同人。「善與人同」即《禮運》所謂「大同」。「天下爲公」者，公天下之善也。若與惡人處，則同惡相濟，雖求小康不可得已。舍己本於克己，天下之大善，在先人而後己。天下之大惡，在有己而無人。如舜之見善，無所謂己也，無所謂人也，無所謂舍也，無所謂從也。其取於人也，見善而已，忘乎其爲取也。故其樂也，出於天性之良知而不容已也。與者，偕也，助也。

近代曾文正公常以此章教人，以「取人爲善，與人爲善」八字，作爲日課。余於第一期講演已詳述之，誠能切實奉行，久之則德量大而人格高，此所謂「先知覺後知，先覺覺後覺」也。國性焉有不善者哉？是故修己安人者，必考察其量之大小。

卷六

孟子教育學

【釋】此卷乃《孟子救世編》新補，《演講録》未立此專題，而《茹經堂文集》四編存此題辭，是先生在一九三八年至一九四三年五年之間之所撰。先生概括教育存六類形態，三種精義，精義通貫六類教育形態中。六類型態爲家庭、學校、國民、高等、慈惠、嚴格，隨時變宜。貫通其中之精義有三，謂人倫、性情、道德，三者屬恒常性質之通則，乃在孟學中可得而篤定，故唐先生提出以孟學爲體，科學爲用。科學在六種教育類型中開展其作用，孟學則爲一切教育形態之核心。此乃先生晚年證果，意義非凡。

孟子教育學題辭〔一〕

今日所教之事，即他日所行之政。雖然，行政殺人，人得而知之。教育殺人，若

〔一〕文又載《茹經堂文集》四編卷四。

戰國之世，罔民設教，桎梏其智能，窒塞其聰明，導以欲，誘以利，其志卑，其行鄙，而害且及於人心家國，人鮮有知之者，豈不悲哉！孟子志在救世，七篇之書所言無非教育。

有家庭教育，古者易子而教，父子之間不責善也。有學校教育，庠者養，校者教，序者射也。有國民教育，霸者之民驩虞如，王者之民皞皞如，善教得民心也。有高等教育，中道而立能者從之也。有分級教育，君子之所以教者五也。有慈惠教育，中也養不中，才也養不才。有嚴格教育，不屑教誨是亦教誨之也，苦心而孤詣。故曰七篇之書，無非教育也。

然則其精意安在？曰約有三端。一曰人倫教育。人之有道也，飽食煖衣，逸居而無教，則近於禽獸。聖人憂之，教以人倫，父子、君臣、夫婦、兄弟、朋友是也。人之所以異於禽獸者幾希。舜察於人倫行仁義爲標準，而天叙天秩始定，未有人倫不明而政治有秩序者。然而聖賢之教人也，惟恐人之近於禽獸。後世之教人也，惟恐人之遠於禽獸。夫是以六國紛擾，横逆之來由一身而一國，妄人盈天下，既與禽獸奚擇？天乃草薙而禽獮，豈不悲哉？

二曰性情教育。天命之謂性，仁、義、禮、智、信是也，故曰性善。性之發爲情，惻隱、羞惡、辭讓、是非是也。故曰乃若其情，可以爲善。惟有真性情者，乃有真學問。亦惟有真性情者，乃能愛國家。戰國時矜言法治，不虞天性，陷溺人心，以致子弟多懶多暴，《告子》篇：「富歲子弟多賴。」賴，即懶之省文。叫囂浮躁，率由此起。迨商鞅、李斯輩出，流毒後世，人皆歸咎於政治，而不知生心害政，實由於教育之不良，任法而滅天理人性也，豈不悲哉？

三曰道德教育。自國家言之，得道者多助，失道者寡助。以德服人者，中心悦而誠服也。自一身言之，天下有道，以道殉身。天下無道，以身殉道。惟以道殉人，於是廉耻無存，氣節掃地，而政治受其影響。《中庸》載哀公問政，孔子告之以達道、達德。夫天下，豈有無道無德而可以爲教者？教與政分，天下亂矣。盆成括小有才，未聞大道，至見殺於齊，孟子傷之。庸詎知後世之盆成括，且接踵而起也，豈不悲哉？

或曰：「子之悲深矣！毋乃戾於時乎？」曰：此正吾所謂時也。夫人倫、性情、道德，千古不變者也。聖賢至教，如陰陽寒暑，適協於時。庸愚詭教，如風雨晦明，悉愆其候。直者枉之，雅者俗之。左道者矜式之，桀傲者嘉鮮之。譬諸南鍼而北指，故曰教不時則傷世。見《禮記·樂記篇》。要知限制我之人才，即以限制我之國力。君子遏抑則小人日進，是以愈趨時而國愈危也。且所謂時者，孰若近代之科學？道藝兼資，科學自宜特重。惟當以孟學爲體，純而益求其純。以科學爲用，精益致其精。夫如是，乃可以救心，乃可以興國。輯孟子教育學第六。

1　設爲庠序節《滕文公篇上》

設爲庠序學校以教之。庠者，養也。校者，教也。序者，射也。夏曰校，殷曰序，周曰庠，學則三代共之，皆所以明人倫也。人倫明於上，小民親於下。

庠養、校教、序射，皆訓詁字法。庠養，養成其德行，乃德育之意。校教，開通其知識，乃智育之意。序射，正固其容體，乃體育之意。《虞書》五典，首重人倫，天之所叙，而人心所固有也。人倫明所謂明明德，小民親所謂親民，《大學》之道備矣。

2　君子之不教子章《離婁篇上》

公孫丑曰：「君子之不教子，何也？」

不教，不親教也。

孟子曰：「勢不行也。教者必以正，以正不行，繼之以怒；繼之以怒，則反夷矣。『夫子教我以正，夫子未出於正也』，則是父子相夷也。父子相夷，則惡矣。

夷，傷也。繼之以怒，則反傷其子矣。父子相夷則惡生矣。《詩・魯頌》曰：「匪怒伊教。」

古者易子而教之。

大者學校，小者家庭。

父子之間不責善，責善則離，離則不祥莫大焉。」

責善謂指其過惡，責之以善道也。離，睽隔也。睽隔則乖戾之氣滋。《孝經》曰：「父子之道天性也。」天性之恩豈可戕賊乎？

3 中也養不中章《離婁篇下》

孟子曰：「中也養不中，才也養不才，故人樂有賢父兄也。如中也棄不中，才也棄不才，則賢不肖之相去，其間不能以寸。」

養謂涵育熏陶，以俟其化也。此章不言教而言養，蓋養兼飲食教誨而言也。曾滌生先生作《原才》篇曰：「彼自尸於高明之地，不能陶鑄一世之人才，而謂天下無才，可不可也？」吾爲進一解曰：彼自尸於高明之地，不能培養天下之子弟，而輒疑人之子弟不中不才，且忌其中忌其才，必使舉世子弟，盡歸於不中不才而後已，則其禍爲尤亟。吾嘗謂限制人才，即限制國力。故《道德經》曰：「聖人善救人，故無棄人。」

4　博學而詳説章《離婁篇下》

孟子曰：「博學而詳説之，將以反説約也。」

博學而詳説者，文也。反説約者，禮也。孔子曰：「君子博學於文，約之以禮。」顔子曰：「博我以文，約我以禮。」蓋博於文而約以禮，由博而反約，乃孔門之家法也。兩説字見淺見深，視學者之程度，與教師之教法。

5　仲尼亟稱於水章《離婁篇下》

徐子曰：「仲尼亟稱於水曰：『水哉水哉！』何取於水也？」

亟，數也。「水哉水哉」，歎美之辭。

孟子曰：「原泉混混，不舍晝夜。盈科而後進，放乎四海，有本者如是，是之取爾。

原泉，有原之水也。混混，涌出貌。科，坎也。言其進以漸也。《孟子·盡心》篇曰：「流水之爲物也，不盈科不行。君子之志於道也，不成章不達。」凡有本之學，未有不循序漸進者。「原泉混混，不舍晝夜」，此孟子探源星宿海之論也。其次則爲江爲河，爲湖爲澤，其本原度量，各有不同矣。而其下焉者則爲溝澮。

苟爲無本，七八月之間雨集，溝澮皆盈；其涸也，可立而待也。故聲聞過情，君子耻之。」

集，聚也。溝澮，田間水道。涸，乾也。聲聞，名譽也。情，實也。君子之教人，崇實務本，力戒好名。蓋學者一有好名之心，則凡事務外，而其學因以無本。無本則如水之涸，可立而待。君子耻之者，耻夫學之不足也，耻夫量之如溝澮也，耻夫欺世以盜名而國受其害也。

6　羿之教人射章《告子篇上》

孟子曰：「羿之教人射，必志於彀。學者亦必志於彀。

羿，古之善射者。彀，弓滿也。滿而後發，射之方也。

大匠誨人，必以規矩，學者亦必以規矩。」

大匠，工師也。規矩，方圓之至。《大學》曰：「君子無所不用其極。」此章言教人者必以天下第一等之人格，與天下第一等之學術，而學者亦必以是爲志，以是爲法。

7 教亦多術矣章《告子篇下》

孟子曰：「教亦多術矣。予不屑之教誨也者，是亦教誨之而已矣。」

術，方也。聖賢之教，或徵於色，或發於辭，或拒之無形之際，無非欲裁抑其意氣，而激動其良心也。其所以拒而絶之者，正所以愛之也。

8 君子之所以教者五章《盡心篇上》

孟子曰：「君子之所以教者五。

教育之術，千變萬化。孟子所謂教者五，不過舉其大綱耳，非必盡於是也。

有如時雨化之者，

時雨，及時而雨也。及時而雨，則生物化之速矣。孔門顔子亦足以發，曾子唯一貫，皆聖人之化也。

有成德者，有達財者，

成德，因其德而成之。達財，因其財而達之。財，與材通。成德如孔子之於冉、閔，達材如孔子之於由、賜。

有答問者，

答問，所問而答之，俾漸進於深造之域，如孔子之於樊遲、原思是也。

有私淑艾者。

淑，善也。艾，治也。私淑艾者，品詣不一。有矜式其善言善行而成德者，有師法其議論行事而達材者，有參考詳辨如相答者，有得不傳之學於遺經而遠接道統者。

此五者，君子之所以教也。」

此言教人之法。《易·臨》卦之象傳曰：「君子以教思無窮。」《坎》卦之象傳曰：「君子以習教事。」所以思所以習者，皆研究教人之法也。

9 道則高矣美矣章《盡心篇上》

公孫丑曰：「道則高矣美矣，宜若登天然，似不可及也。何不使彼爲可幾及，而日孳孳也？」

道者，中庸而已。求則得之，舍則失之，無所謂高若登天而不可及也。惟學者不知殫心以求道，而道乃終不可及。

孟子曰：「大匠不爲拙工改廢繩墨，羿不爲拙射變其彀率。

彀率，彎弓之限也。言教人者，皆有不可易之法，不容自貶以徇學者之不能也。

若廢其繩墨，變其彀率，則不成爲教矣。

君子引而不發，躍如也。中道而立，能者從之。」

此承上文而言。引而不發，引弓而不發也。躍如，矢躍然出也。《論語》顏子言：「如有所立卓爾。雖欲從之，末由也已。」此指道之極椋者而言。此言「中道而立，能者從之」，蓋指見道較淺者而言。並非使人不可幾及，有若登天之難，何必自貶其道乎？

10　浩生不害章《盡心篇下》

浩生不害問曰：「樂正子，何人也？」孟子曰：「善人也，信人也。」

浩生，姓。不害，名。齊人也。此章乃論人格。楊子所謂模範教育家，修己論人之法。

「何謂善？何謂信？」

不害問語。

曰：「可欲之謂善，

可欲者，動之端也。蓋人具天地之性，仁義禮智之所存，其發見則爲惻隱、羞惡、辭讓、是非，皆所謂善也。

有諸己之謂信，

有諸己者，謂實有諸己，非弟好善而已也。張氏云：「誠善於身之謂信。」

充實之謂美，

充實者，充盛篤實也。美者，美在其中，成章之謂也。

充實而有光輝之謂大，

和順積中而英華發外。《易・文言傳》曰：「美在其中，而暢於四支，發於事業。」則德業至大而不可加矣。

大而化之之謂聖，

孟子言「所過者化」，蓋如時雨之化。《論語》所謂「立斯立，道斯行，綏斯來，動斯和」是也。《中庸》曰：「動則變，變則化，惟天下至誠爲能化。」

聖而不可知之之謂神。

《易・繫辭傳》曰：「過此以往，未之或知也。」不可知即未之或知，非有恍惚杳冥之境，故曰：「窮神知化，德之盛也」。

樂正子，二之中，四之下也。」

此即班氏《古今人表》式也。樂正子二之中四之下，言在第四等之下，第五六等之中，蓋在善信間也。

又按：此六等，極似《易》卦之六爻。《易》例，凡初爻爲陽爻者皆善，此喜怒哀樂之萌芽也，所謂「可欲之善」也。「有諸己之謂信」，《易・乾》二爻「庸言之信，庸行之謹」也。「充實之謂美」，《易・乾》三爻「忠信所以進德也」。「充實而有光輝之謂大」，君子以「剛健篤實輝光，日新其德」。此《大畜》之所以謂大也。「大而化之之謂聖」，《易・乾》五爻之「飛龍在天」，位乎天德，「大人造也」。學問之道，以有諸己爲主，而必以造於聖人爲極功。猶《易》例，内卦以二爻爲主，外卦以五爻爲主也。「聖而不可知之之謂神」，則是「所過者化，所存者神，上下與天地同流」矣，此却與《易》卦之上爻微有不同。蓋《易》忌於盈，故上爻每以過爲戒。而君子之學道，進而不已，則必造於無以復加之域，猶《中庸・尚絅章》之六節，其第五節「至於篤恭而天下平」，可謂極盛矣。然必極於「上天之載，無聲無臭」之妙，其進德之次第，亦與此章相類。先儒謂孟子不明言《易》，而所言無非《易》理，若此等處是也。

卷七

孟子氣節學

【釋】唐先生平生以氣節自持，此卷「氣節學題辭」反復修訂，務求盡意。其題辭初稿見於《演講録》第四集上卷者，雖非先生所滿意，唯照見先生微旨，無過比觀，以故録其初稿之文如下：「嗚呼！氣節之不明久矣！矧戰國之世，處士横議，廉耻掃地，海内紛紜，成一大市利場，乞墦齊人、龍斷賤夫踵相接。厥後始皇遂有坑儒之禍，論者謂秦政誠千古罪人，而當時被坑之儒，曷不見幾於早，使其能知去就大節，何至若是？自孔子有喻義喻利之訓，孟子益闡明義利之辨，其大義安在？厥惟出進退，辭受取與之界，浩然之氣，集義所生，要本於此。漢唐以後，宋程、朱諸大儒，稍稍發明其説，乃不久而即晦盲，末世皆笑爲迂闊。吾嘗俯仰千百年來，世運隆汙之故，士大夫制行立品之喪失其本原，未嘗不歎息流涕也。何以救之？惟孟子氣節學。」至於《演講録》於氣節一目凡二講，每講四章經文，其第二講四篇，其中兩章未見載於《救世編》文選，皆補入而完璧。總選文九章，未及原來選目。此卷先生於題辭與文選之反復訂正，蓋大義所寄，面對時代人心之崩壞，所以盡其至善至美之道義型範，以樹立人格國格之標杆也。

孟子氣節學題辭[一]

人生有氣骨[二]，乃能立身天地之間。氣節者，氣骨也。無骨何以有節？然苟遇社會不良風俗，譬諸洪鑪陶鑄，不獨易其心，并且銷其骨，可懼孰甚？《老子》曰：「弱其志，强其骨。」夫志不可辱，而骨必求其强。强骨，俠骨也。弱骨，媚骨也。民多媚骨，執政者與讒諂面諛人居，國其殆哉！

孔子平生進以禮退以義，得之不得（言得位不得位也），曰有命。魯穆公欲與子思友不可得，亟問亟餽鼎肉。子思不悦，摽使者出諸大門之外。孟子繼孔子、子思之精神，故有泰山巖巖之氣節，而先以辭受取與爲之標準。辭受取與者，廉耻爲之骨也。

[一] 文又載《茹經堂文集》四編卷四。
[二] 「人生有氣骨」句，《茹經堂文集》作「人生有骨」。

可以取可以無取，取傷廉。可以與可以無與，與傷惠。推伊尹天民先覺，絶大之經綸，不過非道非義，一介不取與，[一]吁！嚴矣哉。

世衰道微，羞惡心滅，苞苴請託，昏夜營求，無所不至。夫樂正子從於子敖，孟子斥其[二]徒餔啜。李斯將之秦，往見荀卿曰：「詬莫大於卑賤，悲莫甚於困窮。」設此言對於孟子，必嚴辭訓誡。而荀卿無一言正之，是以李斯營緣吕不韋，揣摹苟合。人第見其焚坑之酷，抑知其媚骨爲害，遂致天下被其毒。然而後世更有飾爲僞氣節者，叫囂隳突，意氣紛呶。有識者曰：此脆骨也。訑訑之聲音顔色，其氣骨不久即折。吾悲夫近世人士之氣骨[三]，非化即折，亟思有以救之。輯孟子氣節學第七[四]。

[一]「推伊尹天民先覺，絶大之經綸，不過非道非義，一介不取與」，《茹經堂文集》作「推伊尹天民先覺，先以非道非義、一介不取與」，《救世編》句更順達。
[二]《茹經堂文集》有「罪曰」二字。《救世編》更簡練，蓋「斥」字已見罪責義。
[三]《茹經堂文集》作「骨」，《救世編》補字曰「氣骨」，首尾相扣應。
[四]《茹經堂文集》置第九，《演講録》置於第四集上卷十一、十二講，分量甚重。

1　孟子將朝王章《公孫丑篇下》〔一〕

（此章論君子出處，當爲不召之臣，以伊尹爲法。）〔二〕

孟子將朝王，王使人來曰：「寡人如就見者也，有寒疾，不可以風，朝將視朝，不識可使寡人得見乎？」對曰：「不幸而有疾，不能造朝。」

王，齊王。有寒疾不可以風，顯係託辭。既能視朝，何以不能就見乎？故孟子立即託辭以拒之。

明日，出弔於東郭氏。公孫丑曰：「昔者辭以病，今日弔，或者不可乎？」曰：「昔者疾，今日愈，如之何不弔？」

東郭氏，齊大夫家也。

王使人問疾，醫來，孟仲子對曰：「昔者有王命，有采薪之憂，不能造朝。今病小愈，趨造於朝，我不識能至否乎？」使數人要於路曰：「請必無歸而造於朝。」

愚按：孟仲子，孟子之從昆弟，嘗學《詩》，《周頌》毛氏傳曾引其説。故此節措辭

〔一〕此章收録在《演講録》第四集上卷第十一期。

〔二〕《演講録》第四集上卷第十一期本章題下唐先生自注。

甚婉而雅。采薪之憂，言因病不能采薪，謙辭也。

不得已而之景丑氏宿焉。景子曰：「内則父子，外則君臣，人之大倫也。父子主恩，君臣主敬，丑見王之敬子也，未見所以敬王也。」曰：「惡！是何言也？齊人無以仁義與王言者，豈以仁義爲不美也？其心曰『是何足與言仁義也』云爾，則不敬莫大乎是。我非堯舜之道，不敢以陳於王前，故齊人莫如我敬王也。」

「不得已」者，不得已而朝王也。「之景丑氏宿」者，欲自明其託疾之心也。說見段懋堂《經韻樓集》。蓋孟子之心，非特齊王不能知之，即公孫丑亦不能知之，故特告景丑氏以明之。夫君臣固主乎敬，然敬有大小。奔走後先，奉命惟謹，敬之小者；格其非心，致君於堯舜，乃敬之大者。此千古人臣之規範也。

景子曰：「否，非此之謂也。《禮》曰：『父召無諾，君命召，不俟駕。』固將朝也，聞王命而遂不果，宜與夫禮若不相似然。」

景子一則曰敬，再則曰禮，皆似正大之詞。然人臣之所以致敬而盡禮者，不在此瑣瑣之末也。惟三代以後，爲人臣者，專尚儀文，於是君道乃日益尊，而臣節乃日益隳矣，可慨也。

曰：「豈謂是與？曾子曰：『晉、楚之富，不可及也。彼以其富，我以吾仁；彼以其

爵，我以吾義。吾何慊乎哉？』夫豈不義而曾子言之？是或一道也。天下有達尊三：爵一，齒一，德一。朝廷莫如爵，鄉黨莫如齒，輔世長民莫如德。惡得有其一，以慢其二哉？

孟子之學，傳自曾子。人生天下之責，莫大乎教養。富所以養人，爵所以教人；仁所以養人，義所以教人。「輔世長民」，天下之師也。

故將大有爲之君，必有所不召之臣，欲有謀焉則就之。其尊德樂道，不如是，不足與有爲也。

孟子心事，至此始全露出，欲有謀焉則就之，豈妄自尊大哉？「尊德樂道」四字，爲千古人君之法則。

故湯之於伊尹，學焉而後臣之，故不勞而王。桓公之於管仲，學焉而後臣之，故不勞而霸。

張氏云：「學焉而後臣者，以學爲先，而未敢遽臣之也。惟其學焉，則同德協志，謀無二慮，而事無不成矣。」愚按：古之大臣有學派，有學說，粹然一出於正大高明之域。「學焉而後臣之」，則師生沆瀣一氣，其學派同，學說亦同，故謀無二致，而政治訢合無間也。

今天下地醜德齊，莫能相尚。無他，好臣其所教，而不好臣其所受教。

朱注：「醜，類也。所教，謂聽從於己，可役使者也。所受教，謂己之所從學者也。」

愚按：《戰國策》郭隗告燕昭王曰：「帝者與師處，王者與友處，霸者與臣處，亡國與役處。折指而事之，北面而受學，則百己者至。先趨而後息，先問而後嘿，則什己者至。人趨亦趨，則若己者至。憑几據杖，眄視指使，則廝役之人至。若恣睢奮擊，呴籍叱咄，則徒隸之人至矣。此古服道致士之法也。」蓋師友所受教者也，役徒所教者也。後世人主長傲遂非，頤指氣使，日與廝役徒隸之人處，而不知亡國之隨其後，亦可痛矣。

湯之於伊尹，桓公之於管仲，則不敢召。管仲且猶不可召，而況不爲管仲者乎？」

此節忽又承伊尹、管仲，又特撇去管仲，而自命伊尹之意自見。蓋孟子固願學孔子，而其性情氣質，實近於任聖，讀《割烹要湯章》可見。曰非道非義，一介不取與，集義之功蓋本此。曰聖人之行不同，歸潔其身而已，養氣之功蓋本此。此皆氣節學也。

2　陳臻問曰前日於齊章《公孫丑篇下》

（此章論辭受取與，不獨裁之以義，當盟之於心。）〔一〕

陳臻問曰：「前日於齊，王餽兼金一百而不受；於宋，餽七十鎰而受；於薛，餽五十鎰而受。前日之不受是，則今日之受非也。今日之受是，則前日之不受非也。夫子必居一於此矣。」

趙注：「陳臻，孟子弟子。」

愚按：天下無兩可之事，陳臻之問，辨義之學也。

孟子曰：「皆是也。

惟精於義，故能裁斷。

當在宋也，予將有遠行。行者必以贐，辭曰：『餽贐。』予何爲不受？當在薛也，予有戒心，辭曰：『聞戒。』故爲兵餽之，予何爲不受？

王氏船山云：「薛蕞爾國，安所得好金千二百兩，以餽游客哉？按五金之屬，統名爲金。兼者，雜也，雜青金、赤金、白金，可以鑄泉布器用者也。青金，鉛也；赤金，

〔一〕《演講録》第四集上卷第十一期本章題下唐先生自注。

銅也；白金，錫也。《春秋傳》鄭伯朝於楚，楚子賜之金，與之盟，曰：『無以鑄兵』故以鑄三鐘。則古者蓋以銅、錫、鉛爲貨賄相餽遺矣。孟子於辭曰『故爲兵餽之』，言以鑄劍戟也。」[一]愚按：王説極精。

若於齊，則未有處也。無處而餽之，是貨之也。焉有君子而可以貨取乎？」

此章辨義之學，當盟之於心。伊尹非道義一介不取，氣節之祖也。漢楊震暮夜有餽之以金，震堅却不受，人曰：「暮夜無知者。」震曰：「天知地知，爾知我知，何得謂無知？」賢哉震也！後世遂傳四知之戒，可以與伊尹之一介不取並傳矣。士君子當臨財之時，務須視如生死關頭，不可略有苟得。故曰盟心爲本，慎獨之幾，不可不隨時涵養而提撕之也。孟子又嘗曰：「可以取可以無取，取傷廉。」

3 孟子致爲臣而歸章 《公孫丑篇下》

（此章論辭受出處，當以龍斷富貴爲厲禁。）[二]

[一] 王夫之《孟子稗疏》卷二。

[二] 《演講録》第四集上卷第十一期本章題下唐先生自注。

孟子致爲臣而歸。

朱注：「孟子久於齊而道不行，故去也。」

齊王猶足用爲善，孟子何以遽歸乎？蓋一暴十寒，小人之佞王者衆，不獨右師曰賍於君，即如沈同、陳代輩，皆諛君者也。小人道長，君子道消。孟子知決無可爲，故即引退。

王就見孟子曰：「前日願見而不可得，得侍，同朝甚喜。今又棄寡人而歸，不識可以繼此而得見乎？」對曰：「不敢請耳，固所願也。」

「就見孟子」，齊王良知猶未泯也。至謂時子語，則敷衍虛文矣。「不敢請」兩句，孟子望齊王爲善之初心，惓惓未已也。

他日，王謂時子曰：「我欲中國而授孟子室，養弟子以萬鍾，使諸大夫、國人皆有所矜式。子盍爲我言之？」

天下之事，莫患乎浮慕，浮慕則敷衍。聆齊王之言，非不善也。然而其意不過浮慕，藉此以羈縻賢者耳。末句敷衍之意畢露。

時子因陳子而以告孟子，陳子以時子之言告孟子。

陳子即陳臻。輾轉相告，間接中之間接。君臣皆無誠意，即非孟子，亦當翩然遠去矣。

孟子曰：「然。夫時子惡知其不可也？如使予欲富，辭十萬而受萬，是爲欲富乎？

世俗之人，往往以己見測聖賢之心，以爲己欲富，則聖賢亦若己之欲富焉爾。

季孫曰：『異哉！子叔疑，使己爲政不用，則亦已矣，又使其子弟爲卿。人亦孰不欲富貴？而獨於富貴之中，有私龍斷焉。』

季孫、子叔疑，均無考。「使己爲政」，孰使之？即己使之。本心昏昧，欲富貴之心害之也。「又使子弟爲卿」，龍斷富貴，廉耻喪失盡矣。孟子非特絕無欲富之心，亦絕不願弟子享萬鍾不義之禄，故爲嚴厲之辭以拒之。此節特道破千古庸俗人之思想，極爲痛切。蓋庸夫心理之中，不獨欲己身之富貴，且欲傳之子孫，富貴累世不絕，天下庸有是理乎？夫公卿者，危具也。富貴者，危機也。人人欲使子弟得高官厚禄，而使子弟不立品、不讀書，性情氣骨，日即於卑污，以致亡其身、破其家者，比比皆是。鐘鳴漏罷，興盡悲來，此非福其子孫，實乃害其子弟。豈不哀哉？

古之爲市也，以其所有，易其所無者，有司者治之耳。有賤丈夫焉，必求龍斷而登之，以左右望而罔市利，人皆以爲賤，故從而征之。征商自此賤丈夫始矣。」

羅羅山先生云：「求登龍斷，以罔一市之利，尚可言也。據守要津，以罔國家天下之利，不可言也。聖學不明，利欲薰心，士人一登仕籍，則奔競干謁，貪婪恣肆，罔所不至。朝廷之安危，生民之休戚，一無所顧惜於其間，是賤丈夫不在市井而在朝廷矣。州縣登壟斷以罔愚氓，督司登壟斷以罔州縣，朝廷登壟斷以罔督司；竭生民之膏血，填無厭之谿壑，上下交征，無所不至，天下之禍，遂有不知所終極者。商賈罔利，猶必以其有易其所無；士大夫之罔利，則惟假勢位之赫赫，嚇詐斯民而已，其不至於敗者幾希！」〔一〕

愚按：「有司者治之」，《周官》「司市」之法也。見利而爭趨之，其志節已不堪言。至於以左右望而罔市利，則不堪之尤者矣，故皆目之曰賤。雖然，駔商市儈，人皆以爲賤矣，乃因駔商市儈之獲利，從而艷羡之，又從而征之，冀漁獵其錐刀之末，則所謂逐臭之夫，賤中之又賤者也，之與乞墦之齊人等耳。

4　陳代章《滕文公篇下》

（此章論志士當有不忘溝壑之志，決不可枉道徇人。）〔二〕

〔一〕羅澤南《讀孟子劄記》卷一。

〔二〕《演講録》第四集上卷第十一期本章題下唐先生自注。

陳代曰：「不見諸侯，宜若小然。今一見之，大則以王，小則以霸。且志曰：『枉尺而直尋。』宜若可爲也。」

陳代，孟子弟子。八尺曰尋。「宜若可爲」，擬議未定之辭。

孟子曰：「昔齊景公田，招虞人以旌，不至，將殺之。志士不忘在溝壑，勇士不忘喪其元。孔子奚取焉？取非其招不往也，如不待其招而往，何哉？

孟子師法孔子，故「不見諸侯」章亦引此文，當參讀。志士固不忘在溝壑矣，然究竟淪於溝壑者無幾也，豈可喪失其氣節耶？先師王文貞公云：「學問道德，當作進一步想，以勝於我者正多也。境遇當作退一步想，其不如我者尚不少也。」

且夫枉尺而直尋者，以利言也。如以利，則枉尋直尺而利，亦可爲與？

孟子痛惡一「利」字，此節辭氣尤嚴。既枉尺矣，其勢必至枉尋，其後并直尺而不可得，豈不重可憫嘆耶？

昔者趙簡子使王良與嬖奚乘，終日而不獲一禽。嬖奚反命曰：『天下之賤工也。』或以告王良。良曰：『請復之。』彊而後可，一朝而獲十禽。嬖奚反命曰：『天下之良工也。』簡子曰：『我使掌與女乘。』謂王良。良不可，曰：『吾爲之範我馳驅，終日不獲一；爲之詭遇，一朝而獲十。《詩》云：「不失其馳，舍矢如破。」我不貫與小人乘。』

請辭。

賤工、良工，小人之口吻如見。「範我馳驅」，正道也。「詭遇」，枉道也。士君子循正道而已，獲禽多寡，非所計也。而後之人乃營營於名利，自貶其氣節，則真小人矣。**御者且羞與射者比，比而得禽獸，雖若丘陵，弗爲也。如枉道而從彼，何也？且子過矣。枉己者未有能直人者也。」**

射御皆藝之末，而御爲人役，所執尤卑，然且羞與射者比矣。枉己者未有能直人，猶所謂未聞枉己而正人者也。學者當與「割烹要湯」數章參讀，以自厲其氣節。

本篇尚有「周霄」章「不由其道而往，與鑽穴隙」之類，亦係激厲氣節，惟僅末節數語，故未録。

5　割烹要湯章《萬章篇上》

萬章問曰：「人有言：『伊尹以割烹要湯。』有諸？」

伊尹任天下之事，即不免叢天下之怨，謡諑因之紛起，故古書中毁伊尹處甚多，如此節與《楚辭・天問》篇「水濱之木，得彼小子」等數語，及《史記・孟子荀卿傳》「伊尹負鼎俎」、《游俠列傳》「伊尹負於鼎俎」，皆是也。

孟子曰：「否，不然。伊尹耕於有莘之野，而樂堯舜之道焉。非其義也，非其道也，禄之以天下弗顧也，繫馬千駟弗視也。非其義也，非其道也，一介不以與人，一介不以取諸人。

此節「道義」二字，當與「養氣」章「其爲氣也，配義與道」參看。伊尹之視天下、千駟，無異於一介，蓋不以數量多寡大小爲輕重，而壹以道義爲準繩也。

湯使人以幣聘之，囂囂然曰：『我何以湯之聘幣爲哉？我豈若處畎畝之中，由是以樂堯舜之道哉？』

兩「我」字當注意，所以重視己身，不輕出也。

湯三使往聘之。既而幡然改曰：『與我處畎畝之中，由是以樂堯舜之道，吾豈若使是君爲堯舜之君哉？吾豈若使是民爲堯舜之民哉？吾豈若於吾身親見之哉？

一「我」字兩「吾」字當注意，所以重視己身，當爲天下而出也。曰「吾豈若於吾身親見之」，蓋於畎畝之中，經畫天下之事，已早有成竹矣。

天之生此民也，使先知覺後知，使先覺覺後覺也。予天民之先覺者也，予將以斯道覺斯民也。非予覺之而誰也？』

三「予」字當注意，有挺然自任之意。覺後知、覺後覺，覺之道奈何？先致其善良之知覺，孟子所謂「不慮而知」之良知達之天下者是也。明王陽明先生致良知之學即此義。繼則致臨時之知覺，《論語》所謂「不逆詐，不億不信」，抑亦先覺是也。先天下而知覺，其知覺乃不落於人後，要在虚心窮理。

思天下之民，匹夫匹婦有不被堯舜之澤者，若己推而内之溝中。其自任以天下之重如此，故就湯而説之以伐夏救民。

上節伊尹之言論，此節伊尹之思想。「己」字「自」字當注意。惟自待高，故自任重。惟不失己，故能救民。思天下之民，與禹思天下有溺，稷思天下有飢正同，所謂萬物一體之懷也。

吾未聞枉己而正人者也，況辱己以正天下者乎？聖人之行不同也，或遠或近，或去或不去，歸潔其身而已矣。

兩「己」字一「身」字當注意，皆重視己身也。當與「枉尺直尋」節參看。「歸潔其身」，潔字更有味。高尚其事，固潔也。拔茅貞吉，亦所以爲潔也。

吾聞其以堯舜之道要湯，未聞以割烹也。

「堯舜之道」，豈可以要君？乃甚言其不要爾。

《伊訓》曰：『天誅造攻自牧宫，朕載自亳。』

趙注：「牧宮，桀宮也……載，始也……湯曰：『我始與伊尹謀之於亳。』遂順天而誅也。」〔一〕

愚按：《書》曰「天討有罪」，惟爲天吏乃能行天誅。

6 孔子於衛章 《萬章篇上》

（此章論進禮退義，皆當奉孔子爲法。）〔二〕

萬章問曰：「或謂孔子於衛主癰疽，於齊主侍人瘠環，有諸乎？」孟子曰：「否，不然也。好事者爲之也。

主，謂舍於其家。醫非賤業，而餂癰舐痔，則賤甚矣。侍人，奄人。瘠，姓；環，名。

於衛主顏讎由。彌子之妻與子路之妻，兄弟也。彌子謂子路曰：『孔子主我，衛卿可得也。』子路以告，孔子曰：『有命。』孔子進以禮，退以義，得之不得曰『有命』。而主癰疽與侍人瘠環，是無義無命也。」

〔一〕趙岐《孟子章句》卷九。「桀宮也」，趙氏原文無「也」字。「遂順天而誅也」句，「誅」後有「之」字。

〔二〕《演講録》第四集上卷第十二期本章題下唐先生自注。

顔讎由，衛賢大夫。彌子，衛幸臣。天命之説，後人以爲渺茫，遂欲破除其説。不知天命之謂性，性者，禮也，義也，心之所同然者也。聖人一進一退，皆以禮義爲標準。而以有命曉彌子者，蓋君子任理，小人任數，言理足以範圍君子，言數足以範圍小人。而怐愗之士不信天命，所謂小人不知天命而不畏也。

7　交際何心章《萬章篇下》

（此章論交際辭受，當盟之於心。）〔一〕

萬章曰：「敢問交際何心也？」孟子曰：「恭也。」

交際之道，辭受取與之義，皆當盟之於心。恭敬之心，人固有之心也。孟子曰「恭也」，探本心而言也。

曰：「卻之卻之爲不恭，何哉？」曰：「尊者賜之，曰：『其所取之者，義乎不義乎？』而後受之，以是爲不恭，故弗卻也。」

或疑上「卻之」二字爲衍文，非也。「卻之卻之」與「義乎不義乎」，皆本心籌度之

〔一〕《演講録》第四集上卷第十二期本章題下唐先生自注，以「辨義」爲關鍵。

辭。必尊者所取，有不義而後卻之，故爲不恭。

曰：「請無以辭卻之，以心卻之曰：『其取諸民之不義也。』而以他辭無受，不可乎？」曰：「其交也以道，其接也以禮，斯孔子受之矣。」

「以心卻之曰」下，即質諸本心之辭也。交以道，接以禮，可見非道非禮即一介不取，惟聖賢君子，乃有此辨義之學。萬不可以是爲藉口，而妄取人物，以致喪失其品行也。

萬章曰：「今有禦人於國門之外者，其交也以道，其饋也以禮，斯可受禦與？」曰：「不可。《康誥》曰：『殺越人于貨，閔不畏死，凡民罔不譈。』是不待教而誅者也。殷受夏，周受殷，所不辭也。於今爲烈，如之何其受之？」

此節問答，辨義俱絶精審。「越人于貨」，律所謂攔路劫殺，説詳《大義》〔一〕。

〔一〕指唐先生《孟子大義》。先生《演講録》第四集上卷第十二期注云：「王氏船山曰：『《集注》云：「殺人而顛越之。」人既被殺，則自踣於地，奚待人顛越之乎！但言殺人，其罪已極，可勿論其越與不越也。按：越者踰也，行也。越人，越疆而行之商旅也。殺越人于貨，律所謂攔路劫殺者是已。附近之人，雖挾重貨，猶不敢肆其惡，惟越境孤客，殺之者易以滅口，是以凶人敢試其鋒刃，而人尤爲之歛恨也。』按：『殷受夏』三句，朱注以爲衍文。先大夫云：『此十字係脱簡，當在《滕文公篇・彭更章》「舜受堯之天下」句下，于文義爲順。』烈者，甚也。猶言其禍尤甚也。」此撮《孟子大義》傳注，録此互參。

「殷受夏」三句，家大人以爲在《滕文公》篇「彭更」章「舜受堯之天下」句下，於文義爲順。

曰：「今之諸侯取之於民也，猶禦也。苟善其禮際矣，斯君子受之，敢問何説也？」曰：「子以爲有王者作，將比今之諸侯而誅之乎？其教之不改而後誅之乎？夫謂非其有而取之者盜也，充類至義之盡也。孔子之仕於魯也，魯人獵較，孔子亦獵較。獵較猶可，而況受其賜乎？」

此節辨義尤嚴。「今之諸侯」兩句，後世貪黷者讀之，能無通身汗下乎？「教之不改而後誅之」，憫夫當時諸侯皆不能受教於君子也。「充類至義之盡」，此誅心之論，學者正當以是爲辨義之始，懼夫偶一不慎，即失足而不能自拔也。獵較，趙注謂田獵相較，奪禽獸以祭，時俗以爲吉祥〔一〕。或昔時相傳舊説。

曰：「然則孔子之仕也，非事道與？」曰：「事道也。」「事道奚獵較也？」曰：「孔子先簿正祭器，不以四方之食供簿正。」曰：「奚不去也？」曰：「爲之兆也。兆足以行矣而不行，而後去，是以未嘗有所終三年淹也。

〔一〕趙岐《孟子章句》卷一〇。

朱注謂先以簿書正其祭器，使有定數，而不以四方難繼之物實之。夫器有常數，實有常品。則其本正。彼獵較者，將久而自廢矣。兆，猶卜之兆，事之端也〔一〕。

愚按：兆者，幾之微也。有爲之兆而即不行者矣，有再爲之兆而卒不行者矣，有兆足以行而不行者矣，有兆足以行而遂得行其道者矣，士君子審幾宜早，勿淹留而失可去之幾也。讀《論語・鄉黨》末章令人慨想。

孔子有見行可之仕，有際可之仕，有公養之仕。於季桓子，見行可之仕也。於衛靈公，際可之仕也。於衛孝公，公養之仕也。」

《史記》季桓子用孔子宰中都，爲司寇。三月而魯國大治，「兆足以行」矣。以齊人歸女樂而止，此爲「見行可之仕」。衛靈公能接遇以禮，故孔子亦爲之淹留，迨問陳而始行，此爲「際可之仕」。衛孝公事無所考，孟子引此，見孔子之「時」也。其隨遇而處之者，皆盟之於心，而無所愧者也。此節當與《滕文公》篇「可仕則仕」及《告子篇》「所就三所去三」章參讀。

〔一〕本朱子《孟子集注》。

8　周霄章〔一〕《滕文公篇下》

此章論出處進退，當以鑽穴隙爲大耻。

周霄問曰：「古之君子仕乎？」

孟子曰：「仕。傳曰：『孔子三月無君，則皇皇如也，出疆必載質。』公明儀曰：『古之人三月無君則弔。』」

「三月無君則弔，不以急乎？」

曰：「士之失位也，猶諸侯之失國家也。《禮》曰：『諸侯耕助，以供粢盛；夫人蠶繅，以爲衣服。犧牲不成，粢盛不潔，衣服不備，不敢以祭。惟士無田，則亦不祭。』牲殺、器皿、衣服不備，不敢以祭，則不敢以宴，亦不足弔乎！」

「出疆必載質，何也？」

曰：「士之仕也，猶農夫之耕也，農夫豈爲出疆舍其耒耜哉？」

曰：「晉國，亦仕國也，未嘗聞仕如此其急。仕如此其急也，君子之難仕，何也？」

〔一〕第八、九兩章，乃原録入《交通大學演講録》第四集上篇第十二期《孟子氣節學》（二）之首尾，而未見録於《救世編》者，今謹匯整完璧。

曰：「丈夫生而願爲之有室，女子生而願爲之有家。父母之心，人皆有之。不待父母之命、媒妁之言，鑽穴隙相窺，踰牆相從，則父母國人皆賤之。古之人未嘗不欲仕也，又惡不由其道。不由其道而往者，與鑽穴隙之類也。」

此章以禮爲主，而慈孝之義皆備。婚姻之禮，所以繼宗祧、奉祭祀也，是孝也。父母之心，人皆有之，是慈也。人倫之大，父子以天合，夫婦君臣以人合，以人合者，必由其道。君子之仕也，行其道也。然欲行其道，而先不由其道，道其可行乎？司馬遷曰：「趙女鄭姬，設形容，揳鳴琴，揄長袂，躡利屣，目挑心招，出不遠千里，不擇老少者，奔富厚也。」〔一〕要知仕而不由其道者，亦奔富厚也，其賤一也。然而鑽穴隙相窺、踰牆相從，則父母國人皆賤之；仕而不由其道，則父母國人不知賤之，或反從而榮之，蓋禮廢性漓，廉耻道喪久矣。

9 敢問不見諸侯章《萬章篇下》

此章論出處進退，當以師禮自尊，由禮門義路爲標準。

〔一〕司馬遷《史記·貨殖列傳》文。

萬章曰：「敢問不見諸侯，何義也？」孟子曰：「在國曰市井之臣，在野曰草莽之臣，皆謂庶人。庶人不傳質爲臣，不敢見于諸侯，禮也。」

萬章曰：「庶人，召之役，則往役；君欲見之，召之，則不往見之，何也？」曰：「往役，義也；往見，不義也。

且君之欲見之也，何爲也哉！」曰：「爲其多聞也，爲其賢也。」曰：「爲其多聞也，則天子不召師，而況諸侯乎？爲其賢也，則吾未聞欲見賢而召之也。

繆公亟見於子思，曰：『古千乘之國以友士，何如？』子思不悅，曰：『古之人有言曰：事之云乎，豈曰友之云乎？』子思之不悅也，豈不曰：『以位，則子，君也；我，臣也。何敢與君友也？以德，則子事我者也，奚可以與我友？』千乘之君，求與之友，而不可得也，而況可召與？

齊景公田，招虞人以旌，不至，將殺之。志士不忘在溝壑，勇士不忘喪其元。孔子奚取焉？取非其招不往也。」

曰：「敢問招虞人何以？」曰：「以皮冠。庶人以旃，士以旂，大夫以旌。

以大夫之招招虞人，虞人死不敢往。以士之招招庶人，庶人豈敢往哉？況乎以不賢人之招招賢人乎？

欲見賢人而不以其道，猶欲其入而閉之門也。夫義，路也；禮，門也。惟君子能由是路，出入是門也。《詩》云：『周道如厎，其直如矢；君子所履，小人所視。』」萬章曰：「孔子，君命召，不俟駕而行。然則孔子非與？」曰：「孔子當仕有官職，而以其官召之也。」

此章文義如風起雲湧，「往役」二語，義不義之界，劃然分明。「天子不召師」，與子思子言「事之云乎，豈曰友之云乎」，義近詞嚴。古語曰：「能自得師者王，謂人莫己若者亡。」〔二〕賢者非妄自尊大也，自尊正所以愛君也。下文忽插入「齊景公田」，而以禮門、義路作歸結，世人但知求富貴門路，不知求禮義門路。夫求富貴門路，如古人所謂王侯之門，狂吠狴犴，世途昏險，擬步如漆，刑僇隨之，徒自污賤耳。君子所履，小人所視，既視之矣，何不履之耶！

又按：《萬章》篇辨義最精，「交際何心」章言「交以道，接以禮，孔子受之」；「魯人獵較，孔子亦獵較」；「仕非爲貧」章言孔子爲委吏、乘田，似聖人亦近于圓融矣；而以下緊接「士之不託諸侯」章，與本章兩引子思之事以補之。蓋士君子固貴中庸，然

〔二〕《書·商書·仲虺之誥》文。

時中之聖不易學，不若氣節嚴峻，自無非禮之干。公孫丑問「不見諸侯」，孟子既引孔子之見陽貨，而即引曾子、子路之言，以明君子之所養〔一〕。聖門尤重氣節，於此可見。《論》《孟》中各章連類發明若此者甚夥，讀書所以宜觀大義，融貫旁通也。

〔一〕《孟子·滕文公下》文。

卷八

孟子雄辨學

【釋】此卷題辭，《演講録》《茹經堂文集》《救世編》皆重新撰寫，可見唐先生於此反覆深思，絶非率爾。其中《演講録》之題辭爲《救世編》之前半部分，僅個别字詞不同；而《茹經堂文集》題爲「孟子論辨學題辭」，與《救世編》迥然不同，今謹迻録之，用是顯見先生嚴肅之思考過程，其文曰：「與衆會集，發言盈廷之時，不能出論以折服人者，非愚則怯。然有苟阿衆人所好，博鼓掌歡呼者，於理則悖，於事則凶，何者？違正道也。孟子與荀卿並稱。荀卿曰：『有爭氣者，勿與辨。』故荀於辨學不甚措意。孟子深於雄辨學者也，於農家則闢許行、墨家則闢夷子、貉道則闢白圭，滑稽善辨如淳于髡，亦辭而闢之，廓如者，明正道以折服之也；而其主要尤在闢當時策士公孫衍、張儀、景春稱爲大丈夫，孟子斥爲『妾婦之道』。告陳代曰：『如以利，則枉尋直尺而利，亦可爲與？』蓋仕道而相逐以利，無所不至矣。告周霄曰：『不由其道而往者，與鑽穴隙之類』，使子弟爲卿，謂之壟斷，求富貴利達等諸乞墦，所以深惡痛絶，若斯其甚者，非以其逢君之惡、荼毒民生哉？六國之亡也，率由於處士之横議；而如秦之范睢，匍匐入橐，蔡澤涕唾流沫，品行猥瑣，君子所不道。商鞅、韓非，法律家也，慘覈少恩；李斯，荀卿弟子也，背師變本；之數人者，陰陽捭闔，日夕揣摹時好，根據盤互，職爲亂階；始皇竭情縱欲，夢夢三十七年；至於二世，伯益遺族，不祀忽諸，百姓草薙，士卒禽獮，劫運相仍，枕骸百萬。痛矣夫！然則穿窬害人之徒，逆探意旨，動以言不言相餂者，其人豈可用哉？真可畏哉？『正人心，息邪説，距詖行，放淫辭』，養天地之浩氣，閑先聖之大道，微孟子，吾誰與歸？讀『公都子問好辯章』，溯治亂之原，可以慨然興起矣。輯孟子論辨學第八。」此序先生訓誨甚切，提點堅持道義之統，存誠胸中，則能保持清醒以應對意見。《演講録》選文三章，其選目列出「沈同以其私問」章、「燕人畔」章、「有爲神農之言」章、「墨者夷之」章、「公孫衍張儀」章、「好辨」章、「男女授受」章、「性猶杞柳」以下五章、「任人」章、「先名實」章、「白圭」二章、「宋句踐」章、「楊子取爲我」章凡十七章。《救世編》選五章，涵蓋《演講録》分别辟農家、墨家、縱横家之三章，仍少於選文原初構思，蓋取其精義，舉一反三，章目有在，互參《孟子大義》爲是。

孟子雄辨學題辭

戰國之時，百家蠭起，事雜言龐，紛棼糾射，民益惑亂。孟子辭而闢之，專宗孔子，道始歸於一尊，固由其泰山巖巖，辨才無礙。實則浩然正大之氣，旁薄充積，是以沛然出之，而詖淫邪遁之輩，莫敢攖其鋒也。茲特選其辨論者數事，曰農家，曰縱横家，曰雜家。嗚呼！孟子距今二千餘年，巵言日出，大道晦盲，惟望後之學者壹以孔、孟爲歸，毋惑於異端邪説，國疾庶有瘳哉！

明代吾妻王弇洲先生謂：「莊子後孟子數十年，惜其未相值爾。莊子非告子、淳于髡比也，設與孟子相值，其辨論必如鉅鹿、昆陽之戰，震動一時，驚人耳目。其文章必更有波濤汹湧之巨觀。然莊子敗，則遁於虛無縹緲之際，至於不可究詰。孟子則道義浩氣相輔而行，立於不敗之地也。」其言亦深有味。輯孟子雄辨學第八。

1　沈同以其私問曰章《公孫丑篇下》

沈同以其私問曰：「燕可伐與？」孟子曰：「可。子噲不得與人燕，子之不得受燕於子噲。有仕於此，而子悦之，不告於王，而私與之吾子之禄爵。夫士也，亦無王命，而私受之於子，則可乎？何以異於是？」

此乃法家言也。人與人交際，各有權限，即各安本分，如田之有畔，不可稍稍侵越也。沈同，齊臣。子噲之事，見《史記·燕世家》。

齊人伐燕，或問曰：「勸齊伐燕，有諸？」曰：「未也。沈同問『燕可伐與』，吾應之曰『可』，彼然而伐之也。彼如曰『孰可以伐之』，則將應之曰：『爲天吏，則可以伐之。』今有殺人者，或問之曰：『人可殺與？』則將應之曰：『可。』彼如曰：『孰可以殺之？』則將應之曰：『爲士師，則可以殺之。』今以燕伐燕，何爲勸之哉？」

此節亦法家言也。凡人不獨治事當守法律，即語言亦當守法律。沈同問燕可伐與，應之曰可。假而又曰爲天吏則可以伐之。則此言爲非法矣。或問曰人可殺與，應之曰可。假而又曰爲士師則可以殺之。則此言爲非法矣。何也？以彼未問則不宜答也。《荀子》所謂問一而告二謂之囋。

2　燕人畔章《公孫丑篇下》

燕人畔，王曰：「吾甚慙於孟子。」

齊破燕二年，燕人共立太子平爲王。甚慙者，齊王良心尚在也。

陳賈曰：「王無患焉。王自以爲與周公，孰仁且智？」王曰：「惡是何言也？」曰：「周公使管叔監殷，管叔以殷畔，知而使之，是不仁也。不知而使之，是不智也。仁、智，周公未之盡也，而況於王乎？賈請見而解之。」

陳賈，齊大夫。此節文法亦特奇。「王無患焉」以下，倘直接「周公使管叔監殷」，文法已明，乃偏以「王自以爲與周公孰仁且智」句破空一提，奇警特甚。唐韓子文常用此法。下接王曰「惡是何言也」，見齊王之良知未泯，而益顯陳賈之誑言。《書》曰：「截截然善諞言。」諞言者，誑言也。此小人之尤者也。

見孟子問曰：「周公何人也？」曰：「古聖人也。」曰：「使管叔監殷，管叔以殷畔也，有諸？」曰：「然。」曰：「周公知其將畔而使之與？」曰：「不知也。」「然則聖人且有過與？」曰：「周公，弟也。管叔，兄也。周公之過，不亦宜乎？

天下至誠與欺詐者遇，往往易受其愚。然至誠者雖受一時之愚，而終處優勝之域。周公之過，因至誠而受過也。零雨三年，可謂苦矣，然而罪人斯得，至誠卒以大白於天下。《金縢》雷雨，天且諒其過矣。誦《常棣》之詩，周公至誠若揭矣。

且古之君子，過則改之。今之君子，過則順之。古之君子，其過也，如日月之食，民皆見之；及其更也，民皆仰之。今之君子，豈徒順之，又從爲之辭。」

凡人之罪，莫大乎成人之過。成人之過，即成己之惡。燕人之所以叛者，以齊王殺其父兄，係累其子弟，毁其宗廟，遷其重器故也。齊王若能用孟子之言，過則改之，反旄倪，止重器，謀於燕衆而置君，則燕且北面事齊矣。乃因陳賈巧言蠱惑，順君之過，而齊王良知從此泯矣。

3 有爲神農之言者章《滕文公篇上》

（闢農家言。）〔一〕

有爲神農之言者許行，自楚之滕，踵門而告文公曰：「遠方之人，聞君行仁政，願受一廛而爲氓。」文公與之處，其徒數十人，皆衣褐，捆屨織席以爲食。

神農氏，古之農師，聖皇也，其言可師可法者也。若夫「爲神農之言」，爲者，僞也，僞託於其言也。《禮記・王制》篇所謂：「亂名改作，行僞而堅，言僞而辨，執左道以疑衆」，其罪不可宥者也。

編者謹按：《交通大學演講録》唐先生説此節云：「神農之言者，勞農神聖之説，於古有之。《月令》所謂『神農將持功』，毋妨神農之事也。滕文公在楚時，必先與許行輩周旋論議，故當其即位，許行即率其徒而來。其來也，欲以沮孟子也。文公與之處，若素相識然，則其先爲所惑可知矣。」

〔一〕《演講録》題下唐先生自注。

陳良之徒陳相，與其弟辛，負耒耜而自宋之滕，曰：「聞君行聖人之政，是亦聖人也，願爲聖人氓。」

陳良，楚之儒者。陳相之至滕，出於至誠，非與許行相約而來也，而不圖爲異説所惑也〔一〕。

陳相見許行而大悦，盡棄其學而學焉。陳相見孟子，道許行之言曰：「滕君則誠賢君也。雖然，未聞道也。賢者與民並耕而食，饔飧而治。今也滕有倉廩府庫，則是厲民而以自養也，惡得賢？」

並耕而食，饔飧而治，此即平等之説也，於古蓋有之矣，然可行於榛狉之時，必不可行於文明之世。孟子治滕，將興井田，建學校，以養民而教民，非以自養也。彼許行惑於平等之論，故不達上下之分而爲此瞽説〔二〕。

孟子曰：「許子必種粟而後食乎？」曰：「然。」

〔一〕《演講録》云：「陳相之至滕，出於誠心，無他意也。而不圖爲異説所惑也，可懼哉！」

〔二〕《演講録》强調意在攻擊孟子云：「『並耕而食』二句，平等之説也，於古亦有之矣。『厲民自養』句，意在攻孟子，不知孟子欲行仁政，正所以養民。」對照而知《孟子救世編》之説更精辟。

「許子必織布然後衣乎？」曰：「否。許子衣褐。」「許子冠乎？」曰：「冠。」曰：「奚冠？」曰：「冠素。」曰：「自織之與？」曰：「否，以粟易之。」曰：「許子奚爲不自織？」曰：「害於耕。」曰：「許子以釜甑爨，以鐵耕乎？」曰：「然。」「自爲之與？」曰：「否。以粟易之。」

通工易事，古有常經。《周易・繫辭傳》載神農氏日中爲市，致天下之民，聚天下之貨，交易而退，各得其所。孟子蓋隱用神農之制，以破許行之説。

「以粟易械器者，不爲厲陶冶。陶冶亦以其械器易粟者，豈爲厲農夫哉？且許子何不爲陶冶舍？皆取諸其宮中而用之？何爲紛紛然與百工交易？何許子之不憚煩？」曰：「百工之事，固不可耕且爲也。」

以上辨駁之辭，令陳相皆出於不覺。「百工之事」三句極拙滯。以下接「然則治天下」三句如鷹隼盤空，擒題疾速，更爲得力，所謂雄辯學是也。且「許子何不爲陶冶舍」一句，與下「宮中」相應。或以「舍」作止字解，屬下讀者，非。

「然則治天下獨可耕且爲與？有大人之事，有小人之事。且一人之身，而百工之所爲備。如必自爲而後用之，是率天下而路也。故曰：或勞心，或勞力。勞心者治人，勞力者治於人。治於人者食人，治人者食於人，天下之通義也。」

此節所謂等也。等者階之級，循級而登，不得而强平之也。《禮記・禮運》篇：「君者所養也，非養人者也。君者所事也，非事人者也。故……養人則不足，事人則失位。」蓋人人各循其分而安其等，是即治天下之根本〔一〕。

4 墨者夷之章 《滕文公篇上》〔二〕

（闢墨家言。）〔三〕

墨者夷之，因徐辟而求見孟子。孟子曰：「吾固願見，今吾尚病。病癒，我且往見。

〔一〕《演講録》説此節爲譴責義，云：「天下不外生利、分利兩途。勞力者，生利者也；勞心者，分利者也。然雖屬分利，而爲天下經營擘畫，以興美利，是更生利之大者。若曰：『我居高位，當食於人。』徒安坐而食，是曠職也，則真厲民矣。」《救世編》則正面論正名要義，境界高一層。此章節説之異，足見先生非襲成文以充邊幅也。

〔二〕《演講録》唐先生於此章之後撰一後序，今謹在「編者謹按」下附載。

〔三〕《演講録》題下唐先生自注。

夷子不來！」

墨氏之學，兼愛、上賢、右鬼、非命、上同，見《漢書·藝文志》。夷，姓。之，名。徐辟，孟子弟子。孟子稱疾，蓋託辭以觀其意之誠否。

他日，又求見孟子。孟子曰：「吾今則可以見矣。不直，則道不見；我且直之。吾聞夷子墨者。墨之治喪也，以薄爲其道也。夷子思以易天下，豈以爲非是而不貴也？然而夷子葬其親厚，則是以所賤事親也。」

《莊子》曰：「墨子生不歌，死無服。桐棺三寸而無槨。」是墨之治喪，以薄爲道也。「易天下」，謂移易天下之風俗也。夷子學於墨氏，而不從其教，其心必有所不安者，故孟子因以詰之。

徐子以告夷子。夷子曰：「儒者之道，古之人『若保赤子』，此言何謂也？之則以爲愛無差等，施由親始。」徐子以告孟子。孟子曰：「夫夷子信以爲人之親其兄之子，爲若親其鄰之赤子乎？彼有取爾也。赤子匍匐將入井，非赤子之罪也。且天之生物也，使之一本，而夷子二本故也。

人之生也，最重者本。《孝經》曰：「夫孝，德之本也。」又曰：「衆之本教曰孝。」父母者，人之大本也。墨子視其父母，無異路人，是父母爲一本，而路人又爲一本矣。

蓋上世嘗有不葬其親者。其親死，則舉而委之於壑。他日過之，狐狸食之，蠅蚋姑嘬之。其顙有泚，睨而不視。夫泚也，非爲人泚，中心達於面目。蓋歸反虆梩而掩之。掩之誠是也，則孝子仁人之掩其親，亦必有道矣。」

此節極似墨氏經，於古質奥衍之中，寓哀痛迫切之意，所謂以子之矛攻子之盾。孟子感動夷子，正在於此。「中心達於面目」，中心者，本心之良知也。孟子言親親、仁民、愛物，此差等之大者。而曰親、曰仁、曰愛，其中又各有其差等，此乃人性之所固有，非勉强爲之也。

徐子以告夷子。夷子憮然爲間曰：「命之矣。」

憮然，芒然自失貌。夷子一聞孟子之言，即憬然而悟，此性善之明徵也。

編者謹按：《交通大學演講録》唐先生説此節之語與按語附載於下云：

《莊子·天下篇》曰：「古之喪禮，貴賤有儀，上下有等。天子棺槨七重，諸侯五重，大夫三重，士再重。今墨子獨生不歌，死不服，桐棺三寸而無槨，以爲法式。以此教人，恐不愛人；以此自行，固不愛己。未敗墨子道，雖然，歌而非歌，哭而非哭，樂而非樂，是果類乎？其生也勤，其死也薄，其道大觳；使人憂，使人悲，其行難爲也。恐其不可以爲聖人之道，反天下之心，天下不堪。墨子雖獨能任，奈天下何！」

《漢書·藝文志》云：「墨家者流，蓋出于清廟之守。茅屋采椽，是以貴儉；養三老五更，是以兼愛；選士大射，是以上賢；宗祀嚴父，是以右鬼；順四時而行，是以非命；以孝視天下，是以上同；此其所長也。及蔽者爲之，見儉之利，因以非禮，推兼愛之意，而不知別親疏。」

愚按：以上二條最古而質實。此章與闢農家不同，《許行章》闢其並耕之弊，而此章則感發本心之良知，故曰「中心達于面目」，及夷子憮然覺悟，益可見性善之徵矣。夫所惡于墨氏者，爲其二本也。舊説墨氏以至親爲一本、路人爲一本。或曰墨氏明鬼，以靈魂爲一本、體魄爲一本，貴靈魂而賤體魄也。

唐韓子謂：「儒墨同是堯舜，同非桀紂，同修身正心以治天下國家。奚不相悦如是哉！余以爲辯生於末學，各務售其師之説，非二師之道本然也。孔子必用墨子，墨子必用孔子，不相用，不足爲孔墨。」〔一〕其推尊如此，使當世而真有墨氏也，其高出于專利害民者，不萬萬耶？

又按：本章第二節「道」字，論墨氏治喪之道；第三節「道」字，論儒墨不同之道；第四節「道」字，論孝子仁人葬親之道。蓋《孟子》以儒道正墨道也。茹經記。

5　景春章《滕文公篇下》

〔一〕韓愈《讀墨子》文。

（闢縱横家言。）〔一〕

景春曰：「公孫衍、張儀，豈不誠大丈夫哉？一怒而諸侯懼，安居而天下熄。」

衍、儀爲縱横捭闔之説，實則揣摹苟合而已。景春誇耀之而稱爲大丈夫，鄙陋甚矣〔二〕。

孟子曰：「是焉得爲大丈夫乎？子未學禮乎？丈夫之冠也，父命之；女子之嫁也，母命之，往送之門，戒之曰：『往之女家，必敬必戒，無違夫子。』以順爲正者，妾婦之道也。

充衍、儀揣摩苟合之心，皆以順爲正之道，故孟子直斥之。「妾婦之道」，賤之至也。近代姚氏姬傳《李斯論》，不可不讀。

編者謹按：唐先生《演講録》釋此節順之三義云：「充衍、儀揣摩苟合之心，皆以順爲正之道，順字有三義：一，順秦國所爲，害天下也。二，順時君之意，害諸侯也。三，順時勢所趨，害風俗也。士人行妾婦之道，而民生變禍不可言矣。」

〔一〕《演講録》題下唐先生自注。

〔二〕《演講録》云：「衍、儀俱主連横，一怒而諸侯懼者，挑撥秦國起釁，且使六國自相戰爭也。景春稱之爲大丈夫，無識甚矣。」蓋先生身處戰時，故於戰事特敏鋭也。

居天下之廣居，立天下之正位，行天下之大道。得志，與民由之；不得志，獨行其道。富貴不能淫，貧賤不能移，威武不能屈，此之謂大丈夫。」

此節雄辯，浩然正大之氣，溢於行間。凡人皆自命爲大丈夫，要其材力心思，與其形骸，固皆具大丈夫之資格。而考其所爲，乃不過爲小丈夫、賤丈夫者，利欲害之也。嗚呼！堂堂七尺之軀，天下固人人皆大丈夫也，然而妾婦矣！

編者謹按：《演講録》先生釋曰：「此節浩然正大之氣，溢於言表，而尤重在『行道』二字。『與民由之』者，由道也，當與《盡心篇·宋勾踐章》並讀。『得志與民由之，不得志獨行其道』，『窮則獨善其身，達則兼善天下』〔一〕，孟子而後，能當之者，寥寥天壤，有幾人哉？噫！微孟子，吾誰與歸？」

〔一〕《孟子·盡心上》文。

卷九

孟子論戰學

【釋】「論戰學」一名，先生概論軍事者也，然非兵學之兵家學，乃指導爲政者處理軍事之原則與通義也。此卷在《演講録》置於第四集上卷第六期，乃在貴民學之後。其題辭《演講録》《茹經堂文集》《救世編》相沿無大異。至於選文，《演講録》選目列十二章而選講五章，《救世編》收録十五章，涵蓋《演講録》選目。

孟子論戰學題辭

或曰：「孟子非戰者也，宜輯《孟子》非戰學。」

余曰：「固也。然孔子有言：『善人教民七年，亦可以即戎。』又曰：『以不教民戰，是謂棄之。』〔一〕孟子引申其説曰：『不教民而用之，謂之殃民。』〔二〕然則善教民者固可以用之矣。『臨事而懼，好謀而成』〔三〕，行軍之道，著於《論語》，所謂：『敬勝怠者吉，怠勝敬者滅。義勝欲者從，欲勝義者凶。』見《逸周書》丹書文。『天時不如地利，地利不如人和』〔四〕，豈真闢天時地利哉？特不如人和爲根本爾。故曰：『兵可百年不用，不可一日不備。』〔五〕

且夫〔六〕春秋之世，殺機日甚，然猶未爲極至。迨戰國時，諸侯放恣，劫運慘毒。『爭地以戰，殺人盈野。爭城以戰，殺人盈城』，故孟子特勵齒言之曰：『率土地而食

〔一〕《論語·子路》文。

〔二〕《孟子·告子下》文。

〔三〕《論語·述而》載子路曰：「子行三軍則誰與？」子曰：「暴虎馮河，死而無悔者，吾不與也。必也臨事而懼，好謀而成者也。」

〔四〕《孟子·公孫丑下》文。

〔五〕譚吉璁纂修《康熙延綏鎮志·旗纛廟碑》云：「或曰：『今天下偃兵矣，公何振武乎？』余曰：『兵可百年不用，不可一日不備。修廟者，修奠安之功也。祀神者，祀消弭之德也。豈非祀典之最大者哉！』諸有事者稱善，故爲之記。」

〔六〕「且夫」二字，《茹經堂文集》本所添。

人肉，罪不容於死。』〔一〕蓋專爲侵略土地〔二〕、善戰好殺者言之也，非廢戰也。『制梃以撻堅甲利兵』〔三〕，言暇時訓練壯丁則用木器，演習既熟，臨時授以甲兵，乃可以奮撻伐，豈以民之血肉當人〔四〕之堅甲利兵哉？

『不仁而得國者有之矣。不仁而得天下，未之有也』〔五〕，數十年後，秦始皇出，焚書坑儒，人道絶滅，不二世而遂亡，孟子之言皆驗。漢賈誼《過秦論》曰：『仁義不施，而攻守之勢異。』然則今日興國方略，仁義爲本，攻守爲備而已矣。」輯孟子論戰學第九〔六〕。

1　孟子見梁襄王章　《梁惠王篇上》〔七〕

孟子見梁襄王。

〔一〕《孟子·離婁上》文。
〔二〕「侵略土地」四字，《演講録》無。
〔三〕《孟子·梁惠王上》文。
〔四〕「人」字，《演講録》作「他人」。
〔五〕《孟子·盡心下》文。
〔六〕《茹經堂文集》置第一。
〔七〕此章選入《演講録》。

襄王，惠王子，名赫。

出語人曰：「望之不似人君，就之而不見所畏焉。卒然問曰：『天下惡乎定？』吾對曰：『定於一。』

不見所畏，言其無威儀也。卒然，匆遽貌。定一者，「天下歸仁」，人民心理之統一也。

『孰能一之？』

王問也。

對曰：『不嗜殺人者能一之。』

嗜，好也。嗜殺，故好戰，誤以土地爲可以武力統一也。老子《道德經》曰：「樂殺人者，不可得志於天下。」孟子言不嗜殺人，非不殺人也，發於不忍人之心也。以不忍人之心，行不忍人之政，則人民心理自能統一矣。

『孰能與之？』

王復問。與，猶歸也。

對曰：『天下莫不與也。王知夫苗乎？七八月之間旱，則苗槁矣。天油然作雲，沛然下雨，則苗浡然興之矣。其如是，孰能禦之？今夫天下之人牧，未有不嗜殺人者也，

如有不嗜殺人者，則天下之民，皆引領而望之矣。誠如是也，民歸之，由水之就下，沛然誰能禦之？』」

襄王知識卑劣，然於苗尚能知之。周之七八月，夏時之五六月也。油然，雲盛貌。沛然，雨盛貌。浡然，興之速也。人牧，養民之君。「未有不嗜殺人者」，此六國之所以亡。由，與猶通。

2　齊人伐燕勝之章《梁惠王篇下》

齊人伐燕，勝之。宣王問曰：「或謂寡人勿取，或謂寡人取之。以萬乘之國，伐萬乘之國，五旬而舉之，人力不至於此。不取，必有天殃。取之，何如？」

《史記》燕王噲讓國於其相子之，而國大亂。齊因伐之，燕士卒不戰，城門不閉，遂大勝燕。宣王侵略燕之土地，惟思貪天之功。

孟子對曰：「取之而燕民悅，則取之。古之人有行之者，武王是也。取之而燕民不悅，則勿取。古之人有行之者，文王是也。

古來成非常之功者，必視乎民心之嚮背。貴民意者必勝，悖民意者必敗。文王、武王積德尤厚，故舉以爲標準。

以萬乘之國，伐萬乘之國，簞食壺漿，以迎王師，豈有它哉？避水火也。如水益深，如火益熱，亦運而已矣。」

「簞食壺漿」，慰勞品也。紂重賦歛，苦繇役，百姓如罹水火，民心已失，武王伐紂，而民歡迎之也。運，轉向他國。不仁則民將倒戈相向，運焉者，猶其幸焉者也。

齊人伐燕，取之，諸侯將謀救燕。宣王曰：「諸侯多謀伐寡人者，何以待之？」孟子對曰：「臣聞七十里爲政於天下者，湯是也。未聞以千里畏人者也。

齊王無故取燕，諸侯將謀制裁，故問所以待諸侯之策。待，禦也。

《書》曰：『湯一征，自葛始。』天下信之。『東面而征，西夷怨；南面而征，北狄怨。曰：奚爲後我？』民望之，若大旱之望雲霓也。歸市者不止，耕者不變。誅其君而弔其民，若時雨降，民大悦。《書》曰：『徯我后，后來其蘇。』

葛，湯之鄰國。「奚爲後我」，言湯何爲不先救我國也。霓，虹也。徯，待也。后，君也。蘇，復生。「民望之」、「弔其民」、「民大悦」，皆尊民之宗旨也。

今燕虐其民，王往而征之，民以爲將拯己於水火之中也，簞食壺漿，以迎王師。若殺其父兄，係累其子弟，毁其宗廟，遷其重器，如之何其可也？天下固畏齊之彊也，今又倍地而不行仁政，是動天下之兵也。

拯，救也。重器，寶器。若，言齊如此之行爲也。殺父兄，累子弟，毁宗廟，遷重器，皆侵略國之行也。暴虐已極，大悖人心，故召天下之公伐。

王速出令，反其旄倪，止其重器，謀於燕衆，置君而後去之，則猶可及止也。」

反，還也。旄，通耄，老人。倪，小兒。「謀於燕衆」，謀於衆民也。「置君而後去之」，其君爲燕民所推舉可知也。人心服則國家安甯，此孟子尊民權之宗旨。

3　鄒與魯鬨章《梁惠王篇下》〔一〕

鄒與魯鬨，穆公問曰：「吾有司死者三十三人，而民莫之死也。誅之則不可勝誅，不誅，則疾視其長上之死而不救，如之何則可也？」

鬨，鬭聲。穆公，鄒君。「不可勝誅」，言人衆不可盡誅也。疾視，疾首蹙額，視其長上之死若快心然。長上虐其民，故讎恨至此。

孟子對曰：「凶年饑歲，君之民，老弱轉乎溝壑，壯者散而之四方者，幾千人矣。而君之倉廩實，府庫充，有司莫以告，是上慢而殘下也。曾子曰：『戒之戒之，出乎爾者，

〔一〕此章選入《演講録》。

反乎爾者也。』夫民今而後得反之也，君無尤焉。

幾千人與三十三人相較，其多寡之數爲何如？「倉廩實，府庫充」，皆搜括民之脂膏也。有司即長上。「莫以告」者，恐破壞其搜括之政策，是以徇私蒙蔽。「殘下」，殘殺其民也。「出乎爾者反乎爾」，反動力也。反動力之在天地間，如空氣然，無隙不入。我殺人則人亦殺我。論者以爲天道好還，而不知皆人事爲之也。尤，過也。

君行仁政，斯民親其上，死其長矣。」

仁政，制其田里，教之樹畜，薄其賦税是也。先有可以親可以死之道也。後人讀此章，當知鄒之有司所以死者，實非魯人殺之也，鄒民殺之也。亦非鄒民殺之也，有司之自殺也。亦即穆公殺之也。故必當以君行仁政爲歸結。

4　滕間於齊楚章《梁惠王篇下》

滕文公問曰：「滕小國也，間於齊、楚，事齊乎？事楚乎？」

滕，國名。間於齊、楚兩大國之間，而不能自立。

孟子對曰：「是謀，非吾所能及也。無已，則有一焉，鑿斯池也，築斯城也，與民守之，效死而民弗去，則是可爲也。」

謀，即事齊事楚之謀，不抵抗而降服之意，故曰：「非吾所能及。」「鑿池築城」，是防禦工事。「與民守之」，則宜固結民心也。效死弗去，則是民信已立，而衆志成城也。

5 齊人將築薛章《梁惠王篇下》

滕文公問曰：「齊人將築薛，吾甚恐，如之何則可？」

薛，國名，與滕近。築薛，加築薛城防禦工程。恐者，恐齊之壓迫也。

孟子對曰：「昔者大王居邠，狄人侵之，去之岐山之下居焉。非擇而取之，不得已也。

邠，地名。言太王非以岐下爲善而取之也。

苟爲善，後世子孫必有王者矣。君子創業垂統，爲可繼也。若夫成功，則天也。君如彼何哉？彊爲善而已矣。」

創，造。統，緒也。言能爲善，則如太王雖失其地，而後世遂有天下。彼，齊也。「彊爲善」，言盡力爲善，非託諸空言也。不違農時，養生喪死無憾，立學校，明人倫，愛民行仁，皆所以爲善。

6 滕竭力以事大國章《梁惠王篇下》

滕文公問曰：「滕小國也，竭力以事大國，則不得免焉，如之何則可？」孟子對曰：「昔者大王居邠，狄人侵之，事之以皮幣，不得免焉。事之以犬馬，不得免焉。事之以珠玉，不得免焉。乃屬其耆老而告之曰：『狄人之所欲者，吾土地也。吾聞之也：君子不以其所以養人者害人。二三子何患乎無君？我將去之。』去邠，逾梁山，邑於岐山之下居焉。邠人曰：『仁人也，不可失也。』從之者如歸市。

皮，虎豹麋鹿之皮。幣，帛也。太王力弱不足以抗狄，患事之不得免而至於再三，故爲遷守之策，而欲民之安全。仁人臨别之言藹如也。歸市，言百姓爭先恐後。

或曰：世守也，非身之所能爲也，效死勿去。

土地、人民、主權三者，立國之要素。土地受之祖先，應世守之，誓死抗敵，庶可以盡人民保護之責，上對祖宗亦無愧色。

君請擇於斯二者。」

遷都以圖存者，權也，不欲犧牲其人民也。守正以俟死者，義也，不欲屈服於敵人也。背城借一，爭國土之完整與民族之生存，在於是矣。

7　天時不如地利章 《公孫丑篇下》〔一〕

孟子曰：「天時不如地利，地利不如人和。

天時者，用兵得時機也。地利，得地形也。人和者，全國民衆同心協力也。

三里之城，七里之郭，環而攻之而不勝。夫環而攻之，必有得天時者矣，然而不勝者，是天時不如地利也。

郭，外城。環，圍也

城非不高也，池非不深也，兵革非不堅利也，米粟非不多也，委而去之，是地利不如人和也。

革，甲也。委，棄也。言不得民心，民不爲守也。故雖城高池深，兵革堅利，糧餉充足，若人心一去，國必不救也。

故曰：域民不以封疆之界，固國不以山谿之險，威天下不以兵革之利。得道者多助，失道者寡助。寡助之至，親戚畔之。多助之至，天下順之。

域，界限也。戰國時，禁民逃亡，故曰域民。得道者順乎理而已。行政壹順乎

〔一〕 此章選入《演講録》。

理，則人心悦服。以天下之所順，攻親戚之所畔，故君子有不戰，戰必勝矣。」

言精神團結，以無形之心，統攝有形之具，而後能無敵於天下，故言不戰則已，戰則必勝。《禮記》載孔子曰：「我戰則克。」此聖賢教民必勝之道也。

8　宋小國章《滕文公篇下》

萬章問曰：「宋，小國也，今將行王政，齊、楚惡而伐之，則如之何？」

宋王偃嘗滅滕伐薛，敗齊、楚、魏之兵，疑即此時。將者，且然而未必之辭。惡者，忌之也。

孟子曰：「湯居亳，與葛爲鄰，葛伯放而不祀。湯使人問之曰：『何爲不祀？』曰：『無以供犧牲也。』湯使遺之牛羊。葛伯食之，又不以祀。湯又使人問之曰：『何爲不祀？』曰：『無以供粢盛也。』湯使亳衆往爲之耕，老弱饋食。葛伯率其民，要其有酒食黍稻者奪之，不授者殺之。有童子以黍肉餉，殺而奪之。《書》曰：『葛伯仇餉』，此之謂也。

葛，國名。伯，爵也。放，放縱無道也。不祀，不祀其先祖。遺，贈也。授，與也。

餉，亦饋也。仇餉，言與餉者爲讎也。

爲其殺是童子而征之，四海之内皆曰：『非富天下也，爲匹夫匹婦復讎也。』

慈幼爲王政之先務，殺童子而奪其餉，慘無人道矣。「非富天下」，言湯之心，非以天下爲富。「匹夫匹婦」，不獨童子之父母，天下人之公心也。爲民復讎，是王者之宗旨。

『湯始征，自葛載』，十一征而無敵於天下。東面而征西夷怨，南面而征北狄怨，曰：『奚爲後我？』民之望之，若大旱之望雨也。歸市者弗止，芸者不變，誅其君，弔其民，如時雨降。民大悦。《書》曰：『徯我后，后來其無罰。』

載，始也。十一征，所征十一國。如《詩·商頌》所載韋、顧、昆吾、夏桀等皆是。

『有攸不爲臣，東征，綏厥士女，匪厥玄黄，紹我周王見休，惟臣附于大邑周。』其君子實玄黄于匪，以迎其君子。其小人簞食壺漿，以迎其小人。救民於水火之中，取其殘而已矣。

「有攸不爲臣」，謂助紂爲惡而不爲周臣者。匪，與篚同。玄黄，幣也。紹，事也。言士女以篚盛玄黄之幣而事之也。休，美也。言武王能休美天命也。臣附，歸服也。以上疑皆逸《書》文。殘，暴虐之人，賊仁賊義者。救民取殘，是王者之宗旨。

《太誓》曰：『我武惟揚，侵于之疆。則取于殘，殺伐用張，于湯有光。』

《太誓》，《周書》篇名。「我武」，贊武王之威武。武王非欲侵紂之疆土，實取紂之殘暴也。

不行王政云爾。苟行王政，四海之內皆舉首而望之，欲以爲君。齊、楚雖大，何畏焉？」

「不行王政」，與上「將行王政」相應，見其行之不果，故其後宋王偃卒爲齊所滅。先儒謂湯、武乃可以革命。須知湯、武之所以能革命者，在爲民復讎，救民取殘，是以殺伐用張，而四海之內，皆奉以爲君也。宋不行王政，則是以殘易殘，徒自求禍而已。

9　求也爲季氏宰章《離婁篇上》〔一〕

孟子曰：「求也爲季氏宰，無能改於其德，而賦粟倍他日。孔子曰：『求非我徒也，小子鳴鼓而攻之可也。』

〔一〕此章選入《演講録》。

季氏，魯之權臣。「無能改其德」，言不能改凶德也。賦粟謂取民之粟。

由此觀之，君不行仁政而富之，皆棄於孔子者也，況於爲之强戰？爭地以戰，殺人盈野；爭城以戰，殺人盈城。此所謂率土地而食人肉，罪不容於死。

仁政二字，爲此章宗旨。「强戰」，强民以戰。「率土地」，謂侵略人之土地。殺人以殃民，無異於食人之肉。

故善戰者服上刑，連諸侯者次之，辟草萊任土地者次之。」

服，受也。余嘗作《善戰者服上刑論》云：「彼善戰者以殺人爲樂，不惜人之命而戕賊其同胞，故上干天怒而刑之，天不能刑人也，則假手於人以刑之。天下有自殺其子弟者乎？梁惠王是也。天下有自殺其妻者乎？項籍是也。白起爲秦破趙，阬趙降卒四十萬人，至其自殺之時，始悔悟曰：我固當死。蓋善戰者未有令終者也，是可爲善戰者之鑑。」「連諸侯」，連結諸侯。「辟草萊任土地」，並非講求農田，乃志在開拓土地，奪農田之利。

10 魯欲使慎子爲將軍章《告子篇下》

魯欲使慎子爲將軍。孟子曰：「不教民而用之，謂之殃民。殃民者，不容於堯舜

之世。

慎子，魯臣。不教民，民無訓練而使之戰也。殃民，殘殺民命。堯舜之時，重仁義道德，故慎子必不容於堯舜之世也。

一戰勝齊，遂有南陽，然且不可。」

南陽，岱山之南。

慎子勃然不悦曰：「此則滑釐所不識也。」

勃然，怒貌。滑釐，慎子名。

曰：「吾明告子。天子之地方千里，不千里，不足以待諸侯。諸侯之地方百里，不百里，不足以守宗廟之典籍。

千里、百里爲天子、諸侯地制。典籍，法度圖書。據此可見，封建之始，皆有限制。公天下，非私也。

周公之封於魯，爲方百里也。地非不足，而儉於百里。太公之封于齊也，亦爲方百里也。地非不足也，而儉於百里。

周公、太公著大勳勞於天下，而其封國不過百里。儉，止而不過之意。

今魯方百里者五，子以爲有王者作，則魯在所損乎？在所益乎？

魯兼侵小國，乃至五百里。「有王者作」，若文王、武王者，豈非將削其地以正地制乎？

徒取諸彼以與此，然且仁者不爲，況於殺人以求之乎？

非所當取而取之，非所當與而與之，取之者、受之者，即非所當有而有之也。故徒取徒與，仁者不爲也。「殺人以求」，殺人以侵奪土地也。

君子之事君也，務引其君以當道，志於仁而已。」

當道，謂志於仁。志於仁者，存不忍人之心也。務者，以是爲唯一之宗旨。

11　今之事君者章《告子篇下》

孟子曰：「今之事君者皆曰：『我能爲君辟土地，充府庫。』今之所謂良臣，古之所謂民賊也。君不鄉道，不志於仁，而求富之，是富桀也。

府庫，貯藏捐稅之金庫。辟，闢也。辟土地，充府庫，集民之脂膏汗血，以肥一二人之身，是民賊也。鄉，向也。君不志於仁，而臣助之斂財，是猶助桀爲虐也。

『我能爲君約與國，戰必克。』今之所謂良臣，古之所謂民賊也。君不鄉道，不志於仁，而求爲之强戰，是輔桀也。

「約與國」，聯合鄰國也。爲君侵略他國而戰，是猶助桀而殃民。非爭民族生存而戰，蓋强民作戰也。

由今之道，無變今之俗，雖與之天下，不能一朝居也。」

「今之道」，功利之道也。「今之俗」，功利之俗也。君既不鄉於道，不志於仁，與民爲讎，雖得天下而居之，然民將斬木揭竿，而革命興矣。

12　不仁哉梁惠王章《盡心篇下》

孟子曰：「不仁哉梁惠王也！仁者以其所愛及其所不愛，不仁者以其所不愛及其所愛。」

梁惠王以爭土地之故害其民，以害民之故害其子弟，皆以其所不愛及其所愛也。

公孫丑問曰：「何謂也？」「梁惠王以土地之故，糜爛其民而戰之。大敗，將復之，恐不能勝，故驅其所愛子弟以殉之，是之謂以其所不愛，及其所愛也。」

「梁惠王」以下，孟子答辭。「糜爛其民」，言王使民爭奪土地，糜爛民之血肉也。「復之」，再戰也。子弟，謂太子申。殉，死也。至此而梁王之國危，其情尤慘矣。參閱本經「晉國天下莫强」章。

13 春秋無義戰 《盡心篇下》

孟子曰：「《春秋》無義戰。彼善於此，則有之矣。

《春秋》，孔子所作，每書戰伐之事，多非之。但就中彼善於此者，則有之。如齊桓公伐楚召陵之師之類是也。應考《左傳》僖公十三年傳。

征者，上伐下也，敵國不相征也。」

征，正也。上伐下者，猶中央政府之征各地方之不正也。「敵國不相征」者，言此地方無權以征彼地方之不正。有征云者，即侵之也。

14 有人曰我善爲陳章 《盡心篇下》

孟子曰：「有人曰：『我善爲陳，我善爲戰。』大罪也。

陳，與陣通。善陳善戰以事侵略，所行不義，故罪大也。

國君好仁，天下無敵焉。

「國君好仁」，不以殺伐爲功，則必爲民所擁護，全國上下一心，天下自無敵矣。

南面而征北狄怨，東面而征西夷怨，曰：『奚爲後我？』

此引商湯革命之事以證。北狄、西夷爲古民族名。

武王之伐殷也，革車三百兩，虎賁三千人。

革車，皮車。兩，同輛。虎賁，武士。

王曰：『無畏！寧爾也，非敵百姓也。』若崩厥角稽首。

無畏，武王告商人無畏。寧，安也。爾，指民。崩，聲大也。厥角，其頭角。稽首，言叩頭至地。

征之爲言正也，各欲正己也，焉用戰？」

君修德行仁，則正己而百姓正矣。

15　吾今而後知殺人親章《盡心篇下》〔一〕

孟子曰：「吾今而後知殺人親之重也。殺人之父，人亦殺其父。殺人之兄，人亦殺其兄。然則非自殺之也，一間耳。」

〔一〕此章選入《演講録》。

一間者，間接也。好戰而殺人之父兄者，人亦殺其父兄，蓋人無罪而被殺，必起而報復也。曾子有言：「出乎爾者，反乎爾者也。」〔一〕間接殺其父兄，謂自殺其父兄可也〔二〕。參讀「不仁哉梁惠王」章。

〔一〕《孟子·梁惠王下》文。
〔二〕「曾子有言」至「謂自殺其父兄可也」原無，據《演講録》補入，以足文意。

卷十

孟子周易學

【釋】朱子《孟子序説》引程頤補充趙岐謂孟子長於《詩》《書》之説，指出孟子尚知《易》與《春秋》。唐先生於本文更進而考出孟學與《易》學相通，乃一大經義之創獲。以此書向未流傳，故唐先生此重要學理貢獻，鮮爲世人所知。唐先生於《孟子大義・盡心下》「浩生不害問曰」章釋「樂正子，二之中，四之下也」句後按語云：「先儒謂孟子不明言《易》，而所言無非《易》理〔一〕，若此等處是也。」此説雖似穿鑿，然愚自謂頗有心得，爰著之以質夫後世之求道者。」表明孟學大義通於《易》理，乃先生治經之心得，此清初儒者王心敬首揭微義，而唐先生更深入而全幅揭示孟子之精通《周易》，而大義相貫通。本卷比列經文書證九則，微意大義之通貫，皆信而有徵，實孟學研究之大創獲。此乃唐先生精微之讀書心得，故成書前升華不已。其題序，《演講録》《茹經堂文集》

〔一〕清初王心敬《豐川易説・通論》言：「神而明之，存乎其人。《孟子》不言《易》，而所行無非《易》也。」

内容無别，然題目在《演講録》謂《孟子周易學》，而在數年後出版之《茹經堂文集》四編則題《孟子通周易學論》。至於題辭，《孟子救世編》乃新撰，未沿襲《演講録》《茹經堂文集》。謹録原題辭，以見先生精進無已之治學精神：「余嘗謂《孟子》不言《易》，而七篇中多寓有《易》理。昔人謂善《易》者不言《易》，豈不信歟？然先儒從未有發明之者，余特論孟子《周易》學，俾學者以兩經對勘，實説心研慮之大端也。」原題辭提綱挈領，迨至精微，必待《救世編》之題辭方足見大體也。

孟子周易學題辭

余嘗謂孟子不言《易》，而七篇中多寓有《易》理。昔人謂善《易》者不言《易》，豈不信歟？然先儒從未有發明之者，余特論孟子《周易》學，俾學者以兩經對勘，實説心研慮之大端也。惟尚有隱微而不可見者。

夫孟子首言仁義何也？《説卦傳》曰：「立人之道，曰仁與義。」戰國時爭奪相殺，人道幾乎滅絶矣。孟子專以仁義之道救之，非所謂立人之道乎？《易傳》又曰：「利者，義之和。」又曰：「利物足以和義。」凡事之利人利物者，爲天下之美利。而欲專利於一己者，則爲一人之私利。刀立於旁無非自殺，此孟子所以提倡仁義，而痛惡先利後義者也，此《易》義也。《易》曰：「範圍天地之化而不過，通乎晝夜之道而知，故神無方而易無體。天地絪緼，萬物化醇。」凡人無論智愚賢否，皆範圍於「陰陽消息」之中。《孟子》「牛山之木」章曰：「日夜之所息，平旦之氣，其好惡與人相近也者幾希。」日夜所息，即所謂陽息也。故下文曰：「苟得其養，無物不長。苟失其養，無物不消。」陰陽消長之義，實統歸於一心。「乾坤」爲《易》之門。余故特以《孟子》所言乾坤對待之義著於篇，而以盈虛消息之義發明於首。學者其必驗本心之剥復，而自順其性命之理，則庶乎近道矣。輯孟子《周易》學第十。

1　《周易·繫辭傳》曰：「一陰一陽之謂道，繼之者善也，成之者性也。」《孟子·滕文公篇》：「孟子道性善，言必稱堯舜。」

宋陳氏淳字北溪，朱子門人。謂：「繼之者善。」乃造化繼續流行處，有至善之理，是先天之善。人得之以成性，是後天之善〔一〕。乾隆時戴氏震斥之以爲空虛。按《中庸》

〔一〕陳淳《北溪字義》卷上云：「孟子道性善，從何而來？夫子繫《易》曰：『一陰一陽之謂道，繼之者善也，成之者性也。』所以『一陰一陽之理者爲道』，此是統説箇太極之本體；『繼此者爲善』，乃是就其間説。造化流行，生育賦予，更無别物，只是箇善而已，此是太極之動而陽時。所謂善者，以實理言，即道之方行者也，道到成此者爲性，是説人物受得此善底道理去各成箇性耳，是太極之静而陰時。此『性』字與『善』字相對，是即所謂善而理之已定者也。『繼』『成』與『陰』『陽』字相應，是指氣而言；『善』『性』字與『道』字相應，是指理而言。」

「天命之謂性」，鄭君、朱子注皆就陰陽五行言。「一陰一陽之謂道」，即周子《太極圖説》所謂：「動而生陽……静而生陰……陽變陰合，而生水火木金土……五行之生，各一其性……惟人得其秀而最靈也。」陳氏雖就造化原頭處言，而現在之生人生物，亦不外此，故未嘗淪於空虚也[一]。論性必以孝爲先，「堯舜之道，孝弟而已矣」[二]，《孟子》下文又引「舜何人也」「文王我師也」，舜與文王皆大孝人也。

2《周易·説卦傳》曰：「窮理盡性以至於命。」

愚嘗謂《孟子·萬章》篇爲窮理之學。自父子、君臣、夫婦、兄弟、朋友人倫之際，與夫出處、進退、辭受、取予之節，莫不推勘入微。故中間以孔子始終條理爲主，而推及於「唐虞禪，夏后殷周繼，其義一也」。末章更以貴戚之卿易君位，遥遥相應，可謂窮之至乎其極矣。《告子》篇爲盡性之學，末以動心忍性作主，所謂盡性也。《盡心》篇爲立命之學，首三章是也。其闡發易學可謂精純矣。

[一] 此批評戴震之誤解。
[二] 《孟子·告子下》文。

3 《周易・乾卦・文言傳》曰：「元者善之長也，利者義之和也。君子體仁足以長人，利物足以和義。」《説卦傳》曰：「立人之道曰仁與義。」

《孟子・梁惠王》篇孟子對曰：「王何必曰利？亦有仁義而已矣。未有仁而遺其親者也，未有義而後其君者也。」

不遺親不後君，乃人道之當然，利莫大焉。故朱注曰：「仁義未嘗不利。」後之人推於仁義外求利，是以不奪不饜，而戰爭相殺之事，接跡於天下。《易》所謂「迷復之凶」〔一〕也。

4 《周易・乾卦・文言傳》曰：「大哉乾乎！剛健中正，純粹精也。」《坤卦・文言傳》曰：「直其正也，方其義也。」

《孟子・公孫丑》篇曰：「其爲氣也，至大至剛，以直養而無害，則塞於天地之間。其爲氣也，配義與道，無是餒也。是集義所生者，非義襲而取之也。」

至大至剛是乾德。然云以直養，則兼坤德矣。配義、集義，坤德也。然一陰一陽

〔一〕《易・復》上六象傳文。

之謂道，亦兼乾德矣。「浩然之氣」，即乾坤之正氣也，自强不息之功在於是矣。

5 《周易》《同人》、《大有》二卦，《序卦傳》釋之曰：「與人同者物必歸焉，故受之以大有。有大者不可以盈，故受之以謙。」

《孟子·公孫丑》篇曰：「大舜有大焉，善與人同。舍己從人，樂居於人以爲善。」有大而能謙，即善與人同也。「與人同者物必歸焉」，天下歸仁也。舜之舍己從人，取人爲善，與人爲善，皆由其謙尊而光也。故孔子贊舜曰：「舜好問而好察邇言。」孟子贊舜曰：「聞一善言，見一善行，若決江河，沛然莫之能禦。」古今來未有訑訑自是而能成德行者也。嗟乎！舜何人也？予何人也？有爲者亦若是。

6 《周易·繫辭傳》曰：「乾以易知，坤以簡能。易則易知，簡則易從。易知則有親，易從則有功。有親則可久，有功則可大。易簡而天下之理得矣。」

《孟子·盡心》篇孟子曰：「人之所不學而能者，其良能也。所不慮而知者，其良知也。」

凡人之身，莫不得乾坤之正理，與乾坤之正氣。知屬於天氣者也，能屬乎地質者也[一]。乾以易知，即孟子所謂良知也。坤以簡能，即孟子所謂良能也。「易簡而天下之理得」，即孟子所謂「達之天下」[二]也。《尚書》曰：「天工人其代之。」《中庸》曰：「天地之大也，人猶有所憾。」惟人肖天地，故當代天行事，而彌天地之缺憾。此《孟子》性善之説，所以有功於世道也。戴氏震欲破除理字，則《易》所謂「天下之理得」，與夫「窮理盡性」、「順性命之理」，皆當破除耶[三]？

7 《周易·繫辭傳》曰：「《易》無思也，無爲也，寂然不動，感而遂通天下之故，非天下之至神，其孰與於此？」

《孟子·盡心》篇孟子曰：「舜之居深山之中，與木石居，與鹿豕遊，其所以異於深山之野人者幾希。及其聞一善言，見一善行，若決江河，沛然莫之能禦也。」

[一] 此句於《演講録》《茹經堂文集》皆作「能行乎地者也」。
[二] 《孟子·盡心上》云：「人之所不學而能者，其良能也；所不慮而知者，其良知也。孩提之童，無不知愛其親者；及其長也，無不知敬其兄也。親親，仁也；敬長，義也。無他，達之天下也。」先生引此，謂推恩也。
[三] 批評戴震之語，《演講録》《茹經堂文集》未有，乃《救世編》所添入。

舜居深山，異於野人幾希，即《易》所謂「寂然不動」時也。「聞一善言，見一善行，沛然莫禦」，即《易》所謂「感而遂通」時也。「天下之至神」也。朱子注云：「聖人之心，至虚至明，渾然之中，萬理畢具。一有感觸，則其應甚速[一]，而無所不通。」實即引用《易》義。

8　**《周易·乾卦·文言傳》曰：「樂則行之，憂則違之，確乎其不可拔，潛龍也。」《坤卦·文言傳》曰：「君子黄中通理，正位居體，美在其中，而暢於四支，發於事業，美之至也。」《孟子·盡心》篇孟子曰：「君子所性，雖大行，不加焉。雖窮居，不損焉，分定故也。君子所性，仁義禮智根於心。其生色也，睟然見於面，盎於背，施於四體，四體不言而喻。」**

「大行不加」二句，即樂行憂違也。仁義禮智根於心，睟面盎背，施於四體，即「美在其中而暢於四支」也。此與上所引「其爲氣也」兩節相同。上節乾德，下節坤德也。

[一]「甚速」二字，原沿《演講録》《茹經堂文集》之誤作「神速」，據朱熹注文改正。

9　**《周易·繫辭傳》曰：「精義入神，以致用也。過此以往，未之或知也。窮神知化，德之盛也。」**

《孟子·盡心》篇孟子曰：「充實之謂美，充實而有光輝之謂大，大而化之之謂聖，聖而不可知之之謂神。」

「充實」二句，言坤德也。「大而化之」二句，言乾德也。「聖而不可知」，即《易》所謂「未之或知」也。以其「窮神知化」，盛德不可名言，故曰「聖而不可知之之謂神」〔一〕。或以窈冥不可測解之〔二〕，謬矣。又《孟子·盡心》篇「王者之民」章曰：「夫君子所過者化，所存者神，上下與天地同流。」即《易》所謂「天下之至神，不疾而速，不行而至也」〔三〕，孟子貫串《易》義如此。

至七篇〔四〕中引《詩》引《書》，痛切時弊者尤多，如引「天作孽，猶可違」及「自求多

〔一〕「故曰聖而不可知之之謂神」句，原無，據《演講録》補入。
〔二〕此指孔疏。孔穎達《周易正義》云：「過此二者以往，則微妙不可知，故云未之或知也。」
〔三〕《易·繫辭上傳》文。
〔四〕七篇專指《孟子》一書。

福」、「載胥及溺」、「逝不以濯」，皆怵心劌目之辭，有國家者可不日三復哉〔一〕？

是篇印成，在丁亥（一九四七）春仲。校讎者爲太倉陸景周君〔二〕，武進女弟子陸汝挺君〔三〕。而奔走襄事者，太倉高大勛君〔四〕。印刷者南匯汪竹生君也。時逾壹月，蕆事極速，諸君盡力相助，有功世道，特附記。樂觀厥成云。蔚芝記。

〔一〕自「自七篇中」至「可不日三復哉」一段原無，據《茹經堂文集》補入。
〔二〕陸修祜（一八七七～一九六四），字篤初，號景周，晚號慕陶，唐先生授課時，陸氏在旁朗誦疏解。
〔三〕陸汝挺（一九二二～二〇〇九），常州人，無錫國學專修學校畢業，乃唐先生晚年之左右手，後任教於常州一中；夫謝一飛，爲中學語文教師。
〔四〕唐先生家僕。

補録

【釋】《孟子救世編》與唐先生在《交通大學演講録》第四集上卷與其後《茹經堂文集》四編之原初構想相較，尚遺漏《孟子文辭學》講義兩期、《孟子外交學》講義一期及《孟子社會學》《孟子大同學》兩篇題辭，或唐先生認爲此四項分類與「救世」之題旨稍疏，亦或許《救世編》成書匆促之故。今謹匯録於此，以顯示唐先生《孟子》義理分類之完整思想。

孟子文辭學

【釋】《孟子文辭學》講義原載《交通大學演講録》第四集上卷第七及第八兩期，乃先生分類《孟子》義理初步構思時之成果。後《茹經堂文集》四編刊出十二篇題辭，重整一九三八年之原初構思，及至一九四七刻出《孟子救世編》定爲十類，皆不復開列「文辭學」一目。先生極重視文章之學，《孟子》文章乃先生所究心者，於《孟子新讀本》具評文法，並附録桐城方宗誠之論《孟子》文法於其中，而《交通大學演講録》分兩期講論，已足見其受重視程度。今謹迻録，方便讀者涉獵也。此兩期講義舉出《孟子》文章八法之例，法與例相經緯，所以深切理解文本精義，庶免以辭害意之弊。其内容又載《國文經緯貫通大義》。

孟子文開闢閎通，意義精粹，唐昌黎韓子好之最篤，曰：「孟氏醇乎醇乎者也。」〔一〕「吾少而樂觀焉。」〔二〕又曰：「自孔子没，羣弟子莫不有書，獨孟軻氏之傳得其宗。」〔三〕其好之篤如此，故韓子文實出於《孟子》。惟有小異者，孟子「養浩然之氣」，「配義與道」〔四〕，而韓子頗多磊落不平之氣，兀傲自憙，然言必衷於道則一也。兹就鄙人所選《國文經緯貫通大義》，以《孟子》文體類别之，得四種：曰「兩扇開闔法」，曰「匣劍帷燈法」，曰「一唱三歎法」，曰「神明變化法」。學者推類以求之，不獨知《孟子》

〔一〕韓愈《讀荀》文。
〔二〕韓愈《送王秀才序》文。
〔三〕韓愈《送王秀才序》文。
〔四〕《孟子·公孫丑》文。

文學之精純，實可得救世之方矣。

兩扇開闔法

莊暴見孟子章《梁惠王篇下》

莊暴見孟子，曰：「暴見於王，王語暴以好樂，暴未有以對也。」曰：「好樂何如？」孟子曰：「王之好樂甚，則齊國其庶幾乎！」

他日，見於王曰：「王嘗語莊子以好樂，有諸？」王變乎色，曰：「寡人非能好先王之樂也，直好世俗之樂耳。」

曰：「王之好樂甚，則齊其庶幾乎！今之樂猶古之樂也。」

曰：「可得聞與？」曰：「獨樂樂，與人樂樂，孰樂？」曰：「不若與人。」曰：「與少樂樂，與衆樂樂，孰樂？」曰：「不若與衆。」

「臣請爲王言樂：今王鼓樂於此，百姓聞王鐘鼓之聲，管籥之音，舉疾首蹙頞而相告曰：『吾王之好鼓樂，夫何使我至於此極也？父子不相見，兄弟妻子離散。』今王田獵於此，百姓聞王車馬之音，見羽旄之美，舉疾首蹙頞而相告曰：『吾王之好田獵，夫何使我至於此極也？父子不相見，兄弟妻子離散。』此無他，不與民同樂也。」

「今王鼓樂於此，百姓聞王鐘鼓之聲，管籥之音，舉欣欣然有喜色而相告曰：『吾王庶幾無疾病與？何以能鼓樂也？』今王田獵於此，百姓聞王車馬之音，見羽旄之美，舉欣欣然有喜色而相告曰：『吾王庶幾無疾病與？何以能田獵也？』此無他，與民同樂也。今王與百姓同樂，則王矣。」

「兩扇法」創於《論語》，如「令尹子文」章〔一〕及「定公問一言興邦」章〔二〕均是，惟係平列，《子文章》又係合傳體，並非一開一闔。自《孟子》始用「開闔法」，此文以「獨樂」兩段作小隊，「今王鼓樂於此」兩段作大隊，文氣排奡震盪，爲韓文所祖。惟其能淩空，故能盤旋震動，若沾實則滯矣，故此文又兼「鷹隼盤空法」。

匣劍帷燈法

《魯平公將出章》《梁惠王篇下》

魯平公將出。嬖人臧倉者請曰：「他日君出，則必命有司所之。今乘輿已駕矣，有司

〔一〕《論語·公冶長》文。
〔二〕《論語·子路》文。

未知所之。敢請。」公曰：「將見孟子。」曰：「何哉？君所爲輕身以先於匹夫者，以爲賢乎？禮義由賢者出。而孟子之後喪踰前喪。君無見焉！」公曰：「諾。」

樂正子入見，曰：「君奚爲不見孟軻也？」曰：「或告寡人曰：『孟子之後喪踰前喪。』是以不往見也。」曰：「何哉！君所謂踰者？前以士，後以大夫；前以三鼎，而後以五鼎與？」曰：「否。謂棺槨衣衾之美也。」曰：「非所謂踰也，貧富不同也。」

樂正子見孟子，曰：「克告於君，君爲來見也。嬖人有臧倉者沮君，君是以不果來也。」曰：「行或使之，止或尼之。行止，非人所能也。吾之不遇魯侯，天也。臧氏之子，焉能使予不遇哉？」

第一節起處突兀，若使後人爲之，必將樂正子介紹叙明在前，乃偏隱藏不露，即「匣劍帷燈法」也。「何哉」三句，小人口吻自見，心口相商，欲沮孟子，至「後喪踰前喪」一語，而光彩露矣。「公曰諾」，應之極速，昏庸已極。

第二節首二句，可見樂正子介紹孟子，光彩半露矣。「或」字極妙，平公爲臧倉妬賢諱也，「謂棺槨衣衾之美」，此語何來？豈非臧倉先教之乎？「非所謂」二句，則光彩透露矣。

第三節「樂正子見孟子」數語，如劍光燈彩，豁然畢露，魯平公之昏庸，可謂笑談。

試問人君敬禮賢者，與賢者貧富治喪之不同，有何關涉？乃因嬖人數語而止，倘使其見孟子，亦必不能用；即用孟子，亦必爲小人排擠以去，然此皆不足論也。孟子特以天曉之者，見道之行否，關乎天命，小人徒自爲小人耳。其於魯侯之昏庸，亦不露一字，是爲「匣劍帷燈法」。

一唱三歎法

孟子去齊尹士語人章《公孫丑篇下》

孟子去齊。尹士語人曰：「不識王之不可以爲湯武，則是不明也；識其不可，然且至，則是干澤也。千里而見王，不遇故去。三宿而後出晝，是何濡滯也？士則茲不悦。」

高子以告。曰：「夫尹士惡知予哉？千里而見王，是予所欲也；不遇故去，豈予所欲哉？予不得已也。予三宿而出晝，於予心猶以爲速。王庶幾改之。王如改諸，則必反予。夫出晝而王不予追也，予然後浩然有歸志。予雖然，豈舍王哉？王由足用爲善。王如用予，則豈徒齊民安，天下之民舉安。王庶幾改之，予日望之。予豈若是小丈夫然哉？諫於其君而不受，則怒，悻悻然見於其面。去則窮日之力而後宿哉？」

尹士聞之曰："士誠小人也。"

孟子因齊王取燕之暴而去，故尹士譏之以"不識王不可以爲湯武"，而孟子所謂"庶幾改之"者，望王之改其暴也。篇中用十三"予"字，八"王"字，兩兩相對，聲調曲折抑揚，纏綿悱惻，宋歐陽文實出於此。《離騷》爲千古忠臣文字之祖，然專以辭藻勝，不若此篇以清淡勝。結尹士語，亦有遠神，尹士較怙過者高出倍蓰矣。

神明變化法

逄蒙學射章《離婁篇下》

逄蒙學射於羿，盡羿之道，思天下惟羿爲愈己，於是殺羿。孟子曰："是亦羿有罪焉。"公明儀曰："宜若無罪焉。"曰："薄乎云爾，惡得無罪？

鄭人使子濯孺子侵衛，衛使庾公之斯追之。子濯孺子曰：'今日我疾作，不可以執弓，吾死矣夫！'問其僕曰：'追我者誰也？'其僕曰：'庾公之斯也。'曰：'吾生矣。'其僕曰：'庾公之斯，衛之善射者也，夫子曰"吾生"，何謂也？'曰：'庾公之斯學射於尹公之他，尹公之他學射於我。夫尹公之他，端人也，其取友必端矣。'庾公之斯至,曰:『夫子何爲不執弓?』曰:『今日我疾作,不可以執弓。』曰:『小人學射於尹公之他,尹公之他學射於夫子。我不忍以夫子之道反害夫子。雖然,今日之事,君事也,我不敢廢。』抽矢扣輪,去其金,發乘矢而後反。」

首節有龍跳虎躍之致,次節專重「取友必端」四字,以證明羿之有罪,而並不下一斷語,兩兩相形,而羿之有罪自見。文體與「雪宫」章相似,可謂變化盡神矣。古人行師,不尚殺人,況有師生傳授之誼。庾公之斯,可謂仁義兼至,而朱子謂其「雖全師恩,亦廢公義」〔一〕,豈謂庾斯當殺孺子乎!過矣〔二〕。

姚姬傳先生謂:「《戰國策》文體無所不備。」余謂《國策》文放恣縱横,誠屬可憙,然讀之易壞心術,是以陸稼書先生有《戰國策去毒》之作,曷若《孟子》文悉衷大道,可以正人心、息邪説,而激發人之良知乎!且其文體亦無所不備,前余已選講四法,兹復續講數章,曰「煊染詠詭法」,曰「寓言警世法」,曰「高瞻遠矚法」,曰「反復辨論法」,

〔一〕朱熹《孟子集注・離婁章句下》文。
〔二〕以上死法之第七期文至此,以下第八期。

雖僅各舉一隅，然鼓之舞之以盡神，已極行文之樂事矣〔一〕。

煊染詠詭法

匡章曰陳仲子章《滕文公篇下》

匡章曰：「陳仲子豈不誠廉士哉？居於陵，三日不食，耳無聞，目無見也。井上有李，螬食實者過半矣，匍匐往將食之，三咽，然後耳有聞，目有見。」孟子曰：「於齊國之士，吾必以仲子爲巨擘焉。雖然，仲子惡能廉？充仲子之操，則蚓而後可者也。夫蚓，上食槁壤，下飲黄泉。仲子所居之室，伯夷之所築與？抑亦盜跖之所築與？所食之粟，伯夷之所樹與？抑亦盜跖之所樹與？是未可知也。」曰：「是何傷哉？彼身織屨，妻辟纑，以易之也。」曰：「仲子，齊之世家也。兄戴，蓋禄萬鍾。以兄之禄爲不義之禄而不食也，以兄之室爲不義之室而不居也，辟兄離母，處於於陵。他日歸，則有饋其兄生鵝者，己頻顣曰：『惡用是鶂鶂者爲哉？』他日，其母殺是鵝也，與之食之。其兄自外至，曰：『是

〔一〕此段乃第八期之前言。

鶂鶂之肉也。』出而哇之。以母則不食，以妻則食之；以兄之室則弗居，以於陵則居之。是尚爲能充其類也乎？若仲子者，蚓而後充其操者也。」

此章辨學極精，中間均用著色點染，極詼詭之致。以食物言，李也、粟也、祿也、肉也；以生物言，螬也、蚓也、鶃也；以身體言，耳也、目也、巨擘也、咽也、哇也；以人工物言，築室也、織屨也、辟纑也，隨意點綴，都成妙趣。

余常謂「文章點染法」，以意義層出爲主，如《國策》：《宋玉對楚王問》用客歌鳥有鳳、魚有鯤作陪〔一〕；《莊辛對楚王問》先以見兔顧犬、亡羊補牢作喻，以下蜻蜓、黄雀、黄鵠、蔡陵侯〔二〕，層出不窮，引人入勝。

本章以字面點綴，亦與「神農」章「許子種粟」節相近〔三〕，而第二節出「蚓」字，第三節論居室食粟，末節仍以居室食粟及「蚓」字作結束，文法精密。雖然，混濁之世，惜無陳仲子耳，如或遇之，其高出於乞墦之齊人，龍斷之市儈，豈不如霄壤之分哉！故

〔一〕蕭統《昭明文選》載宋玉《對楚王問》文。
〔二〕謹按：《戰國策·楚策·莊辛謂楚襄王》「蔡陵侯」作「蔡聖侯」。
〔三〕《孟子·滕文公上》文。

孟子曰：「吾必以仲子爲巨擘。」

寓言警世法

齊人有一妻一妾章 《離婁篇下》

齊人有一妻一妾而處室者，其良人出，則必饜酒肉而後反。其妻問所與飲食者，則盡富貴也。其妻告其妾曰：「良人出，則必饜酒肉而後反；問其與飲食者，盡富貴也，而未嘗有顯者來，吾將瞷良人之所之也。」蚤起，施從良人之所之，徧國中無與立談者。卒之東郭墦間，之祭者，乞其餘；不足，又顧而之他，此其爲饜足之道也。其妻歸，告其妾曰：「良人者，所仰望而終身也。今若此。」與其妾訕其良人，而相泣於中庭。而良人未之知也，施施從外來，驕其妻妾。由君子觀之，則人之所以求富貴利達者，其妻妾不羞也，而不相泣者，幾希矣。

此章要旨，在「所以求」三字。所以求之術，乞其餘不足，又顧而之他也。此高官不足，又求彼高官；此要職不足，又求彼要職，豈有饜足之時哉？

凡摹繪文字，事在得神。「饜酒肉而後反」，「則盡富貴」，將小人情狀，張大口氣，形容絶妙。「而未嘗有顯者來」，更將女子聰明語氣揭出。「徧國中無與立談者」，是國中人鄙薄情狀。「此其爲饜足之道」，是恍然大悟語氣。「今若此」，是含蓄憤恨語氣。氣。「施施從外來」，是昏濁情狀。

嗚呼！所惡于齊人者，爲其乞也。齊人曰：「天下皆乞埸，我何獨不乞？」如是則天下皆乞丐，而國不可爲矣。世之人惟知有富貴利達，而不知爲妻妾地者，蓋蚤起之良知消亡久矣。「夫也不良」〔一〕，讀《墓門》之詩，或通身汗下乎！顧或者謂：相泣於中庭，其風爲已古矣。

高瞻遠矚法

割烹要湯章《萬章篇上》

萬章問曰：「人有言『伊尹以割烹要湯』有諸？」

孟子曰：「否，不然。伊尹耕於有莘之野，而樂堯舜之道焉。非其義也，非其道也，祿之以天下弗顧也，繫馬千駟弗視也。非其義也，非其道也，一介不以與人，一介不以取諸人。湯使人以幣聘之，囂囂然曰：『我何以湯之聘幣爲哉？我豈若處畎畝之中，

〔一〕《詩·陳風·墓門》文。

由是以樂堯舜之道哉？』湯三使往聘之，既而幡然改曰：『與我處畎畝之中，由是以樂堯舜之道，吾豈若使是君爲堯舜之君哉？吾豈若使是民爲堯舜之民哉？吾豈若於吾身親見之哉？天之生此民也，使先知覺後知，使先覺覺後覺也。予，天民之先覺者也，予將以斯道覺斯民也。非予覺之，而誰也？』思天下之民匹夫匹婦有不被堯舜之澤者，若己推而内之溝中。其自任以天下之重如此，故就湯而説之以伐夏救民。吾未聞枉己而正人者也，況辱己以正天下者乎？聖人之行不同也，或遠或近，或去或不去，歸潔其身而已矣。吾聞其以堯舜之道要湯，未聞以割烹也。《伊訓》曰：『天誅造攻自牧宫，朕載自亳。』」

此章以歸潔其身爲主，潔其身者何？氣節是矣。孟子論養氣，配義與道，伊尹非義非道，雖一介不取與，其視一介與天下、千駟無異也，知有道義氣節而已矣。大抵取與之界，約分四等：第一等，嚴於取而嚴於與，聖賢也；其二，嚴于取而寛於與，豪傑也；其三，濫于取而濫於與，則小人矣；其四，則濫於取而吝於與，惡人也。凡修己取友，皆當以此四等爲律。

「囂囂然」節，兩「我」字當注意，重視身不輕出也。「幡然改」節，一「我」字，三「吾」字當注意，重視吾身當爲天下而出也。而文法之奇，忽接「天之生此民」云云，蓋伊尹平日之言。三「予」字當注意，挺身自任也。因伊尹之言論，忽接伊尹之思想，「己」字自當注意，未有枉己辱己，自輕其身而能任天下之重者也。且人生當世，所以開物成務，因應萬事者，惟賴知覺之靈警，潔其身則知覺清而明；枉其身辱其身，則知覺昏而濁；至於利欲閉塞，知覺常落人後，則天下亂而民生苦，遑論氣節乎哉！孔子有言，「不曰白乎，涅而不緇。」〔一〕噫！非元聖，吾誰與歸？

反覆辨論法

或曰百里奚章《萬章篇上》

萬章問曰：「或曰：『百里奚自鬻於秦養牲者五羊之皮，食牛，以要秦穆公。』信乎？」孟子曰：「否，不然。好事者爲之也。百里奚，虞人也。晉人以垂棘之璧與屈産之乘，假道於虞以伐虢。宫之奇諫，百里奚不諫。知虞公之不可諫而去，之秦，年已七十矣，曾不知以食牛干秦穆公之爲汙也，可謂智乎？不可諫而不諫，可謂不智乎？知虞公之將亡而先去之，不可謂不智也。時舉於秦，知穆公之可與有行也而相之，可謂

〔一〕《論語·陽貨》文。

不智乎？相秦而顯其君於天下，可傳於後世，不賢而能之乎？自鬻以成其君，鄉黨自好者不爲，而謂賢者爲之乎？」

孟子文與《穀梁傳》相近，如「愛人不親」三句〔一〕，與「多乎什一」「大桀小桀」〔二〕，均見《穀梁傳》。此章末節以「智」「賢」二字反覆辨諭，極類《穀梁傳》文。末以「自鬻」「自好」相對，不獨文氣淩厲，且可激厲士品。

按：《史記》「晉獻公滅虞、虢，虜虞君與大夫百里奚。既虜百里奚，以爲秦穆公夫人媵于秦。奚亡秦走宛，楚鄙人執之。穆公聞百里奚賢，欲重贖之，恐楚人不與，乃以五羖羊皮贖之。是時奚年已七十餘，穆公與語國事，大悦，授之國政，號五羖大夫。」〔三〕萬章所言，疑即因此傳訛。

〔一〕《孟子·離婁上》云：「愛人不親反其仁，治人不治反其智，禮人不答反其敬。」與《春秋穀梁傳·僖公二十二年》云：「禮人而不答，則反其敬；愛人而不親，則反其仁；治人而不治，則反其知。」

〔二〕《孟子·滕文公上》云：「請野九一而助，國中什一使自賦。卿以下必有圭田，圭田五十畝。餘夫二十五畝。死徙無出鄉，鄉田同井。出入相友，守望相助，疾病相扶持，則百姓親睦。」與《春秋穀梁傳·宣公十五年》云：「什一者天下之中正也。多乎什一，大桀小桀；寡乎什一，大貉小貉。什一行而頌聲作矣。」

〔三〕司馬遷《史記·秦本紀》文。

孟子外交學

【釋】《孟子外交學》講義原載《交通大學演講録》第四集上卷第九期、第十期，是「雄辨學」。唐先生初入仕途即派入外交系統，亦念以外交强固國勢，但事與願違，未能施展長才，唯在文集中流連感嘆，耿耿於懷，未嘗一日忘也。故滬上孤島講學，時事感傷，因及外交一目，以吐胸中骨鯁，二十世紀四十年代初，草擬諸篇題辭，外交一目置焉不納，而《孟子救世編》亦不録矣。謹存此講義稿，一表先生於國是之識見與期盼焉。

嗚呼！近世謂弱國無外交，豈其然哉！《孟子》論持弱之道曰：「彊爲善。」[一]又引太王之言：「君子不以其所以養人者害人。」此聖賢之道也。又稱勾踐事吴，此英雄之事也。夫勾踐何嘗不修德哉！藏于其所不見耳，吾編《越勾踐志》三致意焉。反

[一]《孟子·梁惠王下》文。

是而不畏天命，則爲齊景公之流涕徬徨矣。《孟子》曰：「如恥之，莫若師文王。」〔一〕吾輯《孟子外交學》，深望世之有國者，上師文王之行仁，而下法勾踐之用智也。

交隣國章 《梁惠王篇下》節録

齊宣王問曰：「交隣國有道乎？」孟子對曰：「有。惟仁者爲能以大事小，是故湯事葛，文王事昆夷；惟智者爲能以小事大，故大王事獯鬻，勾踐事吳。

昆夷，見《詩・大雅》〔二〕。獯鬻，即周玁狁，漢時匈奴，俱一聲之轉。湯、文，專以含容爲主；太王、勾踐，專以堅忍爲主。

以大事小者，樂天者也；以小事大者，畏天者也。樂天者保天下，畏天者保其國。

樂天聖賢，畏天英雄，惟畏乃進於樂，道在求諸本心，非虛渺也。

《詩》云：『畏天之威，于時保之。』」

《詩・周頌・我將》之篇。時，是也。《書》曰：「天明畏，自我民明威。」〔三〕天視民

〔一〕《孟子・離婁上》文。
〔二〕《詩・大雅・緜》云：「混夷駾矣，維其喙矣。」《詩・大雅・皇矣》云：「帝遷明德，患夷載路。」
〔三〕《書・虞書・皋陶謨》文。

視，天聽民聽，顧畏民喦，即所以畏天之威，非虚渺也。苟或蔑棄天命，玩視民命，則國不保矣。

滕竭力以事大國章《梁惠王篇下》

滕文公問曰：「滕，小國也。竭力以事大國，則不得免焉。如之何則可？」孟子對曰：「昔者大王居邠，狄人侵之。事之以皮幣，不得免焉；事之以犬馬，不得免焉；事之以珠玉，不得免焉。乃屬其耆老而告之曰：『狄人之所欲者，吾土地也。吾聞之也：君子不以其所以養人者害人。二三子何患乎無君？我將去之。』去邠，踰梁山，邑于岐山之下居焉。邠人曰：『仁人也，不可失也。』從之者如歸市。

「君子不以其所以養人者害人」，仁人一言，開周家八百載之基業，此天地之心，真保民之主也。

或曰：『世守也，非身之所能爲也。效死勿去。』

「效死勿去」，爲義而死，此心可以對於祖宗神明而無愧。

君請擇於斯二者。」

本篇前二章，一言守，一言遷。此章遷與守並言。朱注云：「遷，國權也。守，正

義也。審己量力可也。」〔一〕

宋小國章《滕文公篇下》節録

萬章問曰：「宋，小國也。今將行王政，齊、楚惡而伐之，則如之何？」

宋，小國，其所動作，舉爲大國所監視。宋王偃欲行王政而霸天下，然不能深沈，而表暴於外，故犯齊、楚之忌，惡而伐之也。

孟子曰：「湯居亳，與葛爲隣，葛伯放而不祀。湯使人問之曰：『何爲不祀？』曰：『無以供犧牲也。』湯使遺之牛羊。葛伯食之，又不以祀。湯又使人問之曰：『何爲不祀？』曰：『無以供粢盛也。』湯使亳衆往爲之耕，老弱饋食。葛伯率其民，要其有酒食黍稻者奪之，不授者殺之。有童子以黍肉餉，殺而奪之。《書》曰：『葛伯仇餉。』此之謂也。

「葛伯仇餉」，原書今佚，讀此經可知仇餉事之原委。

〔一〕朱子《孟子集注·梁惠王章句下》云：「蓋遷國以圖存者，權也；守正而俟死者，義也。審己量力，擇而處之可也。」

爲其殺是童子而征之，四海之内皆曰：『非富天下也，爲匹夫匹婦復讎也。』

《書》曰「若保赤子」〔一〕，赤子，至可憐也。殺童子之情狀，尤可慘也。然則世之不保其赤子而轉殺之者，何異於殺童子乎！復讎者，非特復童子父母之仇而已，殘忍之人，舉國皆得而仇之也。

『湯始征，自葛載』，十一征而無敵於天下。東面而征，西夷怨；南面而征，北狄怨，曰：『奚爲後我？』民之望之，若大旱之望雨也。歸市者弗止，芸者不變，誅其君，弔其民，如時雨降。民大悦。《書》曰：『徯我后，后來其無罰。』

十一征，征十一國也。《詩·長發篇》「韋顧既伐，昆吾夏桀。」蓋韋、顧、昆吾，皆在十一征之内。無罰，不受苛虐之罰。古聖人用兵，無非救民，豈有利土地之心哉！

小德役大德章《離婁篇上》節録

孟子曰：「天下有道，小德役大德，小賢役大賢；天下無道，小役大，弱役强。斯二者天也。順天者存，逆天者亡。

〔一〕《書·周書·康誥》文。

天下有道，勢隨理轉，公理也；天下無道，理隨勢轉，强權也。處弱小者不務修德爲善，培其本根，乃欲以力取勝，危亡隨之矣。

齊景公曰：『既不能令，又不受命，是絶物也。』涕出而女於吴。

王氏船山云：「《集注》謂：『吴，蠻夷之國。景公羞與爲昏。』非也。吴，周之伯父，《春秋》以其僭王夷之耳，當時諸侯不以夷賤之也。魯且越禮爲結昏，齊獨耻乎！按：《越絶書》稱闔閭脅齊女以爲質，後其女悲思，是以有望齊之門，卒以憂死，葬虞山之上，謂之齊女冢。然則景公生視其女充西施、鄭旦之列，如之何弗涕？」〔一〕

今也小國師大國而耻受命焉，是猶弟子而耻受命於先師也。

既曰「師」，則當受命矣，而猶訑訑然自傲於衆，是無耻矣。先師，包括先聖先賢及現代教師而言，弟子因先師禮義教化不便於己，於是盡廢其書而不讀，曰「此迂腐之言也」，叫囂隳突，不可收拾。東漢定制，凡士林中有背師法者輒科以罪，良法美意，可則傚也。

如耻之，莫若師文王。師文王，大國五年，小國七年，必爲政於天下矣。

〔一〕王夫之《四書稗疏·孟子下篇·涕出而女於吴》文。

如耻之，則能以無耻爲耻矣。得能自師者王，周公有言：「文王我師也。」〔一〕不獨政治之師，道德之師也；不獨一時之師，千古之師也；不獨小國之師，大國之師也。微乎危乎！

孟子社會學題辭〔二〕

唐韓文公作《曹成王碑文》曰：「重知人情，急世之要。」余嚮者菲薄人情世故，以爲多鄙夫之談，屢讀韓文，始憬然悟，世未有不通世故人情而可以處社會者也，但不可同流合汙耳。

人生不能無羣，居羣之中，而取相契者爲友，故凡人之品行、性情、氣質皆視所取之友爲轉移，即觀人者，亦必觀其所取之友，故曰：友也者，友其德也。

〔一〕《孟子·滕文公上》載公明儀曰：「文王我師也，周公豈欺我哉？」朱子《孟子集注》云：「文王我師也，蓋周公之言。公明儀亦以文王爲必可師，故誦周公之言，而歎其不我欺也。」

〔二〕載《茹經堂文集》四編卷四。

「一鄉之善士，斯友一鄉之善士；一國之善士，斯友一國之善士。」〔一〕昔者孟獻子無勢利之交，可法矣；進之爲費惠公，又進之爲晉平公，又進之爲堯舜。用下敬上謂之貴貴，用上敬下謂之尊賢，上下交而志同得，治天下之大道焉，友之爲義大矣哉！

末世掃除倫紀，變情徇勢，遇小利害，反擠下石者，比比皆是。嗚呼！朋友之倫廢，社會尚可問哉？樂正子從於子敖之齊，孟子斥之曰「徒哺餟」，樂正子立自刻責曰「克有罪」。使其不得大賢爲依歸，則所以求富貴利達者，焉知其不與齊人伍乎？危乎！微乎！君子小人之分途，即在於此乎？

西儒之言曰：「社會紛紜，形形色色，有若麟者，有若鳳者，有若雞犬者，有若鴟鴞、若鷹隼者，有若虎、若豹、若狐狸者，非盡人物之性，不足爲社會之主。」〔二〕信乎社會可以成我德，亦可以喪我德。洞達世故人情，不爲風氣所囿，而能轉移風氣者，上智也；外圜内方，不至墮落者，中材也；處不擇仁，推助惡化者，下愚也。吾爲後世

〔一〕《孟子·萬章下》載孟子語。
〔二〕此論調屬於尼采之「主人道德」説。

社會大聲疾呼曰：人不可以無耻！輯孟子社會學第十。

孟子大同學題辭〔一〕

后、司合爲同。稽諸字義，言上下一體也。「大同」始見於《洪範》「君從、卿士從、庶民從」，亦言上下同心也。《禮運篇》言大同之治曰：「天下爲公，講信修睦。」若幾微之中有毫髮之私，則見諸事爲者，作好作惡，拂人之性；反言之，則天下爲私，遑言同！遑言大同！朝三暮四，行類狙公，我詐爾虞，利其反復，鄙媚無耻，有若芃狐，遑言信！遑言睦！遑言大同！《孟子》引孔子之言曰：「唐虞禪，夏后殷周繼，其義一也。」蓋天子不能以天下與人，禪繼必當於義，此「天子大同」之義也。曰：「君有大過則諫，反復之而不聽則易位。」〔二〕又曰：「民爲貴，君爲輕。」此「諸侯大同」之義也。

〔一〕載《茹經堂文集》四編卷四。本題辭按自然順次殿置經學編，亦見儒家經學心事之追慕與光影焉。
〔二〕《孟子·萬章下》載孟子回齊宣王語。

聖人以天下爲一家，中國爲一人，治七情，修十義〔二〕，夫然後幾於大同。後世相爭相奪，殺人盈城盈野，百姓幾無噍類，皆起於人主一念之私。嘻吁乎！哀哉！凡人居一處，意以爲此地吾所有也，不移時而易人矣。然則，所據之名位，所據之富貴，與所據之土地，果爲吾有乎哉？知此，則得大同之旨矣。輯孟子大同學第十一。

〔二〕七情指「人情」，十義指「人義」，具見《禮記·禮運》：「何謂人情？喜、怒、哀、懼、愛、惡、欲，七者弗學而能。何謂人義？父慈、子孝、兄良、弟悌、夫義、婦聽、長惠、幼順、君仁、臣忠，十者謂之人義。講信修睦，謂之人利；爭奪相殺，謂之人患。」

孝經編

附 曾子輯佚

整理説明

《孝經》編收録唐先生《孝經大義》《孝經救世編》《勸孝編》，並附《曾子輯佚》，先生《孝經》學，綱目兼具。

唐先生强調孟子之學得自曾子，其治《孝經》，歸屬曾子之學。先生孝行純篤，重視《孝經》之教化作用，一生提倡孝道，身體力行，以端正人心之本，教孝乃正本之通方。曾子乃儒門稱孝之表率，故曾子之學，無疑是先生經義之血脈。先生首種經義專書，厥爲《曾子大義述》二卷，簡稱《曾子大義》，於一九〇七年丁母憂慮之際起草，一九〇九年在《高等學堂道德講誼》刊出第一卷，即《孝經大義》之前身，蓋唐先生肯定《孝經》乃曾子所作。其他在《大戴禮記》《小戴禮記》並所有傳世先秦文獻所載曾子言論，悉爲輯録整理。《曾子大義述》之編纂，實繼承其師黄以周輯録《子思子》之精神。今可考見《高等學堂道德講誼》所刊《曾子大義述》，乃唐先生整理曾子文獻之最原初刊本。先生極爲重視此項輯佚工程，其手稿在一九三七年交予門人葉長青補充注釋，葉氏在《國專月刊》連發四期唐先生《曾子輯佚》之整理稿，不料遭逢國難，葉氏避歸福建本籍，竟罹疾長逝。倥偬之際，餘稿遺失。此事唐先生扼腕痛惜不已。幸《曾子大義述》卷一及部分《曾子輯佚》尚存人間，而其卷一亦已經刪裁而成《孝經大義》傳世，其他亦以講義方式，存於唐先生論著之中，收拾整理，大概可見。

《孝經大義》一卷，是唐先生《孝經》之「傳注類」著作，即研讀本經之基本功夫。其書前身是一九〇七年整理之《曾子大義述》，一九一七年上海工業專門學校出版《孝經新讀本》，乃因編纂《十三經讀本》之需要而定稿，但絶非率爾之作。其所用經文，乃據臧庸所輯《孝經鄭氏解》。而申説《孝經》經文大義，則以明末黄道周《孝經集傳》爲本，同時參以曹元弼《孝經學》之内容。選書以見唐先生提倡保存氣節之重旨。至於原書後附録《大孝終身慕父母義》上中下三篇，乃先生申説《孟子》所載虞舜大孝，以爲萬世孝道之標準，亦見諸經經意之互通，從而建立經義之體統，乃自信有得之作。三文已編入《唐文治文集》「經説類」，可互參。

唐先生通解《孝經》，融攝諸家，貫講義理，尤其重視義理類型。其《孝經救世編》三卷，先處理訓故傳注，然後分類探求大義，此由博反約之方。是書分類《孝經》義理，計十五類目，實是《孝經大義》之要目。其書與諸經互證貫通，層層相叩，從個人德行自覺與實踐，步步推拓至齊家治國平天下，歸結到大同盛治，展示完整之孝德義理之體統與氣魄，於《孝經》義理學之開拓，意義重大。唐先生在一九三六年夏，爲無錫國學專門學校講學，撰《孝經講義》，《孝經救世編》即以此爲基礎，修訂成書。初擬名《孝經翼》，然明代辛全〔一〕已用此名，遂改今名。此書之成書，根據先生《自訂年譜》丙子（一九三六）七十二歲譜七月載：「本學期，余爲補習班講《孝經》，覺其文廣大精深，初學頗難領會。爰摘其要端，別編講義，分十五類：曰孝德宏綱篇、不敢毀傷篇、立身揚名篇、良知愛敬篇、法服言行篇、居則致敬篇、養則致樂篇、病則致憂篇、喪則致哀篇、祭則致嚴篇、移孝作忠篇、兄弟友恭篇、擴充不忍篇、大同盛治篇、不孝嚴刑篇，共分三卷。每篇中皆摘録羣經中有關孝道者爲綱，附以淺説。初擬名《孝經翼》，後因明代辛復元先生已有此名，爰改名《孝經救世篇》。惟因爲初學講解，隨講隨編，如朱子所謂『急迫之意多，沈潛之味少』。質諸譜弟曹君叔彦，覆云：『凡立教，有爲萬世者，有救一時者。君之書，殆救一時者也。』余深愧其言。」謹按：《孝經救世編》

〔一〕辛全（一五七三～一六二〇），字復元，號天齋，明萬曆絳州人，學宗朱子，推尊薛瑄，乃明末晉地絳州大儒；其《孝經》著作見於記載有《孝經翼》《孝經闕疑》。

原載一九三六年《國專月刊》第四卷第一期至一九三七年第五卷第二期，連載七期。綜成一書，則是一九三七年六月無錫西溪文新印刷所刊出，唐先生兩位門人錢萼孫與高文海〔一〕合校，發行所在唐先生寓所售書處。乃因國難，遂長埋歷史，未行人間。

唐先生在一九三七年發表《論讀經分類删節法》一文，自述本書撰作宗旨云：「余所著《孝經救世篇》，共分十篇（按，實爲十五篇）……以上各篇，均尚易解。宜擇要爲諸生講貫，庶可啓發良知，養成國民資格。」充分體現救國經世之用心。先生分類闡述、通説孝德，而十五篇即十五項孝德實踐，廓而充之，修己治人之義，存其中也，而其互爲關係，一以貫之者，乃論孝德之源，歸本「致良知」之由衷道德心之實現。此充分運用王守仁良知説，以明自律性倫理之由衷體現，乃一切禮義之根本。孝德爲倫理之核心，其誠僞判於是否乃自發自律之由衷體現，而非外在律令法規或俗儀傳統。此是唐先生本良知見孝德之關鍵意義。蓋由衷之發爲至情至性，故唐先生多

〔一〕錢萼孫（一九〇八～二〇〇三），字仲聯，號夢苕，以字行，浙江湖州人；一九二六年無錫國專畢業；先後任教於大夏大學、無錫國學專修館、南京中央大學、南京師範學院、江蘇師範學院、蘇州大學等。高文海（一八九二～一九七一），字涵叔，號子愚，高攀龍後裔，曾任無錫國專訓育員，與陸景周同爲唐先生之「左右手」。

舉事例證明，從而推拓出責任倫理，提升爲建立集體幸福之自覺心理動能，推恩大義，非復空論，賢愚貴賤，無分彼此，皆可實在踐行而無難。救世之義，因提點致良知之學，甦生道德自覺，則成敗關鍵，在即知而能行，而且一以貫之，非徒虛矯僞飾、裝扮循守之所能致也。

進入戰時，先生深居孤島上海，講學論著依然不絶。一九三八年爲上海交大講演《孝經宏綱大用》，説義更爲精辟，超越微顯二分之説義套路，而開出全新四法。一九四二年春夏之際，上海《新聞報》連載《勸孝編》十二篇凡十主題，約舉《孝經大義》《孝經救世編》主要精微義理，并在一九四二年春夏之際結集梓行。其特別之處，不在高談堯舜文武，而是標出曾子之純孝，爲學子成德實踐榜樣，强調捨生取義、爲國捐軀之精神，具非常深刻之時代烙印，充分體現唐先生崇高人格。曾子之學乃唐先生經學之核心，强調士庶應皆能踐行，學聖不在虛言高論，故作深奧。因曾子而通向聖王之道，此先生導俗之高明策略，而唐先生《孝經》學終歸平易切實，純篤踐履之義，一以貫之，充分體現純儒本色。

至於此時期先生《孝經》相關講義之傳世者，有《茹經堂文集》四編卷二所載之《顏、曾、思、孟四賢宗要》。此文並分别載《交通大學演講録》第三集第四、五、六、七期，改題《師四賢法》。其中《宗曾子法》載在第五期，内容區别「大孝」「省身」「政治」三目，疏説自律道德所由衷而出之孝義，乃道統生生不息之精義。均先生研治《孝經》之實在心得，已具録於《唐文治文集》「經説類」，故不並載。值得注意者，乃一九四四年至一九四五年間，上海《大衆》雜誌刊出先生之《孝經講義》凡十一期，前七期乃《孝經》本文順序之講義，大體據《孝經大義》；後四期標明是《孝經翼》，其中小題注明「《論語》論孝」一篇、「《孟子》論孝」上下兩篇、「《禮記》論孝」一篇，内容並見《孝經救世編》《論語大義》《孟子大義》《孟子救世編》《禮記大義》。此十一期《孝經講義》新修訂之内容，均注明於相關段落之中。

此次整理，《孝經大義》以《十三經讀本》所收者爲底本，並以《曾子大義述》卷一參校，兩本差異，皆出注文；而唐先生於一九四四至一九四五年間在上海《大衆》雜誌連續刊載凡十一期之《孝經講義》，前七期大體本《孝經大義》，然其中亦有新修訂内容，皆注釋補入，庶能較完整保存唐先生學理思考之痕跡。《孝經救世編》以一九三七年六月無錫文新印刷所初印本爲底本，比勘《學術世界》一九三六年第二卷第二期《孝經翼》之自序與卷一，《國專月刊》一九三六年九月第四卷第一號開始連載七期之《孝經救世編》，一九四五年上海《大衆》雜誌所刊《孝經講義》第八至十二期《孝經翼》，其中異同，皆出以注釋；此外先生於一九三九年底在滬上交通大學講《孝經宏綱大用》一篇，内容涉及研治經典之方法，乃先生之全新體會，超越向來二分經義爲著義、微義之説經法，甚有參考價値，謹將其比類而附録於《孝經救世編》卷一第一篇《孝德宏綱篇》之後。

本編蒐校整理，頗耗時日。校核引文，是正刊刻之誤，實事求是。歐陽艷華博士、何潔瑩博士、吴昊先生堅持不懈，始克成篇。至於整理中之不當處，大雅指正爲盼。

歲次丁酉立秋　鄧國光　謹誌

孝經大義

孝經大義序

《禮記·中庸》篇曰：「立天下之大本。」大本者何？孝是也。又曰：「中也者，天下之大本。」中者何？喜怒哀樂之未發是也。喜怒哀樂之未發，藹然悱惻，纏緜不可解而已，斯人所以生之機也，故《孟子》曰：「樂則生矣，生則惡可已也。」惡可已，則不知足之蹈之，手之舞之。人子之於父母，繫於悱惻纏緜不可解之天性，故家庭之間，一愛情而已矣，一和氣而已矣。和於家庭而後能和於社會，和於社會而後能和於政治，和於政治而後能和於光天之下，至於海隅蒼生。人情莫不樂生，君子本此悱惻纏緜不可解之性，擴而充之於萬民，於是愛情結，和氣滋，生機日暢，而千古之人道乃不至於滅息。此孝道之大，所以推諸東海而準，推諸西海而準，推諸南海北海而準也。孔子曰：「我志在《春秋》，行在《孝經》。」《孝經》《春秋》相爲表裏，《春秋》誅伐天下之亂臣賊子，《孝經》培養天下之忠臣孝子。甚哉！孝道之大也。

有子曰：「其爲人也孝悌，而好犯上者鮮矣，不好犯上，而好作亂者，未之有也。」

犯上作亂，殺機也。近世人士動言愛情，而殺機反日盛者何也？彼以爲吾國民於家庭中性情過厚，若移而之他，則國可以治，庸詎知末未厚而本已撥，此殺機所以日出而不窮也。夫殺機多則生機窒，生機窒而人道滅，於是造物遂以草薙禽獮者待之。嗚呼！恫孰甚焉！夫人芸芸，疇無天性？而乃日囂日薄、日恣睢、日殘忍者，豈非以家庭之際，非孝無法，先有喪失其本真者乎？曾子之言曰：「物有本末，事有終始。」又曰：「自天子至於庶人，孝無終始而患不及者，未之有也。」然則經綸天下者，可以知大本之所在矣。

文治於丁未歲（一九〇七）居先母憂，讀《禮》之餘，嘗欲輯《曾子全書》而爲之注，浩繁未克，遂僅成《孝經大義》一卷。今歲復理而修飾之、增補之，深有感於《易傳》明訓「天地之大德曰生」，用特爲是務本之論，書諸簡端。天下萬世爲人子者，儻能葆此悱惻纏緜不可解之至性，好生之德，洽於寰區，庶幾乎天下和平，災害可以不生，禍亂可以不作。《大雅》之詩曰：「孝子不匱，永錫爾類。」又曰：「有馮有翼，有孝有德。」文治蓋常神遊於其間而不置矣。

丁巳（一九一七）春日唐文治自序

孝經（傳注）〔一〕

《四庫全書提要》：《孝經》有今文古文二本，今文稱鄭元注，其説傳自荀昶，而《鄭志》不載其名。古文稱孔安國注，其書出自劉炫，而《隋書》已言其僞。友人曹元弼曰：「《孝經注》義深通，非鄭君不能爲，徒以叙録家偶佚其目，遂致後儒疑難。直至陳氏澧據《郊特牲》正義引王肅難鄭《孝經注》，定爲禮堂寫定之文，聚訟始息云。」〔二〕今據武進臧氏庸所輯《孝經鄭氏解》本爲定。

〔一〕原書但題《孝經》。因其形式與《洪範大義》之「傳注」相同，故補入「傳注」二字。

〔二〕曹元弼《吴刻〈孝經鄭氏注〉序》，載《復禮堂文集》卷六。曹氏自注文章成於光緒甲午（一八九四）正月。

開宗明義章第一〔一〕

【釋】唐先生於《交通大學演講録》第四集上卷附録《孝經·開宗明義章講義》〔二〕爲《孝經講義式》，即依據本章講論及解讀《孝經》文本之傳注範例，而先生後來在《孝經講義》釋云：「《孝經·五刑章》曰：『非聖人者無法，非孝者無親，此大亂之道也。』後世惟有非聖人非孝之人，是以釀大亂而開刼運，深可痛心。茲先講《開宗明義章》，以資矜式。」〔三〕爲方便理解先生講學要旨，《孝經·開宗明義章講義》之附録傳注之後。

仲尼居，曾子侍。子曰：「先王有至德要道，以順天下，民用和睦，上下無怨，汝知之乎？」

〔一〕唐先生《孝經講義（一）：開宗明義章》（載上海《大衆》雜誌一九四四年第二十二期，頁一〇九）題下有注「孝爲德本，教化權輿」。

〔二〕唐先生《孝經·開宗明義章講義》並載《茹經堂文集》四編卷四。

〔三〕唐先生《孝經講義（一）：開宗明義章》文。此講義内容並見《茹經堂文集》四編卷四《孝經·開宗明義章講義》（一九四〇）中。

先王所以順天下，不外乎和睦無怨，生人和睦而天下治，不和睦而天下亂，故推孝爲治天下之本。阮氏元曰：「孔子生春秋時，志在《春秋》，行在《孝經》，其稱至德要道之於天下也，不曰『治天下』『平天下』，但曰『順天下』。順之時義大矣哉！《孝經》順字凡十見。順與逆相反，《孝經》之所以推孝弟以治天下者，順而已矣。卿大夫士本孝弟忠敬以立身處世，故能保其祿位，守其宗廟，反是則犯上作亂，身亡祀絶。《春秋》之權，所以制天下者，順逆間耳。」又曰：「聖人治天下萬世，不別立法術，但以天下人情順逆，叙而行之而已。」〔一〕《爾雅》：「叙，順也。」

愚按：《禮記》曰：「福者，備也。備者，百順之名也，無所不順者之謂備，言内盡於己，而外順於道也。忠臣以事其君，孝子以事其親，其本一也。上則順於鬼神，外則順於君長，内則以孝於親，如此之謂備。」〔二〕此段言順字尤精詳。惟知順字之義，而後能孝於其親，忠於其君〔三〕。位天地，育萬物，皆基於此。《孝經》一篇專言順，《洪

〔一〕阮元《釋順》，載曹元弼編《經學文鈔》卷一二。
〔二〕《禮記·祭統》文。
〔三〕「孝於其親，忠於其君」，《曾子大義述》兩句互易，忠君在孝親之上。

範》一篇專言叙，其理一也，皆治天下之書也。《中庸》言：「君子之道，行遠自邇，登高自卑。」下引《詩》曰：「和樂且耽。」又引孔子之言曰：「父母其順矣乎？」可見君子行道，惟在於順，率性修道，皆所以順天下也。

曾子避席，曰：「參不敏，何足以知之！」子曰：「夫孝，德之本也，教之所由生也。

鄭君注：「人之行莫大於孝，故爲德本。」愚謂仁民愛物，始於親親。聖王推恩，盛德被四海，必基於孝，如木之有本，故曰德本。《中庸》「立天下之大本」，鄭君注：「大本，《孝經》也。」

陳氏澧曰：「學字从孝，𡥈即孝字。教字亦從孝。學者非孝無以爲學，教者非孝無以爲教。」愚謂孝字「从老省，从子」[一]，蓋生人至老而不失其赤子之心，乃謂之孝，此虞舜之五十而慕，所以爲「至孝」也。因孝而爲之節文，於是有揖讓拜跪、冠昏喪祭一切之禮生焉，故曰「教之所由生也」。然則凡教人者皆當從孝始。

復坐，吾語汝。身體髮膚，受之父母，不敢毁傷，孝之始也。

鄭君注：「父母全而生之，己當全而歸之。」愚按：聖賢之學，踐形復性，開物成

〔一〕唐先生據《説文》：「从老省，从子。子承老也。」

務，其責皆在於一身，其事亦皆始於一身，故人身體髮膚之貴與天地等。今人輕其身以徇無涯之欲，不敬之至，即不孝之至也。下是而被刑戮，更無論矣。

立身行道，揚名於後世，以顯父母，孝之終也。

行道兼立德、立功、立言三者而言，修名不立，則父母之名亦終晻晦。李氏顒《聖室録感》曰：「己爲聖賢，則父母爲聖賢之父母。己爲君子，則父母爲君子之父母。反是，則爲小人之父母，爲盜賊之父母。皆由於己，可不懼乎？」

愚按：《史記》司馬談曰：「天下稱誦周公，謂其能歌文、武之德，宣周、召之風，達太王、王季之志意，爰及公劉，以尊后稷也。」夫周公揚親之名爲何如乎？是萬世人子之法也。〔一〕

夫孝，始於事親，中於事君，終於立身。

凡人終身所爲之事，孝不孝之辨而已矣。黄氏道周曰：「始於事親，道在於家；中於事君，道在天下；終於立身，道在百世。爲人子而道不著於家，爲人臣而道不著於天下，身殁而道不著於百世，則是未嘗有身也。未嘗有身，則是未嘗有親也。」夫父

〔一〕此「愚按」一節乃《曾子大義述》所無。

母生我，而忍使未嘗有身、未嘗有親乎〔一〕？

《大雅》云：

鄭君注：「雅者，正也。方始發章，以正爲始。」

『**無念爾祖，聿修厥德。**』

鄭君注：「無念，無忘也。」黄氏道周曰：「《書》云『七世之廟，可以觀德。』君子一不敬，而墜七世之廟；毁傷一人，而毁及百世之宗。……故君子修德敬身之爲貴也。」

編者謹按：唐先生另有《孝經·開宗明義章講義》（庚辰，一九四〇年），載《茹經堂文集》四編卷四（又題爲《孝經講義式》載於《交通大學演講録》中），綜述本章義理云：

本經《五刑章》曰：「非聖人者無法，非孝者無親，此大亂之道也。」世惟有非聖人、非孝之人，乃釀大亂而開刧運，於是國民、家庭間，遂致互爭意氣，骨肉乖離，痛心曷已。夫宇宙之間，和氣與戾氣相爲消長而已。和氣盛則一家一國未有不興者，戾氣盛則一家一國未有不衰者，感應之理然也。余竊不自揣，常欲提倡「保合太和」之道，由一家而推之一鄉一邑，漸推之於一

〔一〕「夫父母生我」三句，乃《曾子大義述》所無。

國，既無實權，迺發之於學説，兹特講《孝經》首章，作爲法式。

第一節「道德」二字始見於《易傳》，曰「和順於道德」，此渾言普通之道德，然亦必本於和順。若夫極至，而最要者則必本於孝。和順之氣日盛，則乖戾之氣日消，故治天下之大原，必基於民之和睦無怨。《大學》治國平天下所由，先以齊家也。

「孝爲德本」。木著於地謂之本，樹木在地，根柢槃深而後枝業峻茂，若拔之離地，則立見枯槁，猶嬰孩離父母，則必飢寒顛踣以死，是以《史記》言：「父母者，人之本也。」

「教之所由生」者，教字从孝从攴，言督飭人以孝道也。教道所包者廣，然必以家庭教孝爲權輿。生者，本立而道生也。

「身體髮膚」兩節，有淺義、深義、廣義、旁義。身體節淺言之，謹言慎行，不罹刑罰是也；深言之，保身體即以保心性神明，父母全而生之，子當全而歸之也；廣言之，視中國猶一人，普天下皆吾身體髮膚，百姓有一毁傷者，猶吾身體髮膚之受毁傷也；又有旁義，《禮記·祭義》篇曾子曰：「戰陣無勇，非孝也。」若臨陣而畏怯，即大不孝，故不毁傷其忠愛之天性，即不毁傷其身體髮膚。「孔曰成仁，孟曰取義。」正所以爲孝，非畏葸之謂也。

「立身」節，淺言之，人生最要者在自立，惟立身而後能行道，惟行道而後能揚名也；深言之，父母之名本當顯著，惟爲子者不能立身行道，而父母之名乃晦。要知所立之身，即父母所賜之身；所行之道，即父母所教之道。《禮記·内則》篇曰：「將爲善，思貽父母令名，必果。」

惟勇於爲善，然後能顯父母也。廣言之，則傳嬗「道統」，教育天下英才，俾之皆立身行道，而吾父母更大顯榮矣。又有旁義，今人但知功名富貴，以爲顯親揚名，不知奔競利禄，取不仁不義之財以養親，適以貽羞父母；故立身行道者，先從絶不義之富貴始。「始於事親，中於事君，終於立身」，見事親、事君要以立身爲主。愛家乃能愛國也。《孟子》曰：「不失其身而能事其親者，吾聞之矣。失其身而能事其親者，吾未之聞也。」〔一〕自古亦豈有貪污卑鄙之身而可以事君者哉？

「無念爾祖」二句，《詩·大雅·文王》篇。修德，修孝德也。本章第一節稱先王，實指文王而言。文王大孝人也，其孝行詳見於《禮記·文王世子》篇，視膳問安，無微不至，兼推其孝以教百姓。《詩·天保》篇曰：「羣黎百姓，遍爲爾德。」言遍爲孝德也。《禮記·内則》篇「后王命冢宰，降德於衆兆民」，亦謂文王降孝德也。人孰無父母，「文王我師也」，此開宗明義之大旨也。

〔一〕《孟子·離婁上》云：「事，孰爲大？事親爲大；守，孰爲大？守身爲大。不失其身而能事其親者，吾聞之矣；失其身而能事其親者，吾未之聞也。孰不爲事？事親，事之本也；孰不爲守？守身，守之本也。」

天子章第二[一]

子曰：「愛親者，不敢惡於人；敬親者，不敢慢於人。

愛者仁之發，敬者禮所生。《孟子》曰：「君子以仁存心，以禮存心，仁者愛人，有禮者敬人。」即本此義。仁、禮者，天之生物之心。春夏，氣也。天子法天，故其存心常以春夏爲主。

阮氏福曰：「孔子爲弟子請學，嘗以『不敢』二字爲義。《孝經》十八章自天子至於庶人，凡言『不敢』者九。……曾子謹守孔子之訓，故《曾子》十篇，凡言『不敢』者十有八。」[二]愚謂言「不敢」者，敬謹之至也。《禮記》引孔子曰：「古之爲政，愛人爲大。不能愛人，不能有其身。不能有其身，不能安土。不能安土，不能樂天。不能樂天，

[一] 唐先生《孝經講義（二）：天子章》（載上海《大衆》雜誌第二十三期，一九四四年，頁七〇）題下有注「愛敬典型」。
[二] 阮福《孝經義疏補》卷一《開宗明義章》。

不能成其身也。」[一]此言不能愛人，不有人禍，必有天殃也[二]。記又引孔子曰：「君子無不敬也，敬身爲大。身也者，親之枝也。不能敬其身，是傷其親。傷其親，是傷其本。傷其本，枝從而亡。」[三]此言不能敬身，則暴棄其親，天則乖而良心泯，形骸雖存，而毁傷更甚也[四]。是故凡亡國敗家亡身者，皆自惡於人、慢於人始。古今中外，如一轍也。

愛敬盡於事親，而德教加於百姓，刑於四海，蓋天子之孝也。

黄氏道周曰：「天子者，立天之心，以天視其親，以天下視其身。……則惡慢之端，無由而至。故愛敬者，禮樂之本，中和之所由立也。惡慢不生，中和乃致。」愚謂愛敬盡於事親，當以虞、舜、周文王爲法。「舜祇載見瞽瞍，夔夔齋栗」，敬之至也。文王爲世子，朝於王季日三，時喜時憂，敬之至也。是故舜之柔遠能邇，文王之惠鮮鰥

[一]《禮記·哀公問》文。

[二]唐先生《孝經講義(二)》：天子章、諸侯章》修訂爲：「蓋自古有天下國家者，若不愛百姓，未有不滅其身者也。」

[三]《禮記·哀公問》文。

[四]「此言不能敬身」五句，唐先生《孝經講義》修訂爲：「故自天子至於庶人，皆以成身爲孝。」

寡，皆自此愛敬之心推之也。舜與文王，其心其政，皆足爲後世天子之範矣〔一〕。

《甫刑》云：『一人有慶，兆民賴之。』

鄭君注：「億萬曰兆，天子曰兆民，諸侯曰萬民。」愚按：君與民相爲依賴，故《秦誓》亦曰：「邦之榮懷，亦尚一人之慶。」〔二〕

阮氏福曰：「此處引此篇，似有深意。」〔三〕就正文論，「一人有慶，兆民賴之」，本是天子言德言順之正語，但引篇名而見刑字，則寓有反是之義。蓋是時王室道衰，聖人不敢斥言其道已反也。反與順相對，《堯典》所云堯舜之道，以孝德治天下而生其順也。《尚書》載《吕刑》者，古者天子不得已，作刑而制其反也。《五刑章》：「五刑之屬三千，罪莫大於不孝。」即反言不順之義，正與此處所引《甫刑》之義相證。《曾子大孝

〔一〕唐先生《孝經講義》補充「中和之義」云：「愚謂中和者，天地之善氣也，故孝爲百善之始。」補釋「德教加於百姓」云：「即首章所謂『德之本，教之所由生』，《禮記》所謂『衆之本教曰孝』也。」

〔二〕「愚按」下四句，《曾子大義述》無，下注「黄氏道周曰：『天子以孝事天，天以福報天子。兆民百姓，則皆髮膚也，又何不利之有？』」

〔三〕阮福《孝經義疏補》卷一《天子章》。

篇》：「樂自順此生，刑自反此作。」即曾子受孔子《孝經》之大義也〔一〕。

諸侯章第三〔二〕

在上不驕，高而不危，制節謹度，滿而不溢。高而不危，所以長守貴也；滿而不溢，所以長守富也。富貴不離其身，然後能保其社稷，而和其民人，蓋諸侯之孝也。

鄭君注：「費用約儉，謂之制節。慎行禮法，謂之謹度。無禮爲驕，奢泰爲溢。社，謂后土。列土封疆謂之諸侯。」愚按：驕則上下之情隔，隔則危；不驕則上下之情通，通則不危〔三〕。節度皆謂得其當。得其當，故能如其分而不溢。故節度者，君子之所以養德也。《易傳》曰：「節以制度，不傷財，不害民。」爲諸侯而傷財以害民，則

〔一〕唐先生《孝經講義》概括云：「就正文論，本是天子言順之正語；但引篇名，見『刑』字，則寓有反是之義，反愛敬而爲惡慢，即罹刑罰。《大戴禮·曾子大孝篇》『樂自順此生，刑自反此作』，即曾子傳《孝經》之大義也。」

〔二〕唐先生《孝經講義（二）：天子章、諸侯章》（載《大衆》第二十三期，一九四四年，頁七十），題下有注「不驕不溢，保國保民」。

〔三〕唐先生《孝經講義（二）：天子章、諸侯章》修訂曰：「鄭君注『無禮爲驕，奢泰爲溢。』愚謂驕者危之基，亡之階也。訑訑之聲音顔色，我獨是而人皆非，夫焉得而不危？」

不能保其社稷矣[一]。

《荀子・宥坐》篇孔子曰：「吾聞宥坐之器者，虚則欹[二]，中則正，滿則覆。」孔子顧謂弟子曰：「注水焉。」弟子挹水而注之。孔子喟然歎曰：「吁！惡有滿而不覆者哉！」子路曰：「敢問持滿有道乎？」孔子曰：「聰明聖知，守之以愚；功被天下，守之以讓；勇力撫世，守之以怯；富有四海，守之以謙。」此即滿而不溢之義[三]，與老子專主卑虚之學異也[四]。古人守貴所以教人[五]，守富所以養人，《易傳》「崇高莫大乎富貴」，又曰「崇效天」，至富貴者莫若天，教養之至大而至溥者，亦莫若天。天子諸侯，皆當法天，故願富貴不離其身，以長行其教養之事，非吝嗇以保爵禄之謂也[六]。《孟子》曰：「天子不仁，不保四海。諸侯不仁，不保社稷。」不仁由於不能教養，不能

[一] 自「故節度者」至此，《曾子大義述》無。

[二] 「欹」字，原作「攲」，據《曾子大義述》及《荀子》文爲正。

[三] 唐先生《孝經講義》補充一句曰：「欹或疑守貴守富近於世俗鄙陋之見」。

[四] 唐先生《孝經講義》删「與老子」句。

[五] 唐先生《孝經講義》修訂作「不知古人守貴所以教人」。

[六] 唐先生《孝經講義》修訂「非吝嗇」句爲：「虞舜『德爲聖人，尊爲天子，富有四海之内，宗廟饗之，子孫保之』，孔子稱之爲大孝，即《孝經》之義。」

教養是謂不孝，虧天下之體、一國之體，而四海、社稷不能保矣。和民人，謂因其性情，順而叙之，察其生産，保而殖之，則教養至而和氣聚也。

阮氏元曰：「《論語》『其爲人也孝弟，而好犯上者鮮矣，不好犯上，而好作亂者，未之有也。君子務本，本立而道生，孝弟也者，其爲仁之本與！』《論語》此章即《孝經》之義也。不孝則不仁，不仁則犯上作亂，無父無君，天下亂，兆民危矣。《春秋》所以誅亂臣賊子者，即此義也。《孟子》曰：『何必曰利，亦有仁義而已矣。上下交征利，千乘之國，百乘之家，皆弑其君，不奪不厭。』此首章亦即《孝經》之義，孔孟正傳在此。」〔一〕

《詩》云：『戰戰兢兢，如臨深淵，如履薄冰。』」

鄭君注：「戰戰，恐懼；兢兢，戒慎；臨淵，恐墜；履冰，恐陷：義取爲君恒須戒

〔一〕阮元《孝經解》，載《經學文鈔》卷一二。謹按：《曾子大義述》於論《論語》之上有《春秋》義之文云：「《春秋》以帝王大法，治於已事之後；《孝經》以帝王大道，順於未事之前：皆所以維持君臣，安輯家邦也。君臣之道立，上下之分定，於是聚天下之士庶人，而屬之君卿大夫。聚天下之君卿大夫，而屬之天子。上下相安，君臣不亂，則世無禍患，民無傷危矣。即如百乘之家，不敢上僭千乘，千乘之國，不敢上僭萬乘，則天下永安矣。且千乘之國，不降爲百乘，百乘之家，不降爲庶人，則天下更永安矣。」

懼。」曾子一生守《孝經》，戰戰兢兢之大義，以至於歿世〔一〕。

卿大夫章第四〔二〕

【釋】唐先生《孝經講義（三）》：卿大夫章、士章、庶人章》於此章講義後總論云：「此章大義，黃石齋先生謂：『服者，言行之先見。未聽其言，未察其行，見其服而其志可知。』〔三〕孟子言孝弟，而推諸堯與桀服、言、行〔四〕，亦即《孝經》之義。邇時社會，衣服不衷，借口西俗，蹈佻闥清揚之覆轍，甚至傷髮膚、效袒裼，自詡麗都。江河日下，竟至於斯。主持風俗者，宜急有以糾正之。」

〔一〕《曾子大義述》於句首曾子前有引：「阮氏福曰：孔曾之學，皆主戒懼。」出阮福《孝經義疏補》卷二《諸侯章》。而《孝經講義》補充云：「蓋戒懼者，保國之大本也，以一人肆於民上，危亡隨之矣。」

〔二〕唐先生《孝經講義（三）：卿大夫章、士章、庶人章》（載《大衆》第二十三期，一九四四年，頁七十）題下有注「痛戒非法非道」。

〔三〕黃道周《孝經集傳·卿大夫章》卷一文。

〔四〕《孟子·告子下》云：「堯舜之道，孝弟而已矣。子服堯之服，誦堯之言，行堯之行，是堯而已矣；子服桀之服，誦桀之言，行桀之行，是桀而已矣。」

非先王之法服不敢服，非先王之法言不敢道，非先王之德行不敢行。

此言卿大夫之當守法〔一〕也。《五刑章》曰：「非聖人者無法。」《孟子》曰：「上無道揆，下無法守，國之所存者幸也。」又曰：「君子行法以俟命而已矣。」古之聖賢，最尊法典，而位至卿大夫，則尤當守法以率下。法服爲先王所定，法言爲先王所纂，法行爲先王所示，非是而不敢服、不敢道、不敢行，見守法〔二〕之至也。

傳云：「服之不衷，身之災也。」〔三〕黄氏道周曰：「服者，言行之先見者也，未聽其言，未察其行，見其服而其志可知也。」〔四〕陳氏澧曰：「《孟子》七篇中多與《孝經》相發明者，《孝經》曰：『非先王之法服不敢服，非先王之法言不敢道，非先王之德行不敢行。』《孟子》曰：『子服堯之服，誦堯之言，行堯之行。』亦以服、言、行三者並言

〔一〕「守法」，《曾子大義述》作「遵王而守法」。
〔二〕「守法」，《曾子大義述》作「遵王守法」。
〔三〕《左傳·僖公二十四年》引君子語。
〔四〕黄道周《孝經集傳·卿大夫章》卷一文。

之。」〔一〕然則此三者之謹慎當何如〔二〕？

是故非法不言，非道不行。

黄氏道周曰：「言而後世法之曰法，行而天下由之曰道。《孟子》曰：『舜爲法於天下，可傳於後世，夫豈有他，曰孝而已。』」愚按：行有法律，言亦有法律。孔子曰：「慎言其餘。」其餘者，溢乎法律之外也〔三〕。

口無擇言，身無擇行。言滿天下無口過，行滿天下無怨惡。

《甫刑》云：「敬忌而罔有擇言在躬。」阮氏福曰：「擇當讀爲厭斁之斁，厭斁，即《詩》所云：『在彼無惡，在此無斁也。』《詩・思齊》『古之人無斁，譽髦斯士。』鄭箋引《孝經》『口無擇言，身無擇行』以明之。」〔四〕

無口過、無怨惡，乃申明「口無擇言，身無擇行」之義〔五〕。愚按：《中庸》言：「君

〔一〕陳澧《東塾讀書記》卷一《孝經》。
〔二〕自「陳澧」至此，《曾子大義述》無。
〔三〕自「愚按」至此，《曾子大義述》無。
〔四〕阮福《孝經義疏補》卷二《卿大夫章》。
〔五〕唐先生《孝經講義》（載《大衆》第二十四期，一九四四年，頁七七）補充一句云：「是文王之大孝也。」

子行而世爲天下法，言而世爲天下則，遠之則有望，近之則不厭。」下即引《詩》「在彼無惡，在此無射，庶幾夙夜，以永終譽」。而曰：「君子未有不如此，而蚤有譽於天下者也。」蓋能非法不言，非道不行，而後可爲天下法，爲天下則；能口無擇言，身無擇行，而後遠之有望，近之不厭；能無口過，無怨惡，而後有譽於天下。《中庸》之義與《孝經》合，此子思子傳師説也。言無口過，行無怨惡，乃修身第一要義，學者處世，先期不爲人所怨惡而已。

《周易》中孚九二「我有好爵，吾與爾靡之」，子曰：「君子居其室，出其言善，則千里之外應之，況其邇者乎？居其室，出其言不善，則千里之外違之，況其邇者乎？」《易傳》云〔一〕：「言行，君之樞機。樞機之發，榮辱之主也。言行者，君子之所以動天地也，可不慎乎？」〔二〕《論語》子張學干禄，子曰：「言寡尤，行寡悔，禄在其中矣。」然則人生一言一行之不善，外而招尤，內而致悔，口過、怨惡滿天下，而天地且不容矣！爲人子者其慎之，又慎之。

〔一〕「《易傳》云」三字，據《孝經講義》補入。

〔二〕唐先生《孝經講義》此下補充云：「動天地者，言行滿天下也。樞機之發，慎其餘，斯寡猶悔矣。」

三者備矣，然後能守其宗廟，蓋卿大夫之孝也。

《孟子》曰：「卿大夫不仁，不保宗廟。」不仁由於不孝。阮氏元曰：「卿大夫以保守其家之宗廟祭祀爲孝，知此爲孝，則不敢作亂，不敢不忠、不仁、不義、不慈。齊之慶氏，魯之臧氏，皆叛於《孝經》者也。儒者之道，未有不以祖父廟祀爲首務者，曾子無廟祀而啓其手足，亦此道也。」[一]

《詩》云：「夙夜匪懈，以事一人。」

周仲山甫之慎勤，是後世卿大夫之範也[二]。

《詩·烝民》之四章曰：「既明且哲，以保其身。夙夜匪懈，以事一人。」明哲非趨利避害、委蛇從俗之謂，乃所以明邦國之若否而事一人也。《中庸》言「尊德性」，而引《詩》言「既明且哲，以保其身」者，何居？蓋爲學至「尊德性而道問學，致廣大而盡精微，極高明而道中庸」，則無論居上爲下，未有不謹飭言行，以保其身。故曰：「邦有

[一] 阮元《孝經解》，載《經學文鈔》卷一二。唐先生《孝經講義》概括阮元文云：「阮芸臺先生謂不仁由於不孝。」

[二] 唐先生《孝經講義》修訂云：「引《詩》『夙夜匪懈』二句，見卿大夫當法仲山甫之忠藎慎勤也。」

道，其言足以興；邦無道，其默足以容。」[一]默足以容者，留其身以明邦國也。保其身然後能守宗廟，於是德性尊而秉彝全，是卿大夫之孝行也。

士章第五[二]

【釋】唐先生《孝經講義（三）》：卿大夫章、士章、庶人章》於本章講義後補説「士」義曰：「天子之士曰元士，此章統稱士者，兼諸侯、卿大夫之士而言，猶上章統言天子、諸侯之卿、大夫也。又士有已仕而居位者，《周禮》上士、中士、下士是也；有未仕而爲學士者，《王制》選士、俊士之屬是也。本經「保禄位」謂已仕之士，『守祭祀』兼未仕之士，而孝敬忠順之道，則爲學士時皆已講明切究，隨其分而篤行之者也。愛敬爲天子至於庶人所同，而經於天子之外獨著於士者，蓋士居四民之首，有提倡風俗之責也。鄭君注士之孝云：『别是非。』」

[一]《禮記·中庸》文，《中庸》原文「邦」作「國」。

[二]唐先生《孝經講義（三）：卿大夫章、士章、庶人章》（載《大衆》第二十四期，一九四四年，頁七七至七八）題下有注「移孝作忠，自無忝所生始」。

資於事父以事母而愛同，資於事父以事君而敬同。

鄭君注：「資者，人之行也。」愚按：《禮記・喪服四制》曰：「門内之治恩揜義，門外之治義斷恩。資於事父以事君而敬同，貴貴尊尊，義之大者也。故爲君亦斬衰三年，以義制者也。」此則《孝經》古義。鄭君彼注云：「資，猶操也。」是此注言「人之行」者，謂人操行也。

黄氏道周曰：「父則天也，母則地也，君則日也。受氣於天，受形於地，取精於日，此三者，人之所由生也。地必受氣於天，日亦取精於天，此二者，人之所原始反本也。故事君事母皆資於父，履地就日皆資於天。二資者，學問所由始也。」

故母取其愛，而君取其敬，兼之者父也。

重父，即下文「嚴父配天」義。

故以孝事君，則忠。

鄭君注：「移事父孝以事於君，則爲忠矣。」

以敬事長，則順。

鄭君注：「移事兄敬以事於長，則爲順矣。」

忠順不失以事其上，然後能保其禄位，而守其祭祀。

賀氏長齡曰：「士遠於天子，恐其薄於君臣之義，故迪以忠順。」〔一〕

愚按：士爲四民之首，天子之治天下，當以士人爲根本；而士之倡率四民，當以忠順爲根本。忠順〔二〕非唯諾諂諛之謂，忠者盡己之心，盡己之力，盡己之學識；順者將順其美，非故順其惡。近世諱言忠順之德，一隅之見也〔三〕。《孟子》曰：「士庶人不仁，不保四體。」不仁由於不孝。戾氣充積於家庭之中，發見於事爲之際，安能自保其身乎〔四〕？

蓋士之孝也。

鄭君注：「別是非。」愚按：以別是非係於士之孝者，《孟子》曰：「無是非之心，非人也。」天下之亡，先亡於無是非。凡能別忠順之爲是，不忠之順之爲非，始謂之

〔一〕賀長齡《孝經述·士章》。
〔二〕《曾子大義述》「忠順」之下作：「則犯上作亂者鮮，和氣徧宇内，而天下自平矣。」
〔三〕自「非唯諾諂諛之謂」至此，《曾子大義述》無。
〔四〕自「不仁由於不孝」至此，《曾子大義述》作：「士尚志，在大人之事。忠順不失，仁者之事，大人之正軌也，是以士當志於此。此曾子即孝以明君臣之大義也。」

孝〔一〕；不能別忠順之爲是，不忠不順之爲非，即謂之不孝。然有似忠順而實非忠順，有似不忠、似不順而實爲至忠至順者，於此而能辨別之，始謂之真是非，始謂之孝。士爲公論之所折衷，若「析言破律」，以淆亂是非，則國之亂亡隨之矣。此鄭君之微言也〔二〕。

《詩》云：「夙興夜寐，無忝爾所生。」

「夙興夜寐」，義與卿大夫之「夙夜匪懈」略同。忝，辱也。《詩・小宛》之首章曰：「明發不寐，有懷二人。」

愚謂：「明發不寐」，平旦之氣也。曷爲當此時而「有懷二人」？良知之發見也〔三〕。士能於夙夜之間，常存夜氣，以葆其良心而不敢忘父母〔四〕，庶無忝所生乎！

〔一〕唐先生《孝經講義》於「斯謂之孝」補充如下：「至忠至順之爲是，似忠似順之爲非，斯謂之孝，蓋忠順非阿諛諂媚之謂」。

〔二〕自「天下之亡」至此，《曾子大義述》：「蓋士爲公論之所折衷，凡世之不忠不順，大都由士人之淆亂是非始，故能別忠順之爲是，不忠不順之爲非，始謂之孝；不能別忠順之爲是，不忠不順之爲非，即謂之不孝。彼昧於是非，騁至析言破律，非經誣聖，啓人作亂之心，釀成敗壞之禍者，其不孝之罪大矣。」

〔三〕「曷爲當此時」兩句，《曾子大義述》無，蓋其時於王學尚存隔閡也。

〔四〕「而不敢忘父母」句，《曾子大義述》無。

庶人章第六〔一〕

【釋】唐先生《孝經講義（三）卿大夫章、士章、庶人章》補充廉潔之義曰：「養父母以廉潔爲主，後世多務貪財，而庶人尤易失足。此章曰謹曰節，則庶人之孝，必重清白之財可知。庶人尚如此，而況君、卿、大夫、士乎！此《白華》之詩所以著孝子之潔養也。朱子官同安主簿時出示云：『《孝經》「用天之道」五句，乃至聖文宣王所傳，以訓庶人者，奉勸百姓常誦此言。』云云，其尊《孝經》可謂至矣。『終始』二字，應首章孝之始、孝之終。『患不及』者，如諸侯能保其社稷，卿大夫能保其宗廟，士能保其祿位，守其祭祀，則禍患不及其身，此五等所同也。」

用天之道，

鄭君注：「春生夏長，秋收冬藏。」

分地之利。

〔一〕唐先生《孝經講義（三）：卿大夫章、士章、庶人章》（載《大衆》第二十四期，一九四四年，頁七七）題下有注「謹身潔養，無罹禍患，上下所同」。

鄭君注：「分別五土，視其高下。若高田宜黍稷，下田宜稻麥，丘陵阪險宜種桑栗。」愚按：用天道分地利，皆指盡心於農學而言。雖庶人亦以不苟取爲孝，故義當分地之利而不分人之利也。庶人皆當用天道分地利，則賦稅早納，宫功上執，言孝而忠在其中矣。

謹身節用，以養父母。

鄭君注：「行不爲非，度財爲費，什一而出。」愚謂謹身乃可進於道德，節用乃預算之謂也。世皆知國之有預算，家之有預算，而不知一身之有預算。鄭君有度財爲費，一語盡之矣〔一〕。曾子曰：「民之本教曰孝，其行之曰養。養可能也，安爲難。」孟子論曾子養曾晳，曾元養曾子，有養口體、養志之辨。然必能養口體，而後能養志。樂其居處，適其耆欲，始可謂之養口體，即養口體亦未易言也。

又按，《孟子》：「世俗所謂不孝者五，惰其四支，不顧父母之養。」云云，正與謹身節用，以養父母相反，可爲《孝經》之反證。

黄氏道周曰：「愛敬忠順，與爲謹節無異，謹節則不傷，不傷則不毁。」愚謂諸侯

〔一〕「世皆知國之有預算」至此言預算事，《曾子大義述》所無。

之制節謹度，卿大夫之非法不言不行，士之忠順不失，皆係謹節之事。富貴當謹節，言行當謹節，事君事長當無時不存謹節之心，無處不體謹節之義也。

此庶人之孝也。

黄氏道周曰：「此之者，微之也，謂夫士君子而尚有庶人之事者也。」

故自天子至於庶人，孝無終始，而患不及者，未之有也。

鄭君注：「故患難不及其身也。」愚按：此「患」字有二解，一係謝萬、劉瓛之說，作憂慮字解，謂天子庶人各有孝道之分際，而憂患己之不能及乎分際。一係孔、鄭、韋、王之説，作禍患字解，謂孝無終始，患禍必及其身。按：《開宗明義章》曰：「始於事親，終於立身。」是此終始二字，明指事親立身言。且經言孝無終始，非言孝有分量，自當以鄭君説爲正。

阮氏福曰：「孔、曾之學，皆以防禍患爲先。曾子曰：『天子日旦思其四海之內，戰戰惟恐不能乂也；諸侯日旦思其四封之内，戰戰惟恐失損之也；大夫士日旦思其官，戰戰惟恐不能勝也；庶人日旦思其事，戰戰惟恐刑罰之至也。』此即自天子至庶人，皆恐禍患及身之義，明是曾子發明《孝經》之義也。……孔子於《諸侯章》《卿大夫章》《士章》皆言『然後能保其社稷，保其宗廟，守其禄位』，獨於《天子》《庶人》首尾兩

章末言保守等義，故於此總結語云『自天子至於庶人』，言及於禍患，五等所同也。」〔一〕

黄氏道周曰：「謹身以事親則有始，立身以事親則有終。孝有終始，則道著於天下，行立於百世；孝無終始，小則毁傷其身，大則毁傷天下。」曾子曰：『禍患繇生，自纖纖也，君子夙絶之。』〔二〕夙絶之如何？曰敬而已矣。君子未有不敬而免於患者也。」

右經六章〔三〕，首章言孝道之大綱，第二章至第六章謂之「五孝」。五孝有專屬之義，有旁通之義。專屬者，如德教加於百姓、刑於四海，專屬天子；富貴不離其身，專屬諸侯是也。旁通者，如不危不溢，卿大夫亦當知此義；非法不言，非道不行，士亦當知此義也。至於主保守之正義，懼禍患之及身，兢兢業業以事其親，則自天子至於庶人同。讀者能事事語語體之於身，則於爲人之道庶備矣。

又按：朱子《孝經刊誤》以上六章爲一節，云：「此夫子、曾子問答之言，而曾子門人之所記。疑其所謂《孝經》者，其本文止如此，其下則或者雜引傳記以釋經文。」

〔一〕阮福《孝經義疏補》卷三《庶人章》。
〔二〕《大戴禮記·曾子立事》。
〔三〕唐先生《孝經講義》修訂此句云：「自《開宗明義》至此六章。」

陳氏灃曰：「如朱子之言，則第一節猶《大學章句》所謂經一章；其下釋經文者，猶《大學章句》所謂傳也。朱子所疑者，章首『子曰』二字，及章末之引《詩》《書》與『天之經也』『地之義也』云云，乃《左傳》子太叔述子産之言。……然《中庸》亦有章首用『子曰』二字者，《孟子》每章之末，引《詩》《書》者尤多。《左傳》仲尼曰：『古也有志，克己復禮，仁也。』曰季曰：『臣聞之，出門如賓，承事如祭，仁之則也。』此《論語》孔子告顔淵、仲弓者，而皆見於《左傳》。則《孝經》有《左傳》語，不必疑也。」〔一〕

三才章第七〔二〕

【釋】唐先生《孝經講義（四）》：三才章、治孝章》補充「三才」之義曰：「『三才』二字，見於《易·繫辭傳》。五孝後繼以三才者，蓋人之性即天地之性，民則天地之經，即天人合一之道，人之所以肖天地也。若不孝，則自外於天地，無以立於天地間矣。」

〔一〕陳灃《東塾讀書記》卷一《孝經》。
〔二〕唐先生《孝經講義（四）：三才章、孝治章》（載上海《大衆》雜誌第二十五期，一九四四年，頁八二）題下有注「天經地義民行，萬世不刊」。

曾子曰：「甚哉，孝之大也！」子曰：「夫孝，天之經也，地之義也，民之行也。

賀氏長齡曰：「民性之孝，原於天地。天之三光有度，而以生物覆幬爲常，故曰經[一]。地之五土有性，而以承順利物爲宜，故曰義[二]。得天之性爲慈愛，得地之性爲恭順，是即孝也。孝爲百行之首，人所當常行者，故曰民行。」[三]

愚按：天地人皆以仁爲心，而仁必以孝爲本，聖人本天經地義以釋孝，不必泥天地以言孝也。《後漢・延叔堅傳》論仁孝前後之證曰：「仁人之有孝，猶四體之有心腹，枝葉之有根本也。聖人知之，故曰：『夫孝，天之經也，地之義也，人之行也。』『君子務本，本立而道生。孝弟也者，其爲人之本與！』」此古義也。

天地之經，而民是則之。

鄭君注：「孝弟恭敬，民皆樂之。」愚按：《禮運》云：「人者，天地之心也。」人是小天地，能則天地之經，斯能體天地之心，如是乃可謂之人，乃可謂之民。

[一]「經」下，唐先生《孝經講義》有小注「經者，常道也」。
[二]「義」下，唐先生《孝經講義》有小注「義之和利者也」。
[三] 賀長齡《孝經述・三才章》。

阮氏福曰：「《孝經》則字凡四見，此章云『而民是則之』，則天之明；又《聖治章》云『民無則焉』『則而象之』，皆訓作法字。則字之義，譬如繩尺規矩，周人最重之，故《左傳》載公孫枝對秦伯曰：『惟則定國。』季文子使史克對文公，引《周禮》曰：『則以觀德。』又引《誓命》曰：『毀則爲賊。』北宮文子引《詩》『敬慎威儀，維民之則』。」〔一〕以譏令尹圍之威儀似君，民無則焉。後人空論多而則字鮮講矣。愚謂此「則」字即所謂模範，所謂人格也〔二〕。

則天之明，因地之利，以順天下，是以其教不肅而成，其政不嚴而治。

《禮記》曰：「聖人參於天地，並於鬼神，以治政也。」「故天生時而地生財，人父生而師教之。四者，君以正用之。」〔三〕

〔一〕阮福《孝經義疏補》卷三《三才章》。

〔二〕「愚謂」兩句，《曾子大義述》無。而唐先生《孝經講義》則補充云：「曰『天地之經，民是則之』，此『則』字根於天性之自然；曰『則天之明』，此『則』字本於學問之修養。聖人法天地，故能贊天地之化育，本孝道以順天下，此心同此理同也。」

〔三〕《禮記·禮運》文。

愚按：天生時，故謂之明；地生財，故謂之利。《易》曰：「懸象著明，莫大乎日月。」〔一〕日月行而四時序，於是「春生夏長，秋收冬藏」，皆得其宜。則天之明，如日月之照臨也。地利，非必專指農事，凡地所蘊蓄皆該焉。「因地之利」，任天下以分利，《孟子》所謂「分人以財」也。此自有制度。「則天之明，因地之利」，而教養備，是謂大順。

黃氏道周曰：「孝者，天下之大順也。《易》『乾以易知，坤以簡能。易則易知，簡則易從；易知則有親，易從則有功。……易簡而天下之理得矣，天下之理得而成位乎其中矣。』故孝者，聖賢所以成位也。」

愚按：易知簡能，即《孟子》所謂良知良能也。先王知孝爲民行，因民之良知良能以爲政教，又何嚴肅之有？是以其教易成而政易治也。

先王見教之可以化民也，是故先之以博愛，而民莫遺其親；陳之以德義，而民興行；先之以敬讓，而民不爭；導之以禮樂，而民和睦；示之以好惡，而民知禁。

鄭君注：「見因天地教化人之易也。」黃氏道周曰：「孝，教也，教以因道，道以因性，行其至順，而先王無事焉。博愛者，孝之施也；德義者，孝之制也；敬讓者，孝之

〔一〕《周易參同契·日月神化章》文。

致也；禮樂者，孝之文也；好惡者，孝之情也，五者先王之所以教也。」

愚謂：此皆先王盛德之至厚之道也，民性至質而民氣至厚。故順民性則民聚，逆民性則民散，上德厚則民聚，上德薄則民散。響應至捷，深可畏也〔一〕。

《詩》云：『赫赫師尹，民具爾瞻。』

阮氏福曰：「引《詩》師尹者，孝教出於師，周禮也。《地官·師氏》：『以三德教國子，三曰孝德，以知逆惡；教三行，一曰孝行，以親父母。』……此言孝教出於師，況乎太師？此所引二句，意固在乎民瞻，然經意在節取『師尹』二字，以爲政教之證。」〔二〕

愚按：阮氏之説甚精。古三王以前，君師之統合爲一，如軒轅爲車師，神農爲農師，共工爲水師，自顓頊以來，皆爲民師。三王後，君師之統始分爲二，故曰「作之君，作之師」。師尹爲周太師尹氏，《詩》云「尹氏太師，維周之氐」，此世官也。至《春秋》經書「尹氏卒」，痛師統至此而絶，故大書特書之也。作君氏卒者，謬！然周之世官雖失，

〔一〕唐先生《孝經講義》補充「見教化民」之義云：「見字即先知先覺。『則天之明』，以天治人也；見教化民，以人治人也。」補充「先之以博愛」之義云：「『先之以博愛』五者，以己治人也。『博愛之謂仁』，未有仁而遺其親，故曰莫遺其親。惟仁者能好人、能惡人，故終結之曰『示之以好惡』。蓋好惡公而民大順矣。所謂性情教育也。」

〔二〕阮福《孝經義疏補》卷三《三才章》。

而魯國猶生聖人，師統賴以緜延。迨子貢之徒仿「尹氏卒」之例，書「孔丘卒」，則師統真絶矣！蘇氏洵謂：「大夫告老而卒，不書。」以爲子貢之徒，不達孔子之意，其昧於聖經大義甚矣。本經引此詩，益見君師之統當合爲一，人君當行師事。而非達天經地義民行者，不足以當師位也〔二〕。

朱子《孝經刊誤》疑此章最甚，説已見上。愚謂古經之存，要在訓世淑身，不必泥文句以論之。即如《詩》《書》《論語》《孟子》，其中多有可疑者，讀者當取聖賢之言，反之於身，不可「以文害辭，以辭害志」也。

孝治章第八〔一〕

【釋】唐先生《孝經講義（四）》：三才章、孝治章》補充此章大義云：「至此章大義，專以『和平』二字

〔一〕唐先生《孝經講義》補充云：「《大學》言好惡絜矩，亦引此二句云：『有國者不可以不慎，辟則爲天下僇。』朱注云：『不能絜矩而好惡殉於一己之偏，則身弑國亡，爲天下之大僇矣。』嗚呼！好惡豈可偏私乎？」

〔一〕唐先生《孝經講義（四）：三才章、孝治章》（載《大衆》第二十五期，一九四四年，頁八二）題下有注「人心和平，自無災害禍亂，厥本惟孝」。

作主。和平者，家國之根基也。《易》言『感人心而天下和平』，《詩》言『終和且平』，一家一國之和氣積，未有不興且盛者；一家一國之戾氣積，未有不亂且亡者。災者，天災也。害者，人患也。禍亂作者，民皆好犯上、好作亂也。二十四史所載，殷鑑不遠。明王建極，修齊治平，和合太和，各正性命，首出庶物，萬國咸寧矣。『有覺德行』，鄭君注：『覺，大也。』大德行惟大孝者當之。」

子曰：「昔者明王之以孝治天下也，不敢遺小國之臣，而況於公侯伯子男乎？故得萬國之懽心，以事其先王。

鄭君注：「昔，古也。」

「不敢遺」，即所謂不敢惡慢也。黄氏道周曰：「愛敬著於心，則惡慢遠於人；惡慢著於心，則怨讟生於下矣。聚順承懽，人道之至大者也。……《孟子》曰：『舜盡事親之道而瞽瞍厎豫，瞽瞍厎豫而天下化，瞽瞍厎豫而天下之爲父子者定。』若舜，可謂得萬國之懽心者矣。《詩》曰：『媚兹一人，應侯順德。』舜之謂也。」〔二〕

〔二〕 黄道周《孝經集傳》卷二《孝治章》。

《公羊·莊公二十五年傳》：「陳侯使女叔來聘。」何休曰：「稱字，敬老也。《禮》，七十雖庶人，主字〔一〕而禮之。《孝經》曰『昔者，明王之以孝治天下也，不敢遺小國之臣』是也。」此何氏説《孝經》古義。

或問：「天子盡人不敢惡慢，而此經專言不敢遺小國之臣何？」曰「小國之臣，有執其國柄者矣。小國之臣亦吾臣也，其心親我，則民心亦悦，而知所向，故能得萬國之懽心也。」

治國者不敢侮於鰥寡，而況於士民乎？故得百姓之懽心，以事其先君。

鄭君注：「丈夫六十無妻曰鰥，婦人五十無夫曰寡。」黄氏道周曰：「治國而侮士民，驕溢之過也。是不敢侮鰥寡，即不驕不溢之義。……《書》曰：『懷保小民，惠鮮鰥寡。』自朝至於日中昃，不遑暇食，用咸和萬民。《詩》曰『惠於宗公，神罔是怨，神罔是恫。』是文王之行也。」

或問：「諸侯惠及萬民，而此經先言不敢侮鰥寡何？」曰：「《孟子》言『鰥寡孤獨，天下之窮民而無告者，文王發政施仁，必先是四者。』可見鰥寡之民，乃不忍人之

〔一〕「字」原作「孝」，據何休注文爲正。

政所宜先也。《詩》《書》諸經中言仁政，亦常以不侮鰥寡爲首務。仁心之所浹者至，其民感而悦之，故能得百姓之歡心也。」

治家者，

鄭君注：「理家謂卿大夫。」

不敢失於臣妾，而況於妻子乎？故得人之懽心，以事其親。

鄭君注：「臣，男子賤稱。」愚按：不敢失於臣妾，即所謂非法不言，非道不行也。《禮記》孔子對哀公曰：「昔三代明王之政，必敬其妻子也有道。」〔一〕妻也者，親之主也，敢不敬歟？子也者，親之後也，敢不敬歟？《孟子》曰：「身不行道，不行於妻子。」然則治家之敬，宜斯須不敢懈矣。

或問：「孝以躬率妻子爲務，而此經先言不敢失於臣妾，何也？」曰：「此更有精義存焉。大凡士庶人之家，人子類能帥妻子以躬養其親，飲食親嘗，牀簟親拂，杖履親奉。逮卿大夫以上，家畜臣妾，父子異宫，其事親也，轉不能如士庶人之躬親，於是其職半分於臣妾矣。文王之爲世子，朝於王季日三，問内豎之御者曰：『今日安否？

〔一〕並見《禮記·哀公問》及《大戴禮記·哀公問孔子》。

何如？』内豎曰：『安。』文王乃喜。以文王之孝，因咸和萬民，不遑暇食，是以朝於其親不過日三，則其承懽聚順，轉不若内豎之常在親旁可知也。是不特起居飲食，衣服寒煖，飢飽燥濕之宜，胥有賴於臣妾。即父母情志之喜怒鬱愉，年歲之修短，實則[一]懸於此輩之手，如是而可失乎？思之且通身汗下矣。故愚常謂卿大夫以上，當備知以上所言之義，其官守之清閒者，能如士庶人之朝夕常侍其親，不離左右，固爲最善。不得已，則宜令妻子深喻此義，躬養其親。再不得已，則分其職於臣妾，而不敢失一語。不特在己當書紳，亦當令妻子敬守之也。孔子有言：『惟女子與小人爲難養也。』家之釁嫌，半多啓於臣妾，務宜選温良謹順而合乎親意者，此尤治家之要務也。」

夫然，故生則親安之，

《曾子大孝》篇曰：「敬可能也，安爲難；安可能也，久爲難。」阮氏福曰：「《論語》子夏問孝，子曰：『色難。』此即生則親安之之義。」愚按：樂其心志，適其居處，此安之小者。天子能保其天下，諸侯能保其社稷，卿大夫能保其宗廟，去利心而無爭奪之禍，此安之大者。二者人子所當兼盡也。

[一]「則」字，《曾子大義述》作「皆」。

祭則鬼享之。

王符《潛夫論・正列篇》："《孝經》云：『夫然，故生則親安之，祭則鬼享之。』由此觀之，德義無違，神乃享；鬼神受享，福祚乃隆。故《詩》云：『降福穰穰，降福簡簡，威儀板板，既醉既飽，福禄來反。』此言人德義茂美，神歆享醉飽，乃反報之以福也。"

是以天下和平，災害不生，禍亂不作，故明王之以孝治天下也如此。

無乖戾之氣，故能親安鬼享。由是推之，而萬物各得其所。太和之氣洋溢宇宙，是以災害不生，禍亂不作也。

《詩》云："『有覺德行，四國順之。』"

鄭君注："覺，大也。"蓋人之行莫大於孝，故孝爲大德大行也。《禮記》曰："明於順，然後能守危也。"又曰："內和而外順，則民瞻其顔色而不與爭也。"又曰："理發乎外，而衆莫不承順。"[一]此經言和氣生則衆志平，衆志平則怨惡息，天人交應，而四方承順之也。

[一]《禮記・祭義》文。

聖治章第九〔一〕

曾子曰：「敢問聖人之德，無以加於孝乎？」子曰：「天地之性，人爲貴。

鄭君注：「貴其異於萬物也。」阮氏福曰：「『性命』二字，當作一字講，故《中庸》曰：『天命之謂性。』性即命也，命即性也。」

愚按：經所以不言天地之命，而言天地之性者，蓋天地之性以愛人爲主〔二〕。人之性即天地之性。《禮記》曰：「人者，天地之心也。」又曰：「夫易之生人，禽獸萬物昆蟲，各有以生，或奇或偶，或飛或行，而莫知其情，惟達道者能原本之矣。」〔三〕所以能原本之者，爲其體天地之心，經綸位育，使萬物各得其所，故能德配天地，而爲萬物之

〔一〕唐先生《孝經講義（五）：聖治章》（載《大衆》第二十六期，一九四四年，頁六二）題下有注「天地之性人爲貴，悖德悖禮，非人之行」。

〔二〕唐先生《孝經講義（五）：聖治章》補充云：「《易》復卦傳言『天地之心』，咸卦傳言『天地之情』，《孝經》不言心、言情，而獨言性者，蓋天地以仁愛爲性，人亦以仁愛爲性，所以最貴也。然惟孝乃能不失其貴。」

〔三〕《大戴禮記·易本命》文。

最貴者也。若不能代天地以行化，即失其最貴之體而不成人矣。

又按：阮氏元曰：「言人爲貴，可見人與物同受天性。惟人有德行，行首於孝，所以爲貴，而物則無之也。」〔一〕於義亦通。

人之行莫大於孝，孝莫大於嚴父，嚴父莫大於配天，則周公其人也。

黄氏道周曰：「天地生人，無所毁傷。帝王聖賢，無以異人者，是天地之性也。人生而孝，知愛知敬，不敢毁傷，以報父母，是天地之教也。天地日生人，而曰父母生之；天地日教人，而曰父母教之：故父母，天地日相配也。聖人之道，顯天而藏地，尊父而親母。父以嚴而治陽，母以順而治陰。嚴者職教，順者職治，教有象而治無爲。故曰嚴父，不曰順母，曰配天，不曰配地，是聖人之道也。知性者貴人，知道者貴天，知教者貴敬。敬者，孝之質也。古之聖人，本天立教，因父立師，故曰資愛事母，資敬事君。敬愛之原，皆出於父，故天、父、君、師四者，立教之等也。《書》曰：『天降下民，作之君，作之師。惟其克相上帝，寵綏四方。』鳥獸知母而不知父，衆人知父而不知天。有知嚴父配天之説者，則通於聖人之道矣。」賀氏長齡曰：「嚴父配天，是敬

〔一〕阮元《性命古訓》文，見引於阮福《孝經義疏補》卷五《聖治章》。

之極，即孝之極。雖甽畝之中，而事父如事天，即有嚴父配天意象，不必帝王備禮，始能尊其父也。」〔一〕據此，則朱子疑此經爲啓人僭亂者非〔二〕。

昔者周公郊祀后稷以配天，宗祀文王於明堂以配上帝，是以四海之内，各以其職來助祭。

鄭君注：「上帝者，天之别名也。神無二主，故異其處，避后稷也。」黄氏道周曰：「以嚴而生敬，以敬而生孝，以孝而生順，不如是不足以立教。故郊祀明堂，性教之合也。四方於是觀嚴，則於是觀順焉。《詩》曰：『儀式刑文王之典，日靖四方。』蓋謂是也。」

阮氏元曰：「《聖治章》大義有二端，一則孔子以孝祀屬周公其人，專謂洛邑，不屬成王也；一則宗祀之宗，見於《召誥》《洛誥》《多士》也。蓋周初滅紂之後，武王歸鎬，殷士未服者多，此時鎬京尚未以后稷配天，以文王配上帝也；各國諸侯，亦未全

〔一〕賀長齡《孝經述・聖治章》。

〔二〕唐先生《孝經講義》補充云：「或疑『嚴父配天』之説，恐啓僭竊之漸，不知孟子亦言『尊親之至，莫大乎以天下養』，蓋充大孝之分量而言嚴父配天。嚴者，尊敬也。敬之極即孝之極，雖甽畝之中，而事親如事天，即有嚴父配天氣象。不必帝王備禮，始爲尊其親也。」

往鎬京，侯服於周，故曰：『武王末受命。』末，無也。況成王又幼有家難哉！於是周公監東國之五年，與召公相謀，就洛營建新邑，洪大誥治，祀天與上帝，以后稷、文王配之。后稷、文王爲人心所服，庶幾各諸侯及商子孫、殷士皆來和會，爲臣助祭多遜，始可定爲紹上帝受天定命也。於是三月召公先來洛卜宅，十餘日攻位即成，惟位而已，各功工未成也。三月望後，周公始〔一〕達觀所營之位，知殷民肯來攻位，遂及此時，洪大誥治，勤於見士，即用三牲於郊，以后稷配天，且祭祀矣。《召誥》之『用牲於郊』，即《孝經》之『郊祀配天』也，於是始定爲周基受天命矣。計自二月至夏，皆功於新洛邑明堂各工，然明堂功雖將成，尚未及配天基命之後，行宗祀之禮，於是伻告成王。成王命周公行宗禮，《洛誥》『宗禮』，即《孝經》『宗祀文王於明堂』之禮也。周公宗祀，當在季秋，幸而四海諸侯殷士，皆來助祭矣。十二月，各工各禮，迄用有成，上下無怨，人心大定，爲周福祉而無後患。成王始來洛邑相宅，記功宗之禮，即命以功宗作元祀矣。成王於是時，復冬祭文王、武王，但二騂，不祀上帝，又入明堂太室祼，王賓亦咸格，使人共見無疑。仍即歸鎬，命周公復於洛守其地，保其民。是成王但烝祭文

〔一〕「始」字，《曾子大義述》作「來」。

武，而未祀於郊與明堂也，此孔子所以舉配天，專屬之周公其人。孔子若謂：『雖以武王滅商之大武，未能受命，臣我多遜；惟周公以孝祀文王配天，始能定命，臣我多遜也。』此《孝經》至德要道，上下無怨，四海來祭之大義也。」〔一〕

夫聖人之德，又何以加於孝乎？

此所以謂之至德。

故親生之膝下，以養父母日嚴。

「故親生之膝下」句，「以養」讀，「父母日嚴」句。「以養」與「生」之相對。養，長也，言長則父母日加尊嚴也。讀此經而知「父兮生我，母兮鞠我，拊我畜我，長我育我，顧我復我，出入腹我。」〔二〕斯時人子親愛之心，純然無所雜也。及長，父母日嚴即日疏，而人子親愛之心亦日漓矣。古人所以定父母爲親字，見其當終身親之，而痛其日疏而日遠也。然則人子〔三〕可不瞿然顧念，而及時以盡孝乎？

〔一〕阮元《孝經宗祀即尚書宗禮篇》文，見引阮福《孝經義疏補》卷五《聖治章》。

〔二〕《詩·小雅·蓼莪》。

〔三〕自「古人所以定父母爲親字」至此，《曾子大義述》無。

聖人因嚴以教敬，因親以教愛。

賀氏長齡曰：「兩『因』字皆天之所爲，非人之所設也。」〔一〕愚按：敬愛根乎天性，有不煩教者。因親教愛，爲中人以下言，亦順其天性以導之也。

聖人之教，不肅而成，其政不嚴而治，

鄭君注：「不令而行。」

其所因者本也。

鄭君注：「本，謂孝也。」愚按：「本」字義詳《後漢書·延叔堅傳》，見前注〔二〕。

父子之道，天性也，君臣之義也。

天性者，赤子之心也。父子之性秉於生初，聯於骨肉而不可須臾離。以嚴而言，則〔三〕象乎君，故《易傳》曰：「家人有嚴君焉。」

父母生之，續莫大焉。

〔一〕賀長齡《孝經述·聖治章》。

〔二〕唐先生《孝經講義》補充云：「聖人立名，所因者本。仁人之於孝，猶枝葉之有根本也，故曰『孝爲德本』。父子天性，根於天地之性而生；君臣之義，資於事父以事君也。」

〔三〕「則」字下，《曾子大義述》有「如君臣之義，無所逃於天地間」兩句。

人生不過百年，故以繼續爲貴。繼續者，不徒任〔一〕形骸，而在神明志事。能繼續，則父母雖没，猶未没也。父母之形骸、神明、志事，賴人子而常存於世，故曰：「身也者，親之枝也。」行父母之遺體，敢不敬歟？謂之大者，推衍無窮，則如天地四時之氣之不絶也。人之與天皆無盡者，賴乎續而已矣〔二〕。

君親臨之，厚莫重焉。

親有君道，教養兼施。惟教養我，故其恩之厚，如地之重〔三〕，如「昊天之罔極」。

黄氏道周曰：「聖人教人事父以配天，事父以配君。天言大生，君言大臨。大生者得善繼，大臨者載厚德。故曰父子之道，君臣之義，父母生之，君親臨之。言父之上配於天，下祀於君，非聖人則不得其義也。」

故不愛其親而愛他人者，謂之悖德；不敬其親而敬他人者，謂之悖禮。

〔一〕「任」字，《曾子大義述》作「在」。

〔二〕「人之與天皆無盡者」兩句，《曾子大義述》無。唐先生《孝經講義》補充云：「《詩·斯干》篇『似續妣祖』，即本經『續』字義。《大雅·緜》篇及《生民》篇皆上溯民之初生者，蓋由始祖推而至於吾身，由吾身推而至於雲礽，『勿替引之』，故曰大也。」

〔三〕「如地之重」以下，《曾子大義述》作：「《詩》曰：『欲報之德，昊天之罔極。』人知父母之恩，如昊天之罔極，而不知君之恩，亦如昊天之罔極。《易》曰：『家人有嚴君焉，父母之謂也。』是以父母配君也。」

鄭君注：「若桀紂是也。」愚按：世道日漓，則人心日喪。人心日喪，則凶德日多。今天下之遺其親，而敬愛他人者，比比皆是，尚何忍言？苟能移其敬愛長官、要人、便嬖之心，而敬愛其父母，則和氣萃而天下平矣〔一〕。

以順則逆，民無則焉。不在於善，而皆在於凶德。雖得之，君子不貴也。

順氣少而逆象多〔二〕，善行泯而凶德著，天子如此，天下凶；諸侯如此，一國凶；卿大夫士庶人如此，一家凶。此《易傳》所謂：「積不善之家，必有餘殃。」《書》所謂：「害於而家，凶於而國。」非特理當如此，數亦當如此者也。得，謂得在人上，君子不貴。以悖德悖禮，諂媚於人，暴得富貴，爲其天殃人禍之將及也。

〔一〕唐先生《孝經講義》補充云：「愚幼時讀《孝經》，以爲『不愛其親而愛他人者』四句，恐世間絶少；長而閱歷世變，始知世道日漓，人心日喪，遺其親而敬愛他人者，比比皆是。他人者何？遠官、顯宦是也。愛達官、敬顯宦者何？求富貴利達也。於是在家庭間則驕盈敖惰，在政界中則奔走趨承；廉耻道喪，事事出於悖逆；善德泯而凶德日張，百性胥被其毒。」

〔二〕唐先生《孝經講義》補釋云：「『以順則逆』，『則』字作虚字解；『民無則焉』，『則』字作法則解。得之者何？得富貴也。阿媚貪污而得富貴，君子方鄙之賤之，斥之誅之，又何貴焉？凡經書中贊君子，有就行諳言者，有就心術言者，如《論語》『君子不重』章，兼威儀、學問、心術、品行而言；而此章則兼言行、德義、事業、威儀而言。成德教，加於百姓，刑於四海也。行政令，德義中之政令也。引《詩》『淑人君子』者，其爲父子兄弟足法而後民法之，孝弟而已矣。」

黄氏道周曰：「天地〔一〕之道有二：一曰嚴，一曰順。爲嚴以教順，故天覆於地；爲順以事嚴，故地承於天。敬不敢慢，愛不敢惡，得嚴於天者也。敬親而後敬人，愛親而後愛人，得順於地者也。反是爲逆，逆爲凶德。善者性也，君子以是教人，亦以是自率也。」

君子則不然，言思可道，行思可樂，德義可尊，作事可法，容止可觀，進退可度，以臨其民，是以其民畏而愛之，則而象之。

鄭君注：「言中《詩》《書》，難進而盡忠，易退而補過。」董仲舒《春秋繁露》曰：「衣服容貌者，所以悦目也；聲言應對者，所以悦耳也；好惡去就者，所以悦心也。故君子衣服中按：中即衷字。而容貌恭，則目悦矣；言理應對遜，則耳悦矣；好仁厚而惡淺薄，就善人而遠辟鄙，則心悦矣。故曰：『行思可樂，容止可觀。』此之謂也。」此董氏説《孝經》古義也。

《春秋左氏傳·襄公三十一年》，衛北宫文子論令尹圍之威儀曰：「《詩》云：『敬慎威儀，維民之則。』令尹無威儀，民無則焉，民所不則，以在民上，不可以終。」按：此即

〔一〕「天地」原作「天下」，黄氏原文並《曾子大義述》均作「天地」，故此爲正。

所謂「雖得之，君子不貴也」。又曰：「有威而可畏謂之威，有儀而可象謂之儀。君有君之威儀，其臣畏而愛之，則而象之，故能有其國家，令聞長世。臣有臣之威儀，其下畏而愛之，故能守其官職，保族宜家。順是以下皆如是，是以上下能相固也。《衛詩》曰：『威儀棣棣，不可選也。』言君臣上下，父子兄弟，内外大小皆有威儀也。《周詩》曰：『朋友攸攝，攝以威儀。』言朋友之道，必相教訓以威儀也。《周詩》數文王之德曰：『大國畏其力，小國懷其德。』言畏而愛之也。《詩》云：『不識不知，順帝之則。』言則而象之也。紂囚文王七年，諸侯皆從之囚，紂於是乎懼而歸之，可謂愛之。文王伐崇，再駕而降爲臣，蠻夷帥服，可謂畏之。文王之功，天下誦而歌舞之，可謂則之。文王之行，至今爲法，可謂象之，有威儀也。故君子在位可畏，施舍可愛，進退可度，周旋可則，容止可觀，作事可法，德行可象，聲氣可樂，動作有文，言語有章，以臨其下，謂之有威儀也。」與此經義相發明。阮氏福曰：「百行莫大於孝，孝不可以情貌言也。然《詩》曰：『敬慎威儀，維民之則。』靡有不孝自求伊祜矣。又言：『威儀孔時。』君子有孝子矣。據此益見孝子無不敬慎其威儀也。」

故能成其德教，而行其政令。

德教謂教育，政令謂法律。君子有諸己而後求諸人，是以易成而易行也。

《詩》云：『淑人君子，其儀不忒。』

鄭君注：「淑，善也。貳，差也。」黄氏道周曰：「君子而思淑人善俗，非禮何以乎？禮儀之在人身，所以動天地也。孝子仁人，必謹於禮，謹禮而後可以敬身，敬身而後可以事天。傳曰：『優優大哉！禮儀三百，威儀三千，待其人而後行。』故曰『苟不至德，至道不凝』焉。至德者，孝敬之謂也。」

紀孝行章第十〔一〕

子曰：「孝子之事親也，居則致其敬，

《曲禮》曰：「毋不敬。」又曰：「爲人子者，聽於無聲，視於無形。」鄭君注云：「恒若親之，將有教使然。」

〔一〕唐先生《孝經講義（六）：紀孝行章》（載《大衆》第二十七期，一九四五年，頁七十）題下有注「五致在致良知，三除在行忠恕」。

愚按：「聽於無聲，視於無形」八字，最得難達之隱，而鄭君謂「恒若親之，將有教使然」[一]，亦能曲得孝子之心，所謂敬之至也。人子事親者，首能致敬於無形、無聲之際，則於所謂先意承志者，庶乎能曲體一二，而於安親之心，樂親之情，代親之勞，豫防親之疾病，或可以少有所失矣。

徵諸事實[二]，陸賈《新語・慎微》篇：「曾子孝於父母，昏定晨省，調[三]寒温，適輕重，勉之於糜粥之間，行之於衽席之上，而德美重於後世。」此即致其敬之意。

養則致其樂，

凡人之壽，大率不過七八十年。即百年，亦衹三萬六千日，爲時至速。爲人子者，除幼穉無知識之時，及出就外傅或營業，養親之時，至多五六十年耳！此五六十年，轉瞬即逝。曾子曰：「人之生也有疾病焉，有老幼焉，君子思其不可復者而先施焉。親戚既没，雖欲孝，誰爲孝乎？」[四]夫養親之時，日少一日，思之則喜與懼并，而可不致其樂

[一]「愚按」至此，《曾子大義述》無。
[二]此及以下凡五「徵諸事實」句，皆據《孝經講義（六）：紀孝行章》補入。
[三]「調」字原作「周」，據《新語》文爲正。
[四]《大戴禮記・曾子疾病》文。

乎？《禮記》曰：「孝子之有深愛者，必有和氣。有和氣者，必有愉色。有愉色者，必有婉容。」[一]愚謂「致其樂」，則和氣、愉色、婉容皆當具備，而必推其原於深愛。深愛必推於幼時至情至性之間，則庶乎得親之歡矣。孔子曰：「啜菽飲水盡其歡。」[二]樂之謂也。

徵諸事實，《孟子》論曾子養曾皙，可謂養志。《曾子立孝》篇曰：「飲食移味，居處温愉。」《大戴禮記·衛將軍文子》篇：「曾子養曾皙，常以皓皓，是以曾皙眉壽。」此即「致其樂」之義。愚嘗謂：父母之壽否，係於心境之鬱舒，爲人子者不可不隨時加省也[三]。

病則致其憂，

鄭君注：「色不滿容，行不正履。」愚謂：所以如此者，蓋爲人子而至於親病，已不免於罪矣！其飲食之失節耶？寒煖燥濕之失宜耶？抑吾拂親之意而觸親之怒

[一]《禮記·祭義》文。

[二]《禮記·檀弓下》。

[三]「愚嘗謂」至此，《曾子大義述》無。

耶？思之重思之，推究其所以致病之由，忽作一萬一不愈之想，焉得而不憂？故愚嘗謂人子致謹於無形無聲之際，而不可稍忽者，當在親未病之時。若吾親既病，則雖悔恨涕泣，奔走祈禱，已無及矣！矧或親病日增，竟至於不忍語乎？《禮記》曰：「親瘠，色容不盛，此孝子之疏節也。」〔一〕黄氏道周曰：「得其疏節，則其精意亦見。」〔二〕況并其疏節而忽之乎！

徵諸事實，《禮記·文王世子》云：「文王之爲世子，朝於王季日三」，「其有不安節」，「文王色憂，行不能正履」，「武王帥而行之，不敢有加焉。文王有疾，武王不脱冠帶而養」。此即「致其憂」之義。

喪則致其哀，

鄭君注：「擗踊哭泣，盡其哀情。」愚按：先儒有言：「人子既遭親喪，當知親生之時，既不可復得，即喪之時，亦不可復得也。」〔三〕痛哉言乎！是故親始死之時，則非

〔一〕《禮記·玉藻》。
〔二〕黄道周《孝經集傳》卷三《紀孝行章》。
〔三〕此本《白虎通·崩薨》所言「人死謂之喪何？言其喪亡，不可復得見也。」按：據杜佑《通典·禮典》第八十三引。

復疾病求藥之時矣！既葬之時，則非復始死之時矣。思之尚忍不致其哀乎？《禮記》曰：「始死，充充如有窮。」〔一〕充充者，殆急迫無所復之之意。愚謂人子當親始死，其心若淩遲，此語似不足以盡之，擬易云：「始死，戚戚如將割，如欲從。」蓋人無不欲從其親，至始死時，則尤甚也，是哀之至也。

徵諸事實，大連、少連善居喪，三日不怠，三月不懈，期悲哀，三年憂〔二〕。曾子執親之喪，水漿不入於口者七日〔三〕。此即「致其哀」之義。

祭則致其嚴，

鄭君注：「齊必變食，敬忌踧踖。」〔四〕愚按：人子而至於祭其親，亦可哀已！生時視膳，未克盡心。至親歿之後，欲再進一勺水，不可得也。曾子曰：「椎牛而祭墓，不如雞豚之逮親存也。」歐陽修述其父之言曰：「祭而豐，不如養之薄也。」其言均絕痛。《禮記》曰：「君子有終身之喪，忌日之謂也。」忌日不用，非不祥也，言夫日志有所至，

〔一〕《禮記·檀弓上》。
〔二〕載《禮記·雜記》。
〔三〕載《禮記·檀弓上》。
〔四〕皮錫瑞《孝經鄭注疏》載鄭玄注作：「齊必變食，居必遷坐，敬忌踧踖，若親存也。」

而不敢盡其私也。又曰：「齋之日，思其居處，思其笑語，思其志意，思其所樂，思其所嗜。祭之日入室，僾然必有見乎其位；周旋出户，肅然必有聞乎其容聲；出户而聽，愾然必有聞乎歎息之聲。」〔一〕如是而祭，猶恐失之，而可不致其嚴乎？

徵諸事實，孔子祭如在，曰：「吾不與祭，如不祭。」此即「致其嚴」之義。

五者備矣，然後能事親。

此見五者缺一，即不得爲能事親，猶之四端缺一，即不得爲人也〔二〕。

黄氏道周曰：「曾子曰：『人未有自致者也。』〔三〕致而知之，不慮而知，謂之良知；致而能之，不學而能，謂之良能。故五致者，赤子之知能，不假學問；而學問之大，人有不能盡也。」〔四〕愚按：「五致」既皆言致，自宜兼學問言之，方不墮入心宗耳。

陳氏澧曰：「陶淵明有《五孝傳》，或疑後人依託，澧謂不必疑也。蓋陶公於家庭

〔一〕《禮記·祭義》文。
〔二〕唐先生《孝經講義》補充云：「以上五致，皆出於良知，而必有以致之。故愚嘗謂王陽明先生致良知之學，必自《孝經》五致始。而消極者則有三除。」
〔三〕此下《曾子大義述》有「子夏曰：『事君能致其身。』致身以事君，致心以事親，二者天地之大義也」一節。
〔四〕黄道周《孝經集傳》卷三《紀孝行章》。

鄉里以《孝經》爲教，稱引故實以證之，故其《庶人孝傳贊》云：『嗟爾衆庶，鑑茲前式。』司馬温公《家範》録《孝經》『居則致其敬』……五句，每句各引經史以證之。蓋《孝經》一篇，皆論以孝順天下之大道，惟此五句爲孝之條目，故加以引證，亦所謂『鑑茲前式』也。」〔一〕

事親者，居上不驕，

驕字从喬。喬，高也。居高俯視，常覺下墜之可危，斯不驕矣〔二〕。

爲下不亂，

有子曰：「其爲人也孝弟，而好犯上者，鮮矣。不好犯上，而好作亂者，未之有也。」〔三〕故作亂之事，每起於犯上；犯上之事，每起於心之不平。其幾甚微，深可畏也。

在醜不爭。

〔一〕陳澧《東塾讀書記》卷一《孝經》。

〔二〕唐先生《孝經講義》補充云：「居高倚勢，專制作威，訑訑之聲音顔色，拒人千里之外，未有不亡。『式居屢驕』，其下效之，犯上作亂之事，由茲而起。」

〔三〕載《論語·學而》。

鄭君注：「不忿爭也。」愚按：《禮記·曲禮》篇：「爲人子之禮，在醜夷不爭。」鄭君彼注云：「醜，衆也。夷，猶儕〔一〕也。」《論語》孔子曰：「一朝之忿，忘其身以及其親，非惑歟？」蓋在朋衆之中，若逞一朝之忿，至於相爭，則禍必及於父母也。

居上而驕則亡，

《易傳》曰：「天道虧盈而益謙，地道變盈而流謙，鬼神害盈而福謙，人道惡盈而好謙。」〔二〕居上而驕，盈滿之至，死氣至矣。古人所謂「尸居餘氣」是也，焉得不亡？

爲下而亂則刑，

鄭君注：「好亂則刑罰及其身也。」愚按：《易傳》曰：「小懲而大戒，此小人之福也。」彼懷才負氣之士，往往激於一時之不平，不較事之大小，理之邪正〔三〕，及躬被刑罰，念及愛父母所生之全體，以及平日鞠養之恩，而悔已無及矣。可不痛哉〔四〕！

在醜而爭則兵。

〔一〕「儕」《曾子大義述》作「脩」，形近而誤。
〔二〕《易》謙卦《彖辭》文。
〔三〕「不較事」兩句，《曾子大義述》作「不甘心從亂」。
〔四〕「哉」《曾子大義述》作「耶」。

《易傳》曰：「亂之初生也，言語以爲階。」朋儕相處，往往於言語之中，殺機已伏，是以君子慎密而不出也。

黄氏道周曰：「《孝經》者，其爲辟兵而作乎？辟兵與刑，孝治乃成。兵刑之生，皆始於爭。爲孝以教仁，爲弟以教讓，何爭之有？傳曰：『一家仁，一國興仁；一家讓，一國興讓。……所藏乎身不恕，而能喻諸人者，未之有也。』〔一〕故恕者，聖人所以養兵不用而藏身之固也。」

三者不除，雖日用三牲之養，猶爲不孝也。」

孝以不毁傷爲始，若蹈以上亡、刑、兵三事，則是毁傷其身，僇辱且及於其親，豈區區之養所能補救乎？

黄氏道周曰：「若是者何也？敬身之謂也。敬身而後敬人，敬人而後敬天，《頌》曰：『敬之敬之，天維顯思，命不易哉！無曰高高在上。』爲天子如此，況其下者乎！爲下而爭亂，忘身及親，是君子之大戒也。」阮氏福曰：「《論語》子游問孝，子曰：『今之孝者，是謂能養。至於犬馬，皆能有養，不敬，何以别乎？』此即不驕、不亂、不爭，

〔一〕《禮記·大學》文。

敬謹以養父母之義也。」〔一〕

愚按：致敬、致樂、致憂、致哀、致嚴，指內心言。不驕、不亂、不爭〔二〕，指外事言。內外相爲表裏，《孟子》曰：「不失其身而能事其親者，吾聞之矣。失其身而能事其親者，吾未之聞也。」事親之道，此章最得要綱，爲人子者，宜日三復也。

五刑章第十一〔三〕

子曰：「五刑之屬三千，

鄭君注：「科條三千，謂劓、墨、宫、割、大辟。」愚按：古威儀有三千，而刑罰條例亦有三千，所謂禮禁未然之前，法施已然之後也。〔四〕

〔一〕阮福《論語義疏補》卷六《紀孝行章》。
〔二〕自「愚按」至此，《曾子大義述》無。
〔三〕唐先生《孝經講義（七）：五刑章、感應章》（載《大衆》第二十八期，一九四五年，頁七一）題下有注「非聖無法，非孝無親，大亂之道」。
〔四〕自「愚按」至此，《曾子大義述》作：「穿窬盗竊者劓，劫賊傷人者墨，男女不與禮交者宫，割，□□垣墻開人關鑰、□□手殺人者大辟。」

而罪莫大於不孝。

《周禮・大司徒》：「以鄉八刑糾萬民，一曰不孝之刑。」賈公彥疏云：「《孝經》『不孝』不在三千者，深塞逆源，此乃禮之通教。」愚按：「不孝」不在三千者，蓋三千科條，均係人道之刑。人而至於不孝，則非人行而近於禽獸，故當處以待禽獸之法。如後世淩遲之刑，此聖人之所不忍言，故不在三千之條。賈公彥謂「深塞逆源」，得禮與刑之精意矣〔一〕。

阮氏福曰：「《周禮・掌戮》云：『凡殺其親者焚之。』《前漢書・匈奴傳》云：『王莽作焚如之刑。』應劭曰：『《易》有焚如、死如、棄如之言，莽依此作刑也。』如淳曰：『焚如、死如、棄如者，謂不孝子也。不畜於父母，不容於朋友，故燒殺之，莽依此作刑也。』」〔二〕

要君者無上，

〔一〕唐先生《孝經講義（七）：五刑章、感應章》補充云：「乃近代悖逆忘親，竟創非孝之說，以倫亂天下，此天地之所不容也。劫運侵尋，大亂靡已。《詩》云『載胥及溺』，又云『投畀有昊』，痛心孰甚焉！」

〔二〕阮福《論語義疏補》卷六《五刑章》。

《論語》孔子曰：「臧武仲以防求爲後於魯，雖曰不要君，吾不信也。」〔一〕朱子云：「要，有挾而求也。」有所挾以求君，其居心不敬之甚矣！是以古人有諫君而無要君也〔二〕。

非聖人者無法，

鄭君注：「非，侮聖人者。」愚謂：此所以尊經也。孔子謂：君子畏聖人之言，小人侮聖人之言。〔三〕《禮記·王制》云：「析言破律，亂名改作，執左道以亂政，殺。行僞而堅，言僞而辯，學非而博，順非而澤，以疑衆，殺。」夫「析言破律」等事，其罪至於誅，不以聽者，爲其非經而侮聖也。法謂法律。近世無知妄作之徒，常欲軼乎名教之外，深憚聖經法典，動輒以「廢經」爲言，且以似是而非之辭，侮慢聖人，此法律之所不

〔一〕《論語·憲問》。

〔二〕自《論語》至此，《曾子大義述》作：「君猶天也。君子之事君也，如神聖之不可侵犯，敬之如天也。迺後世人士，因名位之不保，政治之未平，或思有所憑藉，以要挾其君上，無論其事之是非也，其心先可誅，何者？爲其無上也，是以古人有諫君而無要君也。」而《孝經講義》則補充云：「《左氏傳》：『鬻拳强諫楚子，楚子不從，臨之以兵，懼而從之。鬻拳曰：「吾懼君以兵，罪莫大焉。」遂自刖也。』夫鬻拳之强諫，爲國事也，猶且自刖。後人要君，專爲一己之私，其罪爲何如？」

〔三〕概括《論語·季氏》「君子有三畏」章。

容者也〔一〕。

非孝者無親，此大亂之道也。

黄氏道周曰：「兵用而後法，法用而後刑，兵刑雜用，道德乃衰。……然〔二〕夫子猶言刑法，何也？夫子之言，蓋爲墨氏而發也。人情易媮，媮而去節，則以禮爲戒首。禮曰三千，刑亦三千，禮刑相維，以刑教禮。聖人之才與德，皆足以勝之，勝之而存其真；衆人之才與德，不足以勝之，而見其繁重，則畔矣。夫子之時，墨氏刑〔三〕未著，而子桑户、曾點〔四〕、原壤之徒，皆臨喪不哀，遯於天刑。自聖人而外，未有非者。夫子逆知後世之治禮樂，必入於墨氏；墨氏之徒，必有要君、非聖、非孝之説，以爚亂天下，使聖人不能行其禮，人主不得行其刑；刑衰亂息，而愛敬不生；愛敬不生，而無父無君者，始得肆志於天下，故夫子特著而豫防之。辭簡而旨

〔一〕自「常欲軼乎名教之外」至此，《曾子大義述》作：「動輒有删《詩》《書》、竄經典之思，雖不至於非經侮聖，要亦爲法律之所不容矣。」

〔二〕「然」，黄氏原文作「然且」。

〔三〕「刑」字原脱，據黄氏原文補入。

〔四〕「曾點」二字原脱，據黄氏文補入。

危，憂深而慮遠矣。」

愚按：近世墨氏之學盛矣，聰穎之士，喜其説之新奇，迷入其中，良可憫痛！黄氏之言，所見尤遠，可謂得孔、曾之精意。世之學者，務宜遵守聖經遺言，庶幾弗迷於異端也。

廣要道章第十二

子曰："教民親愛，莫善於孝。教民禮順，莫善於悌。

鄭君注："人行之次也。"愚按：次，即次叙。教民之要，不外乎順而叙之。《書·洪範》"彝倫攸叙"，即躬行孝悌，以爲開化之原也。

移風易俗，莫善於樂。安上治民，莫善於禮。

鄭君注："樂感人情，上好禮，則民易使也。"班固《白虎通·禮樂》篇曰："王者所以盛禮樂何？節文之喜怒，樂以象天，禮以法地，人無不含天地之氣，有五常之性者。……故樂所以蕩滌，反其邪惡也；禮所以防淫佚，節其侈靡也。故《孝經》曰：

『安上治民，莫善於禮。』『移風易俗，莫善於樂。』」〔一〕據此古義，益見禮樂本乎天地之氣、五常之性，聖人之所以教民者，不過因人固有之性而導之於中和耳。

禮者，敬而已矣。

鄭君注：「敬者，禮之本也。」愚按：《禮記·曲禮》曰：「毋不敬。」鄭君彼注云：「禮主於敬。」蓋躬行孝悌，必自禮始，而行禮必自敬始。《孟子》曰：「恭敬之心，人皆有之。」又曰：「恭敬之心，禮之端也。」處世而不知敬，是謂無禮，無禮則非人也。

阮氏元《釋敬》云：「敬字从苟从攴〔二〕。苟，篆文作苟，音亟，非苟也，苟即敬也，加攴以明擊敕之義也。警從敬得聲得義，故《釋名》云：『敬，警也，恒自肅警也。』此訓最先最確。蓋敬者，言終日常自肅警，不敢怠逸放縱也，故《周書·謚法解》曰：『夙夜警戒曰敬。』」阮氏福又申其義曰：「敬父敬兄敬君，若專主心中恭敬説，則仍是空言，非曾子立事之義，必須在實事上言之。譬如敬父，則服勞奉養，先意承志，能竭

〔一〕班固《白虎通·禮樂》文，見引於阮福《論語義疏補》卷六《廣要道章》。
〔二〕「攴」原誤作「支」，《曾子大義述》不誤。

其力，居處歡愉之類，非但心存恭敬已也[一]。」愚按：敬字必須就實事上言，方不墮於空虛。昔年著《主一辨》[二]，曾詳言之。

故敬其父則子悦，敬其兄則弟悦，敬其君則臣悦，敬一人而千萬人悦。

一人謂父、兄、君，千萬人謂子、弟、臣也。《孟子》稱西伯善養老，曰：「天下之父歸之，其子焉往？」此推恩錫類之第一義，禮所以特詳養老之典也。

所敬者寡，而悦者衆，此之謂要道也。」

凡道無不簡，執簡乃可以御繁；道無不約，守約乃可以施博。能簡而約，而繁博之衆，均入我之包含。《易傳》曰：「易則易知，簡則易從。易知則有親，易從則有功。易簡而天下之理得矣。」此之謂要道也[三]。

黄氏道周曰：「敬者禮之實也。敬而後悦，悦而後和，和而後樂生焉。敬一人而千萬人悦，禮樂之本也。明主治天下，必知其本務而致力之。然則帝舜不敬伯鯀以

〔一〕《曾子大義述》尚有「敬君則曰贊贊襄、馳驅、鞅掌、夙夜匪懈、王事靡盬之類，非但心存恭敬已也」句。

〔二〕唐先生《宋明諸儒説主一辨》，於一八八六年就讀南菁書院時作，載《茹經堂文集》一編卷三，現收録《唐文治文集》「論説類」中。

〔三〕「《易傳》曰」至此，《曾子大義述》作「故謂之要道也」，唐先生改定如此。

悦神禹，仲尼不敬盜蹠以悦展季，武王不敬辛受以悦微箕，何也？曰：聖人非以敬而貿悦於人也。民情多散，而爲敬以聚之；民情多傲，而爲敬以下之。雖在刑戮之中，而猶有敬意焉。天下之和睦，則必由此也。」〔一〕

廣至德章第十三

子曰：「君子之教以孝也，非家至而日見之也。

鄭君注：「言教不必家到户至，日見而語之，但行孝於内，其化自流於外。」

教以孝，所以敬天下之爲人父者也；教以悌，所以敬天下之爲人兄者也；教以臣，所以敬天下之爲人君者也。

鄭君注：「天子父事三老，兄事五更。」應劭《漢官儀》云：「天子無父，父事三老，兄事五更，乃以事父事兄爲教孝悌之禮。」愚按：《禮記》云：「虞夏殷周，天下之盛王也，未有遺年者。年之貴乎天下久矣，次乎事親者也。」又曰：「食三老五

〔一〕 黄道周《孝經集傳》卷三《廣要道章》。按：《曾子大義述》僅引此注文前半段。

更於太學，天子袒而割牲，執醬而饋，執爵而酳，冕而總干，以教諸侯之弟也。是故鄉里有齒，而老窮不遺，强不犯弱，衆不暴寡，此由太學來者也。」〔一〕凡此皆教孝弟之義。賀氏長齡曰：「使天下皆知敬其君、父、兄，則分定，分定則志定，天下無不定矣。」〔二〕

《詩》云：『愷悌君子，民之父母。』非至德，其孰能順民如此，其大者乎？」

《禮記》：「子言之……父之親子也，親賢而下無能。母之親子也，賢則親之，無能則憐之。母，親而不尊。父，尊而不親。水之於民也，親而不尊；火，尊而不親。土之於民也，親而不尊；天，尊而不親。命之於民也，親而不尊；鬼，尊而不親。」「《詩》云：『愷悌君子，民之父母。』愷以强教之，悌以悦安之；樂而毋荒，有禮而親，威莊而安，孝慈而敬；使民有父之尊，有母之親。如此，而後可以爲民父母矣。非至德其孰能如此乎？」〔三〕此釋「爲民父母」，詞意皆以陰陽相對，其義

〔一〕《禮記・祭義》文。
〔二〕賀長齡《孝經述・廣至德章》。
〔三〕《禮記・表記》文。

極精。

黄氏道周曰：「冠昏喪祭〔一〕，禮樂之務，非天子不能總其家政。故天下爲家，帥其子弟而寄家令焉。《書》曰：『作之君，作之師。惟其克相上帝。』〔二〕是之謂也。」

愚按：黄氏此説，發明君兼師統，其義極精。然愚嘗謂，佐天子之官吏，要皆有爲民師範之責。考《周禮》，「黨正」即爲一黨之師，「州長」即爲一州之師；至下之爲比長、閭胥，上之爲鄉遂大夫，莫不皆然。蓋古之爲吏者，其德行道藝，俱足爲人師表，故發政施令，無非教也。役之則爲民，教之則爲士，官之則爲吏，尊之則爲師，鈞是人也。說見馬端臨《文獻通考序》，此不必古説之流傳者。由是以言，則佐天子之官吏，其所以教孝、教悌、教臣者，本身以作師範，宜如何兢兢也！

〔一〕「冠昏喪祭」句前，唐先生《曾子大義述》又引：「敬自父兄始者，所以帥天下子弟而君之，猶其子弟之天也。以子弟之天，悦天下之子弟；以子弟之君，敬天下之父兄，其事不煩，而其本至一。故有父之尊，有母之親，有師之嚴，有兄之友，而又有天之神焉，是天之所以立君也。天之立君以教天下，如其生殺，則雨露雷霆，天且優爲之也。惟是冠昏喪祭。」

〔二〕《尚書·泰誓》文，《曾子大義述》下有「又曰『元后作民父母』」句。

廣揚名章第十四

子曰：「君子之事親孝，故忠可移於君。

鄭君注：「以孝事君則忠。」愚按：事君以真性情爲主，而才所以輔之。說詳《託孤章》述義。忠移於君，乃至性至情之發，非可外襲而取之也。

事兄悌，故順可移於長。

鄭君注：「以敬事長則順。」

居家理，故治可移於官。

鄭君注：「君子所居則化，故可移於官也。」愚按：《周易》家人卦《大象傳》曰：「君子以言有物而行有恒。」其上爻之《象傳》曰：「威如之吉，反身之謂也。」蓋言有物、行有恒，則諸事有條理。治家者威嚴而有條理，居官之道，不外是矣。

是以行成於内，而名立於後世矣。」

鄭君注：「修上三德於内，名自傳於後世。」黄氏道周曰：「君子之立行，非以爲名也，然而行立則名從之矣。事親孝、事兄悌、居家理，此三者，有修於實而無其名；

事居忠、事長順、居官治，此三者，有其實而名應之。」

《禮記·月令》：「聘名士，禮賢者。」鄭君注：「名士，不仕者。」孔疏引蔡氏云：「名士者，謂其德行貞純，道術通明，王者不得臣，而隱居不在位者也。賢者，名士之次。名士優，故加束帛；賢者，禮之而已。」據此可見，名士必兼德行道術而言。迄於後世，名士之稱，稍稍濫矣。

本經《開宗明義章》曰：「立身行道，揚名於後世。」立身明以德行言，行道明以道術言；而聖人猶恐人之騖名也，復爲廣其義，以爲行成而後名立，其本在事親孝、事兄悌、居家理，而後可謂之名士也。《孟子》亦曰：「苟爲無本，聲聞過情，君子耻之。」君子所貴重者，没世之名，而非一時之名。若無其行而竊其名，乃造物之所深忌，君子之所大戒也。

諫諍章第十五

曾子曰：「若夫慈愛、恭敬、安親、揚名，則聞命矣。敢問：子從父之令，可謂孝乎？」

阮氏福曰：「子孝親亦曰慈，慈愛即孝愛也。故《曾子大孝》篇曰：『慈愛忘勞。』

即曾子傳《孝經》之義。」[一]

子曰：「是何言與？是何言與？

鄭君注：「孔子欲見諫諍之端。」

昔者天子有爭臣七人，雖無道，不失其天下。

鄭君注：「七人謂：三公及前疑後丞、左輔右弼。」愚謂：七人、五人、三人，皆用單數者，取其必有一折中者也。

班固《白虎通·諫諍》篇曰：「臣所以有諫君[二]之義何？盡忠納誠也。愛之能勿勞乎？忠焉能勿誨乎？《孝經》曰：『天子有爭臣七人，雖無道，不失其天下；諸侯，有爭臣五人，雖無道，不失其國；大夫有爭臣三人，雖無道，不失其家；士有爭友，則身不離於令名；父有爭子，則身不陷於不義。』天子置左輔右弼、前疑後丞，以順。左輔主修政，刺不法；右弼主糾不周，言失傾；前疑主糾度，定德經；後丞主匡正，常考變。夫四弼興道，率主行仁。夫陽變於七以三

[一] 阮福《論語義疏補》卷七《諫諍章》。

[二] 「君」字，原作「諍」，據《白虎通·諫諍》篇改；又，《曾子大義述》不誤。

成，故建三公。序四爭，列七人，雖無道，不失天下，仗羣辟也。」此班氏説《孝經》古義。

諸侯有爭臣五人，雖無道，不失其國。大夫有爭臣三人，雖無道，不失其家。士有爭友，則身不離於令名。父有爭子，則身不陷於不義。

鄭君注：「父失則諫，故免陷於不義。」按：《荀子・子道》篇曰：「孝子所以不從命有三：從命則親危，不從命則親安，孝子不從命乃衷；從命則親辱，不從命則親榮，孝子不從命乃義；從命則禽獸，不從命則修飾，孝子不從命乃敬。故可以從而不從，是不子也；未可以從而從，是不衷也。明於從不從之義，而能致恭敬忠信，端慤以慎行之，則可謂大孝矣。」此説剖晰頗精。

阮氏福曰：「『則身不離於令名』經文，石臺、開成石經，唐注皆有『不』字，是也。獨《釋文》無『不』字，偶脱耳。此經文前曰：『不失其天下，不失其國，不失其家。』後有『不陷於不義』，則此中一句，必當曰『不離於令名』，方合。」

故當不義，則子不可以不爭於父，臣不可以不爭於君，故當不義則爭之。從父之令，又焉得爲孝乎？」

曾子曰：「君子之孝也，以正致諫。」〔一〕又曰：「父母有過，諫而不逆。」〔二〕又曰：「父母之行，若中道則從，若不中道則諫；諫而不用，行之如繇己。從而不諫，非孝也；諫而不從，亦非孝也。孝子之諫，達善而不敢爭辯。爭辯者，亂之所由興也。繇己爲無咎則寧，繇己爲賢人則亂。孝子無私樂，孝子無私憂，父母所憂憂之，父母所樂樂之。孝子惟巧變，故父母安之。」〔三〕

愚按：以上所言，皆「幾諫」之法式〔四〕。而諫而不用，行之如繇己，尤宜出於自然。古人云：「天下無不是底父母。」此語有功名教不淺。蓋家庭之間，非計較是非之地。自來拂逆父母者，底因見得己是而親非。不知爲人子而不能先意承志，諭親於道，而動輒與親相違，縱令所據之理極是，已屬不合，而況所見之實謬乎？總之，一與親有計較是非之心，則其人決非孝子矣。「巧變」者，非機械變詐之謂。人子事親之心，愈真則愈巧。赤子之良知，發於笑啼動作者皆是也。良心不泯，斯能由至誠而

〔一〕《大戴禮記·曾子本孝》文。
〔二〕《大戴禮記·曾子大孝》文。
〔三〕《大戴禮記·曾子事父母》文。
〔四〕《論語·里仁》載孔子云：「事父母幾諫，見志不從，又敬不違，勞而不怨。」

巧變，此亦生於自然，非可有意而爲之也。

黄氏道周曰：「君父皆聖明〔一〕，而亦有不義，何也？曰：聖明之過，不裁於義，則亦有不義者矣。裁而後顯之，裁而後安之。然則顯親之與安親有别乎？曰：安親者，當日之事；顯親者，異日之事也。……劉生曰：『「王臣蹇蹇，匪躬之故。」人臣所蹇蹇爲難而諫其君者，非爲身也，將欲以匡君之過，矯君之失也。君有過失，危亡之萌也。見君之過失而不諫，是輕君之危亡也。輕君之危亡，忠臣不忍爲也。三諫不用則去，不去則身亡。身亡者，仁人所不爲也。』」〔二〕

賀氏長齡曰：「子不能成親，不得爲孝；臣不能成君，不得爲忠；君不能成天，則於君道有闕。萬古綱常，所以爲天柱地維也。此章乃萬世法鑑〔三〕，與對定公一言

〔一〕黄氏此句原作「然則，君父皆聖明者也」。

〔二〕黄氏所引，乃劉向《説苑·正諫》之文。謹按：《曾子大義述》尚有：「是故諫有五，一曰正諫，二曰降諫，三曰忠諫，四曰戇諫，五曰諷諫。孔子曰：『吾其從諷諫矣乎。』夫不諫則危君，諫則危身。與其危君，寧危身。危身而不用，則諫亦無功矣。智者度君權時，調其緩急而處其宜。上不以危君，下不以危身。故在國而國不危，在身而身不殆。」

〔三〕「法鑑」，《曾子大義述》作「君鑑」。

興邦之問同義，乃於論孝發之，遂及天子、諸侯、大夫、士。凡敗國、喪家、亡身，皆由便於己之一念爲之。便於己者，必不便於人，故禍患隨之。諫諍所以去其便己之私，臣之所以成其君，子之所以成其父，士之所以成其友，扶綱常而維世道，此聖人大作用。故曰：『我志在《春秋》，行在《孝經》。』《春秋》誅亂賊以罪臣子，而君父之失自見，是《春秋》乃萬世之爭臣、爭子也，聖人之憂天下後世至矣。」〔一〕

感應章第十六〔二〕

【釋】唐先生《孝經講義》補充「感應」之義云：「《宋史・藝文志》載有《太上感應篇》，後人遂以『感應』二字爲迷信，不知『感應』見於《孝經》。推之《易傳》所言慶殃，《左氏傳》所言禍福，無非天地間感應之理，何迷信之有？」

〔一〕賀長齡《孝經述・感應章》。謹按：賀氏極重視此章，云：「此章意義宏闊，大而天下之理亂、君德之修廢，小而一家一身之善敗，舉繫於此。微曾子窮理精到，孰與發此。」

〔二〕唐先生《孝經講義》（七）《感應章》（載《大衆》第二十八期，一九四五年，頁一七）題下有注「孝弟通神明，善氣感召，不得妄疑迷信」。

子曰：「昔者明王事父孝，故事天明。事母孝，故事地察。

「事地察」者，鄭君注云：「視其分理也。」愚按：父母與我以形骸者也，天地予我以神明者也。故父母猶之天地，事父母，即所以事天地也〔一〕。事天明，事地察，以「知」而言，謂聽於無聲，視於無形，剖析精微。推之則可以窮天地之理，通幽明之故也〔二〕。以「行」而言，如張子《西銘》所謂「踐形惟肖，知化窮神，不愧屋漏，存心養性」〔三〕皆是也。阮氏福以明堂釋明字義，以祭主釋察字義，其説淺而太泥。

長幼順，故上下治。天地明察，神明彰矣。

惟天地與人以神明，人能盡其孝道，推而至於長幼順，上下治，則夫喜怒哀樂之發見，可使萬物各得其所。而神明所燭，周於宙合。己之神明，遂通天地之神明，故

〔一〕唐先生《孝經講義》補充一句云：「故《禮記》曰事親如事天」

〔二〕「推之」二句，《孝經講義》推衍云：「充乎極至。《中庸》言『天地之大也，人猶有所憾。』君子之責，在彌天地之缺憾。大而防水旱凶荒，小而恤鰥寡孤獨，細而極於鳶飛魚躍，萬物咸順其性。故曰『及其至也，察乎天地』，即本經所謂『明察』也。」

〔三〕張載《西銘》云：「其踐形惟肖者也。知化則善述其事，窮神則善繼其志。不愧屋漏爲無忝，存心養性爲匪懈。」

曰「神明彰矣」〔一〕。

故雖天子，必有尊也，言有父也；必有先也，言有兄也。

鄭君注：「謂養老也，父謂三老也。」愚按：先王養老之禮，即示民以長幼順之道〔二〕。

宗廟致敬，不忘親也；修身慎行，恐辱先也；宗廟致敬，鬼神著矣。

黄氏道周曰：「凡爲明王，父天母地，宗功祖德。因郊祀以致敬於祖禰，因禘嘗以致愛於邦族，因祖禰以敬人之父老，因邦族以愛人之子弟，因天下之父老子弟以自愛敬其身。身者，天地鬼神之知能也。天地鬼神有天子之身，以效其知能，而禮樂有以作，位育有以致。」〔三〕

〔一〕唐先生《孝經講義》補充云：「推天人合一之道，人人親其親、長其長，而天下治矣。庖犧氏仰觀俯察，通德類情，『神明彰』也。」

〔二〕唐先生《孝經講義》補充云：「有尊言有父，有先言有兄，行養老之禮於學校之中，則人無不知養親敬長之禮，而上下治。此《孟子》一書所以屢言養老之禮，推孝道也。」

〔三〕黄道周《孝經集傳》卷四。唐先生《孝經講義》補充云：「人之罪莫大乎忘本。親者人之本也，忘其親是忘其本，忘其本則枝從而亡。《詩·小宛》篇曰『無忝爾所生』，無忝斯能不辱。世之貪利無耻者，辱先甚矣！何以入於宗廟乎？」

孝悌之至，通於神明，光於四海，無所不通。

孝悌之至，精誠之至也。通於神明，光於四海，皆誠之格。《禮記·中庸》言：「鬼神之德，其盛矣乎？使天下之人齊明盛服，以承祭祀，洋洋乎如在其上，如在其左右。」〔一〕下文即贊之曰：「夫微之顯，誠之不可掩如此夫。」蓋精誠所感，天且弗違，而況於人乎？況於鬼神乎？故通於神明，光於四海，亦皆誠之不可掩也。《禮記·祭義》曾子曰：「夫孝置之而塞乎天地，溥之而橫乎四海，施諸後世而無朝夕。推而放諸東海而準，推而放諸西海而準，推而放諸南海而準，推而放諸北海而準。」所以塞天地，橫四海，無朝夕，放諸皆準者，皆精誠之所格也〔二〕。孟子傳曾子之學，故亦曰：「至誠不動者，未之有也。不誠，未有能動者也。」〔三〕

黄氏道周曰：「郊祀明堂，吉禘饗廟，因而及於山川壇壝、田祖后稷、丘陵墳衍、

〔一〕唐先生《孝經講義》補充云：「《禮·祭義》篇云：『致愛則存，致慤則著。』人子之形骸精神，即祖考父母之形骸精神，致敬而精誠之至，是以鬼神著，如在其上矣。」

〔二〕唐先生《孝經講義》補充云：「此心同，此理同，是以無所不通。此其分量，惟周文王能盡之，故引《文王有聲》之詩。足證章首之『明王』，即文王也。」

〔三〕《孟子·離婁上》文。

宗工先臣之有功德於民者，以及於百蜡厲儺之祭，皆以致愨之義通之，則亦無所不通矣。釋奠於學，誓於澤宮；乞言合語，養老養幼；飲酒於鄉，選士於射；惠鮮小民，及於鰥寡，皆以致愛之義通之，則亦無所不通矣。愨與愛兼致也，不敢惡慢，則皆有神明之道焉。爲天子而以神明待天下，天下亦以神明奉天子。傳曰：『天之所覆，地之所載，日月所照，霜露所隊，凡有血氣者，莫不尊親，故曰配天。』[一]故《孝經》者，周公之志也。」[二]

《詩》云：『自西自東，自南自北，無思不服。』

鄭君注：「義取德教流行，莫不服義從化也。」黄氏道周曰：「其無不服者何也？敬也。天地神明之治也，尊在而尊，長在而長，親在而親，無他，達之天下也。日月之相近，星辰之相次，風雷山澤之相命，無不由此者。」[三]

愚按：《祭義》載曾子語，亦引此詩。敬者，誠之基，惟主敬而後能「積誠」也。

[一]《禮記·中庸》文。
[二] 黄道周《孝經集傳》卷四。
[三] 黄道周《孝經集傳》卷四。黄氏文「由」作「繇」。

事君章第十七

子曰：「君子之事上也，進思盡忠，

鄭君注：「死君之難爲盡忠。」愚按：孔子曰：「見危授命，亦可以爲成人。」子張曰：「士見危授命，其可已矣。」子路曰：「食不辟其難。」蓋事君以致身爲義，古聖賢之明訓也。迄於近世，此義晦霾久矣。然人必能有此心而後爲忠。忠者，盡己之謂。忠於君，正所以忠於國也〔一〕。

退思補過，

舊注韋昭云：「退居私室，則思補其身過。」愚按：《聖治章》鄭君注云：「難進而盡忠，易退而補過。」可見鄭義與韋同，亦謂爲人臣補其身過也。《禮記》子言之：「善則稱親，過則稱己，則民作孝。」「善則稱君，過則稱己，則民作忠。」〔二〕故此補過，決當

〔一〕「忠者」四句，《曾子大義述》作「而後可爲人臣也」。
〔二〕《禮記·坊記》文。

爲己過。補過之義，以靜細縝密爲主，《詩·蒸民》章云：「德輶如毛，維仲山甫舉之。」又云：「衮職有闕，維仲山甫補之。」維靜細之至，而後能補過也。

將順其美，匡救其惡，故上下能相親也。

將者，扶助之義，救者禁止之義。爲人臣者，必迎機以導，順理以陳〔一〕。若疾首蹙額於私室之中，而依附唯諾於廟堂之上，是聖人之所謂鄙夫也。天下鄙夫多，乃至將順其惡，阻遏其美，國其殆哉！雖然，於傳有之：「惟善人能受盡言。」〔二〕司馬遷曰：「人君無智愚、賢不肖，莫不欲舉〔三〕賢以自爲，舉忠以自輔。然亡國破家相隨屬，而聖君治國累世而不見者，其所謂忠者不忠，而所謂賢者不賢也。」故將順匡救，雖臣子之天職，然其大要，在人君之能受盡言耳。

「上下能相親」與否，此古今中外治亂之樞紐。相親則治，不相親則亂，而能相親與否，其原在上下之情通與不通。《易》泰之《彖傳》曰：「上下交，而其志同也。」此由

〔一〕「順理以陳」句，《曾子大義述》作「委曲以言，苦心孤諸，悉寓於是」。
〔二〕《國語·周語下》載單襄公之言。
〔三〕「舉」字，原作「求」，據《史記·屈原賈生列傳》爲正。

其情通也。否之《彖傳》曰：「上下不交，而天下无邦也。」此由其情隔也。不隔而通，其情乃親。

近世有團體〔一〕之説。愚謂君臣團體，始見於《尚書》。《尚書》曰：「臣作朕股肱耳目。」蓋一人之股肱耳目，勢有所難周，故人君股肱所不及施者，臣子爲翼之爲之；目所不及觀者，臣子爲明之；耳所不及聞者，臣子爲聽之。合千萬億兆人之股肱耳目，奉之於一人，此之謂團體，此之謂上下相親。若一有膜隔，則其情不親；股肱耳目滯，而天下亂矣〔二〕。

《詩》云：『心乎愛矣！遐不謂矣！中心藏之，何日忘之。』

〔一〕指政黨組織。

〔二〕此下唐先生删《曾子大義述》所引黄道周一段注文：「忠順不失，以事其上，是士君子之孝也。士君子既以忠順自著，則亦恂恂粥粥，使上下稱恭敬足矣。而又曰：盡忠補過，將順匡救，何也？曰：惡夫愛其君之不若愛其父，敬其君之不若敬其父者也？生我者莫若父，愛我者莫若父，其父有過而猶且諫之，諫之不聽而號泣以隨之，至於君，則曰非獨吾君也，是愛敬其君，不若其父之至也。且以父爲得罪於州里鄉黨，不憚勞身以成父之名，至於君而獨不然者，寧使君取咎於天下萬世，不欲當吾身失其禄位，則是以身之禄位，重於君之社稷也。孟子曰：『《小弁》之怨，親親也。親親，仁也。』夫以怨而猶謂之孝，以盡忠匡救而謂之不忠，則君臣上下，亦泮乎如道路人而已。《詩》曰：『不屬於毛，不離於裏。』言夫上下之不相親也。不相親而親之，莫如以忠與上，以過自與，以美救惡，以惡匡美。（原按：此語不可解。）是仲尼所以取諷也。」。

遐，即何。遐不，如言何不也，謂勤也。《禮記》子曰：「事君欲諫不欲陳。」〔一〕亦引此詩四語。蓋人臣愛君之心，至於何日忘之，而後其盡忠補過，將順匡救，乃能發於至誠，而衷於至正也〔二〕。

黄氏道周曰：「愛，資母者也；敬，資父者也。敬則不敢諫，愛則不敢不諫。愛敬相摩，而忠言迸出矣。故爲子而忘其親，爲臣而忘其君，臣子之大戒也。然則忠孝之義並與？曰：何爲其然也？忠者，孝之推也，忠之於天地，猶疾雷之致風雨也。孝者，天地之經義也，物之所以生、所以成也〔三〕。以孝事君則忠，以敬事長則順，以孝事友則信，以孝事鬼神則格，以孝事天地則禮樂和平，禍患不生，災害不作。故孝之於經義，莫得而並也。《孟子》曰：『人少則慕父母，仕則慕君，不得於君則熱中。』故忠者，孝之中務也〔四〕。」按：中務，言孝中之一事耳〔五〕。

〔一〕《禮記·表記》句，鄭玄注云：「陳，謂言其過於外也。」
〔二〕此段之末《曾子大義述》有「世之視君如路人者，當日三復斯章也」兩句。
〔三〕唐先生删除《曾子大義述》之自按，文云：「愚按：忠亦天地之經義，明季諸賢體認忠字稍差，以爲如疾雷之致風雨，故多激烈之行，至石齋致命遂志，成仁取義，尤不得謂非天地之常經也。」
〔四〕「孝之中務也」句，黄氏《孝經集傳》作「孝中之務也」。
〔五〕此按語唐先生《曾子大義述》作「以孝作忠，其忠不窮」兩句。

喪親章第十八

【釋】唐先生《孝經講義》解釋此章意義云：「曾子讀《喪禮》泣下沾襟。本經《喪親章》，孝子所不忍讀也，然而不能不讀也。且喪禮之廢久矣，爲人子者至性至情，末由發見，則尤不可不講也。」〔一〕

子曰：「孝子之喪親也，

鄭君注：「生事已畢，死事未見，故發此事。」

愚按：曾子曰：「慎終追遠，民德歸厚矣。」〔二〕又曰：「人未有自致者也，必也親喪乎？」〔三〕親喪爲孝子最當慎之事。

哭不偯。

〔一〕唐先生《孝經講義（七）：五刑章、感應章、喪親章》，載《大衆》第二十八期，一九四五年，頁七一。
〔二〕《論語·學而》。
〔三〕《論語·子張》。

鄭君注：「氣竭而息，聲不委曲。」阮氏福曰：「《說文》雖無偯字，然偯字見於經傳者不止一處。《雜記》：『童子哭，不偯。』言童子不知禮節，但知遂聲直哭，不能知哭之當偯不當偯，故云哭不偯，正與此處經文同。又曾申問於曾子曰：『哭父母有常聲乎？』曰：『中路嬰兒失其母焉，何常聲之有？』鄭注：『言其若小兒亡母號啼，安得常聲乎？』所謂哭不偯，以此二證推之，益可知孝子之哭親，悲痛急切之時，自如童子嬰兒之哭不偯，不作委曲之聲；且可見曾子答曾申之言，實受之孔子，即《孝經》『哭不偯』之義也。所以《閒傳》『大功之哭，三曲而偯』，鄭注云：『斬衰則不偯，故云聲不委曲也。』《說文》云：『㥧，痛聲也。从心，依聲。《孝經》曰：哭不㥧。』此㥧字之義與偯同。《說文》所引《孝經》，當是衛宏傳許慎之《真古文孝經》。此偯字，臧氏鏞堂謂：『爲依之訛。』非也，偯實有其字，所以《禮記》曾兩見，不得以其不見於《說文》，即謂爲俗字。」〔一〕

愚按：阮氏之說是也。《禮記·喪大記》：「始卒，主人啼，兄弟哭。」鄭君注：「若嬰兒中路失母，能勿啼乎？」蓋啼者，哀痛嗚咽之至，哭不成聲也。又人痛極則

〔一〕阮福《孝經義疏補》。

號。啼與長號，皆所謂「哭不偯」〔一〕，讀曾子中路嬰兒失其母一語，痛心如刺。嗚呼！人子至此，當忍言乎！

禮無容，言不文，

鄭君注：「不爲趨翔，唯而不對也。」愚按：《禮記・雜記》：「三年之喪，言而不語，對而不問。」鄭君注：「言已事也。爲人説爲語。」凡此皆言孝子中心痛極，不能致飾也〔二〕。

服美不安，

鄭君注：「去文繡，衣衰服也。」

聞樂不樂，

鄭君注：「悲哀在心，故不樂也。」

食旨不甘，此哀戚之情也。

鄭君注：「不嘗鹹酸而食粥。」愚按：《論語》子曰：「夫君子之居喪，食旨不甘，

〔一〕唐先生《孝經講義》補充云：「不偯者，言哭無常聲，不委曲也。」

〔二〕唐先生《孝經講義》概括云：「無容，謂稽顙觸地，不爲趨翔。」並補充不文之義云：「不文，《雜記》所謂『三年之喪，言而不語，對而不問』是也。」

聞樂不樂，居處不安，故不爲也。」蓋此第爲中人言之，非爲賢者言之也。若賢者，固不當服美，不當聞樂，不當食旨，如有時服美、聞樂、食甘，則當益增其痛心，何也？蓋人子當親在之時，服美則思吾親有此服否，聞樂則思吾親聞此樂否，食旨則思吾親有此食否；迨親喪之時，服美則思吾親雖一刻無此服矣，聞樂則思吾親雖一刻無此樂矣，食旨則思吾親雖一刻無此食矣。觸物增思，何事可忘於心？記曰：「寢苫枕塊，哀親之在土也。」〔一〕吾親在土，作何景象？追之而不得，依之而不可，伴之而不能，而已忍服美乎？忍聞樂乎？忍食旨乎？故愚謂本經及《論語》之不安、不樂、不甘，第爲中人言之也。

黄氏道周曰：「子曰：『喪，與其易也，寧戚。』易則文也，戚則質也，天下之文不能勝質者，獨喪也。聖人以孝教天下，本乎人所自致而致之。冬温而夏清，昏定而晨省〔二〕；反必面，出必告；聽無聲，視無形；不登高，不臨深；不苟訾，不苟笑；不服闇，不登危：此非有物力致飾於生也。擗踊號泣，啜水枕塊；苴杖居廬，哀至則哭；

〔一〕《禮記·問喪》。
〔二〕《禮記·曲禮上》。

升降不由阼階，出入不當門隧；默而不唯，唯而不對，對而不問：此非有物力致飾於死也。凡若是者，性也。性者，教之所自出也。因性立教，而後道德仁義從此出也。夫談道德仁義於孝子之前者，抑末矣。故以喪禮立教，猶萬物之反首於霜雪也，帝王禮樂之所著根也。」〔一〕

三日而食，教民無以死傷生，毀不滅性，此聖人之政也。

鄭君注：「毀瘠羸瘦，孝子有之。」愚按：《禮記・喪服四制》曰：「三日而食，三月而沐，期而練，毀不滅性，不以死傷生也。」此即《孝經》古義。《檀弓》曾子謂子思曰：「伋，吾執親之喪，水漿不入於口者七日。」又：「樂正子春之母死，五日而不食，曰：『吾悔之，自吾母而不得吾情，吾惡乎用吾情？』」蓋曾子發於至性者也，若矯飾勉强以爲之，則毋寧三日食粥之得中矣。

黃氏道周曰：「仁孝之義存，愛敬之理得，雖死而不滅；仁孝之義虧，愛敬之理失，雖生而已傷。然則居親之喪，毀瘠過度，未失愛敬也。而惡其滅性者，何也？曰：性出於天地，身出於父母。……滅性而傷天地，傷膚而恫父母。仁人君子，則必

〔一〕黃道周《孝經集傳》卷四《喪親章》。

有以處之矣。」〔一〕

喪不過三年，示民有終也。

鄭君注：「三年之喪，天下達禮，不肖者企而及之，賢者俯而就之，再期。」愚按：《禮記·喪服四制》曰：「喪不過三年，苴衰不補，墳墓不培，祥之日鼓素琴，告民有終也，以節制者也。」此即《孝經》古義。又曰：「喪之所以三年，賢者不得過，不肖者不得不及，此喪之中庸也。」又《曾子問》曰：「『父母之喪，弗除可乎？』孔子曰：『先王制禮，過時弗舉，禮也。非弗能弗除也，患其過於制也。』」據此足徵鄭注之所本。

黄氏道周曰：「性而授之以節，謂之教，教因性也。……〔二〕知生謂之理，知終謂之道，知制謂之法。理不可喻，道不可告，因性立教，則賢者可抑而退，不肖者可挽而進也。然則上古有以毁滅性，有以喪踰制者乎？曰：未之有也。未之有而禁之，何也？曰：聖人之教也，以謂世皆孝子也。尊性而明教，欲與世之孝子共準於道。然則，是不已文與？曰：其情有餘也，而裁之質，則猶未爲文也。」

〔一〕黄道周《孝經集傳》卷四《喪親章》。

〔二〕黄道周《孝經集傳》有「三日而食粥，三年而終喪，猶三日而瞑，三年而月語也」四句；唐先生《曾子大義述》全引之，未作節删。

愚按：聖人立教，皆爲中人言之。近世人子執親之喪，未聞有能致毁者。若果毁而滅性，亦未始不可厲薄俗。故喪與其不及，毋寧過。至於喪雖有終，心則無終，是以君子有終身之憂也。

爲之棺槨、衣衾而舉之。

鄭君注：「周尸爲棺，周棺爲槨，衾謂單被，可以亢尸而起也。」嗚呼〔一〕！人子而忍舉其親乎？疾病而扶持之，愁慘之至矣。至此而舉之，尚忍言乎？《禮記》子思曰：「喪三日而殯。凡附於身者，必誠必信，勿之有悔焉耳矣！」〔二〕誠信者，盡我之心思，竭我之財力，曾子所謂自致，孟子所謂當大事是也。親死則無再生之期，亦更無再死之期。嗚呼！當斯時也，敬之慎之。

陳其簠簋而哀戚之。

鄭君注「内圓外方，受斗二升」者，愚按：簠内圓外方，簋内方外圓。

嗚呼！人子而至於哀慼其親乎？生爲視膳，未必盡心，至此雖欲再進一勺水，而

〔一〕此以下六段「嗚呼」起句，《孝經講義》修訂爲「痛矣夫」。
〔二〕《禮記·檀弓上》文。

不可得已！人子之哀慼當何如？簠簋者，非吾親所用之器也。變飲食而爲祭，變桮棬而爲簠簋，生前景象，逐日更移，人子之哀慼當何如？

擗踊哭泣，哀以送之。

哭泣，鄭君注：「啼號竭情也。」嗚呼！人子而忍送其親乎？禮，遷柩朝祖以前之祭，謂之「祖奠」[一]。所謂父母而賓客之，人子當親之殁，宜呼天而痛絶矣，然猶依乎父母之形體也，至此則并生我、鞠我、拊我之形體而去矣！永不能相依矣！故予讀「祖奠」二字，且念祖奠之情，每不覺泣下之霑襟也。

《禮記·問喪》曰：「三日而斂在牀曰尸，在棺曰柩，動尸舉柩，哭踊無數，惻怛之心，痛疾之意，悲哀志懣氣盛，故袒而踊之，所以動體安心下氣也。婦人不宜袒，故發胸擊心，爵踊殷殷田田，如壞牆然，悲哀痛疾之至也，故曰：『擗踊哭泣，哀以送之。』送形而往，迎精而反也。」「其往送也，望望然，汲汲然，如有追而弗及也。其反哭也，皇皇然，若有求而弗得也。故其往送也如慕，其反也如疑，求而無所得之也。入門而弗見也，上堂又弗見也，入室又弗見也，亡矣喪矣，不可復見已矣。故器泣擗踊，盡哀

[一]《儀禮·既夕禮》。

而止矣。」以上言葬時反哭諸事，釋擗踴哭泣，哀以送之之義，皆《孝經》古義也。

又《檀弓》曰：「擗踴，哭之至也。有算，爲之節文也。」孔疏：「每一踊三跳，三踊九跳，都爲一節。」蓋踊者，古人所以致哀而即以散哀。近喪禮不講，而擗踴幾乎廢矣。

卜其宅兆，而安措之。

鄭君注：「葬事大，故卜之。」嗚呼！人子而至於卜親之宅乎？生前遷宅，不求得父母之歡心，至此奉安體魄，不能復聞吾親之一言，此古人筮宅，所以歸哭於殯前也。《士喪禮》：「筮者，南面受命，命曰：『哀子某，爲其父某甫筮宅，度諸幽宅兆基，無有後艱。』」鄭君注：「艱，難，謂有非常，若崩壞也。」《孝經》曰：「卜其宅，兆而安措之。」蓋古時之卜兆，非如近世惑於風水之説，特期於無後艱耳。程子論葬禮〔二〕，嘗以土色光潤、草木茂盛爲吉地之驗，而又言「五患」當避。五患者，謂他日不爲道路、不爲城郭、不爲溝池、不爲貴勢所奪、不爲耕犂所及。蓋此五患者，皆所謂後艱，孝子當注意於此。準之古禮，如期即葬，而又藏之深，營之堅且固，庶乎得之。

〔二〕「論葬禮」三字，原脱，據《孝經講義》補入。

爲之宗廟，以鬼享之。

鄭君注：「宗，尊也。廟，貌也。親雖亡没，事之若生，爲立宫室，四時祭之，若見鬼神之容貌。」愚按：鄭君注《問喪》，以祭之宗廟爲設虞祭之義，與此稍異。

嗚呼！人子而忍以鬼享其親乎？聽於無聲，視於無形，平時色笑承之，惟恐不及，曾幾何時而爲鬼乎？《禮記·問喪》曰：「心悵焉愴焉，惚焉愾焉，心絶志悲而已矣。祭之宗廟，以鬼饗之，徼幸復反也。」此《孝經》古義也。夫人子之心，至於徼幸復反，是明知吾親體魄之不能復反，而徼幸神之尚存也，是孝子不得已痛極之心也。

春秋祭祀，以時思之。

嗚呼！人子而至於祭其親乎！曾子曰：「椎牛而祭墓，不如雞豚之逮親存也。」宋歐陽修述其父之言曰：「祭而豐，不如養之薄也。」親存時不能注意而忽焉，遂至於祭其親乎！《禮記·祭義》曰：「霜露既降，君子履之，必有悽愴之心，非其寒之謂也。春雨露既濡，君子履之，必有怵惕之心，如將見之。」蓋時愈變而父母愈杳，曰悽愴，曰怵惕，思之至矣〔一〕。又曰：「先王之孝也，色不忘乎目，聲不絶乎耳，心志嗜欲不忘乎

〔一〕「曰悽愴，曰怵惕，思之至矣」句，《孝經講義》修訂爲：「孝子之思愈無窮。」

心。」蓋父母愈杳，而想像愈益恍惚，曰不忘，曰不絶，思之更至矣。致愛致慤，是孝之精誠也〔一〕。

鄭君注曰：「四時變易，物有成熟。將欲食之，先薦先祖。念之若生，不忘親也。」黄氏道周曰：「以上六者〔二〕皆質也。質者，堯禹皇王所不能增，辛癸黎庶所不能減也。以六者送死，重隧犆祫〔三〕，不必有餘；懸窆羔豚，不必不足，其歸於六物者則已矣。故天子、卿大夫、士庶人等制不一，而各有以自致。不一者謂之文，自致者謂之質。文有損益，質無損益。而釋、老必欲起而亂之，卒不能亂者，是先王之教，以人性爲之根柢也。」

生事愛敬，死事哀戚。

鄭君注：「無遺纖也。」愚按：哀即愛之發，慼即敬之發。愛之不逮而出於哀，敬

〔一〕「曰不忘」五句，《孝經講義》修訂爲：「哀即愛之發，戚即敬之發。孝子知愛敬之時，終有變而爲哀戚之日，則當父母在時，益當欣欣焉冀春暉之常永矣。」

〔二〕「以上六者」四字，黄氏原文作「若是者」。

〔三〕「祫」字，原刻作「祫」。按：犆祫出《禮記・王制》「天子犆礿，祫禘，祫嘗，祫烝。」合祭曰祫。黄氏《孝經集傳》作祫。

之無及而出於慼。嗚呼！痛矣。是以孝子於生事，不勝其汲汲。孔子曰：「父母之年，不可不知也。」

生民之本盡矣！死生之義備矣！孝子之事親終矣！

鄭君注曰：「尋繹天經地義，究竟人情也。」宋王應麟《困學紀聞》云：「孝子之事親終矣，此言喪祭之終，而孝子之心，昊天罔極，未爲孝之終也。」〔一〕

愚按：王氏之説極精。蓋孝子之事親，終其身也，非終父母之身也，故其事有終極，而其心無終極。且人必能配天地，而後可謂之人。惟孝子之心，永永相傳，皆終身不忘其親，斯天地無終極，人心亦無終極，而後人能配天地。此與「父母生之，續莫大焉」義〔二〕可參觀。續者，形之配天地；無終者，心之配天地也。人而一日或忘其親，則心死形危，而世且絶矣〔三〕。

黄氏道周曰：「『孝子之事親終』，先王之道德亦終矣。先王之道德終者，何也？

〔一〕王應麟《困學紀聞》卷七。
〔二〕參《聖治章》。
〔三〕唐先生《孝經講義》補充云：「此章當與《檀弓》篇「喪禮哀戚之至」章並讀，讀之而不能啓發其良知，則非人矣。」

天地之道，有終有始。鬼神之義，一屈一伸。神明之行，始於東方，而終於北方。禮樂之情，發於憂樂，而極於敬愛。慶賞刑威，先王貴之，而有所不用也。本生則末生，本盡則末盡。以愛敬而事生，天下之人皆有以事其生；以哀慼而事死，天下之人皆有以事其死。皆有以事其生，則鉶羹藜藿，等於五鼎；皆有以事其死，則孺泣號跳，齊於七廟。故義者文也，本者質也。本盡則義備，質盡則文至。然且孝子皆有崇祀上配、富有享保之思，則是皆無有盡也。故聖人著其真質，以示其至要，曰：『先王之所教，順底於無怨者，不過若此而已。』使世之王者皆由其道，以教民愛敬，感民哀慼，養生送死，各致其質，則天下大治。《孟子》曰：『養生送死無憾，王道之始也。』」〔一〕

右經十八章，凡人倫之大要，修身立品之本，原皆在於是。而第十八章，尤爲人

〔一〕黃道周《孝經集傳》卷四。此以下，唐先生《孝經講義》補充陳澧《東塾讀書記》云：「《問喪篇》云：『入門而弗見也，上堂又弗見也，入室又弗見也。亡矣！喪矣！不可復見已矣。』《三年問》篇云：『凡生天地之間者，有血氣之屬，必有知，有知之屬，莫不知愛其類。今是大鳥獸，則失喪其群匹，越月逾時焉，則必反巡，過其故鄉，翔回焉，鳴號焉，蹢躅焉，踟躕焉，然後乃能去之。小者至於燕雀，猶有啁噍之頃焉，然後乃能去之。故有血氣之屬者，莫知於人。故人於其親也，至死不窮。』讀此二節，當無不『泣下沾襟』，使墨者讀之，亦當爲之憮然也。近代士人不讀喪禮，性情薄而風俗衰，未必不由於此矣！」

子之大事。昔曾子每讀喪禮，泣下沾襟〔一〕，爲子者日三復此章，尤足以啓發孝思，感動心志。朱子幼時題《孝經》曰：「若不如此，便不成人。」〔二〕陳氏澧曰：「朱子上告君，下教民，皆以《孝經》，學者勿以有《刊誤》之作〔三〕，而謂朱子不尊信《孝經》也〔四〕。」〔五〕

〔一〕文載《尸子》卷下。
〔二〕朱子門人兼女婿黄榦《朱子行狀》載：「先生以建炎四年九月十五日午時，生南劍尤溪之寓舍。幼穎悟莊重，甫能言，韋齋指天示之曰：『天也。』問曰：『天之上何物？』韋齋異之。就傅授以《孝經》，一閲通之，題其上曰：『不若是，非人也。』」
〔三〕指朱子《孝經刊誤》一卷。書成於宋孝宗淳熙十三年，朱子年五十七，主管華州雲臺觀時；取古文《孝經》分爲經一章、傳十四章，並删舊文二百二十三字。
〔四〕此《四庫全書總目》之説，其云：「以《朱子語録》考之，是朱子詆毁此書，已非一日。」
〔五〕陳澧《東塾讀書記》卷一《孝經》條，並舉例《甲寅擬上封事》爲「上告君」，知南康時示俗文爲「下教民」之證。

孝經救世編

孝經救世編自序〔一〕

有聖人，有豪傑，有士君子〔二〕，皆性情中人也。漢有韓信，當代稱英豪，於漂母一飯之德，感念知己，報以千金，後人名之曰投金瀨，爲其知恩而求報也〔三〕。人子之於父母，自嬰孩至成人，飲食教誨，須怙恃於其親；乃悍然不知圖報，甚者不愛其親而愛顯官，不敬其親而敬貴人。嗚呼！天下何貴有此忘恩無義之輩哉？孔子有言：「傷其親是傷其本。傷其本，枝從而亡。」〔四〕漢延篤引申之曰：「仁人之於孝，猶手足之有腹心，枝葉之有根本也。」腹心傷，手足豈有不僵哉？根本潰，枝葉豈有不萎哉？

〔一〕此序原題《孝經翼自序》（因《孝經救世編》原名《孝經翼》），發表於《學術世界》第二卷第二期，一九三六年，頁八十至八三；並載《國專月刊》第四卷第一期，一九三六年九月，頁一至三，題《孝經救世編自序》。

〔二〕「有士君子」，《學術世界》及《國專月刊》作「有賢士君子」。

〔三〕《學術世界》無「而求報」三字。

〔四〕《禮記·哀公問》文。

惟天下多無本忘恩之徒，於是意氣紛呶，爭奪相殺，倒戈相向，而生民實受其殃。吾爲此懼，爰作《孝經救世編》，期於陳義興行〔一〕。《孝經》載其綱，而此則疏其目〔二〕；《孝經》言其大，而此則涉於淺近者也。

天之蒼蒼，其有知耶？可得而察者〔三〕，氣焉而已。聖人在上，天下和平，災害不生，禍亂不作，豈因果報應之説哉？和氣積則生機暢，戾氣充則灾沴滋。平旦清明，不勝日昃澆雜，與夫瘴癘之氣。造物者扶輿磅礴於其間，生人飲之者自不覺耳。君子保合太和，蓋有道焉。《老子》曰：「樂殺人者，不可以得志於天下。」《孟子》曰：「不嗜殺人者，能一之。」五洲大戰國，僉謂非殺不足以制人。嗚呼！此痛心之論也。秦政項籍，車偈〔四〕旋覆；拿破侖、威廉第二，皆善戰無前，一則幽囚荒島，一則身敗不振；華盛頓純孝之子，崛起什伯之中，轉戰大陸，遂霸美洲，世界至今稱之。至德要

〔一〕「爰作」二句，《學術世界》作「爰作《孝經翼》，以諗來茲」。
〔二〕「疏其目」，《學術世界》作「及於節目」。
〔三〕「察者」，《學術世界》及《國專月刊》作「省驗者」。
〔四〕出《詩·檜風·匪風》「匪風發兮，匪車偈兮。顧瞻周道，中心怛兮。」「車偈」句，唐先生《詩經大義》曰：「偈偈疾驅，匪有道之車，旋轉不定。」比喻反復無常之不仁之政。

道，好仁無敵。推諸東海，此心同此理同也；推諸西海，此心同此理同也。而吾國獨迂闊視之，不知其何心也〔一〕？

吾於是徵諸經學，將以「五福」錫庶民，壽考康寧等是也。《詩·大雅·既醉》：「五福咸備，威儀孔時，君子有孝子，孝子不匱，永錫爾類。」是爲休徵；不孝不弟，是爲咎徵，而「六極」憂貧惡弱隨之。《易繫》「子克家」「意承考」，《書》美克諧以孝，世之盛也。《詩》詠永言孝思，遹追來孝；迨其衰也，變風變雅，疾痛慘怛而呼父母怨矣。《儀禮》六禮特重喪祭，漢大小戴爲之傳義。「慎終追遠，民德歸厚」，至喪祭之禮廢，倫紀秏斁，人道幾於滅絶〔二〕。《周禮·大司徒》以鄉八刑糾之，一曰不孝之刑。蓋五刑之屬三千，而罪莫大於不孝。春秋世衰，邪説暴行有作，孔子志在《春秋》，行在《孝經》。《春秋》深塞逆源，所以誅天下之亂臣賊子；《孝經》和順道德，所以培天下之孝子忠臣。凡兹六經，靡不以孝爲質幹。漢鄭君曰：「孔子以六藝題目不同，指意殊

〔一〕此下，《孝經救世編》。删《學術世界》《國專月刊》並有：「《孟子》曰：『天時不如地利，地利不如人和。』夫戰術詎非今之急務哉？惟當正其本，保元氣而致人和，俾民心固結而已矣。」

〔二〕「人道幾於滅絶」句，《學術世界》《國專月刊》並作「人心遂不可問」。

别，故作《孝經》以總匯之。」《孝經》爲羣經鈐轄，洵篤論哉〔一〕！蓋天經地義，本教所由生；天理民行，萬世不能滅。

吾於是徵諸政治學。「孝乎惟孝，友于兄弟，施於有政」，孔子引《君陳篇》之辭。《孟子》老幼及人，人人親其親、長其長而天下平，義即衷是。《論語》以仁、政分言，《孟子》以仁、政合言，「堯舜之道，不以仁政，不能平治天下」，孝弟而已矣。孝弟者，仁本，即政本也。俯仰千百年，上契周文，下道齊桓，聖德霸功，有宜於今者，有不宜於今者，而其歸本於孝則一。周文家法，著於《康誥》，曰：「元惡大憝，矧惟不孝不友，天惟與我民彝大泯亂，其速由文王作罰，刑兹無赦。」文王爲子止孝，發政施仁，民無凍餒之老者；風化純懿，自岐周達於江漢汝濆，千古孝子之模範，即千古仁政之典型。《孟子》雖黜五霸，時稱桓公爲盛，葵邱之會，首曰誅不孝。《齊語》載桓公親問鄉長，有慈孝於父母，發聞於鄉里者，則以告；有拳勇股肱之力，秀出於衆者，則以告；有不慈孝於父母，不長悌於鄉里，驕躁淫暴，不用上令者，則以告：是其倡慈孝之德，寓於訓練壯丁之中，等而上之，「謹庠序之教，申孝弟之義」，彬彬乎周禮遺規矣。後

〔一〕「洵篤論哉」句前，《學術世界》《國專月刊》有「大儒之言」四字。

世政治家體「孝慈則忠」之旨，「文王我師也」，其次齊桓可取爲法。

大同之説烏乎始？始於《洪範》之彝倫攸叙，人倫明而後天叙天秩定，萬事得所措手，孔子正名之學也。《禮運》大同奥旨在修十義，而以父慈子孝爲首，廣之能以天下爲一家，中國爲一人，視天下猶吾身體髮膚，人民土地有受損者，猶吾身體髮膚之有疾痛也，夫是之謂大同。宋横渠張子作《西銘》，以乾坤爲大父母，民吾同胞、物吾同與也，而歸功於存心養性。吾於是而知人生不忍之心，與天地生生之機相通也。齊宣不忍殺一牛，孟子與之以王，冀其「以不忍人之心，行不忍人之政」。若人盡澌其所不忍，則率獸食人，人類之滅久矣。《康誥》曰：「如保赤子。」《孟子》曰：「乍見孺子將入於井，皆有怵惕惻隱之心。」今〔一〕吾國人民皆如赤子之匍匐入井矣，父母之心何如乎？然而世多昧焉不知者何也？吾於是而知「良知之學」，足以救人心也。《易傳》曰：「乾以易知，坤以簡能。」《孟子》申其義，謂「不慮而知者爲良知，不學而能者爲良能」，親親敬長，在家庭爲愛敬，達之天下爲仁義。明陽明王子遂倡「致良知」之學，充知覺於萬事萬物。且夫生斯世也，知覺靈警爲應變之權輿。然本心之知不良，

〔一〕「今」字，《國專月刊》同；《學術世界》作「乃」。

將日流於欺詐營〔一〕私，而爲賊仁賊義之漸。伊尹之先知先覺，要在堯舜其君民。不養良知，豈能〔二〕先知？「孝弟之至，通於神明，光於四海」，其致良知之極功乎？然則，《孝經》學其必本於性理學乎〔三〕？

或者曰〔四〕：「子之學説，恐不能行。家族主義，今人唾而棄之，放而廢之，誠以厚於家者不能忠於國，韓非子之譏孔子，見本書《不孝嚴刑篇》所引。子獨不聞之乎？」應之曰：斯言也，所謂貉道，居中國而欲去人倫者也。法家之與儒家，勢不相容。吾嘗疑荀卿《非十二子》《性惡》兩篇，爲李斯所羼雜。韓非之罪，雖亞於李斯，而實不減於商鞅。其忘本欲覆韓，而卒至自殺，天道固不遠矣。親親仁民，仁民愛物，聖人自有推暨之道。權，然後知輕重；度，然後知長短。今輕重長短之不知，故爲大言以媚於世。家族生義既破，而自私自利之心愈重，何嘗收愛國之效？悲夫！

〔一〕「營」字，《學術世界》《國專月刊》作「行」。

〔二〕「豈能」後，《學術世界》《國專月刊》有「造於」兩字。

〔三〕此下《學術世界》《國專月刊》有：「天命之謂性，盡萬物之性，立生民之命，非大孝者其誰與歸乎？謹揭宗旨，用誌萬世。」

〔四〕「或又曰」至篇末，《學術世界》《國專月刊》無。

或又曰：「子之學説，必不能行。今兹以侵略殺人爲當務之急，慘毒不知何底？子亦既知之矣！而乃倡和平不忍之論，傎哉！」

應之曰：斯言也，莊周所謂「朝菌不知晦朔，蟪蛄不知春秋」者也。夫生生者，天地之心也。好生者，生民之性也。剥極必復，否極必傾。一消一息，運會之常。一蛇一龍，物極則變。迨夫途盡車迴，人心厭亂，當數十年百年之後，聞吾之學説，必有如響斯應者。惟其慘毒之至，必當救之以和平。世人徒知揣摩風尚，曰：「彼殺人，我亦殺人。」豈不尤可悲夫？且吾所謂和平不忍者，非自弱也。以此爲體，而人民禦侮之心乃益固爾。嗚呼！後來之世界，豈淺見寡識所能測哉！

略例

一、著書之例，有志在救百世者，有志在救當時者。救百世者引而不發，能者從之，如漢鄭君、宋朱子是也。救當時者，切中時事，激發人心，如宋陸子、明王子是也。是編爲初學講貫，竊附於救時之義。隨講隨編，故體例未臻完備，達者諒之。

一、《孝經》之義，無所不包。是編分三卷，爲目十有五，不足盡《孝經》精義，然修身立品落落大者，已具於是，學者推類以求之可矣。

一、是編引經次第，有偶爾雜置者，有節録原文者。因係講義體裁，故未能畫一。好學深思者，當不以此苛求也。

一、道德教育，本於性情。《禮記》曰：「孝弟忠順之行立，而後可以爲人。」可見性情正而後人格立。《孝經》者，性情教育之書也。學者於本經外能熟讀茲編，則於涵養性情之道，必能深造自得矣。

一、通經以躬行心得爲主。然不能熟讀本經，何有於心得？更何有於躬行？

《孝經》學之最精者，以明代黄石齋先生《孝經集傳》與吾友吴縣曹君叔彦《鄭氏箋釋》爲最。是編採二家説爲多，每篇末並加總按語，以挈綱領。

一、爲初學講解，以徵引事實爲上。古來孝弟之行，多有可歌可泣者。後之讀是編者，儻能廣引史事以證之，補其不逮，幸甚。

孝經救世編卷一〔一〕

孝德宏綱篇第一

【釋】此篇並載《國專月刊》一九三六年十一月第四卷第三號；《學術世界》一九三六年第二卷第二期。《國專月刊》開篇乃三首《詩經》作品，《孝經救世編》抽出另置：第一首《唐風・鴇羽》及第三首《小雅・蓼莪》，置於卷三《移孝作忠第十一》；第二首《小雅・小宛》則删除。又《續孝德宏綱篇》，載《學術世界》第二卷第三期（一九三七年，頁一至三），内容已涵括於本篇之中。

〔一〕卷下唐先生自注云：「原名《孝經翼》。」

《論語・學而》篇

有子曰：「其爲人也孝弟，而好犯上者鮮矣。不好犯上而好作亂者，未之有也[一]**。**犯上，謂干犯在上之人。鮮，少也。作亂，則爲悖逆爭鬭之事矣。**君子務本，本立而道生。孝弟也者，其爲仁之本與！」**

此言和氣之可以消戾氣也[二]。人性至善，豈有好犯上好作亂者？乃叔季之世，多有好之者，何哉？一則由於氣質之乖戾；一則染於氣習之浮囂，以爲不如是，不足以驚世駭俗而得高名也。於是國民多好犯上作亂，國性澆漓，而天下大亂矣。阮文達《論語解》謂此章兼《孝經》《春秋》之義。蓋《春秋》誅亂臣賊子於已然之後，《孝經》杜亂臣賊子於未然之先。說極精確。

「君子務本」節，劉向《說苑》引作孔子語。或謂「本立而道生」，乃古逸詩句[三]。木著

[一] 唐先生《孝經講義（八）：孝經翼（《論語》論孝）》云：「此節當與《孝經・五孝章》參讀。」載上海《大衆》雜誌第二十九期，一九四五年，頁七三。

[二] 「此言」句原無，該句總提義理，乃唐先生《論語大義》所强調者，唐先生《孝經講義》並存之，乃是先生一貫之說，故今據《考經講義（八）：孝經翼（《論語》論孝）》補入。

[三] 阮元《論語解》之說。

於地謂之本，「仁人之於孝，猶枝葉之有根本也」。使木而離地，則立槁矣，是猶幼子之離父母也。「本立」即《中庸》所謂「天下之大本」，「道生」即《中庸》所謂「天下之達道」〔一〕。中和之德，充於家庭，皆中和之氣也。《中庸》「立天下之大本」，鄭注：「大本，《孝經》也。」

「孝弟爲仁之本」，即《尚書》親睦九族，推之平章百姓，協和萬邦。《孟子》所謂「親親而仁民，仁民而愛物。推恩以保四海。」聖門論孝，必極其量於天下，不限於一身一家也。《初學記》引鄭本「爲仁」作「爲人」，不足信〔二〕。

《論語·學而》篇

子曰：「父在觀其志，父没觀其行。三年無改於父之道，可謂孝矣。」父在，子不得自專，而志則可知。父没，然後其行可見。故觀此足以知其人之善惡。

朱注引尹氏曰：「如其道，雖終身無改可也。如其非道，何待三年？然則三年無

〔一〕唐先生《孝經講義》云：「當與《中庸》大本達道參讀。」

〔二〕唐先生《孝經講義》補充云：「手足痿，腹心豈有不痛者？枝葉摧，根本豈有不傷者？春秋之世，兼愛之説漸萌，人倫寖廢，故《大學》亦曰：『其本亂而末治者，否矣。』司馬遷《屈原傳》曰：『父母者，人之本也。人窮則反本，故……疾痛慘怛，未嘗不呼父母也。』嗚呼！人而忘本，尚得爲人乎？故《初學記》引鄭君本『爲仁』作『爲人』。」此先生所反覆者，故並列焉。

改者，孝子之心，有所不忍故也。」汪氏容甫謂：「無改者，爲其合於道也。三年可概以終身。有非道者，改之可也。」其説甚辯。吾友曹氏叔彦謂：「三年，指居喪而言。苟非大無道之人，事關民生休戚、國家存亡，何至斬焉在憂服之中，改絃更張，急不能待。」且引鯀、禹、厲、宣事爲證。

愚謂：曹氏説正當不磨。《禮記・祭法》篇「禹能修鯀之功」；《楚詞・天問》篇「纂修前緒，遂成孝功」；酈道元《水經注》「龍門」以下，猶有所謂鯀堤者，以鯀之惡，禹猶能修其功而底於善。周宣王時詩，無一語及厲王之失，皆可謂孝矣。自此義不明，爲人子者動欲顯親之短，揚己之長，以妄作聰明。本實先撥，居心不可問矣。

又按：《子張》篇論孟莊子之孝，當與此章參看。

《論語・爲政》篇

子夏問孝。子曰：「色難，有事，弟子服其勞。有酒食，先生饌。曾是以爲孝乎？」色難，謂事親之際，惟色爲難。先生，父兄也。饌，飲食之也。

鄭注言「和顔悦色是爲難。」朱注引《禮記・祭義》篇：「孝子之有深愛者，必有和氣。有和氣者，必有愉色。有愉色者，必有婉容。」故事親之際，惟色爲難，是指人子之顔色而言。包氏謂：「承順父母，色乃爲難。」是指父母之顔色而言。

愚謂：色難，當兼父母之色與人子之色而言。太和之氣，周浹於家庭，此其所以爲難。是乃天地間生理生機之所發見也。《孟子》曰：「樂則生矣，生則惡可已也。惡可已，則不知足之蹈之，手之舞之。」必父母之色與人子之色，訢合無間，其和氣發於無形之中，是乃所謂生理生機也。子曰：「父母其順矣乎？」是不獨父母與人子之色，即父與母之色，亦或有未能一致者。孝子當巧變以安之，則尤難矣。言念及此，人子體察本心，培養愛情，當復何如？若僅僅周旋膝下，承望顔色，不過偏端而已，至服勞奉養，未足爲孝。蓋就聖門賢者而言，《禮》云中孝用勞〔一〕，又云其下能養；《孝經》言「謹身節用，以養父母」；古人有聞其父叱犢而泣下者〔二〕，若能盡己之力，代勞善養，亦未始非孝。聖人斯語，蓋爲賢者發爾。

《論語·里仁》篇

〔一〕《大戴禮記·曾子大孝》云：「孝有三：小孝用力，中孝用勞，大孝不匱。」
〔二〕《二十四孝·趙志聞聲》事。

子曰：「事父母幾諫，見志不從，又敬不違，勞而不怨。」幾，微也。見志，默察父母之志，不能從己也。不違，順父母之命也。勞，憂勞也。

《大戴禮記·曾子事父母》篇

曾子曰：「愛而敬父母之行，若中道則從，若不中道則諫。諫而不用，行之如由己。孝子之諫，達善而不敢爭辯。爭辯者，作亂之所由興也。由己爲無咎則寧，由己爲賢人則〔一〕亂。」

此皆人子心理之所感發也。幾諫者，或云相幾而諫，與微諫義亦通。「幾諫」一層，「見志」一層，「不從」又一層；「敬」一層，「不違」又一層；「勞」一層，「不怨」又一層：僅十七字，而有七層意義，惟《論語》記載有此精密文法。「見志」者，以人子之心理，默察父母之心理，《曲禮》所謂視無形、聽無聲也〔二〕。而其最要者，尤在「不違」二字。不違者，非以從親之令爲孝也。蓋父母有過而使子行之，則於不違之中，必當彌縫其闕，匡救其失，而使其過消弭於無形，是以憂勞籌劃也。

〔一〕「則」字，孔廣森《大戴禮記補注·曾子事父母第五十三》卷四作「作」字。
〔二〕「見志者」四句，原無，據唐先生《孝經講義（八）：孝經翼（《論語》論孝）》補入。

「事父母」篇又載曾子曰：「孝子惟七變，故父母安之。」巧變者，非變詐之謂，乃至誠所感發也。須知此章所言，乃謂父母有大過，所謂得罪於鄉黨州閭之事，若係家庭細故，而亦斷斷焉曰「將幾諫也」，則非孝子之心矣。

至《大戴禮記》所載，更足發明《論語》之義。「行之如由己」者，父母之行，即己之所行也。巧變在其中，則父母處於無過之地，故無咎。「由己爲賢人」，自矜其賢，而〔一〕揚父母之過，故亂。爭辯者，爭是非也。兄弟爭是非猶不可，況對於父母乎？或曰：「《孝經》言當不義則爭之，何也？」曰：此「爭」字謂婉言以道之，非辯也。若爭辯，則逞意氣而責善矣。《孟子》曰：「父子相夷則惡矣。」又曰：「父子責善，賊恩之大者。」

《論語·里仁》篇

子曰：「父母在，不遠遊。遊必有方。」方，向也。欲父母知其所在之地，召己，可以即歸也。

父母之年易盡也，遊一日則少一日，故人子以不遊之福爲最大〔二〕。然有不得不遊

〔一〕「巧變在其中」至此，原無，據唐先生《孝經講義（八）：孝經翼（《論語》論孝）》補入。

〔二〕唐先生《孝經講義（八）：孝經翼（《論語》論孝）》修訂此句曰：「人子能不離膝下，春暉永駐，其福最大。」

者，或求學也，或就業也，或從政也，此在父母若係獨子，或最鍾愛之子〔一〕，當離别時，或有牽衣隕涕者；即不然以大義相勉，而其淒然之意，常在無形之中，夢魂之隨其子，醒時有涕泣者矣。而人子之夢魂，依依於几杖，戀戀於庭闈，思之能毋恫乎！《戰國策·齊策》王孫賈之母曰：「汝朝出而晚來，則吾倚門而望汝。暮出而不還，則吾倚閭而望。」母蓋勉賈移孝作忠，報齊閔之仇，當詳考原文。夫父母之情若是，人子之情，其何以堪〔二〕？然《禮記·内則篇》有言：「男子生，以桑弧蓬矢射四方。」欲其尚武而有事於四方也，則安得而不遊？故聖人垂教曰「遊必有方」。雖然，既遊矣，或值父母疾病之時，人子有晏然歡樂而不知者矣！有聞疾奔赴而無及者矣！故人子以不遊之福爲最大。

文治年二十五，處館天津大沽，因吾母多病，臥寐不寧，每當平旦披衣，輒思念吾親不止。《詩》云：「明發不寐，有懷二人。」〔三〕天下人子，必有同情。曾作《父母在不

〔一〕「或最鍾愛之子」句，據前揭《孝經講義》補入。

〔二〕唐先生《孝經講義（八）：孝經翼（《論語》論孝）》補充云：「聖人立遠遊之戒，蓋不得已之言也。若至於涕泣辭墓之日，終天抱恨，其何及矣！」

〔三〕唐先生《孝經講義（八）：孝經翼（《論語》論孝）》補充以下文句云：「蔡邕《琴操》載曾子遊學聖門，一日早起，作思親歌曰：『歔欷歸耕，來日安所耕？歷山盤兮欽崟。』孝親者宜譜是歌以傳之。唐狄仁傑授并州法曹參軍，親在河陽，登太行山，仁傑見白雲孤飛，謂左右曰：『吾親舍其下。』瞻悵久之，雲移乃去，可謂孝思不匱矣。」

遠遊》制義以自戒，其後比及結處云：「行邁靡靡，中心如醉。得我父慰勞之語，不覺悲從中來。冬日烈烈，豈曰無衣？念我母縫紝之艱，曷禁愴焉欲涕？乃後世不孝之徒，良心泯滅；其於父母，譬若鷙鳥，飢則相依，飽則颺去：此天道之所深惡，亦人道之所必誅也。」回憶此文，已近五十年，鮮民之生，不如死之久矣。故特申聖人之訓，而補之曰：「人子以不遊之福爲最大。」雖然，不遊而不能盡其孝，近依膝下，遠如萬里，其良心又安在乎？故不遠遊者，必當曲盡孝道，斯爲能享不遊之福。

《論語·里仁》篇

子曰：「父母之年，不可不知也。一則以喜，一則以懼。」喜者，喜父母之壽。懼者，懼父母之哀。

人生凡事皆可追補，如求學之時，辦事之時，皆可追補。惟事父母之年，則一往而不可復得。故聖人不曰父母之年當知，而曰父母之年不可不知，蓋喚醒萬世爲人子者之良知也。人子而不知父母之年，其良知安在乎？喜懼二字，要看得活〔一〕。以

〔一〕「要看得活」句，唐先生《孝經講義（八）：孝經翼（《論語》論孝）》作「未可拘説」。

常理言之，父母在五十以前，則喜時多而懼時少。在五十以後，則喜時少而懼時多。然當父母强健，則往往而喜；當父母疾病，則往往而懼。故一則以喜，一則以懼，常往來於胸中，所謂喜懼交併也。

然更有在無形之中，人子不可不知者。大抵父母年齡之長短係於心境之鬱舒，心境而愉快也，則年齡自然久長；心境而抑鬱也，則年齡自然迫促。故父母之壽與不壽，實視乎人子之孝與不孝。由是思之，其爲喜乎？其爲懼乎？當兢兢業業，求所以永父母之天年矣！故曰不可不知也。

以上引《論語》六章、《大戴禮記》一則，皆孝德大要。深望萬世爲人子者，於父母之年不能追補一層，千萬注意，唤醒良知，及時盡孝。若貽悔於後來，已無及矣。

《禮記·祭義》篇〔一〕

曾子曰：「孝有三，大孝尊親，其次弗辱，其下能養。」又曰：「孝有三，小孝用力，中孝用勞，大孝不匱。思慈愛忘勞，可謂用力矣。尊仁安義，可謂用勞矣。博施備物，可

〔一〕自此以下四節，又題《續孝德宏綱篇》，載《學術世界》第二卷第三期，一九三七年，頁一～三。

謂不匱矣。」「思慈愛忘勞」，思父母之慈愛，已而自忘己之勞苦〔一〕。

此萬世人子之格。大孝聖人，其次賢人，其下亦可進於君子。《孝經》言：「嚴父配天。」《孟子》言：「孝子之至，莫大乎尊親。尊親之至，莫大乎以天下養。」後儒疑爲開僭竊之端，且謂，如此則孝子將有所窮。不知虞、舜、周公之尊親，乃極其分量之所至，非謂孝子必以天下養也。

黄石齋先生謂：「雖在畎畝之中，而事親如事天，儼然有嚴父配天之義。」能使其親爲聖賢之親，豈非大孝乎？「弗辱」者，「仰不愧於天，俯不作於人」，豈非賢者乎？「能養」以養志爲先，口體次之。古聖人之孝，非僅一人修門内之行，必使天下之人，皆有以盡其孝。故不匱有二義：一、盡性之學，盡其性以盡人性、盡物性，文王之制田里、教樹畜是也；一、錫類之仁，「孝子不匱，永錫爾類」，「舜盡事親之道，而天下爲父子者定」是也。

博施，《論語》所謂「博施濟衆」。備物，《易傳》所謂「備物致用」，《禮》所謂「無所

〔一〕此鄭玄注文。

不順者謂之〔一〕備」，德行充周而不窮，非聖人而能若是乎？尊仁則能尊德性矣，安義則必由正路矣。用勞，謂有功勞於一家一國也。思慈愛忘勞，能思即不忘父母之恩，自然能養矣。立是三者以爲標準，孝子時存取法乎上僅得乎中之意，勉勉孜孜，由君子而進於賢者，由賢者而造於聖人，不可稍自限也。

《中庸》論虞舜之孝，雖及於受命，要之曰「栽者培之，傾者覆之」，傾覆者，不孝之極也。贊文王之無憂，要之曰「父作子述」，不能述者，不孝也。贊武王、周公之達孝，要之曰「善繼人之志，善述人之事」，不善繼、不善述者，不孝也。終極於「郊社之禮，禘嘗之義」，治國示諸掌，可謂精微廣大矣。然曾文正有言：「立德立言，在己者也。立功，視乎際遇者也。」悔愁之士，毫無功業，惟知奔競富貴，欲求勞其親，實有大謬不然者。

《大戴禮記·本孝》篇曰：「孝子居易以俟命，不險行以徼幸。」《曲禮》曰：「孝子不服闇，不登危，懼辱親也。」服闇者，爲暗昧之事。登危者，履危險之場。二者辱己，即辱親也。爲子者必絶行險徼幸之心，而後可入孝子之格。

〔一〕原作「之謂」，《禮記·祭義》作「謂之」，據《禮記》爲正。

《大戴禮記·曾子疾病》篇

曾子曰：「親戚不説，不敢外交。近者不親，不敢圖遠。小者不審，不敢言大。故夫人之生也，百年之中，有疾病焉，有老幼焉，君子思其不可復者，而先施焉。親戚既殁，雖欲孝，誰爲孝乎？年既耆艾，雖欲弟，誰爲弟乎？故孝有不及，弟有不時，其此之謂與？」親戚，謂父母。六十曰耆，五十曰艾。

《韓詩外傳》七

曾子曰：「往而不可還者親也，至而不可加者年也，是故孝子欲養而親不待也，木欲直而時不待也。是故椎牛而祭墓，不如雞豚逮親存也。故吾嘗仕齊，爲吏，禄不過鍾釜，尚猶欣欣而喜者，非以爲多也，樂其逮親也。既殁之後，南游於楚，得尊官焉。堂高九仞，榱題三圍，轉轂百乘，猶北向而泣涕者，非爲賤也，悲不逮吾親也。故家貧親老，不擇官而仕。若夫信其志，約其親者，非孝也。《詩》曰：『有母之尸饔。』」至，老至也。椎牛，宰牛。鍾，六斛四斗。釜，六斗四升。榱，桷也。題，頭也。信，與伸通。尸，主饔熟食也。

《大學》曰：「其所厚者薄，而其所薄者厚，未之有也。」《中庸》曰：「不順乎親，不信乎朋友矣。」豈有不能承順其父母，而能與國人交哉？世人輒欲於所薄者厚，不愛其親而愛他人，卒至倫紀乖而天性滅矣。矜言遠大，毫無事實，是浮夸之徒也。「人之生也」以下，與「父母之年」章參看。人生不過百年，事親之日，至多不過四五十年。譬如親年至七八十，求其如五六十，不可得也。親年至六七十，求其如四五十，不可得也。《禮記·三年問》篇：「三年之喪，若駟之過隙。」要知事親之日亦不啻駟之過隙，故曰：「往而不可還者親也，至而不可加者年也。」君子思其不可復者而先施焉。先施之道奈何？勤學立品，修身揚名，以承父母之歡，永父母之年而已。誠懼夫孝有不及，子欲養而親不待也。迺末俗澆漓，伸其志而約其親者，比比皆是。《詩》曰：「有母之尸饔。」曾亦思吾母辛勤尸饔以養我，而我竟漠然無動於中，未嘗報恩於萬一也！其食尚能下咽乎哉？

又按：蔡邕《琴操》載：「《曾子歸耕》者，曾子之所作也。曾子事孔子十有餘年，晨覺眷然〔一〕念二親年衰，養之不備，於是援琴而鼓之曰：『往而不反者年也，不可得而再事者親也。歔欷歸耕，來日安所耕？歷山盤兮欽崟。』以上歌詞。」嗚呼！曾子當求

〔一〕「眷然」二字脱，據蔡邕《琴操》卷下《曾子歸耕》文補入。

學之時，而念念不忘其親若此。「不可得再事」句，尤沉痛。孝親者，宜譜是歌以傳之〔一〕。

《孟子·離婁》篇

孟子曰：「天下大悦而將歸己，視天下悦而歸己猶草芥也，唯舜爲然。不得乎親，不可以爲人。不順乎親，不可以爲子。得者，曲爲承順，以得親心之悦而已。順則有以諭之於道，心與之一，而未始有違也。**舜盡事親之道而瞽瞍厎豫。瞽瞍厎豫而天下化，瞽瞍厎豫而天下之爲父子者定，此之謂大孝。」**厎，致也。豫，逸樂也。

此章非空言贊舜也，蓋示萬世人子之標準，當以舜爲法也。先儒謂人子之身，莫非父母所賜，而乃有不得而不順者，既致親怒，復促親年，是以不可爲人，不可爲子，此説是矣。然猶言其粗也。蓋視天下之歸己猶草芥，固屬舜之心理。而「不得乎親」四句，亦係曲摹舜之心理。得者，欲得親之歡；順者，欲順親於道。舜之心理，常常如此，故能盡事親之道。宋羅仲素先生謂：「天下無不是底父母。」魏了翁先生聞而

〔一〕「又按」至此，本段《續孝德宏綱篇》無。

善之,或笑以爲迂〔一〕。愚謂:父母若有不是之處,人子先已不是。《禮記·祭義》篇:「諭父母於道。」諭者,喻也,謂能先親之意,承親之志,以曲喻吾親於道,俾吾親之過,消弭於無形。若親有不是之處,人子所爲何事乎?「天下化」以心理言。「天下之爲父子者定」,以名分言。唐虞之世,五品不遜,倫紀初明。舜躬行孝道以帥天下,於是家庭中無計較是非而相爭者矣,此之謂大孝。朱子謂:「爲子者知天下無不可事之親,於是莫不勉而爲孝。」「至於其親亦莫不慈,所謂化也。」深得經意。《孟子》曰:「舜,人也。我,亦人也。舜爲法於天下,可傳於後世。我猶未免爲鄉人也,是則可憂也。憂之如何?如舜而已矣。」是明示萬世人子之標準也。

《孟子·離婁》篇

〔一〕事載朱子《孟子集注·離婁》章注,並朱子《小學》外篇「嘉言第十八」(劉宗周《人譜》卷上載之),文云:「羅仲素讀『瞽瞍厎豫而天下之爲父子者定』,云:『只爲天下無不是底父母。』了翁聞而善之曰:『惟如此,而後天下之爲父子者定。彼臣弑其君,子弑其父,皆始於見得有不是處耳。』」按:羅從彦(一〇七二~一一三五),字仲素,福建南平人;紹興二年(一一三二)進士,任廣東博羅縣主簿;楊時門人,朱子父朱松之師,得二程正統之傳。魏了翁(一一七八~一二三七),字華父,號鶴山,四川邛州蒲江人;慶元五年(一一九九)進士,官至權禮部尚書兼直學士院。

孟子曰：「大人者，不失其赤子之心者也。」

《孟子・萬章》篇

人少則慕父母，知好色則慕少艾，有妻子則慕妻子，仕則慕君。不得於君，則熱中。大孝終身慕父母。五十而慕者，予於大舜見之矣。熱中，中心熱而求得於君也。

赤子之心，良心也。何以見其良？蓋赤子之心誠，誠則專，專故不雜。何以見其不雜？蓋赤子之心，知有父母而已。晝則慕其父母也，夕則慕其父母也，時時日日而常慕其父母也。雖鞭笞之餘，而必依其所也；雖號泣之久，而逾時即復也；皆所謂誠也、專也、不雜也，是良心也。重讀「人少則慕父母」句，可見人人皆有良心，而鮮不失者何也？少艾，妻子；慕君，熱中。特舉其重者耳。其他奪孺慕之心者，不一而足。故惟終身慕父母者，能不失其赤子之心。

大舜之慕，限以五十者何也？人生五十以前，血氣未定，嗜欲未清，常有移其慕於他事者。至五十而血性漸定，嗜欲漸清，可以概其終身矣。《孝經》曰：「夫孝始於事親。」人子稱父母曰親，自親生之膝下，以迄壯强，由親而日益疏。迨父母既没，則由疏而日益遠，痛何如矣！古聖人定父母之名曰親，言終身宜親之也。

曹真予先生曰：「聖人之孝，特赤子之孝耳。赤子孕於母腹，母呼亦呼，母吸亦吸，愛之始也。出胎未有不啼者，其愛違也。得母未有不安者，其愛得也。吾人潛心默思，誰不嘗爲赤子？誰不原有愛父母之真心？昔何以愛？今何以不愛？昔何以愛之真？今何以愛之不真？無乃知識開，血氣動，應接繁，視聽亂，妻情子念膠其中，流俗淫朋薰其外，遂至失其故態耳。由是憬然悟，躍然興，銷其邪心，還其真心。守其身以愛其親，如赤子之初而止。斯爲至孝矣！斯善學聖人者矣！」〔一〕釋《孟子》此二節，最爲精切。

以上引曾子語三條、孟子語三條，定孝子之格，感孝子之心，要當以虞舜爲法。「有爲者亦若是」〔二〕，勿昧我良知。

附録：孝經宏綱大用〔三〕

【釋】唐先生此篇講義精辟之處，在讀經四義之全新體會，超越向來二分經義爲著義、微義

〔一〕曹于汴《節孝祠會約序》文，載《仰節堂集》卷一一。又題《孝親説》，見引於李顒《堊室類感》。謹按：曹于汴（一五五八～一六三四），字自梁，號真予，山西運城人；萬曆二十年（一五九二）進士，官至吏科給事中，篤學敢言。

〔二〕《孟子·滕文公上》引顏淵云：「舜何人也？予何人也？有爲者亦若是。」

〔三〕載《交通大學演講録》第一集上卷「經學心學類」第三期。

之法。

《禮記·中庸篇》曰「立天下之大本。」大本者何？孝是也。又曰：「中也者，天下之大本。」中者何？喜怒哀樂之未發是也。喜怒哀樂之未發，藹然悱惻，纏綿而不可解，斯人所以生之機也，故《孟子》曰：「樂則生矣，生則惡可已也，惡可已，則不知足之蹈之，手之舞之。」人子之於父母，繫於悱側纏綿不可解之天性。故家庭之間，一愛情而已矣，一和氣而已矣。和於家庭，而後能和於社會；和於社會，而後能和於政治；惟和於政治，而後能和於光天之下，至於海隅蒼生。人情莫不樂生，君子本此悱惻纏綿不可解之性，擴而充之於萬民，於是愛情結，和氣滋，生機日暢，而千古之人道乃不至於滅息。此孝道之大，所以推諸東海而準，推諸西海而準，推諸南海北、海而準也〔一〕。

而近世乃欲破家族主義，絶滅天性，實則害於國、凶於邦。嗚呼，謬矣！孔子曰：「我志在《春秋》，行在《孝經》。」《春秋》誅伐天下之亂臣賊子，《孝經》培養天下之忠臣孝子，故本經《孝治章》謂：「明王以孝治，天下和平，災害不生，禍亂不作。」然則，孝之爲道，豈不廣且大哉？吾輩欲以學説救世，當先講《孝經》。兹先將講貫法及實踐法略示門經，望諸生推廣研求之。

〔一〕此一段出唐先生《孝經救世編自序》。

《孝經》講貫法

凡講經之法，當引申觸類，曲暢旁通，如本經《開宗明義章》曰：「身體髮膚，受之父母，不敢毀傷，孝之始也。立身行道，揚名於後世，以顯父母，孝之終也。」此兩節皆有淺義、深義、廣義、旁義。

「身體」節：淺言之，謹言慎行不罹刑罰是也；深言之，保身體即以保心性聰明，父母全而生之，子當全而歸之；廣言之，視中國猶一人，普天下皆吾身體髮膚，百姓有一毀傷者，猶吾身體髮膚之受毀傷也；又有旁義，《禮記·祭義》篇曾子曰：「戰陣無勇，非孝也，若臨陣而畏怯，即大不孝，故不毀傷忠愛之天性，即不毀傷其身體髮膚。」孔曰成仁，孟曰取義，正所以爲孝。

「立身」節：淺言之，人生最要者在自立，惟立身而後能行道，惟行道而後能揚名也；深言之，父母之名本當顯著，惟爲子者不能立身行道，而父母之名乃毀，要知所立之身，即父母所傳之身，所行之道，即父母所教之道，《禮記·内則》篇曰：「將爲善，思貽父母令名，必果。」夫然後能顯父母也；廣言之，則傳嬗道統，教育天下英才，俾之皆立身行道，而吾父母乃大顯榮矣；又有旁義，今人但知功名富貴，以爲顯親揚名，不知奔競利禄，取不仁不義之財以養親，適以貽羞於父母，故立身行道者，先自絕不義之富貴始。

《孝經》實踐法

凡讀經，必須躬行實踐，不可徒託空言，如本經：「愛親者，不敢惡於人；敬親者，不敢慢於人。」

當求如何而可不惡於人、不慢於人。口無擇言，身無擇行，（擇，厭也，言爲人所憎厭。）當求如何而無擇言、無擇行。居則致敬，養則致樂，病則致憂，喪則致哀，祭則致嚴，五致者，皆致諸實事也。

今略以愛敬言之，本經《聖治章》曰：「父子之道，天性也，故親生之膝下，以養父母日嚴。」親生膝下，愛情所由生也；父母日嚴，敬心所由起也。二者，天性也，天性中之良知良能，在家庭爲愛敬，達之天下即爲仁義。至德要道，不外是矣。我能不惡人、不慢人，人必無惡我而慢我者。《孟子》所謂：「愛人者人恒愛之，敬人者人恒敬之。」和氣所感召也。人不能實踐此二字，則品行乖張，風俗日壞；世界中若無此二字以相團結，則胥淪爲禽獸矣。

本經指爲「天子之孝」，蓋言本身以作則。《易傳》言「乾坤父母」，宋張子《西銘》言「大君爲父母宗子」，可見人人皆天之子〔一〕，皆當擴充愛敬之道也。

《孝經》應參考書列左

明黃石齋先生《孝經集傳》（刻入《黃忠端九種》）　近曹叔彥先生《孝經鄭氏箋釋》《孝經學》（家刊本）　唐氏《孝經大義》《孝經救世編》（家刊本）

〔一〕「子」，原誤作「于」。

不敢毁傷篇第二〔一〕

《論語・泰伯》篇

曾子有疾，召門弟子曰："啓予足，啓予手。《詩》云：『戰戰兢兢，如臨深淵，如履薄冰。』而今而後，吾知免夫。小子。"朱注：啓，開也。詔弟子開其衾而視之。黄氏薇香謂："手足不傷〔二〕，何待開衾？啓爲晵之借字。晵者，省察之謂。"〔三〕戰戰，恐懼。兢兢，戒謹〔四〕。免，謂免於毁傷〔五〕。

張子《西銘》曰："體其受而歸全者參乎？"不毁傷其身，即不毁傷其親，而體其所受乎天地之全也。

曹氏真予《孝親説》曰："人苟愛其親，則必愛其身。夫自頂至踵，皆父母精血所

〔一〕文載《國專月刊》第四卷第四號，一九三六年十二月。
〔二〕"不傷"，黄氏原文作"不毁傷"。
〔三〕黄式三《論語後案》本條注文。
〔四〕朱子《論語集注》注文。
〔五〕唐先生自注。

遺也，故子身即親身。而愛其親者，則必愛其身矣。《孝經》曰：『身體髮膚，受之父母，不敢毁傷。』曾子有疾，啓手啓足，以免於毁傷爲幸。然所謂毁傷，非止於殘害之謂。一舉手而悖於理，傷其所受之手矣。一舉足而悖於理，傷其所受之足矣。由斯以推，目視非禮之色，傷所受之目矣；耳聽非禮之聲，傷所受之耳矣；口出非禮之言，傷所受之口矣；心懷非禮之心，傷所受之心矣。故曰『戰戰兢兢，如臨深淵，如履薄冰』，言守身若斯之難也。故曰：『舜，其大孝也與！德爲聖人。』然則，無聖人之德者，其爲孝也小矣。」〔一〕是説也，萬世人子當書諸紳。

讀《曾子》十篇，其守身可謂至矣！而猶戰兢若此者，充其心即堯舜之兢兢業業、周文之乾乾惕厲、孔子之恐懼修省，乃古聖人主敬之心法，不待有疾時始然，而曾子特於有疾時揭示之。或者以易簀事比例，以爲得正而斃〔二〕，拘矣。

《禮記·祭義》篇

樂正子春下堂而傷其足，數月不出，猶有憂色。門弟子曰：「夫子之足瘳矣。數月不

〔一〕曹真予《孝親説》文，見引於李顒《垩室類感》。

〔二〕此黄式三《論語後案》説。

出，猶有憂色何也？」樂正子春曰：「善如爾之問也！善如爾之問也！吾聞諸曾子，曾子聞諸夫子曰：『天之所生，地之所養，無人爲大。父母全而生之，子全而歸之，可謂孝矣。不虧其體，不辱其身，可謂全矣！故君子頃步而弗敢忘孝也。』今予忘孝之道，予是以有憂色也。樂正，姓。子春，名，曾子弟子。無人爲大，無通作惟；或云無如人爲大。頃，當作跬。壹舉足而不敢忘父母，壹出言而不敢忘父母。壹舉足而不敢忘父母，是故道而不徑，舟而不游，不敢以先父母之遺體行殆。壹出言而不敢忘父母，是故惡言不出於口，忿言不反於身，不辱其身，不羞其親，可謂孝矣。」

《易傳》稱天地人爲三才，人之所以爲大者何？以其能窮理盡性，而弭天地間之缺憾也。「父母全而生之，子全而歸之」，是謂不毁傷。鄭君《孝經注》即引此經爲證。淺言之，謹言慎行，不羅刑罰是也。深言之，如曾子之啓手啓足，戰戰兢兢，全其身體，即全其心性神明也。更廣而言之，視中國猶一人，普天下皆吾身體髮膚，百姓有一毁傷者，猶吾身體髮膚之受毁傷，必全而歸之於天地，斯爲大同之治也。

又推其旁義，本篇曾子曰：「戰陣無勇，非孝也。」若臨陣而畏怯，不忠即大不孝。「孔曰成仁，孟曰取義」，正所以爲全受全歸爾。「壹舉足」二句，乃求放心之學，故用「壹」字而不用「一」字，見其心之專壹於父母也。「道而不徑」，古時之徑與後代不同，華路藍縷，爲豺狼蛇蠍所匿，行不由徑，其不入幽昧險隘之路可知。

或謂：「游泳，乃體育中之一藝，必舟而不游，寧非迂乎？」不知所謂不游者，非不習游泳也，謂其不稔水性而游，至殞其身，是大不孝也。余嘗有湖南門人曾西屏，暑假時游泳，滅頂而死，予痛惜之。彼父母尚在，其何以堪？故不稔水性，無教師引導而自游者，當以曾生爲鑑，何得因噎廢食而不習游泳乎？

惡言出自己者，忿言出自人者。惟惡言出於口，故忿言反於身，出乎爾者反乎爾者〔一〕也。孝子行事守法，出言亦當守法。每見無知之人，肆口謾駡，往往誣辱人之父母。迨人反駡我父母，則羞其親孰甚，終身莫贖矣。夫反動力之在天下，如空氣然，一往一還，隨在皆是。故《詩》曰：「無言不讎。」戒之哉！

《禮記・祭義》篇

曾子曰：「身也者，父母之遺體也。行父母之遺體，敢不敬乎？居處不莊，非孝也。事君不忠，非孝也。莅官不敬，非孝也。朋友不信，非孝也。戰陳無勇，非孝也。五

〔一〕《孟子・梁惠王下》載曾子語。

者不遂，烖及於親，敢不敬乎？」陳同陣，烖同災。

此五者皆無形之毁傷也。人子之體，父母之所賜也。重讀「父母遺體」四字，其貴重爲何如？故重言「敢不敬乎」。曾子曰省其身，先儒謂吾身之貴與天地等，以其參三才而立極，當爲天地彌缺憾，豈可自輕而自賤耶？

先以「居處不莊，非孝」者，莊即敬也。《中庸》云：「齊莊中正，足以有敬也。」蓋一敬可以勝百邪，能敬則邪僻之心無由起，邪僻之事無自入。聖賢爲學，所以必先居敬，求放心即以保神明也。終以「戰陳無勇，非孝」者，無勇而不忠於君，即不忠於國，不孝莫大焉！何以致此？好貨財，私妻子，階之厲也。凡人當臨陣之時，天理與人欲交戰，一念及我有家資鉅萬數十萬百萬，其肯爲國赴死乎？又一念及姬妾之奉，留戀私情，其肯爲國赴死乎？則非降即逃矣。岳武穆謂：「文官不愛錢，武官不惜死，天下自太平。」〔一〕夫愛錢者未有不惜死者也，好色者亦未有不惜死者也。天下多不忠不

〔一〕《宋史·岳飛傳》載此語云：「帝初爲飛營第，飛辭曰：『敵未滅，何以家爲？』或問天下何時太平，飛曰：『文臣不愛錢，武臣不惜死，天下太平矣。』」

孝之徒，國其殆哉！莅官不獨當敬上，當先敬百姓。《尚書》曰：「用顧畏於民嵒。」〔一〕孔子曰：「使民如承大祭。」〔二〕民之身猶己之身也。輕而虐之，民嵒環乘，己身立滅矣。《易》曰：「人之所助者信也。」信用爲人生大節。字義，人言爲信，無信不成爲言，即不成爲人。夫行父母之遺體，而可不成爲人乎？乃近人於朋友一倫，信用掃地，甚至互相排擠，落阱下石，倒戈相向，痛莫大焉！此廢人倫之大害也。

凡此五者，皆足使災及其親。一心之災，一身之災，父母之災，即家國之災也。

《孟子・離婁》篇

孟子曰：「世俗所謂不孝者五：惰其四支，不顧父母之養，一不孝也；博弈，好飲酒，不顧父母之養，二不孝也；好貨財，私妻子，不顧父母之養，三不孝也；從耳目之欲，以爲父母戮，四不孝也；好勇鬭很，以危父母，五不孝也。」支，肢之省文。

此五者皆有形之毁傷也。惰其四肢、從耳目之欲、好勇鬭很，是毁傷其身體。博

〔一〕《尚書・召誥》文。

〔二〕《論語・顏淵》載：「仲弓問仁。子曰：『出門如見大賓，使民如承大祭。己所不欲，勿施於人。在邦無怨，在家無怨。』」言敬重民事之氣象。

弈好飲酒、好貨財、私妻子，是毁傷其心性。民生在勤，因循不振，豈能自拔？一家多惰人，則一家亡；一國多惰民，則一國亡。博弈好飲酒，從耳目之欲，日即於遊蕩，是爲流氓。國多流氓，將以欺詐爲生涯，家豈有不破，國豈有不危者哉？近世子弟常有入娱樂所、跳舞場，流蕩忘返，一朝墮落，自喪其貴重之身，試問何以對父母、對國家乎？至於貪財私色，尤爲罪之大者。《大學》曰：「不仁者以身發財。」雞鳴而起，孳孳爲利，心日昏矣。乃吾國民轉以發財爲口訣，互相歆羨，不仁不孝，可痛矣哉！

或謂：「好勇爲尚武精神，何以列於不孝？」不知好勇者，練習武藝，熟諳韜略，以保家而保國，是孝也。至於鬭很，則爲下而亂，在醜而爭，危其身以危父母之身，而且勇於私鬭者，未有不怯於公戰，甚至斬其宗祀，危及國家。此傳所謂「勇則害上，不登於明堂」者也，爲子弟者可不懔乎？

余注《孟子大義》，謂人有陽剛之惡，有陰柔之惡。上四不孝，皆陰柔之惡，故三言不顧父母之養，一言爲父母戮。末一不孝，陽剛之惡，負其血氣，逞激烈之性，以陷父母於危險之地，其不孝爲尤大。故讀此經者，務宜變化氣質。

以上引《論語》一則、《禮記》二則、《孟子》一則，古聖賢戰兢孝思，一息不敢稍懈。

而樂正子春所言，尤爲警切。人子之身，天地父母之身也。其失足於有形者，固虧體辱親矣。其失足於無形者，神明之地不可欺，豈非終身之憂乎？敬之敬之。

立身揚名篇第三

《禮記・内則》篇

父母雖没，將爲善，思貽父母令名，必果。將爲不善，思貽父母羞辱，必不果。

先大夫嘗訓文治曰：「君子之澤，五世而斬。小人之澤，五世而斬。大凡人家，未有歷五世而不變者，惟有爲善可以繼續之。故《易傳》曰：『善不積，不足以成名。惡不積，不足以滅身。』君子當慎其所積。又昔人有楹聯云：『爲善不昌，先世有餘殃，殃盡乃昌。爲惡不滅，先世有餘德，德盡乃滅。』思之更可懼也。」文治謹志之，不敢忘。

竊意本經二「思」字，皆出於臨時，所謂良知也。苟無良知，何以有思？爲善，天性也，而一思及父母令名，則爲善之志益堅矣。不爲惡，亦天性也，而一思及父母羞辱，則爲惡之念頓滅矣。良知所發，雖不過一綫光明，擴而充之，則可維持一家於永久，豈不大哉？倘能葆此良知，則人人皆孝子。民性善，而國性自善矣！

又按：辛復元先生名全，明崇禎時人《孝經翼》略云：「人子試思何如可以貽父母令名，不貽父母羞辱，則自家一念自不敢苟，一言自不敢苟，一事自不敢苟。然一念不敢苟，一言不敢苟，一事不敢苟，祇〔一〕可不貽父母羞辱。若欲貽父母令名，則不容不孳孳爲善，惟日不足矣。自家是禽獸，父母是禽獸父母。自家是小人，父母是小人父母。自家是庸人，父母是庸人父母。自家是賢人，父母是賢人父母。自家是聖人，父母是聖人父母。猛然一省，雖欲不學聖人，必不忍矣。」〔二〕賀克繇先生名逢聖，謚文忠，明崇禎時人〔三〕題《孝經翼》簡端，推廣其義曰：「有如父母本是聖人，其子僅稱賢，則父母之聖，恐竟以其子之賢而泯。有如父母本是賢人，其子乃爲庸人，則父母之賢，竟以其子之庸而泯。有如父母已是庸人，其子更爲小人；父母已不幸爲小人，其子更爲禽獸，則父母之不幸爲庸人、爲小人，彌以其子之爲小人、爲禽獸，而前愆永不可蓋矣。」〔四〕二説並足發明禮經

〔一〕「祇」字，辛氏文作「止」。
〔二〕辛氏《孝經翼》文，載李顒《堊室録感》卷首。
〔三〕賀逢聖（一五八七～一六四三），字克繇，湖廣江夏人；萬曆進士，授翰林編修；崇禎九年（一六三六）以禮部尚書兼東閣大學士，入閣參政。張獻忠陷武昌，投湖死。
〔四〕賀克繇之文載李顒《堊室録感》卷首。

之意，後學當切志之。

《禮記·祭義》篇

曾子曰：「亨孰羶薌，嘗而薦之，非孝也，養也。君子之所謂孝也者，國人稱願然，曰：幸哉有子如此，所謂孝也已。」亨，古烹字；孰，古熟字，然通焉。

《禮記·哀公問》篇

公曰：「敢問何謂成親？」孔子對曰：「君子也者，人之成名也。百姓歸之名，謂之君子之子，是使其親爲君子也，是爲成其親之名也已。」

己之名，即親之名也。親之名本善，而我無以揚之；親之名本顯，而我轉以晦之：不孝之罪莫大焉。「國人稱願」，是必其品行純粹敬恕，爲國人所欽崇而歆羨者，豈易致哉？「移孝可以作忠」，一國多孝子，即一國多忠臣矣。反言之，國人不願曰：「不幸有子如此，不肖哉，某某之子也。」試問何地自容乎？

「君子」有二解：一平列，若後代某君某子，皆尊重之稱；一側列，古者大學，王子、王世子、公卿大夫元士之適子皆入焉，而鄉貢之俊士，亦與之齒，是其親與君並列，故稱君子。至於「百姓歸之名，謂之君子之子」，何以能然？愛百姓也。是其聲名不獨周遍於里閭，且洋溢乎中國矣。其榮爲何如乎！《説苑》引夫子曰「人之行莫大於孝。孝行成於内，而嘉號布於外」是也。夫太上尊親，及於配天隆養，爲士人所不能幾。惟此愛護一己之榮名，以尊崇父母之榮名，不可不旦夕兢兢自勉也。世人不察，輒以富貴利達爲顯揚之具，不知卑瑣齷齪，見誚於孟子久矣。

又按：名者，人道之大端也。人子自敬其名，然後能自敬其身。至於學成名立，有一善，人皆曰此某某之所爲也。有一不善，人皆曰此某某之所必不爲也，於是名重於當世矣。考許氏《説文解字》所載，以及後出之字，約共一萬數千。於其中擇一二字爲吾之名，是必其祖考父母及尊長之所命。《禮記·内則》暨《左傳》所載名子之禮，與《冠義》所載「既冠而字」之禮，名與字特别鄭重。吾人惟能自敬其名字，而後天下敬我之名字，後世敬我之名字。近時學者，任意改名，甚至化名游戲，不可究詰，是自賤其名，自賤其身，自賤其祖考父母也。謬哉！妄哉！

《孟子·離婁》篇

孟子曰：「事孰爲大？事親爲大。守孰爲大？守身爲大。不失其身而能事其親者，吾聞之矣。失其身而能事其親者，吾未之聞也。孰不爲事？事親，事之本也。孰不爲守，守身，守之本也。」

首標四大字，見人生大事，未有大於事親、守身者也。《孝經》言立身，而此言守身者，惟自守而後能自立也。《易》蒙卦三爻曰：「見金夫，不有躬，无攸利。」金夫，金錢富足之人。見鉅富者諂媚而逢迎之，卑鄙齷齪，是不有其身矣！不有其身，父母不有其子矣，故曰「失其身」。「守身，守之本」，先儒云：「防意如城。」[一] 愚謂守身亦當如城，迺巖巖而不可犯。何以守之？忠信爲甲胄，禮義爲干櫓，則其守之也固。是故守忠守信、守禮守義，斯爲君子之身。不忠不信、無禮無義，是爲小人之身，甚至爲盜賊之身，禽獸之身。

以上引《禮記》三則、《孟子》一則。《孝經》曰：「立身行道，揚名於後世，以顯父母。」人惟能自立於天地之間，不愧不怍，而後能揚名。能揚名而後能顯父母，爲善其大要也。《孟子》曰：「雞鳴而起，孳孳爲善者，舜之徒。孳孳爲利者，蹠之徒。」利與善之間，相去毫末，學者可不巖辨乎？辛復元、賀克谿二先生之言[二]，務宜三復。

[一]《朱子語類》載朱子語云：「守口如瓶，是言語不亂出。防意如城，是恐爲外所誘。」見卷一〇五。
[二] 俱見本篇首節《禮記・內則》唐先生注文。

良知愛敬篇第四

《周易·繫辭傳》

乾知大始，坤作成物。乾以易知，坤以簡能。易則易知，簡則易從。易知則有親，易從則有功。有親則可久，有功則可大。可久則賢人之德，可大則賢人之業。

乾道知始，天道之所以生物也。坤道成物，地道之所以育物也。易知易能，即《孟子》良知良能之説所本〔一〕。天以善氣養人，人得之以爲知。地以善質養人，人得之以爲能。惟其善良，是以易簡。良知足以配天，故一心之靈，周浹於宙合。良能足以配地，故一身之則，表率乎羣倫。《禮記·表記》篇曰：「爲上易事也，爲下易知也，則刑不煩矣〔二〕。」蓋人之良知良能無不同，故達之天下，至爲簡易，所謂「天下之理得」

〔一〕言孟子良知良能説本源於《易傳》，見唐先生《孟子救世編》卷一〇《周易學》。
〔二〕「則刑不煩矣」句，原作「則民不犯矣」，據《禮記·表記》文爲正。

也。若上下睽隔，否塞不通，悖「乾坤大父母」〔一〕生生之德，則人心之良知良能，從此滅息矣。

《禮記·中庸》篇

夫婦之愚，可以與知焉，及其至也，雖聖人亦有所不知焉。夫婦之不肖，可以能行焉，及其至也，雖聖人亦有所不能焉。

「夫婦之愚，可以與知」，良知也。「夫婦之不肖，可以能行」，良能也。此即本《易·繫辭傳》易知簡能之説。蓋愛親敬長，匹夫匹婦亦能知之而能行之，本於乾坤之德，出於天性之自然者也。及其至而聖人亦有不知，蓋物理之繁賾，聖人有所不及知也。及其至而聖人有所不能，蓋人功物曲之巧妙，聖人亦有所不能也。雖然，聖人不必求萬知萬能也，惟務盡人之性，盡物之性，以彌世間之缺憾。究其極，不過充良知良能之本體，非於性分外有所加也。

孔子對哀公問政曰：「故君子不可以不修身。思修身，不可以不事親。思事親，不可

〔一〕「乾坤大父母」，出北宋朱震《漢上易傳·伏羲八卦圖》之説明，文云：「乾坤，大父母也，故能生八卦。復姤，小父母也，故能生六十四卦。」

以不知人。思知人，不可以不知天。」

本章上文言修身以道，修道以仁。孝弟者，爲仁之本也。故思修身不可以不事親，爲人自事親始，此明王所以必以孝治天下，皆良知之所推也。知人者，如本章下文言智〔一〕、仁、勇三者，則知所以修身；知所以修身，則知所以治人；知所以治人，則知所以治天下國家矣。知天者，如本經下文言盡人性、盡物性，知天地之化育，肫肫其仁，淵淵其淵，浩浩其天也。孔子祖述堯舜，憲章文武，知人也。上律天時，下襲水土，知天也。聖人盡事親之量，廣大若此。然猶曰：「所求乎子，以事父未能也。所求乎弟，以事兄未能也。」且舉舜之大孝、文王之無憂、武王周公之達孝，以爲準則。後世學者，於修身事親，可不希賢而希聖乎？要而言之，順乎親有道，反諸身不誠，不順乎親矣；誠身有道，不明乎善，不誠乎身矣。「誠者天之道，誠之者人之道」，知人知天，一誠之所貫徹。《孝經》曰：「孝弟之至，通於神明，光於四海。」皆至誠之所積也。是故，《中庸》言政治學根於至誠，實基於大孝。

〔一〕「智」，原作「知」，以《中庸》文爲正。

《禮記・祭義》篇

子曰：「立愛自親始，教民睦也。立敬自長始，教民順也。教以慈睦，而民貴有親。教以敬長，而民貴用命。教以事親，順以聽命，錯諸天下，無所不行。」尊長，出教令者。

教民睦，教民順，而民自然有親，自然用命者，以民皆有良知也。《易・繫辭傳》曰：「易簡之善配至德。」所謂「因性以立教」也。是以錯諸天下，無所不行，速於置郵而傳命。後世不知以良知爲教，專務權術，要結牢籠，涣汗發號〔一〕，民轉視之漠然，其命令豈能出國門哉？

《禮記・哀公問》篇

孔子對哀公曰：「古之爲政，愛人爲大。所以治愛人，禮爲大。所以治禮，敬爲大。敬之至矣，大昏爲大，大昏至矣。大昏既至，冕而親迎，親之也。是故君子興敬爲親，舍敬是遺親也。弗愛不親，弗敬不正。愛與敬，其政之本與？」大昏，國君娶禮也。

又曰：「古之爲政，愛人爲大。不能愛人，不能有其身。不能有其身，不能安土。不

〔一〕語出《易》涣九五爻辭：「涣汗其大號。」漢魏六朝文章運以行文，意指宣示流佈。

能安土，不能樂天。不能樂天，不能成其身。」有，猶保也。不能保身，言人將害之。不能安土，言不能保其國。

《論語》曰：「君子學道則愛人。」未有不學道而能愛人者，亦未有不愛人而能行政者。大昏之禮，民族之始，奉宗廟祭禮而傳諸子姓。夫婦有别，化起閨門，本齊家以治國。弗愛不親，弗敬不正，是窒民之良知也。《易傳》曰：「安土敦乎仁，故能愛。」不能愛民，而剥削之，而酷虐之，豈能保其土地乎？《詩》曰：「自貽伊戚。」《書》曰：「自災於厥身。」至是而怨天，而責命於天，嗚呼！尚何益哉？

《孟子·離婁》篇

孟子曰：「君子之所以異於人者，以其存心也。君子以仁存心，以禮存心。

此章檃括《孝經》大旨。孟子之學，得自曾子，故七篇中發明曾子微言甚夥，而此章爲尤顯。存心，即存本心。本心明則爲君子，本心昧則爲庸愚。仁者長人之德，禮者嘉會之原。兩言「存」者，《易傳》所謂「成性存存，道義之門」也。

仁者愛人，有禮者敬人。

仁禮，性也。愛敬，情也。有是性，即有是情。《孝經》所謂：「愛親者不敢惡於人，敬親者不敢慢於人。」天地間所以保合太和也。

愛人者人恒愛之，敬人者人恒敬之。

不必求人愛而人自愛之，不必求人敬而人自敬之，此感應之理。近今學説所謂人與人相處，猶電氣之相感召也。反而言之，則欺人者人恒欺之，詈人者人恒詈之矣。

有人於此，其待我以横逆，則君子必自反也，我必不仁也，必無禮也，此物奚宜至哉？

横逆，謂横暴而逆於理。物，事也。

此一「自反」。「奚宜至」，乃推究其所由來。若我本自横逆，而人待我以横逆，則所謂「出乎爾者反乎爾」，乃自然之理。若我不横逆，而人待我以横逆，則當求其故，心平氣和，始可謂「犯而不校」。

其自反而仁矣，自反而有禮矣，其横逆由是也，君子必自反也，我必不忠。

此再「自反」。忠者誠也，愛敬而有緣飾，是僞也。夫作僞而可以處世乎？故君子省心修己，待人必以誠。

自反而忠矣，其横逆由是也，君子曰：「此亦妄人也已矣。如此則與禽獸奚擇哉？於禽獸又何難焉？」又何難，言不足與之較。

此三「自反」。世界中人，而有「與禽獸奚擇」，可痛之至矣！君子所以不與較者，非絶之已甚也。曰妄人，哀矜之至，猶欲去其禽獸之心而返於人也。

是故君子有終身之憂，無一朝之患也。乃若所憂則有之。舜，人也。我，亦人也。舜爲法於天下，可傳於後世。我由未免爲鄉人也，是則可憂也。憂之如何？如舜而已矣。若夫君子所患則亡矣。非仁無爲也，非禮無行也。如有一朝之患，則君子不患矣。」

此「終身之憂」，與《禮記·檀弓》篇所言不同。《檀弓》篇專指忌日而言，此則常憂仁禮之不修，存心之或放也。「一朝之患」，一身之受横逆，一家之受横逆，一國之受横逆也。愚嘗論君子之居心處世，德與才之外，以量爲最要。《老子》曰：「江海所以能爲百谷王者，以其能〔一〕下之。」大量如江海，乃能有容。《易》大有卦所以能元亨，在於「遏惡揚善」〔二〕。孟子論樂正子之好善曰：「夫苟好善，則四海之内，皆將輕千里而來告之以善。苟不好善，則人將曰訑訑，予既已知之矣。訑訑之聲音顔色，距人於

〔一〕《老子》六十六章作「善」。
〔二〕《易》大有卦《象傳》。

千里之外，則讒諂面諛之人至矣。」夫人而自足其智，惟我獨尊，常與讒諂面諛者居，則一身之横禍立至，一家一國之横禍立至矣。天下之善事甚多，豈我一人所能專辦？天下之美名甚多，豈我一人所宜獨擅？故此章上兩節二「我」字，本節二「我」字，皆虚心自謙之我，非妄自尊大之我。必如是而後心術正，家國天下平。

孔子論舜隱惡揚善，特尊之曰「大智」；孟子言「孳孳爲善者，舜之徒」。而舜之大德，不過「取人爲善，與人爲善」。能取能與，則集衆人之善以爲善，所以爲法於天下，可傳於後世也。近代曾文正以「取人爲善，與人爲善」八字，作爲每日課程，常自省察，可謂得聖賢之心傳矣。「如有一朝之患，則君子不患」，無一身一家一國之横禍也。《孝經》言：「孝治天下，災害不生，禍亂不作。」皆愛人敬人之量，推而致焉者也。

《孟子·盡心》篇

孟子曰：「人之所不學而能者，其良能也；所不慮而知者，其良知也。良者，本然之善也。

人生之良知良能，何由而來？天地間之生機也。擴而充之，則生機滿於天下。斬而絶之，則殺機遍於天下矣。

孩提之童，無不知愛其親也；及其長也，無不知敬其兄也。孩提，幼孩可提抱者。

凡此皆良知之發也。人生當世，所以居心而接物者，愛敬而已。然則愛敬固生生之機，而人道之大本也，乃孟子言「無不知」，而世之人蔽其本性，竟多有不知者，何也？

親親仁也，敬長義也。無他，達之天下也。

良知良能，在家庭爲愛敬，達之天下即爲仁義。孟子當戰國時，提倡仁義之説，其學問功夫，最重在「達」字。舉斯心加諸彼，所謂達也。擴充四端以保四海，所謂達也。有不忍，達之於其所忍；有不爲，達之於其所爲：無非達也。自親親以至仁民，自仁民以至愛物，政治家皆當措之於實事，以期本末輕重，先後緩急，各得其宜。非謂我有良知，保其性之自然，即可「達之於天下」也。自明王陽明先生創「致良知」之學以教人，後人或訾議之，謂與《孟子》不同。劉蕺山先生《良知説》、陳定齋先生《良知辨》，論之極誠。説見《孟子大義》。然愚竊有説焉。

儒者，修道立教，各有得力之方，期於救世而已，救人心而已。今之人，縱或徇欲害性，靡所不爲，然苟闔户而詔以良知，未有不面赤汗下而憬然覺悟者，以其良心之未泯也。陽明提醒良知，宗旨在此。故其自治也，有以明心而見性；其治人也，足以覺世而牖民。雖與《孟子》殊，亦無所礙。況教導國人，尤以知覺靈警爲主，伊尹曰：

「先知覺後知。」倘知覺不能良善，何有於先知？不過機心變詐而已。故充良知之愛敬，其本也；養知覺之虛靈，其用也。天下有真能爲姚江之學者，可以善國性而應世變矣。

以上引《易傳》一則、《禮記》五則、《孟子》二章，溯良知良能、知愛知敬之本，原與愛人敬人，推及行政之功用。精微廣大，爲明王陽明先生學術之所本。後世舍愛人而言政，是自賊其民也；舍良知而言性，是自窒其性也。欲救人而救國者，當先讀此篇。

法服言行篇第五

《周易·繫辭傳》

「鳴鶴在陰，其子和之。我有好爵，吾與爾靡之。」子曰：「君子居其室，出其言善，則千里之外應之，況其邇者乎？居其室，出其言不善，則千里之外違之，況其邇者乎？」言出乎身加乎民，行發乎邇見乎遠。言行，君子之樞機。樞機之發，榮辱之王也。言行，君子之所以動天地也，可不愼乎？此釋中孚卦九二爻義。靡，散也。言我有好爵，與賢者分散而共之。或云：「靡與縻通，係戀也。」

中孚者，誠動於中，然後能孚。孚，信也。鶴鳴子和，孝思感動之象。好爵共靡，爵禄潔養之象。《論語》子張學干禄，孔子告以「言寡尤，行寡悔，禄在其中」，亦言謹身而後能禄養也。居一室而出言或應或違者，誠僞之辨也。至誠之氣，足以感人，發而爲言，則千里之外應之。《孝經》所謂「言滿天下無口過」也。詐僞之氣，與人隔閡，發而爲言，則千里之外違之。《易傳》所謂「懼以語則民不應」也。莫之與，則傷之者至矣。君子之爲道也，孝弟通神明，而後言行動天地，如絲如綸，四方觀聽，布政於外，會歸有極。故握天下之樞機者，必自謹言愼行始。天地明察，罔有敢欺。誠則榮，僞則辱。

《禮記·曲禮》篇

爲人子者，父母存，冠衣不純素。孤子當室，冠衣不純采。幼子常視毋誑，童子不衣裘裳，立必正方，不傾聽。純猶全也，純素爲有喪象。不純采，爲除喪不忘哀。視與示通。

坐必安，執爾顔。長者不及，毋儳言。正爾容，聽必恭；毋勦説，毋雷同；必則古昔，稱先王。執，守。儳，攙雜也。勦説，謂勦襲人之説以爲己説。雷同，謂聲相應，附和也。

爲人子者，必以父母之心爲心。父母存而冠衣純素，試問父母之心安乎？己之心安乎？孤子而冠衣純采，試問父母之神靈安乎？己之心安乎？此當誅人子之心而動其良知者也。幼而欺誑，長必詐僞以害人。故幼子他事尚可寬恕，惟誑必當嚴責。每見人家喜愛兒童戲言無度，是教之以誑也。孟母買肉，賢其不妄。家庭教育必以毋誑爲第一義，則自幼言行即能誠信矣。童子衣裘，遏其純陽之血氣，實於生理有妨，愛之而適以害之矣。《内則》篇二十始可衣裘帛，與《曲禮》互相發明。「坐必安」四句，乃安靜之本。爲子弟者，未有不安靜而能成材者也。浮動輕佻，越次儳言，幼不循謹，長益桀驁矣。

曹氏叔彦曰：「孔子説君子之道，子臣弟友，庸德之行，庸言之謹，《鄉黨》一篇，皆動容周旋中禮之效，其極則也。《詩》稱仲山甫之德曰『古訓是式，威儀是力』，此卿大夫之道法言、行德行也。人之行莫大於孝，而孝道皆於言行見之。故孔子教弟子入孝出弟，即繼以『謹而信』。《易傳》説龍德之見，亦曰『庸言之信，庸行之謹』，《論語》《禮記》説言行至詳，悉皆古訓也。」

愚謂：曹氏説正與「正爾容」六句義相合。「卿大夫之法言德行」，必自子弟時基之。「蒙以養正」，聖功也。「君子不重則不威」，惟端蒙養之功，然後能果行而育德。「小子有造」，則古稱先而已，謹之哉！

《禮記·冠義》篇

凡人之所以爲人者，禮義也。禮義之始，在於正容體，齊顏色，順辭令。容體正，顏色齊，辭令順，而后禮義備。以正君臣，親父子，和長幼。君臣正，父子親，長幼和，而后禮義立。故冠而后服備，服備而后容體正，顏色齊，辭令順。故曰冠者，禮之始也。重禮所以爲國本也。

已冠而字之，成人之道也。成人之者，將責成人禮焉也。責成人禮焉者，將責爲人子、爲人弟、爲人臣、爲人少者之禮行焉。將責四者之行於人，其禮可不重與？故孝弟忠順之行立，而后可以爲人，可以爲人，而后可以治人也。故聖王重禮。

人之體以首爲貴，故冠禮爲禮之始。容體正，顏色齊，辭令順，則言行恭敬而温文。一家有家本，一國有國本，觀國民之冠服可知矣。

曹氏叔彦曰：「先王制禮，因民生日用不可離之事，而爲之節文，以達其愛敬之心。人受天地之中，肖天地之體。聖人因其適體之用而制之法，使超然異於毛羽之禽獸，而有以自好；慎行其身，因以惇典秩禮，表德定分，故古者深衣有制度，以應規矩繩權衡。規矩取其無私，繩取其直，權衡取其平，可以爲文，可以爲武。禮始於冠，服備而後容體正，顔色齊，辭令順，爲行禮之本。三加彌尊，諭其志以進其德，皆制之於外以安其内，使惰慢邪僻之氣不設於身體，日遷善而不自知也。」

愚按：此説極爲精粹。吾國民人格所以不免卑下者，在孝弟忠順之行不立，而不知爲人之道。既不知爲人，而使之治人，則勢必至殃及百姓，而犯上作亂之事日夥。《書》所謂「罪合於一，多瘠罔詔」，深可憫痛。古聖人所以重冠禮者，將以責國民成人之道，禮本即治本也。惜乎自唐以後，冠禮遂廢，讀柳子厚《與韋中立論師道書》，輒爲憮然[一]。士夫泥於古今制度之不同，其迷昧於禮意也久矣。

《左氏傳》「鄭子臧好聚鷸冠」節 僖公二十四年

鄭子華之弟子臧出奔宋，好聚鷸冠，鄭伯聞而惡之，使盗誘之。八月，盗殺之於陳宋

[一]「憮然」，出《論語·微子》，長沮、桀溺以爲孔子難以改善時代，子路告孔子，「夫子憮然」，曰：「鳥獸不可與同羣，吾非斯人之徒與而誰與？」是失望無奈之意。

之間。君子曰：「服之不衷，身之災也。《詩》曰：『彼其〔一〕之子，不稱其服。』子臧之服，不稱也夫！《詩》曰：『自詒伊戚。』其子臧之謂矣。《夏書》曰『地平天成』，稱也。」子華，鄭太子，通款於齊，欲以賣國，僖公十六年，爲鄭所殺。鷸，鳥名。聚鷸羽爲冠，非法之服。不衷，言服不適於中。上詩見《曹風》，下詩見《小雅》。地平天成，逸《書》。

此文左氏疊引《詩》《書》，文法錯落見妙，特爲鄭重，見不法之服，爲害至烈，所以戒萬世。蓋古者衣服各有等差，《書·皋陶謨》載舜曰：「予欲觀古人之象，日、月、星辰、山、龍、華蟲作會，宗彝、藻、火、粉米、黼、黻、絺繡，以五采章施於五色，作服。」以上經文。凡十二章。蓋天子服日、月以下十二章，諸侯服山、龍以下九章，次國服華蟲以下七章，卿大夫服藻、火以下五章，士服粉米以下三章，上得兼下，下不得僭上。《禮記·玉藻》冠分六等，終之曰垂緌五寸，垂，長緌，所以示罰。惰游之士也。玄冠縞武，武冠卷，所以放不率教者。不齒之服也。夫游民不齒，已屬敗類，況奇邪以取殺身之禍哉！《玉藻》又曰：「國家未道，則不充其服焉。」未道，未合於道。不充，不完備。

〔一〕「其」字，原作「己」，據《詩·曹風·候人》爲正。

竊謂國家即當全盛之時，衣冠亦宜樸質，試證之《左氏傳》。春秋時楚子玉爲瓊弁玉纓，楚靈王服秦復陶羽衣、翠披以翠羽披飾、豹舄豹皮爲屨。蔡昭侯爲兩裘，一獻楚昭王，一自服，皆豔侈以取禍。晉獻公衣太子申生以龙服，龙，雜包。佩以金玦，罕夷曰：「龙奇無常，金玦不復。」其臣下皆離心。惟衛文公大布之衣、大帛之冠，卒以興國。子産治鄭，上下有服。言公卿大夫服不相踰。「泰侈者因而斃之」，可爲師法。士君子修身處世，當壹秉儉德。子思子所謂「衣錦尚絅，惡其文之著」，孟子所謂「令聞廣譽施於身，不願人之文繡」也。鄭子華既以賣國而被誅，其弟又以豪侈而見殺〔二〕，亦足悲矣。

曹氏叔彦曰：「服之不衷，言必不忠信，行必不篤敬。《中庸》修身，亦先以齊明盛服。都人士之孤裘黄黄，所以出言有章，行歸於周也。及世之衰，人以天地最貴之身，而甘爲惰游不齒之服；以中國數千年來禮俗教化之身，而忍爲壞法亂紀

〔二〕春秋鄭國太子子華事，論見呂祖謙《左氏博議》卷二五：「鄭世子華以賣國誅，其弟子臧出奔宋，竟坐聚鷸冠，而爲鄭伯所殺。當見殺之時，去子華之誅，殆將十年。」唐先生以此事警惕當時賣國求榮之附敵者，並暗示此等醜行必遺禍家人。救人心之失也。

之服，毁傷其身，災及其親，不法之害，未知所底。正經興民，俾違邪歸正，伊誰之責哉？」

《孟子·告子》篇

曹交問曰：「人皆可以爲堯舜，有諸？」孟子曰：「然。」曹交，曹國之後裔。徐行後長者謂之弟，疾行先長者謂之不弟。夫徐行者，豈人所不能哉？所不爲也。堯舜之道，孝弟而已矣。」「子服堯之服，誦堯之言，行堯之行，是堯而已矣。子服桀之服，誦桀之言，行桀之行，是桀而已矣。」

黄石齋先生曰：「服者，言行之先見者也。未聽其言，未察其行，見其服而其志可知也。」曹氏叔彦曰：「服、言、行三者，相需爲用。《表記》曰：『君子耻服其服而無其容，耻有其容而無其辭，耻有其辭而無其德，德，得於心。耻有其德而無其行。行，踐諸外。』與《孝經·卿大夫章》相表裏。」

愚按：《孟子》言孝弟而推諸服、言、行，亦即《孝經》之義。「服堯之服」節，言堯以該舜，言桀以該紂也。至於《表記》所言，自服以至行，一層深一層，尤爲精覈。竊嘗徵諸《詩》：

《豳風·九罭》《狼跋》二篇美周公曰：「衮衣繡裳，衮衣，上公之服。赤舄几几。舄，履也。几几，安重貌。」見公之鎮撫四國，威儀可象也。

《召南·羔羊》篇曰：「羔羊之皮，素絲五紽。紽，數也。退食自公，委蛇委蛇。委曲自得貌。」美召南被文王之化，在位皆節儉正直，有服而有容德也，可則也。

《檜風·羔裘》篇曰：「羔裘逍遥，孤裘以朝。」《曹風·蜉蝣》篇曰：「蜉蝣之羽，蜉蝣，朝生暮死，有羽翼以自修飾。衣裳楚楚。」《鳲鳩》篇曰：「其帶伊絲，其弁伊騏。騏當作璂，以玉爲之。」皆刺君卿大夫有其服而無容辭，且無德行也，可耻也。

《鄭風·緇衣》篇曰：「緇衣之宜兮，敝予又改爲兮。」見賢士聽朝正服，能尚樸素也，可敬也。

《子衿》篇曰：「青青子衿，悠悠我心。桃兮達兮，在城闕兮。」青衿，青領。在城闕，登高遠望。刺學校廢弛，學子遊蕩，有服而無行也，可慨也。

《羔裘》篇曰：「羔裘豹飾，孔武有力。彼其之子，邦之司直。」此反言武人有服而不能司直也。《秦風·無衣》篇曰：「豈曰無衣？與子同袍。」此反言軍服振振，好攻戰而不與民同欲也，皆可嘆也。

《邶風・有衣》篇曰：「緑兮衣兮，緑兮黄裳。」刺嫡庶不分，衣裳顛倒也。《鄘風・君子偕老》篇曰：「委委佗佗，如山如河，喻服飾之盛。象服〔一〕是宜。象服，法服。」繼之曰：「子之不淑，云如之何？」刺有服有容而無德無行也。然則玉瑱象揥，瑱，耳塞。揥，所以摘髮者。不過冶容誨淫而已，可醜也。

邇時女子，藉口西俗，蹈清揚之覆轍；甚至傷髮膚，效袒裼以兢誇嫵媚。不知西方閨秀，從未有此。風俗敗壞，廉耻無存。我中國神明華胄，江河日下，竟至於斯，可痛也。

以上引《易傳》一則、《禮記》二則、《左傳》《孟子》各一則。衣服之制，略見於《論語・鄉黨》篇，詳著於《禮記・玉藻》《深衣》二篇，而《儒行》所崇，首在儒服，士君子莫不於此兢兢焉。後代等威莫辨，奇衺不朿，言行卑鄙，心術可知。吾國民讀此篇，可以惕然返矣！

〔一〕「服」字，原作「有」，據《詩・鄘風・君子偕老》爲正。

孝經救世編卷二

居則致敬篇第六

《論語·爲政》篇

子游問孝，子曰：「今之孝者，是謂能養。至於犬馬，皆能有養。不敬，何以別乎？」

包氏曰：「犬馬能效力以養人，而不能敬，皆能有養者，效犬馬之勞也。」

本章之訓，當以包注爲正。《禮記·坊記》篇云：「小人皆能養其親，君子不敬何以辨。」句例與此同。蓋犬馬眷戀之誠，有不泯者，故能代人之勞，然不知敬其主也。朱注謂：「養其親而敬不至，則與養犬馬者何異？」以犬馬例親，意似未安。然亦有說焉。不敬者，輕其親、慢其親也。輕慢其親，甚至有厭惡之心與役使之象，充類至盡，豈非以犬馬待其親乎？不敬之子若婦，苟猛然自省，能無驚心動魄乎？讀「今之孝者」二句，不禁生感。「是謂能養」，談何容易！近世常有受親之養，而不知養其親者矣。安得春秋時之孝者乎？敬者，一心之主也，《禮記・哀公問》篇：「仁之事親也如事天，事天如事親。」事親如事天，敬之至矣。

或謂：「天道渺茫，安所用敬？」曰：「顧諟天之明命」，敬我心即敬天也。「仰不愧[一]於天」，惟敬故能不愧；「俯不怍於人」，惟敬故能不怍。敬爲儒者畢生之功，然必自敬親始。《易傳》：「家人有嚴君焉，父母之謂也。」嚴字兼父母而言，敬亦兼父母言。曹氏叔彦謂：「敬由愛生，愛以敬立，有歡欣依慕之誠，必有慎重奉持之意。」[二]此所謂良知也。

《禮記・曲禮》篇

凡爲人子之禮，冬温而夏凊，昏定而晨省，在醜夷不爭。昏定，安定其牀衽。醜，衆也。夷，儕也。

夫爲人子者，出必告，反必面，所遊必有常，所習必有業，恒言不稱老。

[一]「不愧」二字，原作「愧不」。

[二] 曹元弼《孝經學・明例第一》言《孝經》義理脈絡之本云：「首章曰至德要道，德者愛敬也。愛敬及天下謂之至德。道者所以行愛敬者也。」

爲人子者，居不主奧，坐不中席，行不中道，立不中門。聽於無聲，視於無形。室中西南隅謂之奧。「聽無聲」二句，言恒若親之將有教使然。

凡此皆敬心〔一〕之所流形也。父母之心，無日不在於其子，則子之心當無日不在於其父母。冬温夏凊，雖有四時一日之異，必當隨時安處，省察其宜。

戴氏禮〔二〕曰：「温凊，如《東觀漢記》載黄香暑即扇枕、寒即以身温被〔三〕之類。在醜而爭，如潁考叔雖孝〔四〕，而挾輈以走，致死非命，有慚德矣。故《孝經》曰：『在醜而爭則兵。』〔五〕出告反面，非徒省父母之安否而已，蓋謂將出必禀命於親，親許然後可行。反必先見父母，然後敢治他事，敬親之至也。恒言不稱老，稱親老則動親衰暮之感，自稱老則貽親憂慮之懷。聽無聲二句，言聲不絶乎耳，色不絶乎目。」以上皆戴氏説。

〔一〕「凡此皆敬心」句，唐先生《孝經講義（十一）：孝經翼（《禮記》論孝）》（載《大衆》第三十二期，一九四五年，頁七三）修訂爲「此孝之儀文，皆精意」。

〔二〕「戴氏禮」，唐先生《孝經講義》補充云：「戴女士禮（福州陳石遺先生之女弟子）」。

〔三〕「被」字原脱，據《孝經講義》補。

〔四〕「潁」，原作「穎」。

〔五〕「故《孝經》曰：『在醜而爭則兵。』」句原脱，據《孝經講義》補。

愚謂：「事死如事生」，引此爲證，實足動人孝思，然更有精意存焉。陸賈《新語》載曾子孝於父母，昏定晨省，調寒温，適輕重，勉之於糜粥之間，行之於衽席之上，而德美重於後世〔一〕，是何也？以其心思之縝密也。凡教國民者，必以腦力精密爲主，而吾國聖賢之教，必肇自家庭。惟於無聲無形之中，曲體父母之心，先意承志，無所違逆，而後其心思日益縝密。《周頌》詩所謂「夙夜基命宥密，於緝熙，單同殫厥心」〔二〕，此之謂也。夫人必至徵於色、發於聲而後喻，則知覺鈍而愚且拙矣。苟能訓練國民，注意於無聲無形，俾之先知先覺，推諸萬事，自無粗疏忽略之弊。《易傳》「通神明之德，類萬物之情」，起於孝敬也。

往者讀《孝經・感應章》「事父孝故事天明，事母孝故事地察」，竊疑其言，何廣大若是？及讀《禮記》，迺知明察皆從聽無聲、視無形而來，盡人之性，盡物之性，自親親

〔一〕載陸賈《新語・慎微》。
〔二〕此《周頌・昊天有成命》之詩，所以郊祀天地。「夙夜基命宥密」句，鄭玄箋云：「文王、武王受其業，施行道德，成此王功，不敢自安逸，早夜始信順天命。不敢解倦，行寬仁安靜之政以定天下。」下「於緝熙，單厥心」句，箋云：「於美乎，此成王之德也。既光明矣，又能厚其心矣，爲之不解倦，故於其功終能和安之。謂夙夜自勤，至於天下太平。」皆言盡心德治，實現平治天下。

以至仁民愛物，「無變天之道，無絶地之理」，無所不明，無所不察。「本乎天者親上，本乎地者親下」，各得其所，故曰「事天明，事地察」也。論其極功，即《中庸》之「戒慎不覩，恐懼不聞，及其至也，察乎天地」，不愧屋漏爲無忝〔一〕，不大聲色以化民〔二〕。《禮記・孔子閒居》篇「正明目而視之，不可得而見也；傾耳而聽之，不可得而聞也」，而無聲之樂，無體之禮在焉。「孝弟之至，通於神明。」聖人之言，有旨哉！有旨哉〔三〕！

《禮記・内則》篇

子事父母，雞初鳴，咸盥漱。婦事舅姑，如事父母，雞初鳴，盥漱，以適父母舅姑之所。及所，下氣怡聲，問衣燠寒，疾痛苛癢，而敬抑搔之。出入則或先或後而敬扶持之，問

〔一〕張載《西銘》文：「知化則善述其事，窮神則善繼其志，不愧屋漏爲無忝，存心養性爲匪懈。」

〔二〕《禮記・中庸》：「《詩》云：『予懷明德，不大聲以色。』子曰：『聲色之於以化民，末也。』」明德乃文王之純德，言人君化人以真摯德行，而非虛張聲勢也。

〔三〕唐先生《孝經講義（十一）》：孝經翼（《禮記》論孝）》綜括大義云：「愚按：戴説極精。至於所游無常，則親將倚閭而望；所習無業，則流爲無方之民矣。末俗子弟競尚跅弛，先正威儀，視爲迂闊，以致家規廢棄，道德無聞，即搢紳之家，多有未能行之者，貽害社會風俗，實非淺鮮。吁！可歎也。」

所欲而敬進之，柔色以温之。有命之，應唯敬對。苛，疥也。子婦孝者敬者，父母舅姑之命，勿逆勿怠。若飲食之，雖不嗜，必嘗而待。加之衣服，雖不欲，必服而待。子婦未孝未敬，勿庸疾怨，姑教之；若不可教，而後怒之。子婦無私貨，無私畜，無私器，不敢私假，不敢私與。婦或賜之飲食、衣服、布帛、佩帨、茝蘭，則受而獻諸舅姑。舅姑受之，則喜，如新受賜；若反賜之，則辭，不得命。如更受賜，藏以待乏。怒，讀責。貨，財也。畜，積聚。器，皿也。茝蘭，香草。

《内則》篇開宗明義云：「后王命冢宰，降德於衆兆民。」德者，孝德也，敬德也。門内之職，孝敬而已矣。古之人皆雞鳴而起，《詩·鄭風》「女曰雞鳴，士曰昧旦」，賢夫婦相警戒之辭，當用此敬心事其父母也。若晏起則怠荒，一家蕭索矣。敬之哉！説别見《文王世子篇》。

「敬抑搔之」「敬扶持之」，動作之敬也。「問所欲而敬進之」，飲食之敬也。「應唯敬對」，言語之敬也。父母之於子，拊之畜之，出入腹之，飲之食之，教之誨之，悉中於赤子之嗜欲。抑搔扶持，所以報拊畜腹我之德也。敬進敬對，所以報飲食教誨之恩也。幼子之於父母，遠離則失其怙恃。迨父母年高，人子苟不能孝敬，則父母將失所扶持，而無所依賴，本心何以自安乎？敬之哉！《大戴禮》曾子曰：「孝衰於妻子。」爲子者，尤宜躬率其婦以孝敬者也。勿逆則能順矣，勿怠則能動矣。惟上愈慈，則下愈孝，是以勿庸疾怨也。必嘗必服而待，與夫如新受賜，藏以待乏，蓋委曲以行其意，雖至親之間，亦有不容直遂者，愛中之敬也。「無私貨」五者，統於一尊也。爲子不得自專，爲婦豈可自專乎？雖然，一家獨子，私心猶少。若昆季姊妹衆多，則私心甚而爭端起，子孫僕婢效之，家道將不堪問。私之爲害大矣！顧抱桐先生曰：「親殁之後，衾影冰淵，皆〔一〕親所監。況親在之日乎？身内之物，肝腦爪髮，皆親所遺，況身外之物乎？」〔二〕敬之哉！

編者謹按：唐先生《孝經講義（十一）：孝經翼（《禮記》論孝）》論「子事父母」節云：「此孝之精意，發爲儀文者也。《論語》曰：『父母惟其疾之憂。』父母之於子，撫而畜之，長之育之，體貼入微，惟恐其有疾病。人子之於父母，苛痒抑搔，出入扶持，皆幼時父母所以待我者也。『欲報之德』，其可不盡心乎？」〔三〕

〔一〕「皆」字，原作「如」，據顧氏文爲正。
〔二〕顧陳垿《内則章句·開宗明義章》文。
〔三〕文載《大衆》第三十二期，一九四五年，頁七三。

《禮記·玉藻》篇

親在，行禮於人稱父。人或賜之，則稱父拜之。事統於尊也。

父命呼，唯而不諾。手執業則投之，食在口則吐之，走而不趨。唯，應之速。諾，應之遲。疾趨曰走。

行禮稱父所命，不敢有其身也。拜賜稱父，不敢有其財也。《大戴禮·曾子本孝》篇曰：「孝子之使人也，不敢肆行，不敢自專也。」無知子弟，動輒自專，僭父名分。夫處家庭而僭父之名分，則處社會必僭尊長之名分，處政界必僭君上之名分，此其居心，非特倨傲也。充其類，必至欺罔而無君。故爲子者不敢自專，非特遜順也，蓋反其道，必至欺罔而無父。《坊記》篇曰：「善則稱親，則民作孝。」夫然後天下多禮讓之士，少僭妄之徒矣。

或曰：「苟遠遊在外，交友與親不相識者，則奈何？」曰：此固當別論。然或有與吾親不相識，而特餽贈吾親者，更當稱親以代謝之爾。呼者，急也。孔疏謂「父遣人呼」，殊拘。唯者敬，諾則慢矣。禮有以徐行爲敬者，如《論語》「足蹜蹜如有循」、《孟子》「徐行後長者」是也；有以趨爲敬者，如《論語》「鯉趨而過庭」、《曲禮》「遭先生於道，趨而進，正立拱手；先生與之言則對，不與之言則趨而退」是也。走者不暇趨，急於赴父命，敬之至也。大凡訓練子弟，以知覺靈警爲先，當投業吐食、走而不趨之時，必知父命之呼。大略爲某事，則臨時可以謹對慎行，而心思靈警矣。《易傳》曰「豫順以動」，行敏而心定也。近世家庭無教育，青年子弟氣習，非驕矜，即僿野。能守《玉藻》之訓，則一門之内，無不循循規則，推諸社會自有秩序矣。至若輕慢父命、不以爲意者，非人子也。

《禮記·哀公問》篇

孔子曰：「昔三代明王之政，必敬其妻子也有道。妻也者，親之主也，敢不敬與？子也者，親之後也，敢不敬與？君子無不敬也，敬身爲大。身也者，親之枝也，敢不敬與？不能敬其身，是傷其親。傷其親，是傷其本。傷其本，枝從而亡。三者，百姓之象也。身以及身，子以及子，妃以及妃，君行此三者，則愾乎天下矣。」親之主，宗廟祭祀之主。親之後，世代相傳之後。愾，和氣充滿也。

此言致敬之道，而推及於敬妻子也。世固有縱容其妻子，不孝其親者矣。亦有己雖欲孝，而不能禁妻子之不孝者矣。《孝經》曰：「治家者不敢失於臣妾，而況於妻子乎！」妻子不孝，臣妾伺隙，播弄是非，如此則家事顛倒，尊卑陵替，而敗亡隨之，可不畏哉？惟君子能正之以一身。《孟子》曰：「身不行道，不行於妻子。」行道者何？敬而已矣。敬其身，則無好惡之偏。敬其妻子，則無嘻嗃之習。

曰「身也者親之枝也」「傷其親是傷其本。傷其本，枝從而亡」，一家傷其本而亡，推之一國傷其本，豈有不危亡者哉？君子於是終身兢兢，敬其身以敬百姓。「身以及身」三者，行政也。一家有典型，則一國有典型。父父子子、夫夫婦婦而家道正，正家而天下定。家政推於國政，百姓之象，天下之模範也。「其爲父子兄弟足法，而後民法之」〔一〕，此治國所以必本於齊家也。《易》家人卦《傳》曰：「威如之吉，反身之謂。」威如者，敬也。是故君子之孝也，德澤遍及於百姓，而其道莫大乎敬身。

以上引《論語》一章、《禮記》四篇，凡若干則。敬爲修己之大本，推之可以安人安百姓。而必自事親始者，《曲禮》之視無形、聽無聲，《内則》之「下氣怡聲」「敬進

〔一〕《禮記·大學》。

敬對」，條理精密之至也。《中庸》曰：「君子之道，造端乎夫婦。」不過良知能；「及其至也，察乎天地」，則通神明之德矣。故吾人齊家治國，一言以括之，曰敬。

養則至樂篇第七

《禮記·內則》篇

曾子曰：「孝子之養老也，樂其心，不違其志，樂其耳目，安其寢處，以其飲食忠養之。孝子之身終，終身也者，非終父母之身，終其身也。是故父母之所愛亦愛之，父母之所敬亦敬之。至於犬馬盡然，況於人乎？」

此所謂養志也。《孟子》言曾子養曾皙必有酒肉，將徹，必請所與；問有餘，必曰有。事親若曾子者可也。此篇引曾子之言，不啻自道其心理與其經歷。志者，心之所之。《孟子》所言三必字，蓋以曾子之心志，與其親之心志，合而爲一，訢然無間，安得不樂？安得有違？

或謂：「人子或力有不逮，將奈何？」曰：盡我之力而已。《白華》潔養〔一〕，必求仁者之粟。啜菽飲水盡其歡，何違之有？是致樂固無害於儉德。爲父母者，自當曲諒其子之心力；若竭一二日之供奉，而轉貽吾親之憂，則非致樂之道矣。《大戴禮記·立孝》篇云：「飲食移味，居處温愉。著心於此，濟其志也。」是孝子之心志，體父母之心志也。忠者盡心之謂，隨時隨處出以至誠也。

「孝子之身終」，《祭義》篇曰：「父母既殁，愼行其身，不遺父母惡名，可謂能終矣。」故終其身者，終不辱之身，非終不肖之身也。且終永感之心，以繼志而述事，則終身之事業，爲無窮矣。顧氏抱桐曰：「父母之志，不終於父母之身。孝子之身，必終於父母之志。孝子之志雖終，孝子之心寧有終乎？」〔二〕

「父母之所愛」三句，亦樂其心不違其志之意。《曾子事父母》篇：「孝子無私憂，無私樂，父母所愛愛之，父母所惡惡之。」非即以父母之心志爲已之心志乎？曹氏叔

〔一〕《詩經·小雅》存「六笙詩」名目：《南陔》《白華》《華黍》《由庚》《崇丘》《由儀》，有目無辭，《毛詩序》於《南陔》《白華》《華黍》下注云：「《南陔》，孝子相戒以養也；《白華》，孝子之絜白也。」後世組合《詩序》之文爲「《白華》潔養」，以明自潔致孝之用心。

〔二〕顧陳垿《内則章句》孝子之養老節注文。

彦曰：「由致樂之心，則所以深體食性，調和滋味，慎察寒温，必曲中幾微，且使家人供殽中饋，皆欣欣有勸勉之心，而以善養爲樂矣。所謂得人之歡心，以事其親也。夫父母享人子之供奉，能有幾時？先意承志，猶恐弗及，而忍違之乎？」

《禮記·中庸》篇

《詩》曰：「妻子好合，如鼓瑟琴。兄弟既翕，和樂且耽。宜爾室家，樂爾妻帑。」翕，合也。耽，樂之至也。帑，子孫。**子曰：「父母其順矣乎！」**

和者，天地之善氣也。惟和而後能樂，人皆和樂，則天下自平，故曰和平。讀此章，覺太和之氣洋溢於方寸間，人同此心，彌綸於宇宙間矣。《周易》之保合太和、《周禮》之和親康樂、《中庸》之致中和，胥是道也。一家多和順之氣，子弟飲之，未有不賢且智者也。一家多乖戾之氣，子弟漸之，未有不愚不肖者也。入其家，多温文恭敬之容，其家之興可知也；多囂陵傲慢之習，其家之敗可待也。又或勢利兆自弟昆，勃谿起於妯娌〔一〕，爭競田宅，錙銖必較；婢嫗姬妾，交煽讒言，一家蕭索之象，一門將零落

〔一〕《莊子·外物》云：「室無空虚，則婦姑勃谿。」勃謂之爭；谿謂之噱；謂小事爭吵也。妯娌在婦姑關係範疇，乃兄弟之間之妻房。

盡矣。在《易》上火下澤爲睽，《彖傳》曰：「二女同居，其志不相得曰革。」夫一家睽革，猶可轉移；至於革命，能無痛乎？一國睽革，或可挽回；至於革命，尚忍言乎？此皆不和不順之所致也。君子之量，有容如江海，天下無不可相諒之事，而況其爲一家乎？況其爲一國乎？

且吾更有流涕而道者，有如閭閻安處，洩洩融融；黄髮垂髫，怡然自樂；乃有貪官悍吏暴而戕之，搜而括之，俾之輾轉於溝壑。豐亨之境，遽成榛莽之墟，揆諸本心，其能安乎？「先王有至德要道，以順天下，民用和睦」，所以不和不順，災害並至，實由於此。樂民之樂者，民亦樂其樂。君子學道則愛人，視民如傷，實憂吾民之不和而不樂也。是故欲保一家之和樂，必求一國之和樂。而欲求一國之和樂，必推諸天下之和樂。孝而已矣，恕而已矣，救之以和順而已矣。

《孟子·離婁》篇

孟子曰：「仁之實，事親是也。義之實，從兄是也。仁義之道，其用至廣，而其實始於事親從兄。智之實，知斯二者弗去是也。禮之實，節文斯二者是也。樂之實，樂斯二者，樂則生矣。生則惡可已也，惡可已，則不知足之蹈之，手之舞之。」言禮樂所由生，亦始事親從兄。

仁、義、禮、智四者，皆言實，信在其中，至誠所發，俱歸實踐也。「大樂與天地同和」，其大德曰生。大者乾元，萬物資始；至哉坤元，萬物資生。元氣流行於天地間，無時或息，於是其樂意充周於人子養親之時，皆生氣生機也。一門之内，父慈子孝，兄友弟恭，儐爾籩豆，穆穆雍雍，人生至樂，孰逾於此？惡可已者，天性之勃發而不容已也。孺子當父母飲食之時，恒歡喜跳躍，或謳歌於其旁，滿腔皆生意也。足蹈手舞，爲樂之所由始，故《樂記》篇曰：「樂，樂其所自生。」所自生者，父母生我之恩也。反是而不孝不弟，自戕其生機，且不知愛民，并戕民生日用之生機，則國性滅而人心死矣。

抑吾重有感焉。《禮記·檀弓》篇有子與子游立，見孺子慕者，子游曰：「人喜則斯陶，陶斯詠，詠斯猶，猶當爲摇。猶斯舞矣。人悲則斯慍，依《禮記義疏》説補。慍斯戚，戚斯歎，歎斯辟，辟斯踊矣。」皆慕也，而哀樂之相反若此〔一〕。親在之時，足爲蹈，手爲

〔一〕唐先生《禮記提綱》嘗言：「見孺子慕節，尤爲悱惻。」

舞。迨親没之後，手爲辟〔一〕，足爲踊〔二〕。苟一念舞蹈之不能永久，而辟踊之必不能免也，則養以致樂之時，豈不更可寶貴乎？《孟子》曰：「天下之生久矣，一治一亂。」仁人君子，無論處境爲治爲亂，當維持天地之生氣於無窮也。

《吕氏春秋·孝行》篇

曾子曰：「養有五道：修宫室，安牀笫，節飲食，養體之道也；樹五色，施五采，列文章，養目之道也；正六律，龢五聲，雜八音，養耳之道也；熟五穀，烹六畜，龢煎調，養口之道也；龢顔色，説言語，敬進退，養志之道也。此五者，代進而厚用之，可謂善養矣。」第，席也。龢與和同。

父母之性情，所樂者非一。人子體察父母之性情，所以致其樂者亦非一，惟察吾親意之所向而已。

或疑：「五者具備，非士庶人所能。」曰：此當量吾力之所能爲而行，曾子所謂：「代進而厚用之。」代進者，更迭也，非一時具備也。且父母性情，有喜豐者，有喜儉

〔一〕「辟」，孔穎達《禮記正義·檀弓》疏釋此句之辟字云：「撫心也，歎息不泄，故至撫心也。」

〔二〕「踊」，《禮記·檀弓》此句鄭玄注云「躍也」，乃極哀痛之肢體自然反應。

者；有樂於此而不樂於彼者，有爲昔日所樂而爲今日所厭者；若不得代進厚用之法，轉致拂親之意矣。此養志所以爲尤要也。「和顔色，説言語，敬進退」，能如是，雖非親之所樂者，而亦樂矣。《大戴禮記·衛將軍文子》篇載曾子養親，常以皓皓，是以眉壽。此深得曾晳清高曠達之懷，致其樂，乃所以致其壽也。世之養親者，必當以曾子爲法。

以上引《禮記》二則、《孟子》一章、《吕氏春秋》一則，爲人間世生機之本。和樂者，父母所以永年也。不和不樂，而促親之天年，人子之心其何忍乎？家爲國之基。深顧爲人子者，勿斬絶一家之生機；爲民上者，勿斬絶百姓之生機；爲學説者，勿斬絶人心之生機。

病則致憂篇第八

《論語·爲政》篇

孟武伯問孝，子曰：「父母唯其疾之憂。」

朱注：「父母愛子之心，無所不至，惟恐其有疾病，常以爲憂。人子體此，而以父母之心爲心〔一〕，則凡所以守其身者，自不容於不謹矣。」此蓋本馬氏注，謂父母憂其子之疾。或曰：「子憂父母之疾，《孝經》所謂『病則致其憂』是也。上孟懿子問孝章，言『喪則致其哀，祭則致其嚴』，下子游、子夏問孝二章，言『居則致其敬，養則致其樂』，義相連屬，是謂人子憂父母之疾。」〔二〕愚謂二説本宜溝通。

曹氏叔彦曰：「孩提幼兒，往往多病，而所苦不能自言。父母心誠求之，曲中其隱以療之，自少至長，不知幾經憂勞。人子思此，則父母之疾，其憂當何如乎？況子疾父母憂之而愈，父母之疾，子或憂之而仍不能愈，人子思之，其憂當何如乎？痛自衰世，人心陷溺。竟有『久病無孝子』之諺，所謂『哀莫大於心死』者，苟尚有人心，清夜思之，其可以爲人、可以爲子乎？」

曹氏之言，至爲沈痛。試思久病而果無孝子，父母之痛苦爲何如？痛憶不孝文

〔一〕唐先生《孝經講義（八）：孝經翼（《論語》論孝）》云：「義極精確。試思人子當疾病時，父母之慢慮急迫爲何如？我而不知慎疾，致使父母有限之精神，消磨於生我劬勞之後，良知尚在，何以自安？」載上海《大衆》雜誌第二十九期，一九四五年，頁七三。

〔二〕此概括黄式三《論語後案》之説。

治侍先妣胡太夫人肝暈疾，凡十二年；迨愈後，又患半身不遂證，侍疾又十年，每至病情加重，輒覺惶急無路。曹氏又有《書懷詩》云：「白髮梵梵銜恤兒，淒涼風木不勝悲。回思中夜祈天日，猶是吾生最幸時。」〔一〕同心之言，讀之下淚。然則致憂猶吾生最幸時也，倘得轉危爲安，喜何如乎？惟視人子至誠所格而已。

《禮記·文王世子》篇

文王之爲世子，朝於王季日三。雞初鳴，而衣服，至於寢門外，問内豎之御者曰：「今日安否何如？」内豎曰安，文王乃喜。及日中又至，亦如之。及莫又至，亦如之。內豎，小臣之屬。御，疏日也。其有不安節，則内豎以告文王，文王色憂，行不能正履。王季復膳，然後亦復初。食上必在，視寒暖之節；食下，問所膳，命膳宰曰：「末有原。」應曰諾，然後退。履，蹈也。末有原，言勿以原物復進也。武王帥而行之，不敢有加焉。文王有疾，武王不説冠帶而養，文王一飯亦一飯，文王再飯亦再飯，旬有二日乃間。説讀脱。間，瘳也。

〔一〕曹元弼《復禮堂述學詩》自注云：「孝子不忍一日廢其事親之禮也，亦惟自盡焉耳。樹欲静而風不停，子欲養而親不待。鮮民之生，終身銜恤而已矣。」互補其義。

此古聖人事親之孝恒兢兢也。顧亭林先生曰：「首節不獨見文王之孝，亦可以見王季之其勤也。爲父者未明而衣，則爲子者雞鳴而起矣。苟宴安自逸，又何怪其子之惰四支而不養也。是以《小宛》之詩，必曰『夙興夜寐』。而管寧三日晏起，自訟其愆〔一〕。古人之以身行道者如此。」〔二〕據顧先生之言，可見《内則》子事父母，婦事舅姑，咸雞初鳴而起。其降德於衆兆民者，皆文王之教也。本篇末，世子之記，祇有朝夕二朝，此爲晨省昏定之常禮。而文王必三朝者，蓋日出爲朝，陽之始也；日入爲暮，陰之盛也；日中爲晝，陰陽之交也。陰陽之氣至於三時，不能無變。而人之氣血，與天地陰陽相爲流通，故於此三時問安否，此天人感應之幾。古聖人兢兢之孝思與時消息者也。

安乃喜，不安色憂，而憂爲尤至。行不正履，復膳亦復初，非爲形式也。人子於父母之疾，雖輕而視若重，小愈而防其加，此兢兢之心也。事親之道，當有加無

〔一〕東漢名士管寧自訟晏起之事，載南朝宋劉敬叔所撰《異苑》卷一〇，文云：「管寧，字幼安，避難遼東，後還，泛海遭風，船垂傾没，寧潛思良久，曰：『吾嘗一朝科頭，三晨晏起。今天怒猥集，過恐在此。』」明人黄淳耀《陶菴自監録》並載其事。

〔二〕顧炎武《日知録》卷六。

已。而武王「不敢有加」何也?或云:「文王孝親,已無所不至,故無以復加。」此説誠然。愚以爲,文王之事王季,與武王之事文王,處境由約而豐,不敢有加者,守祖考儉約之德,懼過豐轉傷文王之心也。故非不能有加,而曰不敢有加,亦兢兢之孝思也。

一飯亦一飯,再飯亦再飯,非有意爲之也。與吾親爲一體,見其疾而不能下咽也,《書·無逸》篇稱文王「自朝至於日中昃,不遑暇日,用諴和萬民」;《孟子》稱「文王發政施仁,必先鰥寡孤獨」,其錫類之恩廣大若此。卜世三十,卜年七百,皆此兢兢之孝思,有以厚植其基也。

《禮記·曲禮》篇

父母有疾,冠者不櫛,行不翔,言不惰,琴瑟不御,食肉不至變味,飲酒不至變貌,笑不至矧,怒不至詈,疾止復故。不櫛不翔,憂不爲容。不惰,憂勤不敢惰。不御,憂不在樂。不變味,不變貌,憂不在味。齒本曰矧,大笑則見;不矧不詈,憂在心。

此致憂之目,亦《玉藻》所謂「疏節」也。疾者未至於病,故尚可飲酒食肉,至於「言不惰」與「怒不至詈」,竊疑指常人而言。若君子平日,當父母無疾時,亦當不惰不詈。惟父母有疾時，更當自惕耳。

更有進者。《春秋》昭公十九年，經書「許世子止弒其君買」，《公羊傳》曰：「止進藥而藥殺也。止進藥而藥殺，譏子道之不盡也。樂正子春之視疾也，復加一飯，則脱然愈；復損一飯，則脱然愈；復加一衣，則脱然愈；復損一衣，則脱然愈。止進藥而藥殺，是以君子加弒焉爾。」〔一〕以上傳文。夫許止何嘗無孝思哉？不過一疏忽而得弒君父之罪，厥後雖哭泣，歠粥，嗌不容粒，未逾年卒，悔已無及，哀哉！《曲禮》本篇曰：「君有疾飲藥，臣先嘗之。親有疾飲藥，子先嘗之。醫不三世，不服其藥。」可見孝子之於醫藥，必量吾親之體力，是否能受。而其尤要者，在研究吾親致病之由，先儒所謂「爲人子者不可不知醫」〔二〕也。李二曲先生《堊室録感》載：「任元受事母，朝夕未嘗離左右。自言母得疾之由，或以飲食，或以燥濕，或以寒暑，或以起止，或以言語稍多，或以憂喜稍過。朝暮伺候之，調護之，無毫髮不盡，五臟六腑，洞見曲折，不待切

〔一〕《春秋公羊傳·昭公十九》傳文，中有删略。唐先生舉聖人以樂正子春之真誠奉養，對照許世子之敷衍行事，從而論定許世子加弒之責，以警惕爲人子者應隨時盡孝。

〔二〕《新唐書·王勃傳》記王勃語。

脈而後知。可謂得謹疾之道。」〔二〕當取以爲法也。近世有名爲侍疾，親逝而熟睡不知者；其於醫藥，中西雜投，毫無主見，以致疾而成病，病而至於死，此其罪惡更甚於許止矣。

《禮記·玉藻》篇

親老，出不易方，復不過時。親瘠，色容不盛。此孝子之疏節也。復，反也。瘠，病也。《説文》：「疏，通也。」疏節，猶言通禮。

「出不易方」，有定所也。「復不過時」，無愆期也。親老則易於病，二者皆恐親體或有不安，一心在於其親，無庸督促也。然若有軍國大事，而易方過時者，亦多移書或使人稟知其親矣。

「色容不盛」，謂之疏節者，黄氏《孝經集傳》謂：「得其疏節，則其精意亦

〔二〕李顒《堊室録感》載其事，取自陸游《老學庵筆記》卷三。宋人任元受，字盡言，精於醫，事母至孝。陸游云：「任元受事母盡孝，母老多疾病，未嘗離左右。元受自言：『老母有疾，其得疾之由，或以飲食，或以燥濕，或以語話稍多，或以憂喜稍過。盡言皆朝暮候之，無毫髮不盡，五臟六腑中事，皆洞見曲折，不待切脈而後知，故用藥必效，雖名醫不逭也。』」

見。」〔一〕況并其疏節而忽之乎？夫何以謂之精意？蓋爲人子而至於親病，已不免於罪矣。其飲食之失節耶？寒煖燥濕之失宜耶？抑吾拂親之意，而觸親之怒耶？故愚思之重思之，推究其所以致病之由，忽作一萬一不愈之想，焉得不重致其憂？故愚嘗謂，人子致謹於無形無聲之際，而不可稍忽者，當在親未病之時。若吾親既病，則雖悔恨涕泣，奔走祈禱，已無及矣。曹氏叔彦謂：「經言致其憂者，心專壹於親之病，自無絲毫他念之雜。如此則凡奉湯藥、進飲食、適寒燠之宜，皆極和至順，曲得親意。周祥巧變，動中竅要，庶幾少減其疾苦而轉危爲安。侍疾之道，至危至微，苟百密一疏，則萬悔莫追矣。」至哉言乎！此乃黄氏所謂精意，而不僅在疏節者也。

《論衡·感虚》篇

傳言曾子之孝，與母同氣。曾子出薪於野，有客至而欲去，曾母曰願留，參方到，即以右手搤其左臂，曾子左臂立痛，即馳至。問母臂何故痛，母曰：「今者客來欲去，吾搤

〔一〕黄道周《孝經集傳》卷三。

臂以呼女耳。」蓋以至孝，與父母同氣，體有疾病，精神輒感。曰：此虛也。夫孝弟之至，通於神明，乃謂德化。搤，扼也。

按：曾母搤臂，曾子臂痛之事，後世傳爲美談，淺人或疑爲附會。不知己之身即父母之身，父母疾痛，己身自當有所感覺，或心動，或神悸，或夢魂感觸等皆是，故曰：「至孝與父母同氣，體有疾病，精神輒感，此虛也，所謂通於神明也。」然惟至誠之孝子有之，庸人殆無是也。是則親病而憂，不獨天性自然，即己身若有迫之使然者，惟當致之焉爾。《孝經·紀孝行章》五致皆天性，而憂與哀爲尤甚。致憂以療親病，親病或可愈矣。又蔡邕《琴操》載：「《梁山操》者，曾子之所作也。……曾子耕泰山下，遭天霖澤，雨雪寒凍，旬日不得歸，思其父母，乃作《憂思之歌》。」〔一〕曾子於親未病之時，且憂思如此，惜其歌不傳也。

以上引《論語》一章、《禮記》一章又二則、《論衡》一則。列《文王世子》於《曲禮》前者，文王，萬世人子之範也，雖屬世子法，無異士庶人之依膝下也。至其次，

〔一〕蔡邕《琴操》卷下。「曾子耕泰山下」句，《琴操》作「嘗耕泰山之下」。

亦當預防親之疾病，而曲致其憂，勿至貽終身之悔焉爾矣。觀曾子之事，能無有動於中乎？

喪則致哀篇第九

《儀禮·既夕禮·記》

疾病，外内皆埽，徹褻衣，加新衣，男女改服，屬纊以俟絶氣，乃行禱於五祀。乃卒，主人啼，兄弟哭。疾甚曰病。纊，新絮。行禱者，盡孝子之情。

《禮記·問喪》篇

親始死，雞斯，徒跣，扱上衽，交手哭。惻怛之心，痛疾之意，傷腎、乾肝、焦肺。水漿不入口三日，不舉火，故鄰里爲之糜粥以飲食之。夫悲哀在中，故形變於外也。痛疾在心，故口不甘味，身不安美也。三日而斂，在牀曰尸，在棺曰柩。動尸舉柩，哭踊無數。惻怛之心，痛疾之意，悲哀志懣氣盛，故袒而踊之，所以動體、安心、下氣也。婦人不宜袒，故發胸、擊心、爵踊，殷殷田田，如壞牆然。悲哀痛疾之至也。雞斯，去冠括髮

也。徒，空也。上衽，深衣之裳前。爵踊，足不絶地，

此親始死致哀之禮也。行禱於五祀，猶冀親之復生也，痛哉！啼者哭不成聲也。

《雜記》曰：「中路嬰兒失其母，何常聲之有？」

曹氏叔彦曰：「子於父母，一體而分。鞠育恩勤，劬勞罔極。一旦失其親，其痛何若？故三年之喪如斬，痛之極也。斬衰之哭，往而不反，哀之至也。」愚謂三年之喪如斬者，不僅身如斬，言心如斬也[一]。《檀弓》篇「顔丁善居喪，始死，皇皇焉如有求而弗得。」言欲求從親死而不可得也。先儒有言：「人子既遭親喪，當知親生之時，既不可復得，即喪之時，亦不可復得也。」[二]是故親始死之時，則非復疾病求藥之時矣；既葬之時，則非復始死之時矣。思之尚忍不致其哀乎？《論語》曰：「人未有自致者也，必也親喪乎？」「傷腎、乾肝、焦肺」，「水漿不入口」，皆所以自致也。更有痛者，嬰孩之在膝下也，歡喜跳躍，則必成踊；至於親死，則必辟踊。故子之愛親也以踊始，其哀親也以踊終。至情之不容泯滅如此，深思之能無恫乎？此曾子讀喪禮所以泣下沾

[一] 言内心之悲痛，較曹氏如身受刑戮之痛又進一層。

[二] 此《白虎通》説。

襟與！

故曰「辟踊哭泣，哀以送之，送形而往，迎精而反」也。其往送也，望望然，汲汲然，如有追而弗及也。其反哭也，皇皇然，若有求而弗得也。故其往送也如慕，其反也如疑。求而無所得之也，入門而弗見也，上堂又弗見也，入室又弗見也，亡矣喪矣！不可復見已矣！故哭泣辟踊，盡哀而止矣。心悵焉、愴焉、惚焉、愾焉，心絶志悲而已矣。祭之宗廟，以鬼饗之，徼幸復反也。「哀以送之」，謂葬時也。迎其精神而反，謂反哭及日中行虞祭之禮。望望，瞻望之貌也。慕者以其親之在前，疑者不知神之來否。「求而無所得」以下，説反哭之義。「心悵焉」以下，説虞祭之義。

按：葬先一夕設祭，所以送親，父母而賓客之也，痛何如也！奉柩朝廟，祖奠，始納柩於車，順死者之心。辭别祖廟，猶如吾親在時出必告之意。至此不特吾親不可復見，即吾親之柩，亦將不可復見矣，痛何如也！往送如慕，孺子哭父母於中道也。終歸反也如疑，疑吾親之復反也。入門弗見，上堂弗見，入室弗見，是吾親未反也。恍惚而已，痛何如也！然至此而心目中尚無時不想像親之形狀，恍若見之，故設祭以冀吾親之來享也。人子讀此章，當於親在之時，極盡其孝，永寧吾親之身體，以保吾親之天年。若至哭泣以送，祭廟以享，抑亦晚矣！

或問曰：「死三日而後斂者何也？」曰：孝子親死，悲哀志懣，故匍匐而哭之，若將復生然，安可得奪而斂之也？故曰三日而後斂者，以俟其生也。三日而不生，亦不生矣。孝子之心，亦益哀矣。家室之計，衣服之具，亦可以成矣。親戚之遠者，亦可以至矣。是聖人爲之斷决，以三日爲之禮制也。

「安可得奪而斂之」句，沈痛之至。先儒謂：「仁人恤其疾苦之民，如父母伏其將死之子。」然則，人子伏其將死之親，其痛苦何如！故不得奪而斂之也。夫屬纊聽息之時，猶或冀其復蘇。至於一日决無望矣，况至於二日三日，然不得奪而斂之者，孝子之心，萬不得已也！蓋至此而欲報之德，昊天罔極，而無可追矣！至此而鮮民之生，不如死矣！故三日斂，爲千古人子罔極之思也。然此當應乎其時，視乎其地，與夫疾病之是否疫癘傳染。若有必須早殮者，固未可拘也。

《禮記·檀弓上》篇

子思曰：「喪三日而殯，凡附於身者，必誠必信，勿之有悔焉耳矣。三月而葬，凡附於棺者，必誠必信，勿之有悔焉耳矣。喪三年以爲極，亡則弗之忘矣。故君子有終身之憂，而無一朝之患，故忌日不樂。」附身，謂衣衾。附棺，謂明器之屬。則之言曾。死者之形雖亡，而生者之心，曾未忘之也。無一朝之患，毁不滅性。忌日，親之死日。

《荀子·禮論》篇曰：「死之爲道也，一而不可得再復也。子之所以致重其親，於是盡矣。」此言極痛。夫當殯葬之時，孝子哭泣迷惘，往往不及致祥，然猶必提醒其良知曰：「必誠必信，勿使有悔。」嗚呼！人子之事其親，有悔多矣。奉親之命而不能立行也，供親之養而未能盡歡也，至於昏定晨省、冬温夏凊、寒暖燥濕、出入扶持，未能時刻盡心也。然當吾親尚在之時，猶可冀其追補，至於殯葬，則無可追補矣。「附身附棺」，鄭注尚有宜增補者。竊謂，附身如親之所愛宜以殉，附棺無使土親膚，如後世用三合土、塞門德〔一〕土之屬。如是而有悔也〔二〕，豈能復發而補之乎？則終身抱憾於無窮矣！

「亡則弗之忘」，良知之發，根於天性，未有勉强也。乃後世風俗澆薄，三年之喪，淡焉漠焉，甚有不能記其親死之日者。哀莫大於心死，痛矣夫！此子思子所以丁寧誥誡與！

〔一〕「塞門德」乃 Cement 之音譯。
〔二〕「如是而有悔也」，句首疑脱「不」字。

《禮記・檀弓下》篇

喪禮，哀戚之至也。節哀，順變也。君子念始之者也。

始之者誰，父母是也。哀毁之甚，恐傷死者之心，則雖節哀而心愈悲矣。或曰：「經言毁不滅性。」性者，生也，不忘生我者也。夫居喪不忘生我之人，何時可忘生我之人耶？

復，盡愛之道也。有禱祠之心焉，望反諸幽，求諸鬼神之道也。復謂招魂，庶幾其精氣之反。

此始死而冀其復蘇也。禱祠，謂禱於五祀。禮，復者北面升屋而號，曰：「皋某復。」吾蘇之俗，則於生前疾篤之時行之，或升屋，或竈前，冀疾病者之安神而漸愈，大都於五更天明時，其聲絶慘。文治幼時侍先妣肝暈之疾，先姊常於竈前行之。其後每聞人家號復之聲，輒爲潸然。

拜稽顙，哀戚之至隱也。稽顙，隱之甚也。隱，痛也。稽顙者，觸地無容。

本篇載孔子曰：「拜而後稽顙，頽乎其順也。此殷禮。頽，順也。先拜賓，順於事也。稽顙而後拜，頎乎其至也。此周禮。頎，至也。先觸地無容，哀之至。三年之喪，吾從其至者。」蓋孔子從周禮也。人身惟首最尊，故孝子痛親哭泣，擗胸踊足，而不若首觸地爲甚，故曰：「隱之甚。」行極重之禮，以表極哀之心。

飯用米貝，弗忍虚也。不以食道，用美焉爾。食道，熟食也。鄭注：「食道褻，米貝美。」

讀「弗忍虚」三字，千古孝子同聲一慟者矣。蓋熟食之養，至此而盡矣。然而猶弗忍虚者，孝子永世盡養之心也。然則生前之養，其可虚乎？且生前不能用美，以博父母之歡，至死後而始用美乎？追悔有不忍言者矣！

銘明旌也。以死者爲不可别已，故以其旗識之。愛之，斯録之矣；敬之，斯盡其道焉耳。不可别謂形貌不見。

戴氏禮曰：「按《周禮·春官·小祝》『銘，書死者名於旌』，又《儀禮·士喪禮》『爲銘，書曰：某氏某之柩』是也。愛親，故以旗識之，弗敢遺忘也。敬親，故盡其道，弗敢弗至也。」愚按：蘇俗稱銘爲旐，以紅綢書白字，鋪柩上，蓋碣者銘諸外，旐者銘諸内。至《祭統》所謂銘，乃後世墓志銘之屬，與此銘不同。

重，主道也。殷主綴重焉，周主重徹焉。始死未作主，以重主其神也。重既虞而埋之，乃後作主。綴，聯也。作主後，聯其重，懸諸廟。周人作主，徹重埋之。

同一木主，或稱重，或稱主者，皆神所憑依也。葬前稱重，虞祭易之。蘇俗行點主禮，極鄭重。

奠，以素器，以生者有哀素之心也。唯祭祀之禮，主人自盡焉爾。豈知神之所饗，亦

以主人有齊敬之心也。哀素，言哀痛無飾也。哀則以素。

「豈知神之所饗」，索諸恍惚之間，不得已盡其齊敬焉爾。以主易重，以虞易奠，以飾易素，漸由凶而之吉，所以減孝子之哀思也。而孝子之哀思愈甚，當其易主時，未嘗不戀戀於重也。其易虞時，未嘗不戀戀於奠也。其易飾時，未嘗不戀戀於素也。已往者不可追，猶之吾親不能復反也。

辟踴，哀之至也。有筭，爲之節文也。撫心爲辟，跳躍爲踊。孝子喪親，哀慕志懣，男踊女辟，哀痛至極。若不裁限，恐傷其性，故有筭。

子游曰：「喪致乎哀而止。」〔一〕孝子居喪，辟踴哭泣，哀極則然。若不爲之限節，則賢者或過乎哀而傷生，不肖者不仁乎親而不至。有筭者，所謂俯而就、仰而幾也。

歠，主人主婦室老，爲其病也，君命食之也。歠，歠粥也。孔子曰：「歠粥面深墨。」室老，家相也。

水漿不入口者三日，飲食不能下咽也，然而病矣。貴者君命之食，賤者鄰里爲之糜粥，以飲食之，所謂「凡民有喪，匍匐救之」也。

反哭，升堂，反諸其所作也。主婦入於室，反諸其所養也。反哭之弔也，哀之至也。

〔一〕《論語・子張》。

反而亡焉，失之矣，於是爲甚。殷既封而弔，周反哭而弔。孔子曰：「殷已慤，吾從周。」所作，親所行禮之處。所養，親所饋食之處。封當爲窆。窆，下棺也。既封而弔，受弔於壙，反哭而弔，受弔於家。

戴氏禮曰：「親始死，則有尸存；尸殯，則有柩存。人子之心，猶有所瞻依也。葬則柩已封土，歸則殯宮已空，不可復覩，故反哭之哀，爲喪之尤甚者也。葬後受弔，主賓皆極迫促，必不能盡誠於一哭；不若反哭於家，可以盡哀盡禮，此孔子所以從周也。」

愚按：此節當與《問喪》篇參考，蓋「往如慕，反如疑」，精神恍惚之餘，以爲吾親猶在也。迨入門弗見，上堂弗見，入室勿見，則真失之矣。雖在吾親起居食息之地，不能復見吾親矣！痛之甚。故反哭之弔，曰「如之何」，無慰唁之辭也。

《禮記·三年問》篇

三年之喪何也？曰稱情而立文，因以飾羣，別親疏貴賤之節，而弗可損益也，故曰無易之道也。創鉅者其日久，痛甚者其愈遲。三年者，稱情而立文，所以爲至痛極也。斬衰，苴杖，居倚廬，食粥，寢苫枕塊，所以爲至痛飾也。三年之喪，二十五月而畢。

哀痛未盡，思慕未忘，然而服以是斷之者，豈不送死有已、復生有節也哉！稱情而立文，稱人之情輕重而制其禮也。羣，《莊子》所謂人羣是也。無易，猶不易也。斬衰，《雜記下篇》云：「三年之喪如斬，期之喪如剡。」飾情之章表也。復生，除喪，反生者之事。送死之禮有已，復生之事有節，不以死傷生也。

凡生天地之間者，有血氣之屬，必有知。有知之屬，莫不知愛其類。今是大鳥獸，則失喪其羣匹，越月踰時焉，則必反巡，過其故鄉，翔回焉，鳴號焉，躑躅焉，踟躕焉，然後乃能去之。小者至於燕雀，猶有啁噍之頃焉，然後乃能去之。故有血氣之屬者，莫知於人，故人於其親也，至死不窮。匹，偶也。言燕雀之恩不如大鳥獸，大鳥獸不如人，故人類爲萬物之最貴也。至死不窮，終身之愛，忌日之謂也。將由夫患邪淫之人與？則彼朝死而夕忘之。然而從之，則是曾鳥獸之不若也。夫焉能相與羣居而不亂乎？言惡人薄於恩，死則忘之。從讀爲縱，謂縱情恣意，不以禮節之。將由夫修飾之君子與？則三年之喪，二十五月而畢。若駟之過隙，然而遂之，則是無窮也。修飾，謂修身飾行。駟之過隙，喻疾也。遂〔一〕之，謂順其情。故先王焉爲之立中、制節，壹使足以成文理，則釋之矣。立中制節，無過與不及也。《仲尼燕居篇》曰：「禮乎禮！夫禮所以制中也。」

〔一〕「遂」字，原誤爲「逐」。

此人類之所以異於禽獸，在能存其良知也。上古之世，喪期無數，故《儀禮・喪服記》野人曰「父母何筭焉」，即所謂無數也。至黄帝以來，乃定爲三年之喪，使賢者可俯而就，不肖者可仰而企，葆其良知，以禮爲節，吾國最文明之制度也。至於春秋，世衰道微，聖門高弟如宰我，且有「三年之喪，期可以已」之問，孔子告以「子生三年，然後免於父母之懷，三年之喪，天下之通喪也。」迨戰國之時，楊、墨塞路，孟門高弟如公孫丑，亦有「爲期之喪，猶愈於已」之問，孟子言亦教之孝弟而已矣。聖賢維持世道之苦心如此。

後世禮教湮廢，至唐《開元禮》始有定制，杜君卿《通典》載喪禮最詳；宋程子、張子、朱子，皆兢兢於喪禮；明顧亭林先生《日知録》論喪服數條，至爲精覈，學者所當詳考，啓發其良知也。《曲禮》篇曰：「鸚鵡能言，不離飛鳥；猩猩能言，不離禽獸。」今人而無禮，雖能言，不亦禽獸之心乎？嗚呼！人而有禽獸之心，在一家未有不亂敗，在一國未有不亂亡者也。

曹氏叔彦曰：「人子於親喪之初，悲哀痛疾，天良發不可遏，念屬毛離裏以來，鞠育恩勤，瞻依怙恃，俄頃訣别，其痛若木之斷根，身之殊死也。屬纊聽息之時，猶冀有一綫之生機，而親竟長往不返，呼號攀援，直欲舍生而從之也。凡人皆有此心，所可歎者，才發見，旋梏亡耳。孝子致其哀，則三年之喪，如駟之過隙；而終身之慕，至死不窮矣。」此言感發良知，可爲家庭之彝訓也。

以上載《禮經·記》一則，並《禮記·問喪》《檀弓》《三年問》等篇，凡若干則。近時陳蘭浦先生謂：「《檀弓》篇『反哭升堂』數語、《問喪》篇『入門弗見』數語、《三年問》篇『今是大鳥獸』一節，雖使墨者讀之，亦當下淚，其感人可謂深切之至矣。」至喪禮之簡而易明者，如近吴氏《吾學録》、太倉葉涵溪先生《喪禮易從》二書，足資參考。

祭則致嚴篇第十

《論語·八佾》篇

祭如在，祭神如神在。祭，祭先祖。祭神，祭五祀之屬。下言「吾不與祭，如不祭」，則此二句是當爲夫子之事。

子曰：「吾不與祭，如不祭。」不與祭者，謂己有事，而使他人攝行祭事。

如在者,「事死如事生,事亡如事存」,「如在其上,如在其左右」〔一〕是也。《禮記·玉藻》篇:「凡祭,容貌言色如見所祭者。」《祭義》篇:「齊三日,乃見其所爲齊者。」皆所謂「如在」,誠之至也。《禮運》篇論祭曰:「作其祝號,玄酒以祭。君與夫人交獻,以嘉魂魄,嘉,樂也。是謂合莫。」又曰:「祝以孝告,嘏以慈告。……此禮之大成也。」蓋祖考之精氣,寄託之於子孫。子孫之精氣,即祖考之精氣。故致齊三日,其精誠足以上通於祖考。以子孫之精神,嘉祖考之魂魄,是以通微合莫而無間也。故曰:「祝以孝告,嘏以慈告。」若不與祭,而使他人代之,則精神隔閡,其誠無由而達,豈非如不祭乎?讀聖人二語,已可見祭禮之大本矣。

《禮記·中庸》篇

子曰:「鬼神之爲德,其盛矣乎!視之而弗見,聽之而弗聞,體物而不可遺。鄭注:「體,猶生也,言萬物無不以鬼神之氣生也。」朱注:「鬼神無形與聲,然物之終始,莫非陰陽合散之所爲,是其爲物之體,而物所不能遺也。」**使天下之人,齊明盛服,以承祭祀。洋洋乎!如在其上,如在其**

〔一〕《禮記·中庸》文。

左右。齊之爲言齊也，所以齊不齊而致其齊也。明，猶潔也。洋洋，流動充滿之意。**《詩》曰：『神之格思，不可度思，矧可射思！』**」《詩》，《大雅·抑》之篇。格，來也。矧，況也。射，厭也。言厭怠而不敬也。思，語辭。**夫微之顯，誠之不可揜如此夫。**

此章重在「體物而不可遺」句，與「使天下之人」一節，歸結一誠字。《易傳》曰：「一陰一陽之謂道。」又曰：「立天之道，曰陰與陽。」陰陽之氣，凝結而成質，其氣流形，無乎不在，故曰體物。《易》八卦分八宮，自一世以至五世，與游魂歸魂卦，周流於宇宙間，故曰：「精氣爲物，游魂爲變。」皆「體物而不可遺」也。天地之氣，與人心消息相通，非有使之者也。而若有使之者何也？蓋人心之魂魄，可以感天地之鬼神，而天地之鬼神，若役使人心之魂魄，誠爲之也。誠不至，則神不著。肅然必有聞乎其容聲，愾然必有聞乎其歎息之聲。孝子之精誠，對越祖考，而禮樂由是興焉。

「神之格思」，人心之感召，來饗來歆也。苟以爲迷信而厭棄之，是自滅其祖考也，是自棄於天地也，痛矣夫！聖人於是發其良心而救之以誠。誠僞之分，人心生死之界限也。

「夫微之顯」，微者視之而弗見，聽之而弗聞也；顯者使天下之人，齊明盛服以承祭祀也。因祭祀鬼神之自微之顯，推而至於居心處事之自微之顯，則慎獨之功爲要矣。

《中庸》之學，以「至誠無息」爲主，特於此章首揭一「誠」字。惟仁人能以祭祀之誠，推而至於行事之誠。雖不見不聞之中，儼然十目所視，十手所指，而不敢稍有自欺之念。夫然後誠於中，形於外，自微之顯，而成天下之至誠。《老子》曰：「載魂魄抱一，能無離乎？」一者，誠也。小人爭名奪利，詐僞日滋，志昏於中，氣浮於上，久之而離魂而落魄，皆不誠之所致也。於是喪家亡國隨之，不孝莫大焉。故聖人之救世曰孝，惟孝而萬事乃壹出於誠。

《禮記·祭義》篇

祭不欲數，數則煩，煩則不敬。祭不欲疏，疏則怠，怠則忘。是故君子合諸天道，春禘秋嘗。合於天道，因四時之變化，孝子感時念親，則以此祭之。禘，當爲礿，見《郊特牲》注。專言春秋者，以該夏冬。**霜露既降，君子履之，必有悽愴之心，非其寒之謂也。春雨露既濡，君子履之，必有怵惕之心，如將見之。**悽愴怵惕，皆感時念親也。霜露既降，《禮説》在秋，此無秋字，蓋脱爾。**樂以迎來，哀以送往。故禘有樂而嘗無樂。**迎來而樂，樂親之將來也。送去而哀，哀其享否不可知也。小言之則爲一祭之間，推而廣之，春夏陽，似神之來，故祭有樂。秋冬陰，象神之去，故祭無樂。

祭者，孝子之所不得已也。曹氏叔彦曰：「初喪殯宮有奠，而燕養饋羞湯沐，饌於下室，鬼神無像，設奠以憑依之，孝子不忍一日廢其事親之禮也。及既葬而以虞易奠，卒哭而以吉祭易喪祭，由是祔練祥譚，以漸即吉，此勢之無可如何者。而孝子哀痛思慕之情，豈能忘乎？是以感時物之變，悽愴怵惕，追思其親，齊戒沐浴，專致其精明之德，以交於神明，其嚴乎！」

愚按：必有悽愴之心，必有怵惕之心，皆孝子自然之天性，人心與天道相感通也。「非其寒之謂」，思吾親之體魄也。「如將見之」，如見吾親之體魄也。父母在時，依依膝下，常見形容。不幸而父母没，既葬之後，吾親之體魄何如？不可見矣！霜露降，雨露濡，懼霜露之浸濡而傷親於地下也。是故，祭於祠不如祭於家，吾親之居處在也；祭於家不如祭於墓，吾親之體魄在也。痛乎哉！

致齊於内，散齊於外。齊之日，思其居處，思其笑語，思其志意，思其所樂，思其所嗜。齊三日，乃見其所爲齊者。 致齊，思此五者也，攝其放心，故曰於内。散齊七日，不御、不樂、不弔，故曰於外。見所爲齊者，精意純熟，若見其所爲齊之親也。

祭之日，入室，僾然必有見乎其位；周還出户，肅然必有聞乎其容聲；出户而聽，愾然必有聞乎其歎息之聲。 入室，謂祭之日朝初入廟室，陰厭時僾僾然髣髴見也。出户，謂薦饌時也。愾息肅肅然，如聞親舉動容止之聲。設薦畢，孝子出户靜聽，愾愾然，必有聞乎其歎息之聲。

是故先王之孝也，色不忘乎目，聲不絶乎耳，心志嗜欲不忘乎心。致愛則存，致慤則著，著存不忘乎心，夫安得不敬乎？ 著存，言如親之存在而昭著，皆孝子之思念。

孝子之事親也，當親在之時，於其居處、笑語、志意、所樂、所嗜，應常懸於心目之間，無時不思者也。迨親殁之後，是五者亦常痛刻於心目之間，雖夢寐之時，亦追念而隕涕也。感觸隨處皆是，豈必待齊之日哉？惟齊之日，迺備致其思爾。孔疏謂「思念五事，先思其粗，漸思其精，故居處在前，樂嗜在後。」愚謂五事以志意爲尤要，蓋當齊之日，祭之時，繼志述事之良知，有勃發於不自覺者矣。

戴氏禮曰：「亡者之容，安能再覩？亡者之聲，安所得聞？此蓋孝子之心，念兹在兹，故迷離惝怳中，如有所見所聞也。《春秋繁露》云：『祭之爲言察也。』祭然後能見不見。見不見，然後知天命鬼神明察之意。」此説極精。

愚謂上一節五「思」字，中一節三「必有」字，下一節四「不忘」字，皆出於孝子之天性，無待勉强者也。又上一節及中一節諸「其」字，皆指吾親而言，讀之如追魂攝魄，有不動其心者，尚得爲人乎？嗚呼！色不忘乎目，非猶是視於無形乎？聲不絶乎耳，非猶是聽於無聲乎？致愛致慤，非猶是致樂致敬乎？然其存與著者，不過精神恍惚間矣。痛乎哉！

君子生則敬養，死則敬享，思終身弗辱也。君子有終身之喪，忌日之謂也。忌日不用，非不祥也，言夫日志有所至，而不敢盡其私也。忌日，親亡之日。不用者，不用舉他事。夫日，猶言是日。志有所至，於親以此日亡，其哀親如喪時。文王之祭也，事死者如事生，思死者如不欲生。忌日必哀，稱諱如見親，祀之忠也。如見親之所愛，如欲色然，其文王與？祀之忠，謂忠敬也。欲色，如見親之所愛，若有欲得之色然。或云如欲見父母之顏色。《詩》云：「明發不寐，有懷二人。」文王之詩也。祭之明日，明發不寐，饗而致之，又從而思之。祭之日，樂與哀半。饗之必樂，已至必哀。《詩》，《小雅·小宛》之篇，刺幽王也。記者斷章取義，以爲《文王》之詩耳。祭之明日，謂繹祭日也。

「生事之以禮」，所謂敬養也。「死祭之以禮」，所謂敬享也。父母既没，慎行其身，不遺父母惡名，可謂能終矣，故曰思終身弗辱也。終身者，非終父母之身，終其身也。孝子所以報其親者，惟有終身弗辱而已。弗辱者，先人之志意也。喪親之日，爲人生最痛苦之時，乃於是日淡焉漠焉，歡笑而若忘焉，其尚得爲人乎？文王我師也，「事死者如事生」，追思寢門三朝之時，豈不欲從親於地下乎？「稱諱如見親」，聞親之諱，則瞿然心動也。「祀之忠」，猶以飲食忠養之也。「如見親之所愛，如欲色然」，追思食上視寒暖之節，能無大慟於心乎？「明發不寐」二句，平旦之良知也，人人皆有之，何以千古獨推文王乎？「饗而致之，又從而思之」，即非饗之時，終身之思可知矣。「樂與哀半」，終於哀而已矣。吾親在時，而思有以娛樂之，則有强爲歡笑者。祭之時，思慰吾親於地下，能無强爲歡樂乎？則哀之至也。此亦聖人所無可如何者也。痛乎哉！

宰我曰：「吾聞鬼神之名，不知其所謂？」子曰：「氣也者，神之盛也。魄也者，鬼之盛也。合鬼與神，教之至也。氣爲噓吸出入者，耳目之聰明爲魄。衆生必死，死必歸土，此之謂鬼。骨肉斃於下，陰爲野土。陰讀爲依蔭之蔭，言人之骨肉蔭於地中爲土壤。其氣發揚於上爲昭明，焄蒿悽愴，此百物之精也，神之著也。焄，謂香臭也。蒿，謂氣蒸出貌。上言衆生，此言百物，明其與人同。因物之精，制爲之極，明命鬼神，以爲黔首則，百衆以畏，萬民以服。明命，猶尊名也。黔首，謂民。則，法也。爲民作法，使民亦事其祖禰。

《禮記義疏》云：「鬼神固是天地之功用，二氣之良能〔一〕，人之所以成終而成始。但此章專就人身上説，以明宗廟祭祀所由起也。言人之生，有是氣乃有是形。形之

〔一〕「二氣之良能」五字原脱，據《禮記義疏》卷六一補入。

知覺爲魄，神即鬼而成。有是形即載是氣，氣之運動爲魂，鬼即神而在。此人之生，惟鬼與神合也。然氣聚而形成，氣散而形亦化，人不能不與百物同。而人於百物中，得天地之氣之最靈，而又食味别聲被色、博取百物之精以爲精，故其死也，魄降於下，骨肉蔭爲野土，其謂之鬼者，未嘗不與百物同。但物有死而即泯者，有其氣升騰而爲君蒿，且觸於物而使物悽愴者。其氣不盛，其神亦不著。人則骨肉之氣，發揚於上，爲君蒿悽愴者，獨昭明焉。蓋其魄聚百物之精，故神之著，至於如此。是氣雖與魄離，而神未嘗不即鬼而著。故聖人因此百物之精，而即命之曰鬼神以合之也，語意純重一『合』字。」〔一〕《禮運》篇曰：「人者，天地之德，陰陽之交，鬼神之會。」即此章之義，「一陰一陽之謂道，繼之者善也，成之者性也」，人道之始也。「精氣爲物，游魂爲變，是故知鬼神之情狀」，人道之終也。魂者，氣也，陽之屬也。魄者，質也，陰之屬也。人秉天氣地質以生，故日用行習之間，莫非魂魄用事。聖人因人之氣質而爲之禮，因人道以通神道，而天地山川社稷宗廟之祭祀，於是乎起，故曰教之至也。嗚呼！骨肉斃於下，陰爲野土，君蒿悽愴，此孝子祭墓所以泫然流涕不能自已，而世多

〔一〕《禮記義疏》卷六一《祭義篇》末義疏按語。

有害禮而廢教者，抑何忍也？

聖人以是爲未足也，築爲宮室，設爲宗祧，以別親疏遠邇，教民反古復始，不忘其所由生也。衆之服如此，故聽且速也。自，由也，言人由此，服於聖人之教。聽，謂順教令。

凡人不可以忘本。「反古復始，不忘所由生」，即不忘本也。人而忘本，則遠近親疏厚薄，皆無推行之根據；而天秩天叙，於以混淆。《詩》曰：「本實先撥。」亂亡隨之矣。

二端既立，報以二禮。建設朝事，燔燎羶薌，見以蕭光，以報氣也，此教衆反始也。薦黍稷，羞肝肺首心，見間以俠甒，加以鬱鬯，以報魄也；教民相愛，上下用情，禮之至也。二端既立，謂氣也、魄也，更有尊名云鬼神也。二禮謂朝事與薦黍稷也。朝事謂薦血腥時也，薦黍稷所謂饋食也。見及見間，皆當爲覸字之誤。羶當爲馨，聲之誤。燔燎馨香，覸以蕭光，取牲祭脂也。光猶氣也。有虞氏祭首，夏后氏祭心，殷祭肝，周祭肺。覸以俠甒，謂雜之兩甒醴酒也。相愛用情，謂此以人道祭之也。報氣以氣，報魄以實，各首其類。

《禮記義疏》云：「鄭所謂相愛用情，謂此以人道事之者。蓋報氣主於敬，燔燎羶薌，以神道事之也，敬也。報魄主於愛，黍稷牲醴，以人道事之也，愛也。敬則禮伸，愛則情洽。用情如告孝告慈之類，如是則上而祖考，下而子孫，愛且用情矣。由是以教民，而君民之情愛通焉。敬愛洽於斯民，所以爲禮之至也。」愚按：古者燒柴燎祭天，即所以報氣。《詩・生民》篇曰：「取蕭祭脂。」即見以蕭光也。後代祭用香燭，亦報氣之意。

君子反古復始，不忘其所由生也。是以致其敬，發其情，竭力從事以報其親，不敢弗盡也。

報其親者，即上所謂報氣報魄也。盡者，謂内盡志、外盡物也。《詩・蓼莪》篇曰：「欲報之德，昊天罔極。」報親，而至於報氣報魄，仁人孝子之用情，自是而止矣。然則報德豈有窮乎？《生民》篇曰：「庶無罪悔，以迄於今。」《楚茨》篇曰：「子子孫孫，勿替引之。」修身明道，繼志述事而已。

孝子將祭祀，必有齊莊之心以慮事，以具服物，以修宮室，以治百事。及祭之日，顔色必温，行必恐，如懼不及愛然。其奠之也，容貌必温，身必詘，如語焉而未之然。宿者皆出，其立卑静以正，如將弗見然。及祭之後，陶陶遂遂，如將復入然。是故慤善不違身，耳目不違心，思慮不違親，結諸心，形諸色，而術省之，孝子之志也。百事，謂齊之前後也。如懼不及愛，如懼不及見其所愛者也。奠之，謂酌尊酒奠之及酳之屬也。如語焉而未之然，如有所以語，親而未見答也。宿者皆出，謂賓助祭者，事畢出去也。如將弗見然，祭事畢而不知親所在，思念之深，如不見出也。陶陶遂遂，相隨行之貌，思念既深，如覩親將復入也。

此節與本篇上文所載「孝子之祭盡其慤而慤」三節相應，文繁未録。「如懼不及愛然」，視於無形也。「如語焉而未之然」，聽於無聲也。術省者何？術省父母之志意也。人子之志意，莫非父母之志意，故曰孝子之志也。嗚呼！祭之爲義大矣。曾子曰：「孝有不及。」祭者，所以補事親之不及，孝子不得已之苦心也。生時視膳，未克盡心，至親没之後，欲再進一勺水，不可得也，終身之喪，痛心孰甚！

乃今之人往往自奉甚厚，而祭祀簡忽，甚至有以爲迷信而廢之者，吁！異矣。吾嘗見西人鋪几筵，供鮮花，列蔬果，則尊之曰紀念。及見吾國人鋪几筵，列祭品，涕泣思親，則斥之曰迷信，何其厚人而薄己、尊人而賤己耶！豈非不愛其親而愛他人，不敬其親而敬他人耶？其良心果安在耶？試撫心自問，平居周旋膝下，乖戾無狀，父母屬纊之時，中心如割，惟有忌日以爲紀念，此孝子萬不得已之苦心也。如是大禮而欲廢之，苟非禽獸之心，其忍爲之耶？

曾子曰：「慎終追遠，民德歸厚。」夫厚民德者，所以善國性也，故祭居六禮之一，其義大矣。文王之祭，事死者如事生，思死者如不欲生[二]，何其痛心之至與？吾輩亦

[二]《禮記・祭義》云：「文王之祭也，事死者如事生，思死者如不欲生；忌日必哀，稱諱如見親；祀之忠也，如見親之所愛，如欲色然，其文王與？」按：此《論語》載孔子「祭如在，祭神如神在」之至誠由衷之敬意。

人子也，何忍忘其父母耶？夫祭禮而可廢耶？昔之人有萬里尋親者，雖窮荒邊僻，而吾親尚在也，固可得而尋也。若吾親既没，音容渺矣！無論如何，不可得而尋矣！然而春露秋霜，如將見之，吾親固在心目中也。齋之日，思其居處、笑語、志意，思其所樂、所嗜，致愛則存，致慤則著，吾親固在吾心方寸間也。所以思慕之者，惟此祭祀日耳。乃併此須臾之思慕而欲掃除之，曾亦見孩提之童，痛哭而尋父母耶？嗚呼！祭禮而可廢耶？

以上引《論語》一章、《禮記・中庸》篇一章、《祭義》篇若干則。祭事備詳於《儀禮・特牲》《少牢》《饋食禮》及《禮記・禮運》《祭統》《祭法》諸篇。此引《祭義》特詳者〔二〕，取其感人子之孝心也。祭則致嚴，惟在人心之至誠，故曰誠不可揜。乃人之無良，破壞至誠之德，爲僞爲詐爲欺，不可究詰。如此，則天地之氣日益薄，五行之災日益至，恐世之混沌不遠矣。

〔二〕唐先生《禮記大義》，於《祭義》一篇，詳爲注釋，參本編《禮記大義》。

孝經救世編卷三

移孝作忠篇第十一

《尚書·金縢》篇

武王既喪，管叔及其羣弟，乃流言於國曰：「公將不利於孺子。」羣弟，蔡叔、霍叔。孺子，成王也。**周公乃告二公曰：「我之弗辟，我無以告我先王。」**辟讀爲避，言我之所以不避嫌疑而攝政者，懼無以對我先王耳。先王，謂太王、王季、文王。**周公居東二年，則罪人斯得。**居東，東征也。罪人，謂武庚、管、蔡。**于後公乃爲詩以貽王，名之曰《鴟鴞》，王亦未敢誚公。**《鴟鴞》詩首章，言救武庚、管、蔡之亂；二、三、四章，欲經營洛邑也。誚乃「訓」字之譌。訓，順也。未敢順公者，不欲遽營洛邑。

此節録《金縢》下半篇文，其上半篇採入「兄弟友恭篇」，當先參考。其原文曰：「植璧秉珪，乃告太王、王季、文王。」又曰：「無墜天之降寶命，我先王亦永有依歸。」又曰：「予小子新命于三王。」蓋周公之心，時時以先王爲念，是以不避嫌而攝政，曰：「我之弗辟，我無以告我先王。」此其「移孝作忠」之心，可以感天地而泣鬼神矣！

愚嘗謂，千古「性情教育」，當首推《金縢》一篇。史官記之曰「周公居東二年」，不明言東征；曰「罪人斯得」，不明言管、蔡，恐傷周公心也。迨東土既平，公又作《鴟鴞》之詩，首章曰「恩斯勤斯」，慈孝之情畢露矣。而二章以下，一則曰「綢繆牖户」，再則曰「未有室家」，三則曰「予室翹翹，風雨所漂搖」，若岌岌不可終日，何也？蓋其時殷亂雖平，頑民蠢蠢欲動，若不經營洛邑以鎮撫之，則變亂頻仍，無以慰先王救民水火之志，此《鴟鴞》之詩所由作。而成王未敢順公，又何也？蓋其時王年尚弱，以爲天下已平，可以暫圖安樂；又恐周公過於勤勞，是以未即順公，而風雷之變起，成王感悟，周公於是獻圖相宅，而洛邑告成矣。

《孝經・聖治章》曰：「人之行莫大於孝，孝莫大於嚴父，嚴父莫大於配天。則周公其人也。昔者周公郊祀后稷以配天，宗祀文王於明堂以配上帝，是以四海之內，各以其職來祭。」云云。考郊祀后稷之禮，見《周頌・思文》之詩；宗祀文王之禮，見《尚書・召誥》《洛誥》及《大雅・文王之詩》。於時商之孫子，咸來助祭，四方民大和會，洪大誥治，而周家八百年之基業遂固。阮氏芸臺《郊祀宗祀説》，義極精確。凡此皆周公純孝之心所感格也，皆周公移孝作忠之至情至性也。吾故曰「性情教育」，無過於《金縢》

一篇。自來大忠孝之人，莫如周公。

《詩·小雅·四牡》篇

四牡騑騑，周道倭遲，豈不懷歸？王事靡盬，我心傷悲。騑騑，行不止之貌。周道，大路。倭遲，歷遠之貌。盬與固通。靡盬，不堅固也。

四牡騑騑，嘽嘽駱馬，豈不懷歸？王事靡盬，不遑啓處。嘽嘽，喘息貌。白馬黑鬣曰駱。

翩翩者鵻，載飛載下，集于苞栩。王事靡盬，不遑將父。翩翩，飛貌。鵻，鵓鳩。栩作林。將，養也。

翩翩者鵻，載飛載止，集于苞杞。王事靡盬，不遑將母。杞，拘杞也。

駕彼四駱，載驟駸駸。豈不懷歸？是用作歌，將母來諗。駸駸，驟貌。來諗，以將母之情來告于君。

《周易》大義，上下交則爲泰，上下不交則爲否，何以能交？上恤其下，則下有以報其上也。《孟子》曰：「君之視臣爲犬馬，則臣視君如路人。」若君之使臣，驅策之如犬馬然，而無以恤其家，無怪臣之視君如秦越矣。《四牡》之詩，蓋文王爲西伯之時，三分天下有其二，率諸侯，撫叛國，而朝覲乎紂，故周公作樂，以歌文王之道，爲後世法。曰「不遑將父」「不遑將母」，念使臣之勤勞，不遑養其父母，則有以恤其家可知矣。曰「將母來諗」，言以養母之情告於君，猶《祈父》詩言「有母之尸饔」也。以至情之心感其臣，有不感激而涕零者哉？夫上下相交之際，恕而已矣。恕者如心之謂，一人之心，千萬人之心也。文王大孝之人，推而廣之，其臣皆爲孝子。《毛傳》曰：「思歸者，私恩也；靡盬者，公義也；傷悲者，情思也。」鄭君箋云：「無私恩，非孝子也；無公義，非忠臣也。君子不以私害公，不以家事辭王事。」夫君臣之情，何以固結若是？《孟子》曰：「憂民之憂者，民亦憂其憂。」君之使臣，豈待其勞苦而自傷哉？亦憂其憂如己而已矣！此聖人所以感人心也。後之言公義者，必欲廢除私恩。不知家之私恩，即國之公義，其分雖殊，其理則一，未有忘私恩而能赴公義者也。倘背乎人情，即反乎公理，國事不可問矣。

《詩·小雅·蓼莪》篇〔一〕

蓼蓼者莪，匪莪伊蒿。哀哀父母，生我劬勞。蓼蓼，長大貌。莪蒿始生，香美可食，至秋高大，則粗惡不可食，喻子初生，猶是美材，至長大乃無用，不得終養父母也。

〔一〕《學術世界》一九三六年第二卷第二期載《孝經救世編》卷一置此詩於首篇《孝德宏綱篇》之第三。

蓼蓼者莪，匪莪伊蔚。哀哀父母，生我勞瘁。蔚，牡蒿。**缾之罄矣，維罍之耻。鮮民之生，不如死之久矣。無父何怙？無母何恃？出則銜恤，入則靡至。**缾小而罍大，喻幽王不能賑恤貧民也。鮮，寡也，言供養已寡矣，而我尚不得終養也。恤，憂也。**父兮生我，母兮鞠我，拊我畜我，長我育我，顧我復我，出入腹我。欲報之德，昊天罔極。**鞠，養也。拊通撫。復，暫離而又回顧也。腹，懷抱也。**南山烈烈，飄風發發。民莫不穀，我獨何害？**烈烈，高大貌；下「律律」同。發發，疾貌；下「弗弗」同。穀，養也，言民皆得養其父母，我獨何故覩此寒苦之害也。**南山律律，飄風弗弗。民莫不穀，我獨不卒。**不卒，言不得終養。

此篇與《四牡》篇適得其反，蓋刺幽王時民人勞苦，孝子不得終養爾。不得終養者，二親病亡之時，時在役所，不得見也。《鴇羽》思念於父母尚存之日，而《蓼莪》傷感於父母既没之後，則尤可痛也，故此詩爲千古孝子絶作。

曰「哀哀父母，生我劬勞」，逮存者讀之，宜如何自惕也！秉政者讀之，宜如何自警也！夫何以至於斯極也？曰「瓶之罄矣，維罍之耻」，瓶碎罍未有能全者也。曰「鮮民之生，不如死之久矣」，生不得奉養，死不得視含殮，故自恫曰「鮮民」，見生可悲而死可樂也。

夫國民而至於求死，國未有能存者也。《孟子》曰：「殺人之父，人亦殺其父；殺人之兄，人亦殺其兄。」然則非自殺之也，一間耳。夫間接以殺人之父兄，轉而自殺其父兄，易刀兵以相殺，此推刃之道，天理昭然，無或爽也。《禮記·曲禮》篇曰：「太上貴德，其次務施報。」父母之大德，人子非可以報施言也。然即以報施言之，始也「無父何怙，無母何恃」，終也父無怙而母無恃，欲報之而不可得，能無痛徹於心乎？夫何以至於斯極也？愛民者讀之，當動其不忍之心矣。晉王裒以父死非罪，每讀至「哀哀父母，生我劬勞」，輒三復流涕，門人爲廢此篇，後世傳爲美談〔一〕。

夫《四牡》爲文王時詩，君臣相得若此。《蓼莪》爲幽王時詩，人民哀怨若此。君子俯仰世變，不禁感慟涕零也。

《詩·唐風·鴇羽》篇〔二〕

肅肅鴇羽，集于苞栩。王事靡盬，不能藝〔三〕稷黍。父母何怙？悠悠蒼天，曷其有所？

〔一〕「後世傳爲美談」句，《學術世界》載《孝經救世編》作「詩之感人至性若此」，而其文至此爲止。

〔二〕《學術世界》一九三六年第二卷第二期載《孝經救世編》置此詩於首篇《孝德宏綱篇》之首。

〔三〕「藝」，原作「蓺」，據《毛詩》爲正。下同。

肅肅，羽聲。鴇，似雁而大。苞，叢生也。栩，柞林。靡盬，靡有堅固。怙，恃也。有所，猶言得所。

肅肅鴇翼，集于苞棘。王事靡盬，不能蓺黍稷。父母何食？悠悠蒼天，曷其有極？

肅肅鴇行，集于苞桑。王事靡盬，不能蓺稻粱。父母何嘗？悠悠蒼天，曷其有常？

此篇與《蓼莪》篇相類，蓋刺時也。夫愛民所以廣孝，而教忠虐民即以賊孝而殘忠。晉昭公之後，大亂五世，君子從征役，不得養其父母而作是詩也。曰不能蓺黍稷稻粱，父母何怙、何食、何嘗，怨憤極矣！孰使之然耶？《孟子》曰：「彼奪其民時，使不得耕耨，以養其父母。父母凍餓，兄弟妻子離散。」又曰：「彼陷溺其民。」蓋奪民之時，無異奪民之産，使之不得耕耨，更無異奪民之食。小民盻盻然終歲勤動，坐視父母之啼饑號寒，甚且將轉死溝壑，豈非陷之於阱而溺之於水耶？孰使之然耶？《書》曰「不有康食」，吾安享「鼎鍾厚禄」，而使人民父母不得安食。言念及此，淚下如綆矣。

昔周文王之治岐也，制其田里，教之樹畜；導其妻子，使養其老；故文王之民無凍餒之老者。《天保》之詩曰：「羣黎百姓，遍爲爾德。」言遍爲孝德也，是以保定國家，「亦孔之固」。後世之民，仰不足以事父母，俯不足以畜妻子，救死而恐不贍。有心人讀此詩，能無動不忍之心乎？然而詩人曰：「王事靡盬。」則其憂勞奔走，盡力國事，亦已至矣。司馬遷曰：「勞苦倦極，未嘗不呼天也。疾痛慘怛，未嘗不呼父母也。」忠孝皆天性也。君人者有以兩全之，斯民親其上、愛其國矣[一]！

《詩・小雅・北山》篇

陟彼北山，言采其杞。偕偕士子，朝夕從事。王事靡盬，憂我父母。杞，枸杞。偕偕，强壯貌。靡盬見上。

普天之下，莫非王土。率土之濱，莫非王臣。大夫不均，我從事獨賢。

四牡彭彭，王事傍傍。嘉我未老，鮮我方將。旅力方剛，經營四方。彭彭，不得息貌。傍傍，不得已貌。嘉鮮，獎勵善待也。將，壯也。旅與膂同。

或燕燕居息，或盡瘁事國，或息偃在牀，或不已于行。燕燕，安息貌。

或不知叫號，或慘慘劬勞，或棲遲偃仰，或王事鞅掌。不知叫號，深居安逸，不聞人聲也。鞅掌，失容也。言事煩勞，不暇爲儀容也。

或湛樂飲酒，或慘慘畏咎，或出入風議，或靡事不爲。出入風議，閒暇從容，議論時政也。

[一] 此段在《學術世界》第二卷第二期作：「是故，行孝必先行庶，欲自立必先立人。能孝，能恕，能立人，則民心統一歸向而國日强。不能孝，不能恕，不能立人，則民心怨恫離叛而國以亡。」以文意論，《孝經救世編》涵蓋意義更豐厚。

《孟子》釋此詩曰：「勞於王事而不得養父母也。」《詩序》曰：「大夫刺幽王也。役使不均，己勞於從事，而不得養其父母焉。」嗚呼！不均之害極矣。膴仕者衆，而賢者憔悴，憂讒畏譏，豈不深可憫哉？

前三章皆言一己獨勞之故，尚屬臣子分所應爲，故不敢怨。後三章兩兩相形，一氣卷舒。彼以其逸，我以其勞；彼若是其相親，我若是其相遠；彼常享其安樂，我常任其憂患：懸殊若此，不言怨而怨自深矣。首章末二句，實爲一篇綱領。雖然，忠臣孝子之志，惟知受吾祖、吾父母之教而已，旅力吾祖、吾父母之所賜也。經營四方，男子所有事。桑弧蓬矢，在厥初生，皆吾祖、吾父母之所訓也。《詩・江漢》篇曰：「于周受命，自召祖命。」《史記・馮唐傳》對文帝之辭，屢稱臣大父言；宋岳忠武精忠報國，出於母訓；近代李忠武公以身報國，殉三河鎮之難，出於父訓。自古英雄未有不本於家庭教育者。秉國鈞者，可使民間之父母，心灰而意沮乎？苟不盡瘁事國，即燕燕居息矣。苟非不已於行，即息偃在床矣。推之下二章皆然。既不能教孝，又何以教忠哉？故後世有盡忠爲國，而榮封其父母者，今以爲虚榮而廢棄之，持高論而背人情，更何益於國乎？

《國策》齊威王信匡章不叛篇

秦假道韓、魏以攻齊。齊威王使章子將而應之，與秦交和而舍，使者數相往來。章子爲變其徽章以雜秦軍，候者言章子以齊入秦，威王不應。頃間，候者復言章子以齊兵降秦，威王不應。而此者三，有司請曰：「言章子之敗者，異人而同辭，王何不發將而擊之？」王曰：「此不叛寡人明矣，曷爲而擊之？」頃間，言齊兵大勝，秦兵大敗，於是秦王稱西藩之臣而謝於齊，左右曰：「何以知之？」曰：「章子之母啓，得罪其父，其父殺之，而埋馬棧之下。吾使章子將也，勉之曰：『夫子之强，全兵而還，必更葬將軍之母。』對曰：『臣非不能更葬先妾也。臣之母啓，得罪臣之父。臣之父未教而死。夫不得父以教，而更葬母，是欺死父也，故不敢。』夫爲人子而不欺死父，豈爲人臣欺生君哉？」相對不戰曰交和。舍，止也。而此，如此也。棧，爲棚。先妾，對君之稱。未教，未有更葬之命。

《戰國策》，亂世之文也。今採録此篇者，悲倫紀之艱也。夫殺其妻而埋之馬棧之下，可謂暴虐無人理矣。而章子又不敢改葬其母，不欺其死父，豈非孝子乎？是以孟子獨與之游曰：「夫章子爲得罪於父，不得近，出妻屛子，終身不養焉。」其設心以爲不若是，是則罪之大者。又曰：「夫章子，子父責善而不相遇也。」可見章子諫諍其父，亦已至矣！卒不能救其母，而得罪於父，其遇尤可悲也。然則齊威王能用章子，亦智矣哉！

《詩·六月》篇曰：「薄伐玁狁，至于太原。文武吉甫，萬邦爲憲。」至於來歸自鎬，飲御諸友，則曰：「侯誰在矣，張仲孝友。」吉甫所交者，孝友之人。當時萬邦爲憲，皆以孝弟爲法式可知也。自古用兵之道，必取文武兼資之人，尤必以孝弟爲本。曹氏叔彦曰：「《孝經》言孝，而切切以事君爲訓，曰中於事君，曰夙夜匪懈以事一人，曰資於事父以事君而敬同，曰以孝事君則忠，曰事親孝故忠可移於君，而結以《事君章》，可見激勵忠臣，必先獎勵孝子。」此探本之論也。

以上録《尚書》一則、《詩》四篇、《國策》一篇，見忠孝出於一貫。求忠臣必於孝子之門也。末篇載用兵之道，亦以孝爲本務。然則殺身成仁，舍生取義，爲忠即以爲孝也。世乃謂厚於家者薄於國，謬以千里矣！

兄弟友恭篇第十二

《尚書·金縢》篇

既克商二年，王有疾，弗豫。二公曰：「我其爲王穆卜。」弗豫，不悦豫也。二公，太公、召公。

穆卜，謂敬卜；或云合同以卜。**周公曰：「未可以戚我先王。」公乃自以爲功，爲三壇同墠，爲壇于南方，北面。周公立焉，植璧秉珪，乃告太王、王季、文王。**功，質也，言以身作代。築土曰壇，除地曰墠。三壇，三王之位。植，置也。璧圓、珪方，所以禮神。**史乃册祝曰：「惟爾元孫某遘厲虐疾，若爾三王，是有丕子之責于天，以旦代某之身。**元孫，武王。遘，遇。厲，惡。虐，暴也，或云癉瘧。丕，大。子，慈也。**予仁若考，能多材多藝，能事鬼神。乃元孫不若旦多材多藝，不能事鬼神。**《禮記·禮運》篇云：「祝以孝告，嘏以慈告。」此節乃嘏述太王之告辭。仁，愛也。若考，文王也。「乃元孫」二句，似不許旦代之辭。**乃命于帝庭，敷佑四方，用能定爾子孫于下地；四方之民，罔不祇畏。嗚呼！無墜天之降寶命，我先王亦永有依歸。**此以下乃史再祝之辭。「定子孫于下地」，言武王克平大難，材藝極鉅。「我先王亦永有依歸」，亦能事鬼神也。**今我即命于元龜。爾之許我，我其以璧與珪歸俟爾命。爾不許我，我乃屏璧與珪。**即就也，歸俟爾命，俟武王之安也。屏，藏。屏璧與珪，言武王喪，周之基業必墜，不得事神也。**乃卜三龜，一習吉。啓籥見書，乃并是吉。**三龜，三壇所卜之龜。習，重也。書，卜兆之辭。**公曰：「體王其罔害，予小子新命于三王，惟永終是圖，兹攸俟能念予一人。」**體，卜兆體。一人，武王也。**公歸，乃納册于金縢之匱中。王翼日乃瘳。**册，祝册。金縢，以金纇緘封之。翼日，明日。

此篇爲千古特絶之文。至誠所格，上通於天矣。蓋殷人之制，兄終則傳之於弟。

據《逸周書·度邑解》武王以兄弟相厚，嘗欲禪位於周公，而公拱手涕泣，不敢受命。當此之時，設使王疾不瘳，不獨救民水火之功，都歸淪棄；即鎬京基業，亦將岌岌不保。公請以身代，其心惟知有國，惟知有君，惟知有兄而已。乃祝辭甫畢，蝦辭有不許之意，公命祝再陳苦衷，悃忱畢露，涕泗横流矣。後人但知其讓天下於無形，而不知兄歿，有如戕手足也。公曰：「體王其罔害。」驚喜逾望，納册匱中，戒諸司百執事不敢言。至誠若此，所以感召風雷之瑞也。讀黄梨洲先生《萬里尋兄記》，凡有血氣，皆爲零涕，而況斯文哉！

《詩·小雅·常棣》篇

常棣之華，鄂不韡韡。凡今之人，莫如兄弟。常棣，如棠，子如櫻桃可食。鄂，承花者也。韡韡，光明貌。

死喪之威，兄弟孔懷。原隰裒矣，兄弟求矣。威，畏也。懷，思也。原隰，舊説謂陵谷變遷之意，竊謂：裒者，負土也，言就高原下隰，因地之宜以營葬，必求兄弟相助。

脊令在原，兄弟急難。每有良朋，況也永歎。脊令，水鳥，其飛甚急，《禽經》云：「脊令，友悌。」況，發語辭。

兄弟鬩于牆，外禦其侮。每有良朋，烝也無戎。鬩，鬥很也。禦，捍禦也。烝，發語辭。戎，相助也。

喪亂既平，既安且寧。雖有兄弟，不如友生。

儐爾籩豆，飲酒之飫。兄弟既具，和樂且孺。儐，陳也。飫，饜也。具，俱也。孺，如小兒之慕父母。

妻子好合，如鼓瑟琴。兄弟既翕，和樂且湛。翕，合也。湛音耽，樂之久。

宜爾室家，樂爾妻帑。是究是圖，亶其然乎。帑，子也。究，窮也。圖，謀也。亶，信也。言總以兄弟爲重。

此篇章法，首二章相聯屬。首章言至親莫如兄弟，乃天性中之至情。次章言遭意外不測之變，疾痛慘怛，思及兄弟，蓋合喪禮、葬禮言之也。三、四章相聯屬，急難與禦侮相應；難與侮，處世之所不能免，雖不幸而有小忿，惟賴兄弟以急之，禦之所以著兄弟之義者，益深且切矣。五章一轉筆，極爲痛心，言安寧之後，乃謂兄弟不如友生，可與共患難，不可與共安樂；視骨肉如路人，人道或幾乎息矣！六、七章相聯屬，極言兄弟之恩，見死生苦樂，無適而不相須之意。卒章詠歎，然乎非乎，令人深思而自得之。《中庸》載孔子引「妻子好合」數語而贊之曰：「父母其順矣乎！」見一門之内，皆和樂雍雍也。

《左氏·僖公二十四年傳》周襄王將以狄伐鄭，富辰諫曰：「大上以德撫民，其次親親以相及也。昔周公弔二叔之不咸，故封建親戚以藩屏周。……召穆公思周德之不類，故糾合宗族於成周而作詩曰：『常棣之華，鄂不韡韡。凡今之人，莫如兄弟。』其四章曰：『兄弟鬩于牆，外禦其侮。』如是則兄弟雖有小忿，不廢懿親。今天子不忍小忿，以棄鄭親，其若之何？……周之有懿德也，猶曰莫如兄弟，故封建之，其懷柔天下也，猶懼有外侮。扞禦侮者，莫如親親，故以親屏周。」云云。

愚按：《常棣》詩本周公所作，厥後召穆公述之。猶《關雎》美后妃之德，後人述之，以刺康王之晏起爾。春秋時弒君三十六，亡國五十二，大半起於兄弟之禍。魯爲周公之後，而三家肇亂，至逐昭、哀二公，皆兄弟也。富辰之言，極爲懇摯。夫欲禦外侮，而先棄其同胞之親，以致内政不固，人心叛離，此自斃之道。吾鄉陸桴亭先生，懲明季之禍，嘗作詩曰：「時有令兄弟，偶爾成析炊。兄遽擊其弟，弟亦奮刀錐。大盜當門前，鼓掌方嘻嘻。」讀之可爲驚心動魄矣！

《詩·小雅·角弓》篇

騂騂角弓，翩其反矣。兄弟昏姻，無胥遠矣。 騂騂，弓調和貌。角弓，以角飾弓也。翩，反貌。弓之爲物，張之則內向而來，弛之則外反而去，有似兄弟昏姻、親疏遠近之意。胥，相也。

爾之遠矣，民胥然矣。爾之教矣，民胥傚矣。爾，指幽王也。

此令兄弟，綽綽有裕。不令兄弟，交相爲瘉。令，善也。綽綽，寬也。裕，饒也。瘉，病也。

民之無良，相怨一方。受爵不讓，至于已斯亡。

老馬反爲駒，不顧其後。如食宜饇，如酌孔取。饇，飽也。孔取，如取之急。

毋教猱升木，如塗塗附。君子有徽猷，小人與屬。猱，猨屬。塗，泥也。屬，和也。

雨雪瀌瀌，見晛曰消。莫肯下遺，式居婁驕。瀌瀌，盛貌。晛，日也。婁讀如屢，斂也。言居處莫肯斂其驕慢之過。

雨雪浮浮，見晛曰流。如蠻如髦，我是用憂。蠻，南蠻也。髦，西夷之別名；《書》作髳。

此篇《詩序》謂：「父兄刺幽王也。不親九族而好讒佞，骨肉相怨，故作是詩。」首章二章相聯屬，重在「教」字。三章與首章應，四章與二章應。全篇重「民之無良」句，民何以無良？上有以教之也。五、六章相聯屬。老馬爲駒，教猱升木，皆奇喻；以是爲教，民皆效之。然君子爲轉移風氣之人，若有徽猷，小人將效之而和之矣。末二章相聯屬，「莫肯下遺」，恩澤不逮下也；「我是用憂」，憂其亡也。凡此皆上下同惡相濟之意，教民無異教猱。狙公賦芧，朝三暮四，朝四暮三；政治棼亂，升木者敢於犯亂，安望其有徽猷哉？夫「受爵不讓」，冒於爵禄矣；「宜饇」「孔取」，貪於飲食矣。而其大弊，尤在「式居婁驕」。《孝經》曰：「居上而驕則亡。」驕者，亡國之階也。專制自是，惟我獨尊，訑訑之聲音顔色，距人於千里之外。讒諂面諛之徒，如蠅集，如蟻附；兄弟乖違，九族離叛，是蠻也，是髦也，而申侯遂起犬戎之兵逐幽王矣。雖有賢人君子憂之，尚何益哉？故此篇痛民之無良，實由於幽王之不孝不弟。不孝不弟是不仁也，不仁是蠻髦也。不仁而可與言，則何亡國敗家之有？

《禮記·檀弓》篇

成人有其兄死而不爲衰者，聞子皐〔一〕將爲成宰，遂爲衰。成人曰：「蠶則績而蟹有匡，范則冠而蟬有緌，兄則死而子皐爲之衰。」成，魯邑。匡，筐之省文，所以盛絲。范，蜂也。絲之績者，必以匡盛。然蟹之有匡，非爲蠶之績也，爲背而已。首之冠者，必以緌飾。然蟬之有緌，非爲范之冠也，爲嘴而已。兄死必爲之服衰，然成人之服衰，非爲兄死也，爲子皐而已。

此《檀弓》篇詼詭之文也。歌辭在可解不可解之間，得《三百篇》比興之意。子皐孝行純篤，故能化民若此。昔平湖陸稼書先生爲嘉定邑宰，有兄弟爭訟者，先生勸導

〔一〕「皐」字，原作「羔」，據《禮記》爲正，下同。

之，未肯屈服；先生各縛其一手一足，使之作工薙草；越數日，二人受束縛之苦，如桎梏然，乃知手足必相需爲用也，皆泣拜悔過；先生笑諭之曰：「此小懲耳。若再纏訟，則受嚴罰矣。」遂爲兄弟如初。與子皋之事後先輝映。凡治民者，可不爲孝弟中人哉！

《孟子·萬章》篇

萬章問曰：「象日以殺舜爲事，立爲天子，則放之，何也？」孟子曰：「封之也。或曰放焉。」放，猶置也，置之於此，使不得去也。

萬章曰：「舜流共工於幽州，放驩兜於崇山，殺三苗於三危，殛鯀於羽山，四罪而天下咸服，誅不仁也。象至不仁，封之有庳。有庳之人奚罪焉？仁人固如是乎？在他人則誅之，在弟則封之。」曰：「仁人之於弟也，不藏怒焉，不宿怨焉，親愛之而已矣。親之欲其貴也，愛之欲其富也。封之有庳，富貴之也。身爲天子，弟爲匹夫，可謂親愛之乎？」流，徙也。共工，官名。驩兜，人名。二人比周，相與爲黨。三苗，國名，負固不服。殺，殺其君也。殛，誅也。鯀，禹父名，方命圮族，治水無功，皆不仁之人也。幽州、崇山、三危、羽山、有庳皆地名；或曰今道州鼻亭，即有庳之地也。

「敢問或曰放者，何謂也？」曰：「象不得有爲於其國，天子使吏治其國，而納其貢税焉，故謂之放，豈得暴彼民哉？雖然，欲常常而見之，故源源而來，不及貢，以政接於有庳，此之謂也。」源源，若水之相繼也。來，謂來朝覲也。

明王陽明先生《象祠記》曰：「靈博之山有象祠焉。其下諸苗夷之居者，咸神而祠之。宣尉安君，因諸苗夷之請，新其祠屋而請記於予。予曰：『毁之乎？其新之也？』曰：『新之。』『新之也，何居乎？』曰：『斯祠之肇也，蓋莫知其原。然吾諸蠻夷之居是者，自吾父吾祖遡曾高而上，皆尊奉而禋祀焉，舉不敢廢也。』予曰：『胡然乎？有鼻之祀，唐之人蓋嘗毁之。象之道，以爲子則不孝，以爲弟則傲，斥於唐，而猶存於今；壞於有鼻，而猶盛於兹土也。胡然乎？我知之矣。君子之愛若人也，推及於其屋之烏，而況於聖人之弟乎哉？然則祠者爲舜，非爲象也。意象之死，其在干羽既格之後乎？不然，古之驁桀者豈少哉？而象之祠獨延於世，吾於是見舜德之至，入人之深，而流澤之遠且久也。象之不仁，蓋其始焉者耳，又烏知其終之不見化於舜也？《書》不云乎？「克諧以孝，烝烝乂，不格姦。」瞽瞍亦允若，則已化而爲慈父，象猶不弟，不可以爲諧。進治於善，則不至於惡；不底於姦，則必入於善，信乎！象蓋已化於舜矣。《孟子》曰：「天子使吏治其國，象不得以有爲也。」斯蓋舜愛象之深而慮之詳，所以扶持輔導之者之周也。諸侯之卿，命於天子，周官之制，其殆倣於舜之封象歟？吾於是信人性之善，天下無不可化之人也。然則唐人之毁之也，據象之始也；今之諸苗奉之也，承象之終也。斯義也，吾將以表於世，使知人之不善，雖若象焉，猶可以改；而君子之修德，及其至也，雖若象之不仁，而猶可以化之也。』」以上原文。唐柳柳州有《毁鼻亭神記》，與此文相反。

愚按：父子一體所分也，兄弟亦一體所分也。惟一體所分，故孝慈友恭，實皆出於天性。瞽瞍欲殺其子，象日以殺兄爲事，此戾氣之所鍾也。而舜卒能感化之，然則天下無不可化之人明矣。乃世人於兄弟之間，齗齗焉計較是非，衡量功過，甚至爭貨財，奪田宅，相視若仇讎。嗚呼！其良心安在哉？

以上採《書·金縢》上半篇、《詩》二篇、《禮記》一則、《孟子》一則。《論語》孔子引《書》云「孝乎惟孝，友于兄弟，施于有政」，言推友愛之誼，達之於政治也。《孟子》曰：「有人於此，越人關弓而射之，則己談笑而道之，無他，疏之也。其兄關弓而射之，則己垂涕泣而道之，無他，戚之也。」言親疏之別也。由孔子之言，則可以知仁；由孟子之言，則可以知義。明乎仁義之道，由家而漸被於國，則一切災害禍亂，自消弭於無形矣。

擴充不忍篇第十三

曾子曰："樹木以時伐焉，禽獸以時殺焉。夫子曰：『斷一樹，殺一獸，不以其時，非孝也。』"

《禮記·祭義》篇

斷樹殺獸，似與不孝無涉。然而不以其時，即謂之非孝者，何哉？所以培養不忍之心，充類至仁之盡也。故此節重在一"時"字，非不伐不殺也。惟其時爾。若不伐不殺，則釋氏宗旨矣。天地之大德曰生，人秉其德，則爲性情。性字從生，生理也，發而爲情。情字從青，青東方之色，生機也。生理生機，洋溢於宇宙間，而生意最盛者，無過於幼稚之物。彼其欣欣向榮之時，方愛護之不暇，而忍伐之、殺之乎？忍伐忍殺，是爲殘忍。忍者不仁，喪生生之本心，戕固有之良知，故曰非孝也。《家語》載高子羔"啓蟄不殺，方長不折"，"執親之喪，泣血三年，未嘗見齒"。君子謂子羔之孝，於其不殺不折時，藹然惻怛之誠，已可見矣。又《韓非子》載孟孫獵得麑，使秦西巴載之馳歸，麑母隨之而啼，秦西巴弗忍而與之。孟孫歸至而求麑。答曰：「余弗忍而與其母。」孟孫大怒，逐之。居三月，復召以爲其子傅。其御曰：「曩將罪之，今召以爲子傅，何也？」孟孫曰：「夫不忍麑，又且忍吾子乎？」君子謂麑母可哀矣，幸得秦西巴之釋其子，秦西巴可謂慈矣，幸得孟孫之舉以爲傅，此皆仁人孝子之心也。以之治家，家何患不興？以之愛民，民何患不親？後世有牧民之責者，既不逮高子羔，又何秦西巴之不若哉？亦培養其本心之不忍而已矣。

《孟子・梁惠王》篇

齊宣王問曰：「若寡人者，可以保民乎哉？」曰：「可。」曰：「何由知吾可也？」曰：「臣聞之胡齕曰：『王坐於堂上。有牽牛而過堂下者。王見之。曰：「牛何之？」對曰：「將以釁鐘。」王曰：「舍之。吾不忍其觳觫，若無罪而就死地。」對曰：「然則廢釁鐘與？」曰：「何可廢也？以羊易之。」』不識有諸？」胡齕，齊臣。釁鐘，新鑄鐘成，殺牲取血，以塗其釁隙也。觳觫，恐懼貌。曰：「有之。」曰：「是心足以王矣！百姓皆以王爲愛也，臣固知王之不忍也。」

又曰：「無傷也，是乃仁術也，見牛未見羊也。君子之於禽獸也，見其生，不忍見其

死；聞其聲，不忍食其肉，是以君子遠庖廚也。術，法之巧者。聲，將死而哀鳴也。

齊宣之舍一牛，不忍之心也，惜乎其不能擴充，故此心倏起而即滅。孟子反復開導之，喚醒其不忍之良心也。「仁術」二字，孟子特創，猶孔子所謂「仁之方」，非權術之術也。「未見羊」三字，指本心尤警切。天下事惟蔽於未見，壅於未聞，遂致忍心害理，爲之而不自覺。逮一旦瞿然悔悟，則已無及矣！夫未見羊之觳觫而戕殺一羊，猶可言也；未見民之觳觫而戕殺萬民，尚忍言哉！

宋蘇東坡《代張方平諫用兵書》曰：「夫戰勝之後，所可得而知者，凱旋捷奏，拜表稱賀，赫然耳目之觀耳。至於遠方之民，肝腦塗於白刃，筋骨絶於餽餉，流離破産，鬻賣男女，薰眼折臂，自經之狀，必不得而見也。慈父孝子、孤臣寡婦之哭聲，必不得而聞也。譬猶屠殺牛羊，刳臠魚鼈以爲膳羞，食者甚美，死者甚苦。使見其號呼於梃刃之下，宛轉於刀俎之間，雖八珍之美，必將投箸而不忍食，而況用人之命以爲耳目之觀乎？」善哉！仁人之言也。

《易》姤卦之四爻曰：「包無魚，起凶。」《象傳》曰：「无魚之凶，遠民也。」魚者，民象也。无魚者，无民也。夫君子遠庖廚，指禽獸而言爾。若吾民其可遠乎？吾民之居處廬舍，可遠而不察乎？吾民之疾痛慘怛，可遠而不省乎？惟其遠也，於是朝頒一命，夕發一令，繁征苛税，敲骨剥膚，取之盡錙銖，而吾民盡溝中之瘠矣！

孟子曰：「親親而仁民，仁民而愛物。」又曰：「人皆有所不忍，達之於其所忍，仁也。」蓋天下有順推之仁，有逆推之仁。順推者，由親以及疏；逆推者，即小以及大。孟子告齊宣之言，欲其即小及大，推恩以保四海也。特揭之以告後世人君有不忍之心者。

《孟子·公孫丑》篇

孟子曰：「人皆有不忍人之心。」

此天地之生理、生氣寓之於人心，而爲人類生存之本也。故曰：「人者，天地之心。」朱注：「天地以生物爲心，而所生之物，因各得夫天地生物之心以爲心。」蓋人之所以善承天地者，惟在此生生之心。生生者，不忍之心也。孟子此一語，發明千古心理治道之大本。

先王有不忍人之心，斯有不忍人之政矣。以不忍人之心，行不忍人之政，治天下可運之掌上。運之掌，言易也，猶人身之血脈貫通也。

重讀一「斯」字，見有此實心，即有此實政。實政者何？「親親而仁民，仁民而愛物」，「老有所終，壯有所用，幼有所長」。如「文王發政施仁，必先鰥寡孤獨」，乃仁政下手之方。蓋政者，無非充不忍人之心也。然文王之惠鮮鰥寡，實因殷之天下已被凋殘，若元氣方新，時所注重者，則尤有在。蓋周濟已窮之民，爲仁政之首務；教養未窮之民，使天下無窮民，實爲仁政之根本。

所以謂人皆有不忍人之心者，今人乍見孺子將入於井，皆有怵惕惻隱之心。非所以内交於孺子之父母也，非所以要譽於鄉黨朋友也，非惡其聲而然也。 乍，猶忽也。怵惕，驚動貌。惻，傷之切，隱痛之深。内，讀爲納。納交，結交也。要，求也。聲，惡名，謂見死不救。

此良知之説也，明王陽明先生致良知之學實本於此。最當注意者，在一「乍」字。「乍見孺子入井」，良知即乍發。當此之時，計較之心未生，故曰：「非所以納交，非所以要譽，非惡其聲而然。」迨久之則計較之心生矣。故此乍發之良知，最當體驗。夫天下流離失所，無所控告之民，不一而足。而或視之若無覩者，以其習見非乍見也。惟聖人知乍見之爲時甚暫，而乍發之良知爲不足恃，故必擴充此不忍之心，以施之於實政，而後吾之良知，乃周浹於宇宙之間。庸人昧焉，不能常保此乍見之心，於是乍發之良知，遂如電光石火，隨起隨滅，以致政治亦復顛倒錯亂，悲夫！此有國家者，所以必講求「致良知」之説，而陽明之學終不可廢也。

由是觀之，無惻隱之心，非人也。無羞惡之心，非人也。無辭讓之心，非人也。無是非之心，非人也。

此本心之説也，宋陸象山先生之學本之。本節文義頗複疊，朱注因論惻隱而悉數之，言人若無此，則不得謂之人，是以文義論之。當云「無惻隱之心非人也，無羞惡、辭讓、是非之心，非人也」。而孟子必如是之累規疊矩者，見四端缺一，即不得謂之人。「非人也」三字，人禽之判，何等決絶！先惻隱，次羞惡。無惻隱之心則良知滅，無羞惡之心則國性喪而國體隳。

惻隱之心，仁之端也。羞惡之心，義之端也。辭讓之心，禮之端也。是非之心，智之端也。端，緒也。

此教人察識之方也。仁義禮智，性也。惻隱、羞惡、辭讓、是非，情也。心統性情者也，因其情之發，而性之本然可得而見。故人當獨居靜念，及日用行習之間，應隨時隨事體察，孰者爲仁之端、義之端，孰者爲禮之端、智之端，有時單獨發見，有時連累而及。於察識之中，並寓辨别之理。惟此所謂端者，即上所謂良知之乍發。當其乍發，或引起而生長之，或斬絶而剷除之，祇在斯須之頃。故學者當察識之時，急宜擴充以致於實。

人之有是四端也，猶其有四體也。有是四端，而自謂不能者，自賊者也。謂其君不能者，賊其君者也。

四體不可缺一，益徵四端不可缺一。人第知戕賊四體之可痛，而不知戕賊四端之可痛。四體有形，四端無形。無形之體貴於有形，而世人不悟，哀哉！天下最要者己，最重者君。人既不能自治，以自賊其心與性，而復戕賊治人之人之心與性，是雖戕賊一人之心與性，而實戕賊億兆人之性與命，是國之賊也。

凡有四端於我者，知皆擴而充之矣。若火之始然，泉之始達，苟能充之，足以保四海。苟不充之，不足以事父母。」

此教人擴充之方也。本章專重一「人」字，其尊而師之者曰先王，其切而求之者曰我，知皆擴而充之，良知也。良知在我者也，以火與泉爲喻者，始然始達，其機最易消滅。能充不能充，危乎，微乎！

愚嘗論治平之要在愛民，而愛民之本，在不忍。忍字从刃从心，以刃加於心，始也殺人，繼也必至自殺。能充之者，去其心之刃，而施仁德於民，推諸四海，此心同此理同也。不能充之者，以刃轉於心，殺人之父兄，人亦殺其父兄；殺人之子孫，人亦殺其子孫：故曰不足以事父母也。《孟子》曰：「不嗜殺人者能一天下。」不嗜殺人，不忍人也。世界殺機方盛，盍自捫我之良心？

《孟子·盡心》篇

曾晳嗜羊棗，而曾子不忍食羊棗。羊棗，實小黑而圓。曾子以父嗜之，父殁之後，食必思親，故不忍食。**公孫丑問曰：「膾炙與羊棗孰美？」孟子曰：「膾炙哉。」公孫丑曰：「然則曾子何爲食膾炙，而不食羊棗？」曰：「膾炙，所同也；羊棗，所獨也。諱名不諱姓，姓所同也，名所獨也。」**

孟子言仁必言不忍，而此言孝亦言不忍，其義雖殊，然孝中之不忍，出於孺慕之誠，尤爲痛心之至也。《禮記·玉藻》篇：「父没而不能讀父之書，手澤存焉爾。母没而杯圈不能飲焉，口澤之氣存焉爾。」不能者，不忍也。孝子終身不忘之思，充滿於中，有觸即發，見所獨而感發，見所同而未嘗不感發焉。然惟獨知之者，其悽愴爲尤甚，而不忍爲尤深。

不忍，性也。人而無性非人也。不忍之發情也，人而無情非人也。曾子性情中人，故其孝爲萬世法。《禮記·祭義》篇：「齋之日，思其所樂，思其所嗜。」苟幸而親在，常供奉其所樂所嗜，其歡樂爲何如？迨父母既殁，孝子追思之，故其不忍爲痛心之極也。

而孟子特以諱名爲喻者，則更有說。考諱名自周始，《左氏傳》：「周人以諱事神，名終將諱之。」禮曰孝子聞名心瞿，以其敬親之名，故聞之瞿然而心惕，何忍直稱親名乎？若夫親在之時，則不敢稱親之名。《國策》周訢謂魏王曰：「宋人有學者，三年反而名其母。其母曰：『子學三年，反而名我何也？』其子曰：『賢無過堯舜，堯舜，名大無過天地。天地，名。今母賢不過堯舜，大不過天地，是以名母。』其母曰：『子之於學者將盡行之乎？願子有以易母之名也；將有所不行也，願子且以名母爲後也。』」其子言誕妄可笑，其母言深切痛心。可見戰國時邪說横行，人子直稱父母之名者不少矣。孟子諱名爲喻者，所以動當世人子之良心也。彼蠢愚浮躁之徒，不能知祖若考之名，固無足論。或者因西人無諱，據爲藉口，不知此正西人不如中國文明之處。青年子弟之失教者，非蠻野即昏昧，豈有直呼親之名而可稱文明者？吾國人於聖賢先儒及諸伯叔師長，或稱某先生，或稱某尊長，尚不敢直稱名，況父母乎？《孟子》曰：「姓所同，名所獨。」今人常欲易姓而混所同，更欲化名而亂所獨，是直返於禽獸狉榛之俗。外人日進步，而我自甘日退，嗚呼異已！

以上引《禮記》一章、《孟子》一則又二章。生今之世，爲今之人，必以不忍爲第一急務。苟賊害其不忍之心，則天下皆虎豹豺狼矣。《孟子》曰：「人將相食。」人道滅絶，人類何以生存？吾特垂涕泣而道之。

大同盛治篇第十四

《禮記·禮運》篇

聖人耐以天下爲一家，以中國爲一人者，非意之也，必知其情，辟於其義，明於其利，達於其患，然後能爲之。耐，古能字。非意之心，無爲虚也。辟，開也。何謂人情，喜、怒、哀、懼、愛、惡、欲，七者弗學而能。何謂人義，父慈、子孝、兄良、弟弟、夫義、婦聽、長惠、幼順、君仁、臣忠，十者謂之人義。講信修睦謂之人利，爭奪相殺謂之人患。故聖人之所以治人七情，修十義，講信修睦，尚辭讓，去爭奪，舍禮何以治之？

《禮運》篇首章云：「大道之行也，天下爲公，選賢與能，講信修睦，故人不獨親其親，不獨子其子，使老有所終，壯有所用，幼有所長，矜同鰥寡孤獨廢疾者皆有所養。」此大同之治之根本，而其實際則在治七情、修十義。七情者，喜怒哀相循環，愛惡欲相循環，而以「懼」爲中樞之要。能懼，則情有所節矣。十義者，即《中庸》之「五達道」，人倫之萌柢，萬事之會歸，而以「慈孝」爲推行之始。能慈能孝，則天下和平矣。推其慈於天下，則幼有所長，故曰「不獨子其子」；推其孝於天下，則老有所終，故曰「不獨親其親」。孔子之老安少懷[一]，即大同之義也。

重讀「講信修睦」四句，可得政治原理。信與睦，天地間之和氣也。爭與殺，天地間之戾氣也。爲民上者，將興人利乎？抑造人患乎？外本内末，爭民施奪，則生民流離失所，而大患無窮矣。故《禮運》篇又曰：「壞國喪家亡人，必先去其禮。」嗚呼！大同豈空言哉？

《禮記·文王世子》篇

天子視學，大昕鼓徵，所以警衆也。衆至，然後天子至，乃命有司行事。興秩節，祭先師先聖焉。有司卒事反命，始之養也。大昕，早昧爽。擊鼓以召衆也。警，猶起也。興，猶舉也。使有司攝其事，舉常禮祭先師先聖。不親祭之者，視學觀禮耳，非爲報也。反命告祭畢，天子乃入之養老之處。此

[一] 句出《論語·公冶長》載孔子自叙其志曰：「老者安之，朋友信之，少者懷之。」

節下文所謂「憲之以大」。

適東序，釋奠於先老，遂設三老、五更、羣老之席位焉。「釋奠於先老」，親奠之者，己所有事也。三老、五更各一人，皆年老更事致仕者，天子以父兄養之，示天下以孝弟也。名以三五者，取象三辰五星，天所因以照明天下者。羣老無數，其禮亡。以鄉飲酒禮言之，席位之處，則三老如賓，五更如介，羣老如衆賓也。此節所謂「愛之以敬」。

適饌省醴，養老之珍具，遂發咏焉。退修之以孝養也。發咏，謂以樂迎之。退，謂既迎而入。此節所謂修之以孝養。

反，登歌《清廟》，既歌而語，以成之也。言父子君臣長幼之道，合德音之致，禮之大者也。反，謂獻羣老畢，皆升就席也。反就席，乃席樂工於西階上，歌《清廟》以樂之。語，如今之演講。歌備而旅，旅而説父子、君臣、長幼之道，語合樂之所美，以成其意。《鄉射·記》曰：「古者於旅也語。」此節所謂「行之以禮」。

下管象，舞《大武》。大合衆以事，達有神，興有德也。正君臣之位、貴賤之等焉，而上下之義行矣。象，周武王伐紂之樂，以管播其聲，又爲之舞，皆於堂下。衆，謂所合學士。「達有神」二句，謂以樂通神明之德。此節所謂「紀之以義」。

有司告以樂闋，王乃命公、侯、伯、子、男及羣吏曰：「反養老幼于東序。」終之以仁也。闋，終也。羣吏，鄉遂之官，各反養老幼如此禮，終廣其仁於天下也。此節所謂「終之以仁」。

是故聖人之紀事也，慮之以大，愛之以敬，行之以禮，修之以孝養，紀之以義，終之以仁。是故古之人一舉事，而衆皆知其德之備也。大，謂本孝弟之道。敬，謂省養老之具。禮，謂親迎如見父兄。孝養，謂獻之薦之。義，謂既歌而語之。仁，謂命諸侯反國後，仿行養老慈幼之禮。

凡此皆所以教天下之孝也。經曰：「禮者敬而已矣。」故敬其父則子悦，敬其兄則弟悦，敬一人而千萬人悦，所敬者寡而悦者衆，此之謂「要道」也，蓋即指養老之禮而言。《禮記》言養老，具詳於《王制》《内則》《祭義》諸篇，而始終之義，以本篇爲尤精，其禮鄭重如此，可不敬與？而尤要者，在即歌而語。所語維何，父子、君臣、長幼之道也。《内則》篇曰：「凡養老，五帝憲，三王有乞言，皆記之爲惇史。」惇史者，記父子、君臣、長幼之道也，皆老成經歷之辭也。《詩·蕩》之篇曰：「雖無老成人，尚有典刑。」《抑》之篇曰：「嗚呼小子，告爾舊止。」發語乞言，所以示之典型，告之舊止也。學校生徒涵濡於德音之致，所見所聞，無非道德禮義之正，和順積中，而英華發外，故本篇曰：「其成也懌，恭敬而温文。」《祭義》篇曰：「鄉里有齒，而老窮不遺，强不犯弱，衆不暴寡，此由太學來者也。」化民成俗如此，彬彬乎極盛矣！養老之禮，觀感豈不大哉！

至於公、侯、伯、子、男及羣吏，莫不推行其禮，則德音遍備於四海矣。《尚書·微子》篇數紂之罪曰:「及罔畏畏。」言不畏其所當畏。咈其耇長。自古未有咈耇長而不亡者。漢代設三老之官,下孝弟力田之詔,一時風俗純懿,媲美殷周。愚嘗謂養老當與鄉飲酒禮並行,陳左海先生有《請復鄉飲酒禮書》〔一〕。庶幾孝弟之道可敦,國性日歸於善,而大同之治可望矣!

《禮記·大學》篇

所謂治國必先齊其家者,其家不可教而能教人者無之。故君子不出家而成教於國,孝者所以事君也,弟者所以事長也,慈者所以使衆也。《康誥》曰:「如保赤子。」心誠求之,雖不中不遠矣。未有學養子而後嫁者也。養兼教與育而言。養子者,推心以求,中於赤子之嗜欲。

「不出家而成教於國」,《易傳》所謂「正家而天下定」,「君子居其室,出其言善,則千里之外應之」也。教家而後能教人,見國教必本於家教也。家教惟何?孝、弟、慈而已矣。孝弟出於天性,慈亦出於天性。《老子》以慈爲三寶之首,又曰:「天將殺

〔一〕陳壽祺《擬請郡縣廣行鄉飲酒禮議》,附録於唐先生《禮記大義》卷四《鄉飲酒義篇大義》。

之，以慈衛之。」蓋天地間祥和之氣也。故下即引「如保赤子」之文。《康誥》言「用康保民」「用康乂民」，其辭不一而足，而其中最精要之言，曰：「若保赤子，惟民其康乂。」仁哉言乎！蓋天下之人，皆人子也。長民者視之，皆吾之赤子也。赤子匍匐將入井，怵惕惻隱之心，怦然動矣。然而吾民之顛連無告、閉户哀呼者，皆無形之匍匐也、無形之入井也，吾不能知之而救之也，惟有求之而已。求之而猶不可得也，惟有心誠求之而已。中於赤子之嗜欲，猶中於民心之好惡也。

或謂：「『未有學養子』句，無奈太拙。」曰：此正見慈之發於天性，根於人心也。爲民上者，不獨當如嚴父，更當如慈母。昔人謂仁人君子救將死之民，不啻慈母伏其將死之子而救之。朱子在同安放賑詩曰：「若知赤子原無罪，合有人間父母心。」讀之可爲墮淚。人之所不學而能者，其良能也。慈氣不絶於天下，則不忍之心、不忍之政，自當不絶於天下。女子不昧其良能，何以在上者轉昧其良知乎？愚嘗作《育嬰堂記》云：「天下可愛者莫如赤子，而可痛者莫如無父母之赤子。瘡痏之遍頭角也，蚊蚋之嘬肌膚也，疾痛疴癢之在身也，孰與憐而惜之？而尤可痛者，自幼不識父母，更不知姓氏，一旦爲人拋棄，飽於鷹犬魚鼈之腹，可不有以拯救之耶？此慈善家所以有育嬰堂之設也。」推是心以救民，彼無知之愚氓猶是也。安居樂業，一旦誣以罪犯，悍吏叫囂，官府勒索，縱使事白，已家破人亡矣。長民者何忍出此？於是思有以愛護之，所謂慈也。《周禮・大司徒》以保息養萬民，保息，謂安之使蕃息也。一曰慈幼，二曰養老。慈幼在養老之先，國家生聚蕃息之要端也。然則大同豈空言乎哉？「不獨子其子」，愛民如子，視民之子如己子，斯可矣。

《孟子・梁惠王》篇

昔者文王之治岐也，耕者九一，仕者世禄，關市譏而不征，澤梁無禁，罪人不孥；老而無妻曰鰥，老而無夫曰寡，老而無子曰獨，幼而無父曰孤。此四者，天下之窮民而無告者。文王發政施仁，必先斯四者。《詩》云：「哿矣富人，哀此煢獨。」耕者九一，井田之制，九分而稅其一。士世禄而不世官，恐其未必賢也。譏，察也。澤梁，魚梁。無禁，與民共之也。不孥，罪不及妻子也。哿，嘉也，與哀對文。煢，困愁貌。

此以乾坤爲大父母，而彌天地間之缺憾也。《中庸》篇曰：「天地之大也，人猶有所憾。」人生世界中，當負彌缺憾之責。鰥寡孤獨，人生缺憾之最大者，故文王發政施仁，必以此四者爲先。《尚書・洪範》言「無虐煢獨，而畏高明」，其他言不敢侮鰥寡者非一。《詩》美仲山甫之德，亦曰「不侮鰥寡」，故《孝經》亦曰：「治國者不敢侮於鰥寡。」言鰥寡以該孤獨。蓋富人有力者也，煢獨無力者也；窮民有告者也，鰥寡無告者也。此其苦在無形之中，有難以言語罄者，故尤爲可哀。

宋張横渠先生《西銘》曰：「乾稱父，坤稱母，予兹藐焉，乃混然中處。……民吾同胞，物吾與也。……尊高年所以長其長，慈孤弱所以幼其幼。……凡天下疲癃殘疾、惸獨鰥寡，皆吾兄弟之顛連而無告者也。」《西銘》一篇，專言同胞同與之仁，而其所謂顛連無告者，惟在煢獨鰥寡，其意正與《孟子》同。故此經尤宜重讀一「先」字。文王仁政非專於是四者，特以此爲先爾。因是四者而推之，以及於同胞，及於吾與，則萬民萬物，皆得其所矣。文王爲天之子，能代天彌憾，是乾坤之大孝子也。乃後世罔知此義，於凡善舉一切掃除，轉任他國宗教家行之而不以爲愧。乖戾之氣，上干天和，可痛哉！可痛哉！張子所謂「違曰悖德，害仁曰賊，濟惡者不才」，此類是也。

《孟子・盡心》篇

孟子曰：「伯夷辟紂，居北海之濱，聞文王作，興曰：『盍歸乎來！吾聞西伯善養老者。』太公辟紂，居東海之濱，聞文王作，興曰：『盍歸乎來！吾聞西伯善養老者。』天下有善養老，則仁人以爲己歸矣。己歸，謂己之所歸。**所謂西伯善養老者，制其田里，教**

之樹畜，導其妻子，使養其老。五十非帛不煖，七十非肉不飽。不煖不飽，謂之凍餒。文王之民無凍餒之老者，此之謂也。」

文王之孝，備詳於《禮記・世子》篇。大孝之至，虞舜後一人而已。養老之政，所以教民孝也。制其田里，教之樹畜，爲政治中之經畫，而其本意則在於導其妻子，使養其老。「文王之民無凍餒之老者」，可見文王之民，無有不孝者矣。《孝經》曰：「先王有至德，要道以順天下。」不獨一人盡其孝，必使天下之人，皆有以盡其孝。《天保》之詩曰：「羣黎百姓，遍爲爾德。」《禮記・内則》篇曰：「后王命冢宰，降德于衆兆民。」爲德者爲孝德，降德者降孝德也。羣黎百姓衆兆民，皆有以盡其孝矣。然大孝豈空言哉？其要歸於實政。夫孝教之所由生也，政治之根源也。後世政治家但知政教之並重，而不知教之當寓於政，政之當本於教。制田里，教樹畜，政也，皆所以爲教也。

愚嘗考明王孝治天下，當以周家爲最盛。《文王有聲》之詩曰：「匪棘其欲，遹追來孝。」言文王非急成己之所欲，特追先人之志，而來致其孝也。《下武》之詩曰：「永言孝思，孝思維則。」言武王能長言孝思而不忘，是以其孝爲下土之則也。《既醉》之詩曰：「孝子不匱，永錫爾類。」言君子既孝，而嗣子又孝，其孝源源不絶也。《卷阿》之詩曰：「有馮有翼，有孝有德。」言成王之所憑依而翼助者，皆孝德之君子也。至《閔予小子》之詩，則曰：「於乎皇考，永世克孝。」此周公勉成王終身能孝，思繼序而不忘也。其他詩章言「以孝以享」「孝子孝孫」者，難更僕數。蓋周家太王、王季、周姜、太任導於先，文王、武王、太姒、邑姜繼於後，一門慈孝祥和，積善流慶，是以開八百年之基業。後世歷史，君王亦多有謚孝者，如孝文、孝武之屬。然以之繼躅文、武，則瞠乎後矣！

編者謹按：唐先生《孝經講義（九）：孝經翼（《孟子》論孝上）》補充云：「此教當時諸侯提倡孝道也。《孝經》曰：『敬其父則子悦，敬其兄則弟悦……敬一人而千萬人悦……此之謂要道。』[一]蓋在學校行養老之禮。讀《禮記·文王世子》篇『天子視學大昕鼓徵』章，其制備矣。仁人之事親也，不獨自盡其孝，必教人皆盡其孝。《孟子》載『文王善養老』凡二章，此章言伯夷、太公爲天下大老。『盡心』章所載，言文王制田里，教樹畜，導民妻子，使養其老。《既醉》之詩曰：『孝子不匱，永錫爾類。』當此之時，風俗純美，雍雍熙熙，『成人有德，小人有造』[二]，何其盛乎！明王以孝治天下，民用和睦，上下無怨，災害不生，禍亂不作，豈不信乎？我國復興之機，四海向風，心理皆準，其必以教孝爲天下大原乎？」[三]

[一] 《孝經·廣要道章》文。
[二] 《詩·大雅·思齊》文。
[三] 文載上海《大衆》雜誌第三十期，一九四五年，頁七四～七五。

以上引《禮記》三則、《孟子》二則，皆孝慈則忠之旨，孟子所謂推恩足以保四海，不推恩無以保妻子也。以齊桓之霸術，葵丘五命，且言敬老慈幼。「王者之民，皥皥如」，孝慈之風，大同之軌也。「霸者之民，驩虞如」，去大同亦尚未遠。「至孝近乎王，至弟近乎霸。」天下爲一家，中國爲一人。治民者宜先讀禮，而廣慈孝之政。

不孝嚴刑篇第十五

《尚書·康誥》篇

王曰：「封，元惡大憝，矧惟不孝不友，子弗祗服厥父事，大傷厥考心，于父不能字厥子，乃疾厥子。于弟弗念天顯，乃弗克恭厥兄。兄亦不念鞠子哀，大不友于弟。惟弔兹，不于我政人得罪，天惟與我民彝大泯亂，曰乃其速由文王作罰，刑兹無赦。」大憝，罪魁也。字，愛也。天顯，天顯明之法。「不念鞠子哀」，不念父母鞠育之苦。弔，善也。政人，爲政之人，謂其中有善者，不當爲我政人所連坐。父子兄弟，罪不相及也。

元惡大憝，非僅指一家而言，實爲一國之元惡大憝，何也？以其敗壞風俗，而戕賊國性也。最可痛者，曰「大傷厥考心」。父母生我之恩，何等劬勞！乃絲毫未報，轉傷父母之心，以促父母之壽，哀莫大焉！試捫心自問，其罪爲何如？

「民彝大泯亂」，非孝無親，非聖無法，國不成其爲國矣。「速由文王作罰」者，申明文王所作之刑罰也。文王大孝人也，惟大孝者乃能誅不孝之人，未有己身不孝而能治元惡大憝者也。如是而或有倖免者。犯天顯，亂民彝，天刑亦所不赦。曰「刑茲無赦」，可見科條三千，他罪尚可宥，而不孝子罪，決不容赦。雖然，父慈則子亦孝，兄友則弟益恭；中也養不中，才也養不才，故人樂有賢父兄也。惟父兄之教不嚴，故子弟之行不肅。讀《康誥》之訓，爲父兄者亦知所勉哉！

《周禮·地官》篇

大司徒之職，以鄉八刑糾萬民，一曰不孝之刑，二曰不睦之刑，三曰不婣之刑，四曰不弟之刑，五曰不任之刑，六曰不恤之刑，七曰造言之刑，八曰亂民之刑。糾，詳察也。不弟，兼不敬師長言。造言，訛言惑衆。亂民，亂名改作，執左道以亂政也。任，謂朋友相任。恤，謂[一]周急貧困。

按：本經上文以「鄉三物教萬民」，「二曰六行：孝、友、睦、婣、任、恤」。此「鄉八

[一]「謂」字，原作「請」，據上下文例改。

刑」，先儒謂爲「扑作教刑」，當指整飭社會風氣而言。蓋古時民心淳厚，本文所謂不孝，殆稍稍違忤而已。迨後世風俗日壞，習聞非孝之説，則此不孝蓋有百倍於昔時者，由是不睦、不婣、不弟、不任、不恤之罪，繳繞而起。且不孝者必非聖，用是造言亂名，破律改作之徒，簧鼓天下，肆無忌憚。始也以學説惑人，繼則犯上作亂，此《王制》所謂「四誅不以聽」者也。

簡氏朝亮曰：「今之非孝者云：『孝知有家，不知有國。《韓非子》云：「魯人從君戰，三戰三北。仲尼問其故，對曰：吾有老父，身死莫之養也。仲尼以爲孝，舉而上之。以是觀之，父之孝子，君之背臣也。」』甚哉！韓非之誣也。《周官》有養死政之老，曾子曰：『事君不忠，非孝也。戰陳無勇，非孝也。』故《孝經》曰：『君子之事親孝，故忠可移於君。』孝子忠臣，相成之道也。」[一]以上簡氏説。

愚謂韓非子崇尚刑名法律，慘覈少恩，其罪無異商鞅，其言本不足辨。《大學》云：「其所厚者薄，而其所薄者厚，未之有也。」夫破家族主義，而真能愛國，未之聞也。蓋根本既撥，紀綱盡隳，父子無親，君臣無義，夫婦無別，長幼無序，甚至朋友無

[一] 簡朝亮《讀書堂答問》文，見附於簡氏《論語集注補正述疏》後。

信，而姦宄不可究詰，内亂遂無寧時。嗚呼！可哀也已。

《禮記·檀弓》篇

邾婁定公之時，有弑其父者。有司以告，公瞿然失席曰：「是寡人之罪也。」曰：「寡人嘗學斷斯獄矣。臣弑君，凡在官者殺無赦。子弑父，凡在官者殺無赦。殺其人，壞其室，洿其宫而豬焉。蓋君踰月而後舉爵。」邾婁，小國。定公，名貜且。瞿然，驚怪貌。「子弑父，凡在官者殺無赦」，「在官」或作「在宫」，言同族之人，皆得殺弑父之子也。洿，開池。豬，瀦省文，聚水也。

弑父弑君，人倫之大變。殺其人，洿其宫而豬，《漢書·王莽傳》所謂：「豬其宫室，以爲洿池，納垢濁焉，名曰凶墟，雖生菜茹而人不食。」所以湔除穢惡，消滅乖戾之氣也。邾婁定公可謂能斷斯獄矣。然人君教化不行，豈得謂無罪乎？舉國蒙其耻，人人得而誅之矣。《周易》離卦四爻「突如其來如，焚如」，鄭君云：「焚如，殺其親之刑。」《説文》「𠫓，不順忽出也，從到同倒子」。𠫓，即《易》突字，蓋不孝之極。如春秋時商臣莒僕等，凡在人類，莫不欲處以極刑，故其罪至於焚殺之。《孝經》云：「五刑之屬三千，而罪莫大於不孝。」先儒謂不孝之罪，聖人惡之，去在三千條外。愚於《孝經大義》釋之云：「《周禮·大司徒》賈疏云：『《孝經》不孝不在三千者，深塞逆源。』蓋三千科條，均係人道之刑，人而至於不孝，則非人行而淪於禽獸，故當處以待禽獸之法，如後世淩遲之刑，此聖人之所不忍言，故不在三千之條。賈公彦謂『深塞逆源』，得禮與刑之精意矣。」〔一〕

黄石齋先生曰：「禮有三千，刑亦三千。禮刑相維。」〔二〕不孝之罪，豈惟禮所不容，亦刑所不容，故别著在三千條外，所謂罪不容於死也。曹氏叔彦曰：「《大戴禮》言大罪有五，殺人爲下。蓋殺人者，所殘止一人，自取誅戮而已。《孝經》所謂要君、非聖、非孝，則逆天悖理之極，將驅天下爲禽獸，以召禽獮草薙、積血暴骨之禍，故聖人必首誅之，所以救同類於水火。以至順討至逆，迫於愛敬萬不得已之心，而出之者也。」

合二説觀之，可爲萬世人子之炯戒。後世多以聖言爲迂，嗚呼！孰知要君之禍，不孝之尤，皆起於非聖無法乎！

以上録《尚書》一則、《周禮》一則、《禮記》一則，著不孝嚴刑，所以立倫紀之大坊

〔一〕文見唐先生《孝經大義·五刑章》。
〔二〕黄道周《孝經集傳》卷三《五刑章》第十一。

也。春秋之世，弒君三十六，亡國五十二，諸侯不保其社稷者不可勝數。探原其禍，皆始於父子兄弟之間。《孟子》曰：「世衰道微，邪説暴行有作。臣弒其君者有之，子弒其父者有之。孔子懼，作《春秋》。」〔一〕《孝經》《春秋》，志行合一〔二〕，固聖人之所不得已也。

〔一〕《孟子・滕文公章句下》文。
〔二〕兩書爲孔子志行合一之説，本《藝文類聚》引《孝經鈎命決》所載孔子言：「吾志在《春秋》，行在《孝經》。」

勸孝編

人之行莫大於孝，不孝則非人也。余曩撰《孝經大義》附《大孝終身慕父母義》三篇，復編《孝經講義》，又纂《孝經救世編》，兹更約舉其主要精微者爲《勸孝編》，學者日省而力行焉，人心世道，庶有豸乎。

節文篇第一

孝之節文，當以《曲禮·内則》爲法

孝者，天之經，地之義，民之行，舉古今中外莫能外焉者也。顧孝道有二，曰節文，曰精意。近今以來，雖搢紳之家，亦或略節文而不講。不知節文廢棄，則精意亦無由而達，非孝無親之説，遂得簧鼓其間，可痛也！兹先就節文之淺顯者言之。

一曰起居出入之節。爲人子者，必當如《曲禮》「出必告，反必面」，非獨瞻仰父母之安否，亦以見所習必有業，而可慰親心也。

二曰衣服飲食之節。必如樂正子春視父母之疾，加一飯，加一衣，則脱然愈；損一飯，損一衣，亦脱然愈，親心且皆喜焉。《禮記》所謂「冬温夏凊，昏定晨省」，漢黄香嘗温親被，何後世未聞有繼起者？定省之儀，更復懵焉忽焉。試思父母養育其子女，於冬夏陰陽寒暑之宜，其體貼周至爲何如？《蓼莪》之詩曰：「父兮生我，母兮鞠我，拊我畜我，長我育我，顧我復我，出入腹我。」余嘗謂此九「我」字，喚醒人子之良心，如晨鐘暮鼓。至于生、鞠、拊、畜、長、育、顧、復、腹九字，蓋親心無時無刻莫不繫于其子之身，而顧我、復我、腹我三者，令爲人子者讀之，不覺潸然淚下矣。所謂「欲報之德，昊天罔極」也。又《内則》篇載：「進盥，少者奉槃，長者奉水，請沃盥，盥卒，授巾。問所欲而敬進之，柔色以温之……脂膏以膏之……冠帶垢，和灰請漱。衣裳垢，和灰請澣。衣裳綻裂，紉箴請補綴。」勤之至，儉之至，和之至，而孝亦至焉。

乃近世爲子者，出不告，反不面；冬不温，夏不清；不敬不柔，杖履衣裳，漫不注意。《詩》言：「無父何怙，無母何恃？」而父母暮年對於人子，轉絶無依賴。嗚呼！家庭之際，非可以報施言也。然即以報施言之，試問人子之心安耶否耶？嗚呼！古禮不講，世道日衰，孝行之廢棄久矣，而運會之厄，遂無底止，哀哉！

精意篇第二　終身慕父母，當法虞舜之大孝

孝之節文，吾既言之矣，精意維何？思慕其親是也。《孟子》言：「人少則慕父母。」又言：「五十而慕者，予於大舜見之矣。」蓋人當少時，孺慕真誠，一心惟知有父

母而已。

《孟子》又曰：「樂則生矣，不知手之舞之，足之蹈之。」《孝經》曰：「親生之膝下以養。」當人子在膝下之時，跳躍歡喜，手舞足蹈，縱使督過教笞，徬徨涕泣，不逾時而即依父母膝下者，慕之至也，皆生機生理之所發也。是爲赤子之心，一點良知，萬古不滅。家教所由興，家道所由立，即在於此。

故聖人定父母之名曰親，莫親於在母胎之中，迨呱呱墮地則較疏矣。「三年而免於父母之懷」，則又疏矣。十年而後或就師傅，或營生計，至二十而後則更疏矣。往而不返者年也，逝而不可追者親也。不幸而父母棄養，負土安葬，從此則疏之又疏矣。以極親之父母至於極疏而不可追，痛何如矣？此人子所當及時以盡孝也。

蓋人子之身，雖常有離父母之時，人子之心，永無離父母之時，爲其思慕而不忘也。此思慕之忱，其分數有多寡焉。聖賢則純乎全焉，其次則或得五六焉，其次則或得二三焉。不肖者，倏然泯滅焉，則其去禽獸不遠矣。然而一入世途，凡遷吾慕、損吾慕、滅吾慕者，不知凡幾。聲色貨利之交侵也，妻子臣妾之相間也，悖德悖禮之事，紛乘於我前也。而吾慕父母之心，舉人間世萬端之嗜欲，皆不得眩我惑我，而奪我之慕也。《孟子》曰：「大人者，不失其赤子之心者也。」

春暉篇第三 依戀膝下之年，人生最當寶貴

《大戴禮記·曾子疾病》篇曰：「人之生也，百年之中，有疾病焉，有老幼焉。君子思其不可復者而先施焉。父母既歿，雖欲孝，誰爲孝乎？既耆艾，雖欲悌，誰爲悌乎？故孝有不及，悌有不時，其此之謂歟？」讀「孝有不及」四字，潸焉出涕矣。

春暉久駐，千萬中詎能得一二哉？孔子曰：「父母之年，不可不知也。一則以喜，一則以懼。」余嘗詮釋其義，謂人生凡事，如求學之時，辨事之時，皆可追補；惟事父母之年，則一往而不可復得。故聖人不曰「父母之年當知」，而曰「父母之年不可不知」，蓋喚醒萬世爲人子者之良知也。人子而不知父母之年，其良知安在乎？

「喜懼」二字，要看得活〔一〕。以常理言之，父母在五十以前，則喜時多而懼時少；在五十以後，則喜時少而懼時多。然當父母强健，則往往而喜；當父母疾病，則往往而懼。故一則以喜，一則以懼，常往來於胸中，所謂喜懼交併也。

〔一〕「要看得活」句，唐先生《孝經講義（八）：孝經翼（《論語》論孝）》作「未可拘説」。

然更有在無形之中，人子不可不知者。大抵父母年齡之長短，係於心境之鬱舒。心境而愉快也，則年齡自然久長；心境而抑鬱也，則年齡自然迫促。故父母之壽與不壽，實視乎人子之孝與不孝。由是思之，其爲喜乎？其爲懼乎？當兢兢業業，求所以永父母之天年矣！故曰不可不知也。

夫人生不幸而失怙恃，松楸瞻拜，涕泣墓門。春露秋霜，歲時祭祀，念昔之不足，痛今之有餘，嗟何及矣？幸而逮親之存，其可不寶愛日之緜長，而汲汲以盡孝乎？唐狄仁傑登高望白雲，依戀不忍去，曰：「此白雲下覆之處，即吾親所居之地也。」其孝思之長如此。人生幸而不離其親，其可不寶膝下之光陰，而汲汲以盡孝乎？時乎不再來，當前宜猛省。竊願後世人子，常誦「孝有不及」一語，毋追悔於將來也。

立身篇第四

立身以立孝，方能立於天地之間

人生最貴重者，吾身而已。「爲天地立心，爲生民立命」者，此身也。「爲往聖繼絕學，爲萬世開太平」者，此身也。父母生我，所以期望於吾身者何如？人子當日省其身，將爲聖賢之身乎？將爲君子之身乎？將爲下愚、不肖、寡廉鮮耻、洪涊盜竊之身乎？《孟子》曰：「事孰爲大？事親爲大。守孰爲大？守身爲大。不失其身，而能事其親者，吾聞之矣。失其身，而能事其親者，吾未之聞也。」重標四大字，見人生大事，未有大於事親守身者也。

《孝經》言立身，而《孟子》言守身者，惟自守而後能自立也。何謂失身？《易》蒙卦三爻曰：「見金夫，不有躬，无攸利。」金夫，金錢富足之人。見鉅富者諂媚而逢迎之，卑鄙齷齪，是不有其身矣。不有其身，父母不有其子矣。以天地間至貴至重之身，而淪爲下愚至不肖，甚至爲禽獸之身，故曰失其身也。

今夫烹甘脆之味，具鮮美之服，供父母飲食而服御之，似可謂孝矣。然試問此甘脆之味，鮮美之服，果辛勞勤苦而得之乎？抑僥倖巧取而得之乎？抑刻剥他人而得之乎？倘出於巧取而刻剥，縱使父母安之，吾心其安之乎？縱使吾心安之，享之其能長久乎？此《詩經・南陔》《白華》所以重潔養也〔一〕。《史記・屈原傳》曰：「安能以皓皓之白，而蒙世之温蠖乎？」皓皓者，清流也。温蠖者，濁流也。凡人溺没於濁流之中，而不知自拔，豈不悲哉？《孟子》曰：「天下之本在國，國之本在家，家之本在身。」近人競言「愛國」，尚已。然愛

〔一〕《南陔》《白華》皆笙詩，有目無詩。「潔養」之義，出自《詩傳》，互參《孝經大義》與《孝經救世編》。

國必先愛家，愛家必先愛身。惟國民皆能自立其身，自立其家，然後其國乃能立於世界之內。是立國自立家始，立家自立身始，而立身必自孝親始，故曰立孝爲立身之本。

不忍篇第五

天地生理，人心當以不忍爲寶

《孟子》曰：「人皆有不忍之心。」余嘗推闡其義云：「忍字从刃从心，人惟以刃加於心，是以嗜殺。然此刃盤旋内轉，亦必至於自殺。是故不忍者，生生之理，而不忍之心，即天地生生之心所寄也。」人而戕其不忍之心，則蛇龍虎豹矣。老子《道德經》言三寶，吾謂人生當以不忍爲寶，而不忍當自愛親始。茲特本親親、仁民、愛物之意，分不忍於物、不忍於民、不忍於親三端，昭析其義，並明貫通之旨。

《禮記・祭義》篇曾子曰：「樹木以時伐焉，禽獸以時殺焉。夫子曰：『斷一木，殺一獸，不以其時，非孝也。』」按：此所謂不忍於物也，非獨愛動物，并愛植物。而伐之殺之，失其時即爲非孝者，以其害不忍之心也。害不忍之心，窒天地生生之理，良知錮蔽，故謂之非孝。昔高子羔啓蟄不殺，方長不折，能不忍於物矣。至於執親之喪，泣血三年，未嘗見齒，則不忍於親也。是不忍之根源，推暨之而無往不在也。《韓非子》載：孟孫獵得麑，使秦西巴載之歸，麑母隨之而啼，秦西巴不忍而予之。孟孫歸求麑，秦西巴曰：「吾不忍麑母而予之矣。」孟孫怒，逐之。踰數月，延西巴爲其子傅。人問之，孟孫曰：「彼不忍於麑，而忍吾子乎？」按：此所謂不忍於物，推之即不忍於人也。甚矣西巴之仁，而孟孫之智也。向非西巴，則麑之母子俱死矣。物猶如此，人何以堪？《孟子》曰：「今人乍見孺子將入於井，皆有怵惕惻隱之心。」在上者，對於其民皆吾孺子也，陷於水深火熱之中，父母之痛心焉何如？宋朱子放賑詩曰：「若知赤子原無罪，合有人間父母心。」誦之下淚矣。

《孟子》載齊宣王不忍一牛之觳觫，以羊易之，孟子曰：「是心足以王矣。臣固知王之不忍也。」又曰：「君子之於禽獸也，見其生，不忍見其死；聞其聲，不忍食其肉。今恩足以及禽獸，而功不至於百姓者，獨何與？」按：此所謂不忍於物，而推之即不忍於百姓也。蘇子瞻《諫用兵書》曰：「譬諸屠刲牛羊魚鼈以爲膳羞，食者甚美，見食者甚苦。使見其號呼於梃刃之下，宛轉於刀俎之間，必將投筯而不忍食矣。」此仁人之言也。昔有人自兵間來者，述及見避難之民，飢寒交迫，扶持而行，急切不得食，皆口吐清水，立即倒斃。哀哉！世之人多有不忍於小物，而轉忍於其大者，蔽於所不見也。是以君子一視同仁，篤近而不忘遠。

《孟子》載：曾晳嗜羊棗，而曾子不忍食羊棗。公孫丑曰：「膾炙與羊棗孰美？」孟子曰：「膾炙哉。」公孫丑曰：「然則曾子何爲食膾炙，而不食羊棗？」曰：「膾炙所同也，羊棗所獨也。諱名不諱姓，姓所同也，名所獨也。」按：此所謂不忍於親也。孟子言仁，必言不忍。而此言孝，亦言不忍。蓋孝中之不忍出於孺慕之誠，尤爲痛心之至也。

《禮記·玉藻》篇：「父没而不能讀父之書，手澤存焉爾。母没而桮圈不能飲焉，口澤之氣存焉爾。」不能者，不忍也。孝子終身不忘之思，充滿於中，有觸即發，見所獨而感觸，見所同而未嘗不感觸。然惟獨知之者，其悽愴爲尤甚，而不忍爲尤深也。諱名，余别有説。

以上所述，皆不忍之精微也。《孟子》曰：「聖人既竭心思焉，繼之以不忍人之政，而仁覆天下矣。」故不忍者，藴之於心思，發之爲政治，聖人所以立天下之大本，專在於是。惟不忍之心，不絶於天下，而生民之命，始不絶於天下。

太和篇第六

家國盛衰，在和氣、戾氣之辨

自有天地以來，和氣與戾氣交勝而已。和氣盛則國治，而百姓蒙其福。戾氣盛則國亂，而百姓受其殃。感應之理，捷於影響，無或爽者。

請先徵諸《論語》：「有子曰：『其爲人也孝弟，而好犯上者，鮮矣。不好犯上，而好作亂者，未之有也。』」夫人性本善，何至好犯上、好作亂？然而竟有出於好者也。氣質之偏，氣習之惡也。民性既偏且惡，而國性隨之，則戾氣充盈，而天下大亂矣。《大學》曰：「一人貪戾，一國作亂。」此之謂也。君子本孝弟之道以治之。按字義，木著於地，謂之本。子之不能離父母，猶木之不能離地也，離地則槁矣。本立者，天下之大本也。道生者，天下之達道也。「孝弟爲仁之本」，即爲人之本也。不孝不弟，非人也。先儒謂《春秋》誅討亂臣賊子於既著之後，《孝經》培養忠臣孝子於未然之先，保和氣而掃戾氣，非虛言也。

請徵諸《周易》：「乾道變化，各正性命，保合太和，乃利貞。」惟保太和之氣，而生民之性命以全，利物足以和義，故曰和順於道德；而理於義，將以順性命之理也。

請徵諸《尚書》：堯之「親睦九族」，本乎孝弟者也。協和萬邦，以和氣化萬邦也。傳諸舜，則曰克諧以孝。修六府，則曰正德利用厚生惟和。推諸典禮，則曰：「同寅協恭，和衷哉。」故其時羣后德讓，庶尹永諧。聲依永，律和聲，休哉神人以和，宇宙間者和氣所萃矣，而實皆虞舜孝思之所備也。

請徵諸《詩》：「《商頌·那》之詩曰：『既和且平。』《小雅·伐木》之詩曰：『終和且平。』」周文之世，自陝以東，周公之子；自陝以西，召公之子。二南鐘鼓，和氣和聲。《常棣》燕兄弟之詩曰：「和樂且孺，和樂且湛。」惟和故樂也。幽厲而後，變風變雅，君子不忍卒讀矣。

請徵諸《禮》：《周禮·行人》之職，合和親康樂爲一書。惟和故親，惟和親故康樂也。《小戴記·中庸》篇曰：「致中和，天地位焉，萬物育焉。」有子曰：「禮之用，和爲貴，小大由之。」禮義三百，威儀三千，至德至道，和而已矣。《禮運》篇治七情，修十義，尚辭讓，去爭奪，和而已矣。故天秉陽垂日星，地秉陰竅於山川，播五行於四時，和而後月生也，是以三五而盈，三五而闕，故天地之氣和，則陰陽之氣順。《洪範》所載歲月日時無易，而休徵見焉，和氣之所致也。反是則歲月日時既易，而咎徵見焉，戾氣之所積也。甚者歲寒凶荒，山崩川竭，災害並至，皆戾氣之。聖人治天下，以一心秉天地之和氣，無有作好，無有作惡；無黨無偏，無反無側。天子作民父母，爲天下王者，用此道而已矣。

舜之大孝，宜民宜人，受禄於天。宜者，和之至，孝之至也。文王無憂，父作子述，和之至，孝之至也。武王周公，繼志述事，踐其位，行其禮，奏其樂，敬其所尊，愛其所親，和之至，孝之至也。後世君子，覘一家之興廢，察一國之存亡，驗諸和氣、戾氣之辨，未有和氣盛，而一家一國不興者也；未有戾氣盛，而一家一國不滅者也。故曰教民莫善於孝。

氣質篇第七 剛柔善惡，時時刻勵自省，方可謂孝

孝悌爲人倫之本，而世多有不孝其親者，何哉？氣質之偏爲之也。宋周子論性，有剛惡柔惡之别，一偏於惡，在任情而行，遂至有非孝無親者，可謂痛心之至矣。兹取經書中言氣質之惡者，特揭示之以爲戒。學者居恒，常讀之以自省，變化其氣質，則世間不孝之子，亦可化爲孝子矣。

《孝經·紀孝行章》曰：「事親者，居上不驕，爲下不亂，在醜不爭。居上而驕則亡，爲下而亂則刑，在醜而爭則兵，三者不除，雖日用三牲之養，猶爲不孝也。」

此氣質之剛惡者也。居上而驕者，專制自是，惟我獨尊。孟子之論政，苟不好善，則訑訑之聲音顔色，距人於千里之外，則讒諂面諛之人生矣。與讒諂面諛之人

居，國欲治，可得乎？故可決其亡。好犯上，好作亂，習與性成，僇莫大焉。《曲禮》「在醜夷不爭」，凡人爭讓之界，最宜分明，而對内則必以讓爲主，《大學》曰：「一家讓，一國興讓。」苟反其道用之，則爭奪相殺無已時，而百姓受其荼毒矣。三者皆反害其身，反害其親者也。雖日用三牲之養，亦必不久矣。

黄石齊先生曰：「《孝經》者，其爲辟兵而作乎？辟兵與刑，孝治乃成。兵刑之生，皆始於爭。爲孝以教仁，爲弟以教讓，何爭之有？傳曰：『一家仁，一國興仁；一家讓，一國興讓。……所藏乎身不恕，而能喻諸人者，未之有也。』〔一〕故恕者，聖人所以養兵不用而藏身之固也。」

《孟子》曰：「世俗所謂不孝者五：惰其四支，不順父母之養，一不孝也；博弈，好飲酒，不順父母之養，二不孝也；好貨財，私妻子，不順父母之養，三不孝也；從耳目之欲，以爲父母戮，四不孝也；好勇鬥很，以危父母，五不孝也。」

此氣質之兼剛惡、柔惡者也。惰其四支、博弈、好飲酒、好貨財、私妻子、從耳目

〔一〕《禮記·大學》文。

之欲，皆陰柔之惡也。好勇鬥很，陽剛之惡也。陰柔之惡，皆使父母失其養，固爲不孝。陽剛之惡，負其血氣，逞激烈之性，以陷父母於危險之地，其不孝爲尤大也。《孝經》孔子言五孝曰：「居則致其敬，養則致其樂，病則致其憂，喪則致其哀，祭則致其嚴。」而孟子則言五不孝，此五不孝尤世俗之所易犯，有一於此，即爲不孝也。天下人子，其慎之哉！

《禮記·祭義》篇曾子曰：「身也者，父母之遺體也。行父母之遺體，敢不敬乎？居處不莊，非孝也；事君不忠，非孝也；莅官不敬，非孝也；朋友不信，非孝也；戰陳無勇，非孝也。五者不遂，裁及於親，敢不敬乎？」

按：此雖由境遇而遷，而亦由於氣質之過。居處不莊，敖也惰也。事君不忠，大抵出於柔惡，稽首蹙額於私家之中，而矜誇導諛於朝廷之上，國事敗壞，率由於此，不忠孰甚！莅官不敬，朋友不信，兼剛惡柔惡而言。戰陳無勇，懦也，出於柔惡。《孝經》云：「身體髮膚，受之父母，不敢毁傷。」似乎私其身矣，而此經言戰陳無勇非孝者，可見聖賢論孝，惟視乎義之所當然，所謂「無求生以害仁，有殺身以成仁」。成仁即成孝也，夫豈私其身哉？

又《祭義》篇：樂正子春下堂而傷其足，數月不出，猶有憂色。門弟子曰：「夫子之足瘳矣，數月不出，猶有憂色，何也？」樂正子春曰：「善如爾之問也！善如爾之問也！吾聞諸曾子，曾子聞諸夫子曰：『天之所生，地之所養，無人爲大。父母全而生之，子全而歸之，可謂孝矣。不虧其體，不辱其身，可謂全矣。故君子頃步而弗敢忘孝也。』今予忘孝之道，予是以有憂色也。壹舉足而不敢忘父母，是故道而不徑，舟而不游，不敢以先父母之遺體行殆。壹出言不敢忘父母，是故惡言不出於口，忿言不反於身。不辱其身，不羞其親，可謂孝矣。」

按：事親之道，當以曾子、樂正子春爲法。此章訓示後學，尤爲警切。「善如爾之問」二句，「善」字讀，感觸於心，故不覺重言以贊之。吾聞諸曾子二句，述師法不自有也。「天之所生」三句，無人爲大，言天地間無如人爲大，《孝經》所謂「天地之性，人爲貴」也。「父母全而生之」，生者性也；身體髮膚，身之質也；仁義禮智信，五常之德，身之理也。全其身之質，乃能不虧其體。全其身之理，乃能不辱其身。惟壹舉足而不敢忘父母，壹出言而不敢忘父母，然後能立天下之大本，鄭君《中庸注》：「大本，《孝經》也。」乃可謂之大孝。惡言、忿言，此氣質之剛惡者。愛敬人者，人恒愛敬之；詈辱人者，人恒詈辱之。若惡言、忿言反於身，而詈辱及於吾親，不孝大矣，良心何以自安？

是故舉足出言，不可頃刻忘孝之道。君子之待人也，必温良而謙謹。

模範篇第八　虞、舜、周公不易及，當先法曾子之純孝

人模人範，孝而已矣。模不模，範不範，非孝也，非人也。吾論孝道，必取古大聖大賢爲法。或疑其説過高。不知取法乎上，僅得其中；若取法乎中，則品斯下矣。兹摘取古聖賢，得四人焉，曰虞舜大孝、周文王至孝、周公達孝、曾子純孝。昔人景仰聖賢者，見堯於牆，見舜於羹，世有孝子，羹牆之慕，其在兹乎！

虞舜大孝

《孟子》論舜曰：「不得乎親，不可以爲人。不順乎親，不可以爲子。」得親就淺者言，順親就深者言，蓋得親在適親之志，而順親則能使親之過消弭於無形。《論語》謂：「見志不從，又敬不違。」不違，即順也。蓋其奉親命而行，已能委曲而得中道矣。上古之世，五品不遜，名分未定，虞舜出而天下化，人皆知事親之道，故曰：「天下之爲父子者定。」宋魏了翁曰：「天下無不是之父母。」蓋家庭之中，非計較是非之地。

若疑吾親爲非，久之骨肉乖離矣。説詳余所撰《大孝終身慕父母義》。

周文王至孝

《禮記·文王世子》篇：「文王爲世子，朝於王季日三。鷄初鳴，至寢門問安否；日中，又如之；日莫，又如之。」蓋鷄初鳴，陽氣方盛之時也。日中，陰陽之氣交會之際也。日莫，陰氣方盛之時也。凡人身體安否，大率轉移於此時。至於食上必在，在字應作存在之在，或作察字解，别一義。視寒暖之節，食下問所膳。厥後曾子養曾皙，即師其法。孝爲德本，一國元氣所係。《書·康誥》篇曰：元惡大憝，矧惟不孝不友，民彝大泯亂，其速由，文王作罰。可見文王彝倫模範也。

周公達孝

自古性情之至者，莫如周公。《鴟鴞》《東山》之詩，尚已。《孝經》曰：「人之行莫大於孝，孝莫大於嚴父，嚴父莫大於配天，則周公其人也。」此《周頌·思文》之詩所由作。《中庸》贊周公達孝曰「善繼善述」，踐其位，行其禮，奏其樂，敬其所尊，愛其所親，孝之至也。《孟子》言孝子之至，莫大乎尊親，引《詩》：「永言孝思，孝思維則。」則者，模範也。後世法周公者，各如其分，以尊親而已矣。

曾子純孝

《韓詩外傳》七曾子曰：「往而不可返者親也，至而不可加者年也。」「是故椎牛而祭墓，不如雞豚逮親存也。」「故家貧親老，不擇官而仕。」「《詩》曰：『有母之户饔。』」按：蔡邕《琴操》載「曾子歸耕」者，曾子之所作也。曾子事孔子十有餘年，晨覺，二親年衰，養之不備，於是援琴而鼓之，曰：「往而不反者年也，不可得而再事者親也。歘歔歸耕，來日安所耕？歷山盤兮欽崟。」其至情至性，發爲歌詞，悱惻動人。參以《韓詩外傳》所載，可見「往而不反」數語，爲曾子所常誦。椎牛祭墓，不如逮存，古詩云：「一滴何曾到九泉。」凡無父母者讀之，潸然出涕矣。

良知篇第九　孝通神明，實良知之感格

《孟子》曰：「人之所不學而能者，其良能也；所不慮而知者，其良知也。孩提之童，無不知愛其親也。及其長也，無不知敬其兄也。親親，仁也。敬長，義也。無他，達之天下也。」按：良知良能，其義本於《周易·繫辭傳》「乾以易知，坤以簡能」。知屬氣，能屬質。乾坤爲大父母，人生之知能，即天地之氣質。天地之塞，吾其體；天

地之帥，吾其性，而事天事親之道備焉。故良知之靈，萌柢於一心，而貫徹乎萬事；荄乎家庭，放諸四海而皆準，其運用無乎不在。《孟子》論事親從兄曰：「智之實，知斯二者弗去是也。」即良知也。生則惡可已，不知足之蹈之、手之舞之，皆生理生機也，良知之所發也。

《孟子》論不忍之心曰：「凡有四端於我者，知皆擴而充之矣。」良知也，苟能充之，足以保四海，即達之天下也。今人乍見孺子將入於井，皆有怵惕惻隱之心。近代湯文正謂：「學者能以此二語，常存於心，即可上達天德。」何也？爲其能葆良知也。今天下孺子入井者多矣，仁人君子將何以救之乎？

且夫事親之道，周矣密矣。吾嘗謂良知之周流宇宙，因乎四時，宣乎六氣，順乎七情。四時者，冬温夏凊，昏定晨省是也。温凊定省得其宜，而吾心愉快焉，失其宜而吾心不安焉。何以愉快？何以不安？良知也。六氣，陰陽風雨晦明也，此吾親起居安適之所繇也。順其氣而防之周，斯吾親無疾病矣。七情，喜怒哀懼愛惡欲是也。視於無形，聽於無聲，察其爲喜怒、爲哀、爲懼、爲愛、爲欲之故，而曲體之，而順養之，而周給之，樂其心，不違其志，斯吾親有舒而無鬱矣。故曰：「人者天地之德，良知之所寓也。五行之秀氣，良知所萃也。」此《禮運》之經義也。吾又以爲良知之至誠無息，周浹充盈，通神明之德，胥原於此。

世有爲親祈禳，能獲應嚮，人或以爲迷信，不知正良知之感格也。《書·金縢》篇：周公植璧秉圭，史乃册，祝曰：「命于帝庭，敷佑四方。無墜天之降寶命。」「神之格思，不可度思」，其可謂之迷信乎？《孝經》曰：「昔者明王事父孝，故事天明；事母孝，故事地察。」「天地明察，神明彰矣。」何以明？何以察？良知也。孝悌之至通於神明，光於四海，無所不通。何以無所不通？良知之發，徵不可見，充周不可窮也。此《孝經》之精義也。

吾又以爲訓練國民，必因其良知之固有而導之。《孟子》言先知覺，覺後覺，以斯道覺斯民。後人矜言先知先覺，迨實以驗之，則欺罔也，變詐也，是不良之教也，非我所謂良知也。世惟有先知先覺之聖人，而後能以良知教人。亦惟以良知教人，而後國民亦能先知而先覺。非然者，昏昧其良知，窒塞其良知，並不能附於後知後覺之列，國其殆哉！是故救國莫善於良知，而「致良知」莫先於孝。天下多犯上作亂之徒，本不能立，道不能生久矣。然苟能異與之言，激發其天良，亦多有瞿然反省、面赤内愧、痛自改悔者，本心之呈露不容泯滅也。吾故特揚良知之説以教之。

親疾篇第十

至誠體貼，當以樂正子春爲法

嗚呼！人子奔走無門之時，其當吾親疾病時乎？追憶不孝文治侍先妣胡太夫人肝暈疾，凡十二年。迨愈後，又患半身不遂證，侍疾又十年。每至病情加重，輒覺惶急無路，至今思之，猶覺潸焉欲絶也。爰特編《親疾篇》，以爲當世人子鑑。

《孝經·紀孝行章》子曰：孝子之事親也，病則致其憂。按：鄭君注：「色不滿容，行不正履。」愚謂所以如此者，蓋爲人子而至於親病，已不免於罪矣！其飲食之失節耶？寒煖燥濕之失宜耶？抑吾拂親之意而觸親之怒耶？思之重思之，推究其所以致病之由，忽作一萬一不愈之想，焉得而不憂？故愚嘗謂人子致謹於無形無聲之際，而不可稍忽者，當在親未病之時。若吾親既病，則雖悔恨涕泣，奔走祈禱，已無及矣！矧或親病日增，竟至於不忍語乎？友人曹氏叔彦《思親詩》云：「白髮煢煢銜恤兒，淒涼風木不勝悲。回思中夜祈天日，猶是吾生最幸時。」同心之言，讀之淚下。然則致憂猶吾生最幸時也。倘得轉危爲安，喜何如乎？惟人子至誠所格而已。

《論語·爲政》篇孟武伯問孝，子曰：「父母唯其疾之憂。」按：朱注：「父母愛子之心，無所不至，惟恐其有疾病，常以爲憂。人子體此，而以父母之心爲心〔一〕，則凡所以守其身者，自不容於不謹矣。」此蓋本馬氏注，謂父母憂其子之疾。

或曰：「子憂父母之疾，《孝經》所謂『病則致其憂』是也。上孟懿子問孝章言『喪則致其哀，祭則致其嚴』，下子游、子夏問孝二章言『居則致其敬，養則致其樂』，義相連屬，是謂人子憂父母之疾。」

愚謂二説本宜溝通。曹氏叔彦曰：「孩提幼兒，往往多病，而所苦不能自言。父母心誠求之，曲中其隱以療之，自少至長，不知幾經憂勞。人子思此，則父母之疾，其憂當何如乎？況子疾，父母憂之而愈；父母之疾，子或憂之而仍不能愈。人子思之，其憂當何如乎？痛自衰世，人心陷溺。竟有『久病無孝子』之諺，所謂『哀莫大於心

〔一〕唐先生《孝經講義（八）：孝經翼（《論語》論孝）》云：「義極精確。試思人子當疾病時，父母之憂慮急迫爲何如？我而不知慎疾，致使父母有限之精神，消磨於生我劬勞之後，良知尚在，何以自安？」載上海《大衆》雜誌第二十九期，一九四五年，頁七三。

死』者，苟尚有人心，清夜思之，其可以爲人、可以爲子乎？」試思久病而果無孝子，父母之痛苦爲何如？竊謂惟父母久病，人子夙夜侍疾無懈，乃益見其孝，宜反言之曰：「久病在牀見孝子。」

《春秋》昭公十九年，經書「許世子止弑其君買」，《公羊傳》曰：「止進藥而藥殺也。」止進藥而藥殺，譏子道之不盡也。樂正子春之視疾也，復加一飯，則脱然愈；復損一飯，則脱然愈；復加一衣，則脱然愈；復損一衣，則脱然愈。止進藥而藥殺，是以君子加弑焉爾。

按：夫許止何嘗無孝思哉？不過一疏忽而得弑君父之罪，厥後雖哭泣，歠粥，嗌不容粒，未逾年卒，悔已無及，哀哉！樂正子春爲曾子弟子，熟聞曾子之教，其於侍父母之疾，可謂體貼周至矣。《曲禮》篇曰：「君有疾飲藥，臣先嘗之。親有疾飲藥，子先嘗之。醫不三世，不服其藥。」可見孝子之於醫藥，必量吾親之體力，是否能受。而其尤要者，在研究吾親致病之由，先儒所謂「爲人子者不可不知醫」也。

李二曲先生《堊室録感》載：「任元受事母，朝夕未嘗離左右。自言母得疾之由，或以飲食，或以燥濕，或以寒暑，或以起止，或以言語稍多，或以憂喜稍過，朝暮伺候之，調護之，無毫髮不盡，五臟六腑，洞見曲折，不待切脈而後知。」〔一〕可謂得謹疾之道，當取以爲法也。近世有名爲侍疾，親逝而熟睡不知者；其於醫藥，中西雜投，毫無主見，以致疾而成病，病而至於死，此其罪惡更甚於許止矣。

《禮記·曲禮》篇：「父母有疾，冠者不櫛，行不翔，言不惰，琴瑟不御，食肉不至變味，飲酒不至變貌，笑不至矧，怒不至詈，疾止復故。」

按：此致憂之目，亦《玉藻》所謂疏節也。疾者未至於病，故尚可飲酒食肉，至於「言不惰」與「怒不至詈」，竊疑指常人而言。若君子平日，當父母無疾時，亦當不惰不詈，惟父母有疾時，更當自惕耳。發於自然，非有意作爲也。

《禮記·玉藻》篇：「親老，出不易方，復不過時。親瘠，色容不盛。此孝子之疏節也。」

按：出不易方，有定所也。復不過時，無愆期也。親老則易於病，二者皆恐親體或有不安，一心在於其親，無庸督促也。《戰國策》王孫賈之母謂賈曰：「汝晨出而不

〔一〕此宋人任元受事母至孝事，原載陸游《老學庵筆記》卷三。參本編《孝經救世編·病則致憂篇》。

歸，則吾倚門而望。汝暮出而不歸，則吾倚閭而望。」夫父母常懸懸于其子，而人子轉不懸念其親，獨何心歟？「色容不盛」，謂之疏節者，黃氏《孝經集傳》謂：「得其疏節，則其精意亦見，況并其疏節而忽之乎？」曹氏叔彦謂：「經言致其憂者，心專壹於親之病，自無絲毫他念之雜。如此則凡奉湯藥、進飲食、適寒燠之宜，皆極和至順，曲得親意。周祥巧變，動中窾要，庶幾少減其疾苦而轉危爲安。侍疾之道，至危至微，苟百密一疏，則萬悔莫追矣。」至哉言乎！此乃黃氏所謂精意，而不僅在疏節者也。

又按：人子事親，最難處者，疾病之外，尤在患難。叔季之世，干戈遍野，輒須奉親避地，必當預籌妥善處所，俾吾親身心，得安全無恙。文治當庚子年，居京師，拳匪禍作，奉親避於北山平義分村，昌平、順義分界之處。雖得安全，而痛苦已甚，至今思之，魂魄猶爲驚悸也。

報本篇上第十一

人本乎祖，祭禮萬不可廢

祭禮者，所以補事親之缺也。樹欲靜而風不息，子欲養而親不在。仁人孝子，愴懷靡已，欲致其終身思慕之誠，於是祭禮興焉。孔子贊禹曰：「致孝鬼神。」推論武王、周公之達孝，曰：「事死如事生，事亡如事存，孝之至也。」〔一〕父母既没，而猶稱孝者，補逮存之時，孝之所不及也。此仁人孝子當祭祀之時，所爲涕泣依戀，而不能自已也。而説者竟斥之曰迷信，嗚呼！何其謬歟！彼西人設几筵，懸遺像，供花果，則尊之以爲紀念。迨吾國人鋪几筵，懸遺像，陳俎豆，則譏之以爲迷信。何其顛倒若是乎？

説者又曰：「年世綿渺，音容未接，何追慕之有？」吾嘗正告之曰：萬物本乎天，人本乎祖。高、曾者，吾祖考之祖與父也。吾欲致孝於吾父吾祖，而不追祭高、曾，則吾祖吾父必有隱痛於地下者，是爲忘本。人而忘本，何以爲人乎？《論語》載「祭如在，祭神如神在」，子曰：「吾不與祭，如不祭。」蓋子孫之精神與祖考之精神，可以通微而合莫，故不得使他人攝之也。《中庸》：「齊明盛服，以承祭祀；洋洋乎如在其上，如在其左右。」誠之不可揜也如此。後人欲廢祭祀，其精神與祖考斷絶，其與絶嗣何異？民德之所以日薄，人心之所以日漓，實由於此。昔葛伯放而不祀，商湯征之；周武王數殷紂之罪，曰昏棄厥肆祀弗答。今兹廢棄祭禮，不幾蹈葛伯、商紂之凶德

〔一〕《禮記·中庸》文。

乎？嗚呼！身從何來？孝常不逮，盍亦自省其良知乎？

報本篇下第十二 《禮記·祭義》篇宜熟讀

世衰道微，競言非祭，嗚呼！祭禮其忍廢乎？曾子曰：「慎終追遠，民德歸厚。」歸厚者，由薄而歸於厚也。民德何以薄？慎終追遠之禮，懵焉不講也當讀《禮記·祭義》一篇，不禁潸焉欲涕也。本心之良，讀此經而怦然動矣。敬釋之如左。

《祭義》曰：「霜露既降，君子履之，必有悽愴之心，非其寒之謂也。春雨露既濡，君子履之，必有怵惕之心，如將見之。」

按：「非其寒之謂」者，言履霜露而念吾親之體魄也。「如將見之」者，言履雨露而如見吾親體魄也。秋曰悽愴，春曰怵惕，推吾親在時，體念其寒暖之心。迨吾親既没，負土禮成，則哀其在土，痛其屢更寒暑，欲見而不得見，思其景象如何？故曰如將見之。此祭禮所由昉也。

又曰：「致齊於内，散齊於外。齊之日，思其居處，思其笑語，思其志意，思其所樂，思其所嗜。齊三日，乃見其所爲齊者。」

按：齊者，齊其心志之不齊，使之專壹也。五思者，孝子痛心之事也。《檀弓》篇曰：「反哭升堂，反諸其所作也。主婦入於室，反諸其所養也。」「反而亡焉，失之矣，於是爲甚。」此謂初葬之後，思居處，思笑語之始，痛何如矣？志意者，吾親精神之所寄託也，繼志述事之外，於是焉在。繼吾親之志意，即永存吾親之精神也。思所樂所嗜，追補之而無及矣！

又曰：「祭之日，入室僾然必有見乎其位，周還出户，肅然必有聞乎其容聲；出户而聽，愾然必有聞乎其歎息之聲。」

按：陸氏德明云：「僾，微見貌。」竊謂僾者愛情之所發也，愾者心氣之所發也。孝子之事親也，視於無形，聽於無聲。至祭之時，則視之不見，聽之不聞矣。不見不聞，而猶必有見、必有聞者，推其平日視無形、聽無聲之精神，以接吾親之精神也。愾然必有聞乎其歎息之聲，念父母愛子之心，至於無窮。人子可不依戀吾親乎？

又曰：「是故先王之孝也，色不忘乎目，聲不絶乎耳，心志嗜欲不忘乎心，致愛則存，致慤則著。著存不忘乎心，夫安得不敬乎？」

按：《孝經》「先王有至德要道」，先王謂文王。此篇先王亦指文王，故下文引文王事爲證。四「不忘」字，承上文五「思」字而來。惟其能思，所以能不忘。惟祭祀時不忘其親，而後能終身不忘其親。致愛則存，致慤則著，吾親之精神已散，先王痛其不能存、不能著也。而致愛以存之，致慤以著之，是故祖考之精神，必賴子孫之精神而後聚。《詩》曰：「以妥以侑。」此之謂也。故曰「安得不敬」。敬者，主一無適之謂。主一而精神聚矣。雖然，人子於其不能存、不能著之時，而思念以存著之，何若於吾親存著之時，而急急以盡其孝乎？曰「著存不忘乎心」，想像之餘，痛心可知也。

又曰：「君子生則敬養，死則敬享，思終身弗辱也。君子有終身之喪，忌日之謂也。忌日不用，非不祥也。言夫日至有所至，而不敢盡其私也。」

按：事親之義，弗辱爲大。弗辱與下「臨尸不怍」相應。《孟子》曰：「不失其身而能事其親者，吾聞之矣。失其身而能事其親者，吾未之聞也。」失其身則辱矣，辱則入廟門而先無地以自容，尚安能行祭祀乎？君子推其敬養敬享之心，以至於終身無不敬，而後能終身弗辱也。忌日，鄭君注：「親亡之日。」讀之瞿然痛心矣。夫親亡之日，何日也？親亡之時，何時也？思之方哀痛之不暇，而安敢盡其私乎？世人於親亡之日，晏然歡樂，甚至有不復記憶其日者，此殆無人心者也。君子有終身之喪，而後有終身之憂。終身之喪，似文王而後可也；終身之憂，似舜而後可也。此思慕之誠，至死而不容已者也。

又曰：「文王之祭也，事死者如事生，思死者如不欲生；忌日必哀，稱諱如見親，祀之忠也。如見親之所愛，如欲色然，其文王與？《詩》云：『明發不寐，有懷二人。』文王之詩也。祭之明日，明發不寐，饗而致之，又從而思之。祭之日，樂與哀半，饗之必樂，已至必哀。」

按：仁人孝子當以文王爲標準，思死者如不欲生，欲從親之意也。凡人之心，鮮不欲從其親者，迨親没而無可從，則其心稍怠矣。惟文王則終身不懈，曰「如不欲生」，欲從之而不可得也；「稱諱如見親」，凡人稱其親之諱，未有不瞿然動念者。曾皙嗜羊棗，而曾子不忍食羊棗，孟子推論之曰：「諱名不諱姓，姓所同也，名所獨也。」惟其所獨，故稱諱如見親也。「祀之忠也」，「忠」字最親切。《内則》曰：「以其飲食忠養之。」祀之忠，猶是養之忠也。孝子終身不忘其親，況於文王！不顯亦臨。然則「有懷二人」，豈獨明發時哉？蓋《小宛》之詩，「大夫刺幽王」〔一〕，此不過引以爲證耳。人縱無良，當「昊天曰旦」〔二〕之時，其思親之心，未有不暫時呈露者。蓋平旦之良知終不容泯也，而文王則保此以終身者也。「祭之明日」以下，乃倒文法。曰「祭之日，樂與哀半」，何也？孝子養則致其樂，喪則致其哀。祭者，所以補養之不足，而介於養與喪之間者也，是以樂與哀半也。曰「饗之必樂，已至必哀」，何也？凡人當其親之入門，未有不踴躍以迎者，是以必樂。迨已至之時，非真境也，乃想像之境也，恍兮惚兮，惘焉追慕，是以必哀。迨祭之明日，則明發而不能寐矣！魂夢精神，如在親之左右，展轉思之，如在而非真在也，則餘哀終不能忘也。嗚呼！爲人子者，其深體之哉！且更有進者。宋程子有言：「祭於祠，不如祭於墓，因吾親體魄之所在也。」近人於祭墓一事，漫不經心，甚至有迷失其祖墓者，其罪大矣。故掃墓而祭，尤孝子所當注重，隨時昭示子孫者也。

又按：本經以下，「仲尼嘗」「宰我問鬼神」與「孝子之祭」數章，精理名言，皆宜熟讀。文治別有《祭義篇注》特刊。

〔一〕《詩序》文。

〔二〕《詩·大雅·板》文。

附　曾子輯佚

整理説明

唐先生之曾子學，建基於《論語》《孟子》《禮記》《大戴禮記》《孝經》，故其《曾子》輯述，置於經學編。唐先生極重視經學家法與道統之傳，核心在孔子，而下傳曾子、子思、孟子，構成儒家義理之體統。而唐先生於道統承傳問題之重大創獲，乃發現並正視曾子在儒家心學承傳上之重要貢獻，故以孔、曾、思、孟爲一完整義理系統。曾子精神，朱熹概括以「誠篤」。唐先生心折朱子，學行謹遵曾子誠篤之教，其見之於撰述者，是爲《曾子大義》。惜原書未傳，唯今存葉長青補注之《曾子輯佚》，即屬《曾子大義》之部分内部。

此《曾子輯佚》，經文乃唐先生原輯，經門人葉長青整理，連續四期，刊印在無錫國學專門學校編《國專月刊》第五卷第二、三、四、五期（一九三七年三月至六月）。原刊注明唐先生原輯、葉長青補輯並注。一九三七年七月國難，時尚未功畢，唐先生攜門人學子撤離無錫，而葉氏亦返回福建故鄉，一病不起，原稿遺落，唐先生聞訊黯然。唯因此誤以爲《曾子大義》全失，則未必然，考述如下。

唐先生《自訂年譜》丁未（一九〇七）四十三歲譜七月載：「編《曾子大義》，先成二卷。第一卷爲《孝經》，第二卷爲《論》《孟》中曾子語。」此第一卷之《孝經》即《孝經大義》前身，此《曾子輯佚》遺文，已包羅《論語》《孟子》中明確屬於曾子之言論，則其書部分内容尚存。在整理唐先生文獻過程中，發現一九〇九年在上海文明書局梓行之《曾子大義述》，收録在《高等學堂道德講義》，今存一卷。前已指出其卷一即《孝經大義》之原型，並已比勘異同，内容大同小異，則知《曾子大義》卷一未失。唐先生以《孝經》爲曾子學起點，具述《曾子大義述》目録後之序，文云：

《漢·藝文志》：「《曾子》十八篇。」《隋志》：「《曾子》二卷，《目》一卷。」《唐志》：「《曾子》二卷。」王應麟《漢藝文志考證》：「參與弟子公明儀、樂正子春、單居離、曾元、曾華之徒，論述立身孝行之要，天地萬物之理。今十篇，自《修身》至《天員》，皆見於《大戴禮》，蓋後人摭出爲二卷。」晁氏曰：「視漢亡八篇矣。」文治嘗以意度之。《大戴記》十篇，既在《漢志》十八篇之列，則如《孝經》《王言》《曾子問》均在十八篇中，當無疑義。去古既遠，微言益絶，發明曾子之學者蓋尠。近人王定安輯《曾子家語》，陋雜殊甚；其分卷鹵莽割裂，尤乖輯述之體。今定《曾子》書：《孝經》（據《史記》，《孝經》曾子所作）第一卷，首明孔子所授之業也；第二卷《大戴記·立事》篇至《事父母》篇；第三卷《大戴記·制言》至《天員》篇，還《隋》《唐志》二卷之舊也；第四卷《大戴記·王言》篇；第五卷《小戴記·曾子問》篇；第六卷《小戴記·檀弓》諸篇載曾子語，言禮諸事，當以類相從也；第七卷《論語》《孟子》載曾子語；第八卷周、秦諸子載曾子語，均係語録之文也；其他曾子遺行，别爲「附録」一卷。朱子云：「曾子之學，誠篤而已。」「誠篤」爲聖門修身立命之本。是書發明大義，要在教人「誠篤」，矯浮僞之習，冀於世道人心有所挽救。此外，單辭剩句以及後儒羼雜疑似僞造之言，概不敢録。尚蘄世之君子進而教之。

序文明確體例，定爲九卷，提倡「誠篤」之教，輯撰宗旨與體制俱甚清晰。據此以徵核唐先生遺文，則《曾子大義》真面目，乃可得而知焉。第一卷存，修訂爲《孝經大義》，前已闡明。卷二至卷四乃《大戴禮記·曾子》十篇，而《大戴禮記·曾子》十篇中《曾子疾病》，在《茹經堂新著》七篇講義之最後一篇，題爲《禮記·曾子疾病》篇，體制與《孝經大義》相同，應屬《曾子大義》之遺篇。如此而言，此三卷之文本具在《大戴禮記》，唯解義未全而已。卷五《小戴記·曾子問》，卷六《小戴記·檀弓》諸篇；卷七

《論語》《孟子》，此即《自訂年譜》所記《曾子大義》之卷二，則自卷一至卷七，皆原典文本具在。卷八爲諸子所載曾子語，卷九「附録」載曾子遺行，此二卷皆須實在蒐輯，最爲用力，今所存《曾子輯佚》正屬此兩卷範圍。則唐先生《曾子大義》大體皆存。故雖原稿流落，而實未全佚也。而《曾子輯佚（三續）篇》末，注明「未完」者，乃指《大戴禮記》九篇及《禮記·曾子問》未及補注而已。大體而言，唐先生之《曾子大義》文本，基本全足。《曾子輯佚》中，有五條唐先生按語，未及補注之《大戴禮記》諸篇理應存批按之語。則唐先生賦予葉氏之任務，乃補注全書，其所遺憾者，可得而確定也。

唐先生於一九三九年撰《顔、曾、思、孟四賢宗要》，其中「宗曾子法」緒言云：

《隋書·經籍志》載《曾子》二十篇，其書已佚。按《大戴禮記》中載有《曾子》十篇，近阮氏爲之注釋。余擬彙集《孝經》《大學》《論語》《孟子》《小戴禮記》諸經、周秦諸子所載曾子言行，輯爲一編，雖未能還二十篇之舊，而大義已備。丙子歲（一九三六）門人葉生長青見而好之，余因屬其補輯成書，並加疏釋。值丁丑歲（一九三七）國難作，遂中輟。惜哉！兹編輯「宗曾子法」，分三類，曰大孝、曰省身、曰政治，擇其約而又約者著於篇。宋程子曰：「參也，竟以魯得之。」朱子曰：「曾子之學，誠篤而已。」由誠篤而日躋於上達，所謂「吾道一以貫之」也。

世未有心粗氣浮而可以爲學爲政者，深願後人勉旃。〔一〕

可見唐先生於曾子「誠篤」，自一九〇七年至一九三九年之三十餘年間，始終如一，身體力行，其爲一生學行精義所在，非空文碎義之可擬。《曾子輯佚》既是唐先生較早成書之著，又屬其學行精神之關鍵，故附置於此，以見其一體之大義，有本有實焉。

按《漢書·藝文志》載《曾子》有十八篇。而蔣伯潛《諸子通考·曾子考》謂南宋晁公武《郡齋讀書志》、楊簡、高似孫《子略》、王應麟所見《曾子》均爲兩卷十篇本，元代周邊所著之《曾子音訓》亦爲十篇，即《曾子》傳本實有十八篇與十篇兩種版本。十篇本即《大戴禮記》之《曾子》十篇。魏徵《群書治要》和馬總《意林》所引《曾子》，内容皆與《大戴記》同。在《曾子》注釋方面，據姜濤《曾子注釋》附録二《曾子書考略》，南宋陳振孫《書録解題》記載慈湖楊簡有《曾子注》二卷，劉宗周有《曾子章句》〔二〕，阮元

〔一〕《顔、曾、思、孟四賢宗要》原載《茹經堂文集》四編卷二，並載《交通大學演講録》第三集第四期，題爲《師四賢法》，其第五期是爲《師曾子法》。全文録在《唐文治文集》。

〔二〕唐先生甚重視劉宗周《曾子章句》，其《性理救世書》第三卷《讀劉子全書記》云：「《大戴禮記》内《曾子》十篇，自盧植注後，鮮有發明之者，先生創作《曾子章句》一卷，推廣孝德，崇尚實踐，開孔氏廣森、汪氏炤之先，可與黃忠端《孝經集傳》並垂不朽。」

有《曾子注釋》，魏源有《曾子發微》，均以《大戴禮》之《曾子》十篇爲基礎。在《曾子》輯録方面，姜濤《曾子書考略》載王應麟《小學紺珠》有云：「《曾子》七篇，内篇一，外篇、雜篇各三，劉清之子澄集録。」劉清之乃朱子朋友，朱子《書劉子澄所編録〈曾子〉後》曰：「世傳《曾子》書者，乃獨取《大戴禮》之十篇以充之，其言語氣象，視《論》《孟》《檀弓》等篇所載，相去遠甚。子澄蓋病其然，因輯此書，以傳學者，而於其精粗純駁之際，尤致意焉。」元吴澄《吴文正集・曾子音訓序》記述劉清之輯本大概，並自述其重輯《曾子》之意曰：「宋清江劉清之病曾子之粹言有非十篇所該，别輯《新曾子》七篇，篇分内、外、雜，朱子識其卷首。予竊玩繹，惜其釐析之猶未精也，意欲以《論語》《大學》《孟子》所有爲内篇，而《小戴記》所采《大孝》一篇則附於内；以《小戴記・曾子問》與《内則》諸篇所載爲外篇，而《大戴記》所存《立事》等九篇則附於外；就中擇其言之粗者，並諸家羣書之言，共爲雜篇。然又思之，若《論語》、若《大學》、若《孟子》、若《小戴記》，人所常讀，曾子遺言未嘗不接乎耳目，是書雖不輯，庸何傷？」

根據清末王定安《曾子家語》凡例所述，宋代汪晫、趙海鵬、章樵、宋鳴梧，皆曾輯録《曾子》；《四庫全書》中，有汪晫輯本《曾子全書》，乃汪晫五世孫汪疇獻於朝廷者，全書分爲内、外篇。蔣伯潛先先概述汪晫輯本大概云：

内篇二篇：一、《仲尼閑居》，（即《孝經》，《孝經》首句曰「仲尼居」故改題此名。非《禮記》之《仲尼燕居》或《孔子閑居》也。用朱子《孝經刊誤》本。）二、《明明德》。（即《大學》，《大學》首言「大學之道在明明德」，故改題此名。用朱子改訂之《大學章句》本。）

内篇十篇：一、《養老》，二、《周禮》，（非本稱《周官經》之《周禮》。）三、《有子問》，四、《喪服》，五、六、闕，七、《晉楚》，（采《大戴記》之《曾子疾病》，並采《説苑》。）八、《守業》，（全録《大戴記》之《曾子立事》，且爲之分章，每章加「曾子曰」。）九、《三省》，（首章取《論語·學而》篇「曾子曰吾日三省吾身」一章，故名。）十、《忠恕》。（首章取《論語·里仁》篇「子曰參乎吾道一以貫之」一章，故名。餘采《孔叢子》，並以《荀子·解蔽》篇所引曾子之言附之。）

蔣氏批評汪晫輯本「選擇不慎，割裂古書，不著所自，妄立篇名」。再比觀王定安《曾子家語》，其凡例所述，明代曾承業、戴良等學者編録《曾子》輯本，曾承業爲曾子六十二代孫，輯《曾子全書》三卷十一篇，今存國家圖書館中。根據「山東省省情資料庫」介紹，其目録爲：

卷一《王言》；卷二《修身》《事父母》《制言》上中下，《疾病》《天圓》；卷三《本孝》《立孝》《大孝》。

清代輯本如馮雲鵷《聖門十六子書·曾子書》中有「補遺」一卷，亦從《韓詩外傳》《吕氏春秋》《孔叢子》《荀子》《中論》《列女傳》《繹史》等輯出有關曾子之資料。王定安集諸家成果，編爲《曾子家語》，蔣伯潛概述云：

卷一：一、《大孝》，（合《大戴記》之《曾子大孝》《曾子事父母》《曾子本孝》《曾子立孝》爲一篇，用盧辨注。）二、《至德要道》。（即《孝經》。《孝經》稱孝爲「至德要道」，故改題此名，用唐玄宗注。）

卷二：三、《養老》，四、《慎終》，（采自經、史、子，經用古注。）五、《大學》。（用鄭玄注，並附《朱子章句》。）

卷三：六、《三省》，（采自經、史、子，經用古注。）七、《立事》。（即《大戴記》之《曾子立事》，用盧辨注。）

卷四：八、《制言》，（即《大戴記》之《曾子制言》，合三篇爲一篇，用盧辨注。）

九、《全節》，十、《興仁》，（並采經、史、子，經用古注。）十一、《王言》，（即

《大戴記》之《王言》，用盧辨注。）十二、《聞見》。（采子史。）

卷五：十三、《弔喪》，（並采經、史、子，經用古注。）十四、《禮問》。（即《戴記》之《曾子問》，用鄭玄注。）

卷六：十五、《天圓》，（即《大戴記》之《曾子天圓》，用盧辨注。）十六、《吾友》，十七、《有疾》，（並采經、史、子，經用古注。）十八、《雜記》。（采子史及緯書。）

蔣伯潛評論汪晫輯本云：「王氏所采之古書，共九十七種。於唐以後之書，除類書所引古書之逸文外，皆不取。凡所引，必注明出處。原書有異本者，不臆改，采用善本，必注明所以取此本之故。同一條並見於二種以上之古書者，以較古之書爲本文，較晚之書爲附録。其搜輯之廣，采録之慎，遠在汪晫之上。」劉光勝先生《出土文獻與〈曾子〉十篇比較研究》「《曾子》十篇的輯本與流傳」一節中云：「唐文治、葉長青將歷代文獻中《曾子》的佚文按時間先後彙集在一起，非常方便學者研究使用。」可知唐先生之輯本，乃融攝諸家之長而獨具特色，並非籠統匯輯而已。

以上大致介紹唐先生《曾子輯佚》文獻承傳狀況，至於校對《曾子輯佚》採用之文獻版本如下：

唐先生《曾子輯佚》涉及《小戴記》《論語》《孟子》《晏子春秋》《莊子》《荀子》《尸子》《吕氏春秋》《韓非子》《戰國策》《孔叢子》《新語》《春秋繁露》《韓詩外傳》《淮南子》《史記》《鹽鐵論》《水經注》《説苑》《潛夫論》《列女傳》《孝子傳》《白虎通》《論衡》《琴操》《漢武梁祠畫像贊》《伏侯古今注》《中論》《孔子家語》《毛詩草木鳥獸蟲魚疏》《博物志》《搜神記》《後漢書》《宋書》《文選》《金樓子》《顔氏家訓》《太平御覽》《大戴記》三十九部文獻，共一百五十七條佚文。除《禮記·檀弓》篇「晏子可謂知禮也已」一條以外，餘均見於王定安《曾子家語》「大孝第一」「養老第三」「慎終第四」「大學第五」「三省第六」「全節第九」「興仁第十」「王言第十一」「聞見第十二」「弔喪第十三」「吾友第十六」「有疾第十七」「雜説第十八」，謹以注釋形式注明各條佚文於《曾子家語》中之位置，以便互參。

《曾子輯佚》所輯《小戴禮記》中《檀弓》《雜記》《祭義》《大學》之經注，注文主要採用鄭康成注，此次整理凡爲鄭注者，不注明，而爲他注者，注明；經注文字，據《施肇曾刊十三經讀本》之《禮記讀本》比勘。《曾子輯佚》所輯《大戴記·王言》《大戴記·曾子疾病》篇中之經注，據孔廣森《大戴禮記補注》比勘，並參考：盧辯注《大戴禮記》（《叢書集成》初編本），汪中《大戴禮記正誤》（浙江大學圖書館藏本），王文錦點校之王聘珍《大戴禮記解詁》（北京：中華書局，二〇〇八年），孫詒讓《大戴禮記補斠》（外四種）（北京：中華書局，二〇一〇年），王樹枏《校正孔氏大戴禮記補注》（陶廬叢刻本，光緒癸未十一月刊本），汪照《大戴禮注補》（浙江大學圖書館藏本），王懷信、孔德立、周海生《大戴禮記彙校集注》（西安：三秦出版社，二〇〇四年），方向東《大戴禮記滙校集解》（北京：中華書局，二〇〇八年）。其中注文徵引戴禮按語，乃指戴禮《大戴禮記集注》（民國四年温州石印本）。

《茹經堂新著（《禮記》講義）》之《大戴禮記講義》，小題爲《〈禮記·曾子疾病〉篇講義》，乃唐先生輯録《曾子大義》過程中整理《大戴禮記·曾子》十篇之遺文。今篇題定爲《〈大戴禮記·曾子疾病〉篇講義》，附於《曾子輯佚》之末，意存唐先生學術精義。《禮記》及《大戴禮記》兼重，乃南菁書院之學術傳統，先生之曾子學，充分體現此精神。則唐先生《曾子大義》之大體，庶幾保存。

此《曾子輯佚》之搜集與整理，歐陽艷華博士走訪圖書館，發現《無錫文庫》收録比較完整之《無錫國專月刊》，遂能對抗戰前唐先生之著述情況，有更具體之掌握；何潔瑩博士立刻輸入，並協助初校。若非兩位年青學者義無反顧、埋首日夜之辛勤付出，而常德榮先生無事不予協助，實在不能致功。謹誌此段甚難得之學術因緣。

曾子輯佚

曾子曰：「朋友之墓，有宿草而不哭焉。」宿草，謂陳根也。爲師心喪三年，於朋友期可。〔一〕

穆公之母卒，穆公，魯哀公之曾孫。**使人問於曾子曰：「如之何？」**問居喪之禮。曾子，曾參之子，名申。**對曰：「申也聞諸申之父曰：『哭泣之哀，齊斬之情，饘粥之食，自天子達。**子喪父母，尊卑同。（文治按：自天子達，言自天子達於庶人，尊卑同也，義與《孟子》所引同〔二〕。）**布幕，衛也。縿幕，魯也。』」**幕，所以覆棺上也。縿，縑也。縿讀如綃。衛，諸侯禮。魯，天子禮。兩言之者，僭已久矣。幕或爲幦。〔三〕

曾子寢疾，病。病謂疾困。**樂正子春坐於牀下，**子春，曾參弟子。**曾元、曾申坐於足，**元、申，曾

〔一〕王定安《曾子家語·弔喪第十三》。

〔二〕《孟子·滕文公上》曰：「三年之喪，齊疏之服，飦粥之食，自天子達於庶人，三代共之。」

〔三〕《曾子家語·慎終第四》。

參之子。(文治按：此與《大戴記・曾子疾病》篇：「曾元抱首，曾華抱足」相類〔一〕。)**童子隅坐而執燭。**隅坐，不與成人並。**童子曰：「華而睆，大夫之簀與？」**華，畫也。簀，謂牀笫也。睆，好也。《詩》：「睍睆黃鳥。」〔二〕《傳》云：「睍睆，好貌。」**子春曰：「止。」**以病動不可。〔三〕**曾子聞之，瞿然曰：「呼。」**呼，虛憊之聲。**曰：「華而睆，大夫之簀與？」曾子曰：「然，斯季孫之賜也，我未之能易也。元起易簀。」**未之能易，已病故也。**曾元曰：「夫子之病革矣，不可以變，幸而至於旦，請敬易之。」**言夫子者，曾子親没之後，齊嘗聘以爲卿，而不爲也。革，急也。變，動也。幸，覬也。**曾子曰：「爾之愛我也不如彼。**彼，童子也。**君子之愛人也以德，**成己之德。**細人之愛人也以姑息。**息，猶安也。言苟容取安也。文治按：此二語爲千古名言，姑息之愛，諺所謂「愛之而適以害之」〔四〕者也，愛人者其知之。**吾何求哉？吾得正而斃焉，斯已矣。」舉扶而易之，反席未安而没。**言病雖困，猶勤於禮。○阮元曰：「《檀弓記》此陽許曾子之改過，陰誣曾子以僭越也。曾子平日戰戰兢兢，如臨深淵，如履薄冰，豈有臥大夫之簀，漫不加察，及童子有言，而後起而易之哉！向使童子不告，則曾子之殁，乃殁於

〔一〕孔廣森《大戴禮記補注・曾子疾病第五十七》卷五。「抱」字，《大戴禮記補注》作「抑」。
〔二〕《國風・邶風・凱風》文。
〔三〕「以病動不可」，鄭玄注作「以病困不可動」。
〔四〕班固《漢書・王嘉傳》卷八六載王嘉上奏封事文，《漢書・佞幸傳》卷九三贊語。

大夫之簀，能無遺憾乎？其詆誣曾子之意蓋如此。」（見《學海堂經解》第二千二百八十二卷。）按：《後漢書・蔡邕傳》：「昔曾子不受季孫之賜，況可事二君〔一〕哉！」〔二〕

曾子之喪，浴於爨室。見曾元之辭易簀，矯之以謙儉也。禮，死，浴於適室。〔三〕

曾子曰：「始死之奠，其餘閣也與！」不容改新。閣，庋藏食物。

曾子曰：「小功不爲位也者，是委巷之禮也。譏之也。位，謂以親疏叙列哭也。委巷，猶街里委曲所爲也。**子思之哭嫂也爲位。**善之也。禮，嫂叔無服。**婦人倡踊。**有服者，娣、姒婦小功。倡，先也。**申祥之哭言思也亦然。」**説者云：「言思，子游之子，申祥妻之昆弟，亦無服。過此以往，獨哭不爲位。」〔四〕

曾子謂子思曰：「汲，吾執親之喪也，水漿不入於口者七日。」言己以疾時禮而不如〔五〕。**子思曰：「先王之制禮也，過之者俯而就之，不至焉者跂而及之。故君子之執親之喪也，水漿不入於口者三日，杖而後能起。」**爲曾子言難繼，以禮抑之。

〔一〕范曄《後漢書・蔡邕列傳》卷六〇下載蔡邕六世祖蔡勳語。「君」字，《後漢書》作「姓」。

〔二〕《曾子家語・有疾第十七》。

〔三〕《曾子家語・有疾第十七》。

〔四〕《曾子家語・慎終第四》。

〔五〕「如」後，《禮記讀本》有「從」字。

曾子曰：「小功不稅，據禮而言也。日月已過，乃聞喪而服曰稅，大功以上然，小功服〔一〕輕，不服。則是遠兄弟終無服也。言相遠離者，聞之恒晚。而可乎？」以己思〔二〕怪之。〔三〕

曾子曰：「喪有疾，食肉飲酒，必有草木之滋焉。增以香味，爲其疾不嗜食。以爲薑桂之謂也。」爲記者，正曾子所云：「草木滋者，謂薑桂。」〔四〕

子夏喪其子而喪其明。明，目精。曾子弔之，曰：「吾聞之也，朋友喪明則哭之。」痛之。曾子哭，子夏亦哭。曰：「天乎，予之無罪也！」怨天罰無罪。曾子怒曰：「商！女何無罪也？吾與女事夫子於洙、泗之間，言其有師也。洙、泗，魯水名。退而老於西河之上，西河，龍門至華陰之地。使西河之民疑女於夫子，爾罪一也。言其不稱師也。喪爾親，使民未有聞焉，爾罪二也；言居親喪無異稱。喪爾子，喪爾明，爾罪三也。言隆於喪〔五〕子。而曰女何無罪與？」子夏投其杖而拜曰：「吾過矣！吾過矣！謝之，且服罪也。吾離群而索居，亦已

〔一〕《禮記讀本》無「服」字。
〔二〕「思」字，《禮記讀本》作「恩」。
〔三〕《曾子家語・慎終第四》。
〔四〕《曾子家語・慎終第四》。
〔五〕「喪」字，《禮記讀本》作「妻」。

久矣。 羣，謂同門朋友也。索，猶敗也。」〔一〕《論衡・禍虛》：「夫子夏喪其明，曾子責以罪，子夏投杖拜曾子之言，蓋以天實罰過，故目失其明；已實有之，故拜受其過。始聞暫見，皆以爲然。熟考論之，……曾子之言，誤矣。然子夏之喪明，喪其子也。子者，人情所通；親者，人所力報也。喪親，民無聞；喪子，失其明，此恩損於親，而愛增於子也。增則哭泣無數，數哭中風，目失明矣。曾子因俗之議，以著子夏三罪。子夏亦緣俗議，因以失明，故拜受其過。曾子〔二〕未離於俗，故孔子門敘行，未在上第也。」〔三〕

曾子弔於負夏， 負夏，衛地。**主人既祖，填池，** 祖，謂移柩車去載處，爲行始也。填池，當爲「奠徹」，聲之誤也。奠徹，謂徹遣奠，設祖奠。**推柩而反之。** 反於載處，榮曾子弔，欲更始。**降婦人而后行禮。** 禮，既祖而婦人降，今反柩，婦人辟之，復升堂矣。柩無反而反之，而又降婦人，蓋欲矜賓於此婦人，皆非。**從者曰：「禮與？」** 怪之。**曾子曰：「夫祖者，且也，** 且，未定之辭。**且胡爲其不可以反宿也？」** 給說。**從者又問諸子游曰：「禮與？」** 疑曾子言非。**子游曰：「飯於牖下，小斂於户內，大斂於阼，殯於客位，袓〔四〕於庭，葬於墓，所以即遠也。故喪事有進而無退。」** 明反

〔一〕《曾子家語・弔喪第十三》。
〔二〕「曾子」後，《論衡・禍虛》有「子夏」二字。
〔三〕《曾子家語・弔喪第十三》。
〔四〕「袓」字，《禮記讀本》作「祖」。

柩非。**曾子聞之曰：「多矣乎，予出祖者！」**善子游言，且服。〔一〕**曾子襲裘而弔，子游裼裘而弔。曾子指子游而示人曰：「夫夫也，爲習於禮者，如之何其裼裘而弔也？」**曾子蓋知臨喪無飾。夫夫，猶言此丈夫也。子游於時名爲習禮。（文治按：自非委巷之夫，斷無指友示人以斥辱之之理，此段僞託。）**主人既小斂，袒、括髮。子游趨而出，襲裘帶絰而入。**於主人變乃變也，所弔者朋友。**曾子曰：「我過矣，我過矣，夫夫是也。」**服是〔二〕善子游。〔三〕

曾子與客立於門側，其徒趨而出。徒，謂客之旅。**曾子曰：「爾將何之？」曰：「吾父死，將出哭於巷。」**以爲不可發凶於人之館。**曰：「反哭於爾次。」**次，舍也。禮，館人使專之，若其自有然。**曾子北面而弔焉。**（按：《白虎通·喪服》所載同。）〔四〕

有子問於曾子曰：「問喪於夫子乎？」有子，孔子弟子有若也。夫子卒後問此，庶有異聞也。喪，謂仕失位也。魯昭公孫於齊曰：「喪人其何稱。」**曰：「聞之矣，喪欲速貧，死欲速朽。」有子曰：**

〔一〕《曾子家語·弔喪第十三》。
〔二〕「是」字，《禮記讀本》作「且」。
〔三〕《曾子家語·弔喪第十三》。
〔四〕《曾子家語·弔喪第十三》。

「是非君子之言也。」貧、朽，非人所欲。　曾子曰：「參也聞諸夫子也。」有子又曰：「是非君子之言也。」曾子曰：「參也與子游聞之。」有子曰：「然，然則夫子有爲言之也。」曾子以斯言告於子游。子游曰：「甚哉！有子之言似夫子也。昔者夫子居於宋，見桓司馬自爲石椁，三年而不成。桓司馬，宋向戌之孫，名魋。　夫子曰：『若是其靡也，死不如速朽之愈也。』死之欲速朽，爲桓司馬言之也。靡，侈。　南宮敬叔反，必載寶而朝。敬叔，魯孟僖子之子仲孫閱。蓋嘗失位去魯，得反，載其寶來朝於君。　夫子曰：『若是其貨也，喪不如速貧之愈也。』喪之欲速貧，爲敬叔言之也。」曾子以子游之言告於有子，有子曰：「然，吾固曰：非夫子之言也。」曾子曰：「子何以知之？」有子曰：「夫子制於中都，四寸之棺，五寸之椁，以斯知不欲速朽也。中都，魯邑名也。孔子嘗爲之宰，爲民作制。孔子由中都宰爲司空，由司空爲司寇。　昔者夫子失魯司寇，將之荆，將應聘於楚。　蓋先之以子夏，又申之以冉有，以斯知不欲速貧也。」言汲汲於仕得禄。〔一〕

仲憲言於曾子曰：「夏后氏用明器，示民無知也。所謂「致死之」。仲憲，孔子弟子原憲。　殷人用祭器，示民有知也。所謂「致生之」。　周人兼用之，示民疑也。」言使民疑於無知與有知。　曾

〔一〕《曾子家語·弔喪第十三》。

子曰：「其不然乎，其不然乎！非其説之非也。夫明器，鬼器也。祭器，人器也。夫古之人，胡爲而死其親乎？」言仲憲之言，三者皆非。此或用鬼器，或用人器。按：《孔子家語·曲禮公西赤問》作「原思言於曾子曰：『夏后氏之送葬也，用盟器。』」〔一〕

曾子曰：「尸未設飾，故帷堂，小斂而徹帷。」仲梁子曰：「夫婦方亂，故帷堂，小斂而徹帷。」斂者，動摇尸。帷堂，爲人褻之。言「方亂」，非也。仲梁子，魯人也。小斂之奠，子游曰：「於東方。」曾子曰：「於西方，斂斯席矣。」曾子以俗説非。又大斂奠於堂，乃有席。小斂之奠在西方，魯禮之末失也。末世失禮之爲。〔二〕

宋襄公葬其夫人，醯醢百甕。曾子曰：「既曰明器矣，而又實之。」言名之爲明器，而與祭器皆實之，是亂鬼器與人器。〔三〕

讀賵，曾子曰：「非古也，是再告也。」曾子言非禮，祖而讀賵，賓致命將行，主人之吏又讀賵，所以存録之。〔四〕

〔一〕《曾子家語·慎終第四》。
〔二〕《曾子家語·慎終第四》。
〔三〕《曾子家語·慎終第四》。
〔四〕《曾子家語·慎終第四》。

子張死，曾子有母之喪，齊衰而往弔〔一〕哭之。或曰：「齊衰不以弔。」以其無服非之。曾子曰：「我弔也與哉？」於朋友哀痛甚而往哭之，非若凡弔。《白虎通·喪服》：「『曾子有母之喪，弔子張。』子張者朋友，有服，雖重服，弔之可也。」〔二〕

曾子曰：「晏子可謂知禮也已，恭敬之有焉。」言禮者，敬而已矣。有若曰：「晏子一狐裘三十年，遣車一乘，及墓而反。國君七个，遣車七乘；大夫五个，遣車五乘。晏子焉知禮？」言其太儉偪下，非之。及墓而反，言其既窆則歸，不留賓客有事也。人臣賜車馬者，乃得有遣車。遣車之差，大夫五，諸侯七，則天子九。諸侯不以命數，喪數略也。个，謂所包遣奠牲體之數也。《雜記》曰：「遣車視牢具。」曾子曰：「國無道，君子耻盈禮焉。國奢則示之以儉，國儉則示之以禮。」時齊方奢，矯之是也。

哀公使人弔蕢尚，遇諸道，辟於路，畫宮而受弔焉。哀公，魯君也。畫宮，畫地爲宮象。曾子曰：「蕢尚不如杞梁之妻之知禮也。行弔禮於野，非。齊莊公襲莒於奪，杞梁死焉。魯襄二十二年「齊侯襲莒」是也。《春秋傳》曰：「杞殖、華還載甲夜入且于之隧。」隧、奪，聲相近，或爲兑。梁即殖也。其妻迎其柩於路而哭之哀，莊公使人弔之，對曰：『君之臣不免於罪，則將肆諸市朝，

〔一〕「弔」字，《禮記讀本》無。
〔二〕《曾子家語·弔喪第十三》。

而妻妾執。肆，陳尸也。大夫以上於朝，士以下於市。執，拘也。君之臣免於罪，則有先人之敝廬在，君無所辱命。』」無所辱命，辭不受也。《春秋傳》曰：「齊侯弔諸其室。」〔一〕

齊大饑，黔敖爲食於路，以待餓者而食之。有餓者蒙袂輯屨，貿貿然來。蒙袂，不欲見人也。輯，斂也。屨〔二〕，力憊不能屨也。貿貿，目不明之貌。黔敖左奉食，右執飲曰：「嗟，來食！」揚其目而視之，曰：「予唯不食嗟來之食，以至於斯也。」呼〔三〕來食，雖閔而呼之，非敬辭。從而謝焉，終不食而死。從，猶就也。曾子聞之曰：「微與！其嗟也可去，其謝也可食。」微，猶無也。無與，止其狂狷之辭。按：《新序・節士》所載同，惟「輯屨」作「接屨」。〔四〕

季孫之母死，哀公弔焉。曾子與子貢弔焉，閽人爲君在，弗内也。閽人，守門者。曾子與子貢入於其廄而脩容焉。更莊飾。（文治按：曾子曰：「動容貌，斯遠暴慢矣。」〔五〕《玉藻》言九容，古人

〔一〕《曾子家語・弔喪第十三》。

〔二〕「屨」前，《禮記讀本》有「斂」字。

〔三〕「呼」字，《禮記讀本》作「嗟」。

〔四〕《曾子家語・全節第九》。按：劉向《新序・節士》「輯屨」作「接履」，「揚其目」前有「餓者」二字，「以至於斯」作「以至於此」。

〔五〕《論語・泰伯》文。

有脩容之學，如此節是也〔一〕。）子貢先入，閽人曰：「鄉者已告矣。」既不敢止，以言下之。曾子後入，閽人辟之。見兩賢相隨，彌益恭也。涉内霤，卿大夫皆辟位，公降一等而揖之。禮之。君子言之曰：「盡飾之道，斯其行者遠矣。」〔二〕

（以上《小戴記・檀弓》。）

曾子曰：「孝子之養老也，樂其心，不違其志，樂其耳目，安其寢處，以其飲食忠養之。孝子之身終，終身也者，非終父母之身，終其身也。是故父母之所愛亦愛之，父母之所敬亦敬之。至於犬馬盡然，而況於人乎。」賤喻貴也。〔三〕

（以上《小戴記・内則》。）

子羔之襲也。繭衣裳與稅衣、纁袡爲一，素端一，皮弁一，爵弁一，玄冕一。曾子曰：「不襲婦服。」繭衣裳者，若今大襺也。纊爲繭，緼爲袍，表之以稅衣，乃爲一稱爾。稅衣，若玄端而連衣裳者也。大夫而以纁爲之緣，非也。唯婦人纁袡。禮以冠名服，此襲其服，非襲其冠。曾子譏「襲婦服」而已。玄冕，

〔一〕《禮記・玉藻》曰：「凡行，容惕惕；廟中，齊齊；朝庭，濟濟、翔翔。君子之容舒遲，見所尊者齊遬。足容重，手容恭，目容端，口容止，聲容静，頭容直，氣容肅，立容德，色容莊，坐如尸，燕居告温温。」

〔二〕《曾子家語・弔喪第十三》。

〔三〕《曾子家語・養老第三》。

又大夫服，未聞子羔曷爲襲之。玄冕，或謂爲玄冠，或爲玄端。〔一〕

曾子問曰：「卿大夫將爲尸於公，受宿矣，而有齊衰内喪，則如之何？」孔子曰：「出舍乎公宫以待事，禮也。」尸重受宿，則不得哭。内喪，同宫也。**孔子曰：「尸弁冕而出，卿、大夫、士皆下之。尸必式，必有前驅。」**冕兼言弁者，君之尸，或服士大夫之服也。諸臣見尸而下車，敬也。尸式以禮。〔二〕

或問於曾子曰：「夫既遣而包其餘，猶既食而裹其餘與？君子既食則裹其餘乎！」言遣既奠而又包之，是與食於人，已而裹其餘，將去何異乎？與〔三〕君子甯爲是乎？言傷廉也。**曾子曰：「吾子不見大饗乎？夫大饗，既饗，卷三牲之俎歸於賓館。父母而賓客之，所以爲哀也。子不見大饗乎？」**既饗歸賓俎，所以厚之也。言父母家之主，今賓客之，是孝子哀親之去也。〔四〕

曾申問於曾子曰：「哭父母有常聲乎？」曰：「中路嬰兒失其母焉，何常聲之有？」嬰，猶鷖彌也，言其若小兒亡母啼號，安得常聲乎？所謂哭不偯。〔五〕

〔一〕《曾子家語·弔喪第十三》。

〔二〕《曾子家語·禮問第十三》。

〔三〕「將去何異乎？與」，《禮記讀本》作「將去何異與」。

〔四〕《曾子家語·弔喪第十三》。

〔五〕《曾子家語·弔喪第十三》。

（以上《小戴記・雜記》。）

曾子曰：「孝有三，大孝尊親，其次弗辱，其下能養。」公明儀問於曾子曰：「夫子可以爲孝乎？」曾子曰：「是何言與！是何言與！君子之所爲〔一〕孝者，先意承志，喻〔二〕父母於道。參直養者也。安能爲孝乎？」公明儀，曾子弟子。曾子曰：「身也者，父母之遺體也。行父母之遺體，敢不敬乎？居處不莊，非孝也。事君不忠，非孝也。莅官不敬，非孝也。朋友不信，非孝也。戰陳無勇，非孝也。五者不遂，烖及於親，敢不敬乎？遂，猶成也。按：《呂氏春秋・孝行覽》引此「敢不敬乎」句下多「《商書》曰：『刑三百，罪莫重於不孝。』」〔三〕亨、孰、羶、薌，嘗而薦之，非孝也，養也。君子之所謂孝也者，國人稱願然，曰：『幸哉，有子如此！』所謂孝也已。然，猶如〔四〕也。衆之本教曰孝，其行曰養。養可能也，敬爲難。敬可能也，安爲難。安可能也，卒爲難。父母既没，慎行其身，不遺父

〔一〕「爲」字，《禮記讀本》作「謂」。
〔二〕「喻」字，《禮記讀本》作「諭」。
〔三〕呂不韋《呂氏春秋・孝行覽》卷一四文。謹按：許維遹集釋本「朋友不信」作「朋友不篤」，「五者不遂」作「五行不遂」。
〔四〕「如」字，《禮記讀本》作「而」。

母惡名，可謂能終矣。仁者，仁此者也；禮者，履此者也；義者，宜此者也；信者，信此者也；强者，强此者也。樂自順此生，刑自反此作。」曾子曰：「夫孝，置之而塞乎天地，溥之而横乎四海，施諸後世而無朝夕。推而放諸東海而準，推而放諸西海而準，推而放諸南海而準，推而放諸北海而準。無朝夕，言常行無輟時也。放，猶至也。準，猶平也。《詩》云：『自西自東，自南自北，無思不服。』此之謂也。」曾子曰：「樹木以時伐焉，禽獸以時殺焉。夫子曰：『斷一樹，殺一獸，不以其時，非孝也。』夫子，孔子也，曾子述其言以云。孝有三，小孝用力，中孝用勞，大孝不匱。勞，猶功也。思慈愛忘勞，可謂用力矣。尊仁安義，可謂用勞矣。博施備物，可謂不匱矣。思慈愛忘勞，思父母之慈愛，已而自忘己之勞苦。父母愛之，嘉而弗忘。父母惡之，懼而無怨。無怨，無怨於父母之心。父母有過，諫而不逆。順而諫之。父母既没，必求仁者之粟以祀之。此之謂禮終。」喻貧困猶不取惡人物，以事〔一〕亡親。〔二〕

樂正子春下堂，而傷其足，數月不出，猶有憂色。門弟子曰：「夫子之足瘳矣，數月不

〔一〕「事」字，原誤作「爲」，據孔穎達《禮記正義》爲正。
〔二〕《曾子家語·大孝第一》。

出，猶有憂色，何也？」樂正子春曰：「善如爾之問也，善如爾之問也！吾聞諸曾子，曾子聞諸夫子曰：『天之所生，地之所養，無人爲大。父母全而生之，子全而歸之，可謂孝矣。不虧其體，不辱其身，可謂全矣。曾子聞諸夫子，述曾子所聞於孔子之言。故君子頃步而弗敢忘孝也。』今予忘孝之道，予是以有憂色也。頃當爲跬，聲之誤也。予，我也。壹舉足而不敢忘父母，壹出言而不敢忘父母。壹舉足而不敢忘父母，是故道而不徑，舟而不游，不敢以先父母之遺體行殆。壹出言而不敢忘父母，是故惡言不出於口，忿言不反於身。不辱其身，不羞其親，可謂孝矣。」徑，步邪趨疾也。忿言不反於身，人不能無忿怒，忿怒之言，當由其直，直則人服，不敢以忿言來也。〔一〕

（以上《小戴記・祭義》。）

曾子曰：「十目所視，十手所指，其嚴乎？」嚴乎，言可畏敬也。〔二〕

（以上《小戴記・大學》。）

曾子曰：馬融曰：「弟子曾參。」「吾日三省吾身：爲人謀而不忠乎？與朋友交而不信

〔一〕《曾子家語・大孝第一》。
〔二〕《曾子家語・大學第五》。

乎？傳不習乎？」言凡所傳之事，得無素不講習而傳之。〔一〕

曾子曰：「慎終，追遠，民德歸厚矣。」慎終者，喪盡其哀。追遠者，祭盡其敬。君能行此二者，民化其德，皆歸於厚也。〔二〕

（以上《論語・學而》。）

子曰：「參乎！吾道一以貫之。」曾子曰：「唯。」直曉不問，故答曰「唯」〔三〕。**子出，門人問曰：「何謂也？」曾子曰：「夫子之道，忠恕而已矣。」**〔四〕

（以上《論語・里仁》。）

曾子有疾，召門弟子曰：「啓予足，啓予手。鄭玄曰：「啓，開也。曾子以爲受身體於父母，不敢毁傷，故使弟子開衾而視之也。」**《詩》云：『戰戰兢兢，如臨深淵，如履薄冰。』**言此《詩》者，喻己常戒慎，恐有所毁傷〔五〕。**而今而後，吾知免夫。小子！」**周生烈曰：「乃今日後，我自知免於患難矣。小

〔一〕《曾子家語・三省第六》。

〔二〕據《論語注疏》記載此爲孔安國注文。《曾子家語・慎終第四》。

〔三〕據《論語注疏》記載此爲孔安國注文。

〔四〕《曾子家語・三省第六》。

〔五〕據《論語注疏》，此爲孔安國注文。

子，弟子也。呼之者，欲使聽識其言。」〔一〕

曾子有疾，孟敬子問之。馬曰：「孟敬子，魯大夫仲孫捷。」**曾子言曰：「鳥之將死，其鳴也哀。人之將死，其言也善。**包咸曰：「欲戒敬子，言我將死，言善可用。」**君子所貴乎道者三：動容貌，斯遠暴慢矣；正顏色，斯近信矣；出辭氣，斯遠鄙倍矣。**鄭曰：「此道謂禮也。動容貌，能濟濟蹌蹌，則人不敢暴慢之；正顏色，能矜莊嚴栗，則人不敢欺詐之；出辭氣，能順而説之，則無惡戾之言入於耳。」**籩豆之事，則有司存。」**包曰：「敬子忽大務小，故又戒之以此。籩豆，禮器」。《説苑·修文》：「曾子有疾，孟儀往問之。曾子曰：『鳥之將死，必有悲聲。君子集大辟，必有順辭。禮有三儀，知之乎？』對曰：『不識也。』曾子曰：『坐，吾語汝。君子修禮以立志，則貪欲之心不來。君子思禮以修身，則怠惰慢易之節不至。君子修禮以仁義，則忿爭暴亂之辭遠。若夫置罇俎，列籩豆，此有司之事也，君子雖勿能可也。』」〔二〕

曾子曰：「以能問於不能，以多問於寡，有若無，實若虛，犯而不校，包曰：「校，報也，言見侵犯不報。」**昔者吾友嘗從事於斯矣。」**馬曰：「友，謂顏淵。」〔三〕

〔一〕《曾子家語·有疾第十七》。
〔二〕《曾子家語·有疾第十七》。
〔三〕《曾子家語·吾友第十六》。

曾子曰：「可以託六尺之孤，六尺之孤，幼少之君。〔一〕可以寄百里之命，攝君之政令。〔二〕臨大節而不可奪也，大節，安國家，定社稷。奪，不可傾奪。君子人與？君子人也。」〔三〕

曾子曰：「士不可以不弘毅，包曰：「弘，大也。毅，强而能斷也。士弘毅，然後負重任，致遠路。」任重而道遠。仁以爲己任，不亦重乎？死而後已，不亦遠乎？」以仁爲己任，重莫重焉。死而後已，遠莫遠焉。〔四〕

（以上《論語・泰伯》。）

曾子曰：「君子思不出其位。」不越其職。〔五〕

（以上《論語・憲問》。）

曾子曰：「堂堂乎張也，難與並爲仁矣。」鄭曰：「言子張容儀盛，而於仁道薄也。」〔六〕

曾子曰：「吾聞諸夫子：人未有自致者也，必也親喪乎！」馬曰：「言人雖未能自致盡於他

〔一〕據《論語注疏》，此爲孔安國注文。
〔二〕據《論語注疏》，此爲孔安國注文。
〔三〕《曾子家語・興仁第十》。
〔四〕據《論語注疏》，此爲孔安國注文。《曾子家語・三省第六》。
〔五〕據《論語注疏》，此爲孔安國注文。《曾子家語・三省第六》。
〔六〕《曾子家語・吾友第十六》。

事，至於親喪，必自致盡。」〔一〕

曾子曰：「吾聞諸夫子：孟莊子之孝也，其他可能也；其不改父之臣與父之政，是難能也。」馬曰：「孟莊子，魯大夫仲孫連〔二〕也。謂在諒陰之中，父臣及父政雖有不善者，不忍改也。」〔三〕

孟氏使陽膚爲士師，包曰：「陽膚，曾子弟子。士師，典獄之官。」**問於曾子。曾子曰：「上失其道，民散久矣。如得其情，則哀矜而勿喜！」**馬曰：「民之離散爲輕漂犯法，乃上之所爲，非民之過，當哀矜之，勿自喜能得其情。」〔四〕

（以上《論語·子張》。）

曾子曰：「戒之戒之，出乎爾者，反乎爾者也。」曾子有言，上所出善惡之命，終〔五〕反之，不可不戒也。〔六〕

〔一〕《曾子家語·慎終第四》。
〔二〕《論語注疏》阮元校語云：「『連』當作『速』。」
〔三〕《曾子家語·興仁第十》。
〔四〕《曾子家語·興仁第十》。
〔五〕《孟子注疏》趙岐注「終」前有「下」字。
〔六〕《曾子家語·興仁第十》。

（以上《孟子·梁惠王下》。）

昔者曾子謂子襄曰：「子好勇乎？吾嘗聞大勇於夫子矣。自反而不縮，雖褐寬博，吾不惴焉；自反而縮，雖千萬人，吾往矣。」子襄，曾子弟子也。夫子，謂孔子也。縮，義也。惴，懼也。《詩》云：「惴惴其慄。」曾子謂子襄，言孔子告我大勇之道，人加惡於己，己内自省，有不義不直之心，雖敵人被褐寬博一夫，不當輕，驚懼之也。自省有義，雖敵家千萬人，我直往突之，言義之强也。〔一〕

（以上《孟子·公孫丑下》。）

曾子曰：「生，事之以禮；死，葬之以禮，祭之以禮；可謂孝矣。」曾子傳孔子之言。孟子欲令世子如曾子之從禮也。時諸侯皆不行禮，致使獨行之也。〔二〕

昔者孔子没，三年之外，門人治任將歸，入揖於子貢，相嚮而哭，皆失聲，然後歸。子貢反，築室於場，獨居三年，然後歸。任，擔也。失聲，悲不能成聲。場，孔子冢上祭壇〔三〕也。子貢獨於場左右築室，復三年，慎終追遠也。他日，子夏、子張、子游以有若似聖人，欲以所事孔子事之，强曾子。曾子曰：「不可。江漢以濯之，秋陽以暴之，皜皜乎不可尚已！」有若

〔一〕《曾子家語·三省第六》。

〔二〕《曾子家語·慎終第四》。

〔三〕《孟子注疏》趙岐注「祭壇」作「祭祀壇場」。

之貌似孔子，此三子者，思孔子而不可復見，故欲尊有若以作聖人，朝夕奉事之禮，如事孔子，以慰思也。曾子不肯，以爲聖人之潔白，如濯之江漢，暴之秋陽。秋陽，周之秋，夏之五、六月，盛陽也。皜皜，白甚也。何可尚而乃欲以有若之質於〔一〕聖人之坐席乎？尊師道，故不肯也。〔二〕

（以上《孟子・滕文公上》。）

曾子曰：「脅肩諂笑，病于夏畦。」脅肩，竦體也。諂笑，强笑也。病，極也。言其意苦勞極，甚於仲夏之月治畦灌園之勤也。〔三〕

（以上《孟子・滕文公下》。）

曾子養曾皙，必有酒肉。將徹，必請所與。問：「有餘？」必曰：「有。」曾皙死，曾元養曾子，必有酒肉。將徹，不請所與。問：「有餘？」曰：「亡矣。」將以復進也。此所謂養口體者也。若曾子，則可謂養志也。事親若曾子者可也。將徹，請所與，問曾皙所欲與子孫所愛者也。必曰有，恐違親意也，故曰養志。曾元曰「無」，欲以復進曾子也，不求親意，故曰養口體也。事

〔一〕《孟子注疏》阮元校語云：「廖本、孔本、韓本、考文古本『於』作『放』。按：《音義》出『質放』。按『放』是也。『放』者，今之『倣』字。」

〔二〕《曾子家語・吾友第十六》。

〔三〕《曾子家語・全節第九》。

親之道，當如曾子之法，乃爲至孝。〔一〕

（以上《孟子·離婁上》。）

曾子問晏子曰：「古者嘗有上不諫上，下不顧民，退處山谷，以成行義者也？」晏子對曰：「察其身無能也，而託乎不欲諫上，謂之誕意也。上惛亂，德義不行，而邪辟朋黨，賢人不用，士亦不易其行，而從邪以求進，故有隱有不隱。其行法，士也，乃夫議上，則不取也。夫上不諫上，下不顧民，退處山谷，嬰不識其何以爲成行義者也。」〔二〕

（以上《晏子春秋·内篇·問下》。）

曾子將行，晏子送之曰：「君子贈人以軒，不若以言。吾請以言之，以軒乎？」曾子曰：「請以言。」晏子曰：「今夫車輪，山之直木也，良匠揉之，其圓中規，雖有槁暴，不復嬴矣，故君子慎隱揉。和氏之璧，井里之困也，良工修之，則爲存國之寶，故君子慎所修。今夫蘭本，三年而成，湛之苦酒，則君子不近，庶人不

〔一〕《曾子家語·養老第三》。按：此以上載《國專月刊》第五卷第二期，一九三七年三月十五日，頁二二～三一。

〔二〕《曾子家語·興仁第十》。按：此段以下《曾子輯佚（一續）》，載《國專月刊》第五卷第三號，一九三七年四月十五日，頁三一～三八。

佩；湛之糜醯〔一〕，而賈匹馬矣。非蘭本美也，所湛然也。願子之必求所湛。嬰聞之，君子居必擇居，遊必就士。擇居所以求士，求士所以辟患也。嬰聞汩常移質，習俗移性，不可不慎也。」〔二〕

（以上《晏子春秋・雜上》。）

《荀子・大略》：「曾子行，晏子從於郊，曰：『嬰聞之：君子贈人以言，庶人贈人以財。嬰貧無財，請假於君子，贈吾子以言。（假於君子，謙辭也。晏子先於孔子，曾子之父猶爲孔子弟子，此云送曾子，豈好事者爲之也〔三〕？）乘輿之輪，太山之木也，示諸檃栝，三月五月，爲幬菜敝而不反其常。（此皆言車之材也。示，讀爲寘。檃栝，矯揉〔四〕本〔五〕之器也！言置諸檃栝，或三月，或五月也。幬菜，未詳。或曰：菜，讀爲菑。謂轂與輻〔六〕

〔一〕「醯」字，吴則虞《晏子春秋集釋》作「醢」，校語云：「孫星衍云：『《説苑》作「鹿醢」，疑當爲「漉酒」之「漉」，當是蘭本或湛以醢，乃發其香。』王念孫云：『案「糜醢」當爲「麋醢」，字之誤也。《周官・醢人》「麋臡」「鹿臡」，鄭注曰「臡，亦醢也」，鄭司農云「有骨爲臡，無骨爲醢」，《内則》有「鹿腥醢醬」，《説苑・雜言篇》《家語・六本篇》並作「湛之以鹿醢」，則「糜」爲「麋」之誤明矣。《文選》王粲《贈蔡子篤詩》注、《御覽・香部》三引此並作「麋醢」。』則虞按：《指海》本改作『麋』。」

〔二〕《曾子家語・吾友第十六》。

〔三〕「也」字，王先謙《荀子集解》引楊倞注作「歟」。

〔四〕「揉」字，《荀子集解》引楊倞注作「煣」，下同。

〔五〕「本」字，《荀子集解》引楊倞注作「木」。

〔六〕「輻」，原誤爲「幅」，下「輻」同。

也。言矯揉直木爲牙，至於轂輻皆敝，而規曲不反其初，所謂三材不失職也。《周禮·考工記》曰：「望其轂，欲其眼也，進而視之，欲其幬之廉也。」鄭云：「幬，冒轂之革也。革急則木〔一〕廉隅見。」《考工記》又曰：「察其菑蚤不齵，則輪雖敝不匡。」鄭云：「菑，謂輻入轂中者。蚤，讀爲爪，謂輻入牙中者也。匡，刺也。」《晏子春秋》曰：「今夫車輪，山之直木，良匠揉之，其員中規，雖有槁暴，不爲贏矣。」）君子之隱栝不可不謹也。慎之！（爲移其性，故不可慢。）蘭茝、槁本，漸於蜜醴，一佩易之。（雖皆香草，然以浸於甘醴，一玉佩方可易賈〔二〕之，言所漸者美而加貴也。「佩」或爲「倍」，謂其一倍也。漸，浸也，子廉反。此語與《晏子春秋》不同也。）正君漸於香酒，可讒而得也。（雖正直之君，其所漸染，如香之於酒，則讒邪可得而入。言甘醴變香草之性，甘言變正君子之性，或爲美，或爲惡，皆在其所漸染也。）君子之所漸不可不慎也。」』」〔三〕

《說苑·雜言》：「曾子從孔子於齊，齊景公以下卿禮聘曾子。曾固辭。將行，晏子送之，曰：『吾聞君子贈人以財，不若以言。今夫蘭本三年，湛之以鹿醢，既成，則易以匹馬。非蘭本美也，願子詳其所湛，既得所湛，亦求所湛。吾聞君子居必擇處，遊必擇士。居必擇處，所以求士也。遊必擇士，所以修道也。吾聞反常移性者欲也，故不可不慎也。』」〔四〕

《孔子家語·六本》：「曾子從孔子於齊，齊景公以下卿之禮聘曾子。曾子固辭。將行，晏子送之，曰：『吾

〔一〕「木」字，《荀子集解》引楊倞注前有「裹」。
〔二〕「賈」字，《荀子集解》引楊倞注作「買」。
〔三〕《曾子家語·吾友第十六》。
〔四〕《曾子家語·吾友第十六》。

聞之，君子遺人以財，不若善言。今夫蘭之本三年，湛之以鹿酭，既成啖〔一〕之，則易之匹馬。非蘭之本性也，所以湛者美矣。願子詳其所湛者。夫君子居必擇處，遊必擇方，仕必擇君。擇君所以求仕，擇方所以修道。遷風移俗者，嗜慾移性，可不慎乎？』孔子聞之，曰：『晏子之言，君子哉。依賢者，固不困；依友〔二〕者固不窮。馬蚿斬足而復行，何也？以其輔之者衆。』」〔三〕

晏子居晏桓子之喪，麤斬衰〔四〕，苴絰帶，杖，菅屨，食粥，居倚廬，寢苫，枕草。其家老曰：「非大夫喪父之禮也。」晏子曰：「唯卿爲大夫。」曾子以聞孔子。孔子曰：「晏子可謂能遠害矣。不以己之是駁人之非，遜辭以避咎，義也夫！」按：《孔子家語·曲禮子夏〔五〕問》作：「齊晏桓子卒。平仲衰麤〔六〕斬，苴絰帶杖，以菅屨，食粥，居倚廬。」又「惟卿爲大夫」，《家語》「無」爲字，餘同。〔七〕

（以上《晏子春秋·雜上》。）

〔一〕「啖」字，《孔子家語》作「噉」。
〔二〕「友」字，《孔子家語》作「富」。
〔三〕《曾子家語·吾友第十六》。
〔四〕「麤斬衰」，吴則虞《晏子春秋集釋》作「麤衰，斬」。
〔五〕「子夏」，《孔子家語》作「子貢」。
〔六〕「衰麤」，《孔子家語》作「麤衰」。
〔七〕《曾子家語·弔喪第十三》。

曾子再仕而心再化，曰：「吾及親仕，三釜而心樂；後仕，三千鍾而不洎，吾心悲。」洎，及也[一]。**弟子問於仲尼曰：「若參者，可謂無所縣其罪乎？」**縣，係也。謂參仕以爲親，無係禄之罪也[二]。**曰：「既已縣矣。**係於禄以養也[三]。**夫無所縣者，可以有哀乎？**夫養親以適，不問其具。若能無係，則不以貴賤經懷，而平和怡暢，盡色養之宜矣[四]。**彼視三釜三千鍾，如觀雀蚊虻相過乎前也。」**彼，謂無係也。夫無係者，視榮禄若蚊虻鳥雀之在前而過去耳，豈有哀樂於其間哉！觀，本亦作鸛[五]。司馬云：「觀雀飛疾與蚊相過，忽然不覺也。」王云：「鸛蚊，取大小相縣，以喻三釜三千鍾之多少也。」[六]

（以上《莊子·寓言》。）

曾子居衛，縕袍無表，顔色腫噲，手足胼胝。司馬云：「謂麻縕爲絮。」《論語》云「衣敝縕袍」是也。

[一] 據《莊子集釋》，此爲成玄英疏文。

[二] 據《莊子集釋》，此爲郭象注文。

[三] 據《莊子集釋》，此爲郭象注文。

[四] 據《莊子集釋》，此爲郭象注文。

[五] 據《莊子集釋》，此爲郭象注文。

[六] 「司馬云」及「王云」見陸德明《經典釋文·莊子音義下·寓言第二十七》，其中「三千鍾之多少也」無「也」字。《曾子家語·養老第三》。

司馬云：「腫噲，剥錯也。」王云：「盈虛不常之貌。」〔一〕**三日不舉火，十年不製衣，正冠而纓絶，捉衿而肘見，納履而踵決。曳縰而歌《商頌》，聲滿天地，若出金石。天子不得臣，諸侯不得友。故養志者忘形，養形者忘利，致道者忘心矣。**〔二〕

（以上《莊子·讓王》。）

《高士傳》：「曾參，字子輿，南武城人也。不仕而遊居於衛，緼袍無表，顔色腫噲，手足胼胝。三日不舉火，十年不製衣，正冠而纓絶，捉襟而肘見，納屨而踵決。曳縰而歌，天子不得臣，諸侯不得友，魯哀公賢之，致邑焉。參辭不受，曰：『吾聞受人者常畏人，與人者常驕人，縱君不我驕，我豈無畏乎？』終不受，卒〔三〕於魯。』」〔四〕

《素履子·履貧賤》：「曾子正冠而纓斷，納屨而踵決，整襟而肘見，曳屣而歌《商頌》，聲滿天下，若出金石。天子不得爲臣，諸侯不得爲友，此致道者亡身，養志者亡命，此皆貧而樂道者也。」〔五〕

曾子曰：「是其庭可以搏鼠，惡能與我歌矣！」「是」，蓋當爲「視」。曾子言有人視庭中可以

〔一〕「司馬云」及「王云」見陸德明《經典釋文·莊子音義下·讓王第二十八》釋文。
〔二〕《曾子家語·全節第九》。
〔三〕「卒」前，《高士傳》有「後」字。
〔四〕《曾子家語·全節第九》。
〔五〕《曾子家語·全節第九》。

搏擊鼠，則安能與我成歌詠乎？言外物誘之，思不精，故不能成歌詠也。〔一〕

曾子曰：「孝子言爲可聞，行爲可見。言爲可聞，所以説遠也；行爲可見，所以説近也。近者説則親，遠者悦則附。親近而附遠，孝子之道也。」〔二〕

（以上《荀子·解蔽》。）

曾子食魚有餘，曰：「泔之。」門人曰：「泔之傷人，不若奧之。」泔與奧，皆烹和之名，未詳其説。**曾子泣涕曰：「有異心乎哉！」傷其聞之晚也。**曾子自傷不知以食餘之傷人，故泣涕，自深引過，謝門人曰：「吾豈有異心故欲傷人哉？乃所不知也。」言此者，以譏時人飾非自是，耻言不知，與曾子異也。〔三〕按：姚鼐曰〔四〕：「泔之恐是漸之醯醬之類，以爲鱠耳。奧讀如燠，奧之則以火熟之矣。曾子殆傷昔父母時不聞此語，常以泔供饌，故泣也。」〔五〕

（以上《荀子·大略》。）

曾子曰：「無内人之疏而外人之親。無，禁辭也。内人之疏，外人之親，謂以疏爲内，以親爲外。**無**

〔一〕《曾子家語·聞見第十二》。
〔二〕《曾子家語·聞見第十二》。
〔三〕此楊倞注文。
〔四〕姚鼐《惜抱軒詩文集·答袁簡齋書》卷六。
〔五〕《曾子家語·聞見第十二》。

身不善而怨人，無刑已至而呼天。內人之疏而外人之親，不亦遠乎！謂失之遠矣。**身不善而怨人，不亦反乎！**反，謂乖悖。**刑已至而呼天，不亦晚乎！《詩》曰：『涓涓源水，不雝不塞。轂已破碎，乃大其輻。事已敗矣，乃重太息。』其云益乎！」**源〔一〕，水之泉源也。雝，讀爲壅。大其輻，謂狀大其輻也。重太息，嗟嘆之甚也。三者皆言不慎其初，追悔無及也。〔二〕按：此所引《詩》，逸《詩》也。〔三〕

《韓詩外傳》(九)：「曾子曰：『君子有三言，可貫而佩之。一曰無內疏而外親，二曰身不善而怨他人，三曰患至而後呼天。』子貢曰：『何也？』曾子曰：『內疏而外親，不亦反乎？身不善而怨他人，不亦遠乎？患至而後呼天，不亦晚乎？』《詩》曰：『掇〔四〕其泣矣，何嗟及矣。』」〔五〕

曾子曰：「同遊而不見愛者，吾必不仁也。仁者必能使人愛。**交而不見敬者，吾必不長**

〔一〕「源」，王先謙《荀子集解》引楊倞注作「源水」。

〔二〕此楊倞注文。

〔三〕此盧文弨注文。《曾子家語・三省第六》。

〔四〕「掇」字，屈守元先生《韓詩外傳箋疏》作「惙」。校語曰：「元本作『惙』，蘇本、沈本同。薛本作『掇』，程本、胡本、唐本同。毛本作『啜』。今定爲『惙』，説已詳上章。」謹按：上章「惙其泣矣」，屈先生校語曰：「此《王風・中谷有蓷》篇文，今《毛詩》作『啜』。《孔子・集語》及《詩考》引並作『惙』，下『曾子曰君有三言』章亦作『惙』，今統一訂爲『惙』。」

〔五〕《曾子家語・三省第六》。

也。不長厚，故爲人所輕。臨財而不見信者，吾必不信也。廉潔不聞於人。三者在身，曷怨人？常反諸己。怨人者窮，怨天者無識。無識，不知天命也。失之己而反諸人，豈不亦迂哉！」〔一〕

（以上《荀子·法行》。）

曾子每讀喪禮，泣下霑襟。（按：《文選》注、《藝文類聚》《太平御覽》引並同。）〔二〕

（以上《尸子》。）

曾子曰：「君子行於道路，其有父者可知也，其有師者可知也。夫無父而無師者，餘若夫何哉！」此言事師之猶事父也。曾點使曾參，過期而不至，人皆見曾點曰：「無乃畏邪？」曾點曰：「彼雖畏，我存，夫安敢畏？」孔子畏於匡，顏淵後。孔子曰：「吾以汝爲死矣。」顏淵曰：「子在，回何敢死？」顏回之於孔子也，猶曾參之事父也。〔三〕

（以上《呂氏春秋·孟夏紀》。）

〔一〕《曾子家語·三省第六》。
〔二〕孫星衍刻《尸子集本》卷下注云：「《文選·恨賦》注、《藝文類聚·人部》《太平御覽·人事部》。」《曾子家語·慎終第四》。
〔三〕《曾子家語·養老第三》。

子貢、子夏、曾子學於孔子，田子方學於子貢，段干木學於子夏，吴起學於曾子。〔一〕

（以上《吕氏春秋·仲春紀》。）

曾子曰：「先王之所以治天下者五，貴德，貴貴，貴老，敬長，慈幼。此五者，先王之所以定天下也。所謂貴德，謂〔二〕其近於聖也。所謂貴貴，謂其近於君也。所謂貴老，謂其近於親也。所謂敬長，謂其近於兄也。所謂慈幼，爲其近於弟也。」曾子曰：「父母生之，子弗敢殺。父母置之，子弗敢廢。父母全之，子弗敢闕。故舟而不行〔三〕，道而不徑，能全支體，以守宗廟，可謂孝矣。養有五道：修宫室，安牀笫，潔〔四〕飲食，養體之道也。樹五色，施五采，列文章，養目之道也。正六律，和五聲，雜八音，養耳之道也。熟五穀，烹六畜，和煎調，養口之道也。和顔色，説言語，敬進退，養志之道也。此五者，代進而厚用之，可謂善養矣。」〔五〕

（以上《吕氏春秋·孝行覽》。）

〔一〕《曾子家語·吾友第十六》。
〔二〕「謂」字，許維遹《吕氏春秋集釋》作「爲」。後「謂其近於君」「謂其近於兄」之「謂」同。
〔三〕「行」字，《吕氏春秋集釋》作「遊」。
〔四〕「潔」字，《吕氏春秋集釋》作「節」。
〔五〕《曾子家語·養老第三》。

子夏見曾子，曾子曰：「何肥也？」對曰：「戰勝，故肥也。」曾子曰：「何謂也？」子夏曰：「吾入見先王之義則榮之，出見富貴之樂又榮之，兩者戰於胸中，未知勝負，故臞。今先王之義勝，故肥。」是以志之難也，不在勝人，在自勝也。故曰：「自勝之謂强。」〔一〕

（以上《韓非·喻老》。）

《淮南子·精神訓》：「子夏見曾子，一臞一肥，曾子問其故曰：『出見富貴之樂而欲之，入見先王之道又説之，兩者心戰，故臞；先王之道勝，故肥。』」〔二〕

《淮南子·原道訓》：「子夏心戰而臞，得道而肥。」（入見先生之道〔三〕而説之，又出見富貴之樂而欲之，二者交爭，故戰而臞也。先王之道勝，無所復施〔四〕，故肥。）〔五〕

衛將軍文子見曾子，曾子不起而延於坐席，正身於〔六〕奥。文子謂其御曰：「曾子，愚

〔一〕《曾子家語·三省第六》。
〔二〕《曾子家語·三省第六》。
〔三〕「入見先生之道」，劉文典《淮南鴻烈集解》引許慎、高誘注文作「入學見先王之道」。
〔四〕「施」字，《淮南鴻烈集解》注文作「思」。
〔五〕《曾子家語·三省第六》。
〔六〕王先慎《韓非子集解》「於」前有「見」字。

人也哉！以我爲君子也，君子安可毋敬也！以我爲暴人也，暴人安可侮也！曾子不僇，命也。」〔一〕

（以上《韓非·說林下》。）

曾子之妻之市，其子隨之而泣，其母曰：「女還，顧反爲女殺彘。」適〔二〕市來，曾子欲捕彘殺之，妻止之曰：「特與嬰兒戲耳。」曾子曰：「嬰兒非與戲也。嬰兒非有知也，待父母而學者也，聽父母之教。今予〔三〕欺之，是教子欺也。父欺〔四〕子而不信其母，非以成教也。」遂烹彘也。〔五〕

（以上《韓非子·外儲説左上》。）

昔者曾子處費，費人有與曾子同名族者而殺人。人告曾子母曰：「曾參殺人。」曾子之母曰：「吾子不殺人。」織自若。有頃焉，人又曰：「曾參殺人。」其母尚織自若也。

〔一〕《曾子家語·三省第六》。
〔二〕《韓非子集解》「適」前有「妻」字。
〔三〕「予」字，《韓非子集解》作「子」。
〔四〕「父欺」，《韓非子集解》作「母欺子」。
〔五〕《曾子家語·聞見第十二》。

頃之，一人又告之曰：「曾參殺人。」其母懼，投杼踰牆而走。夫以曾參之賢，與母之信也，而三人疑之，則慈母不能信也。（按：《新語・辨惑》〔一〕及《新序・雜事》〔二〕二引略同。）〔三〕

（以上《戰國策・秦策二》。）

孔子晝息於室而鼓瑟焉，閔子自外聞之，以告曾子曰：「嚮也，夫子之音，清澈以和，淪入至道；今也，更爲幽沈之聲。幽則利欲之所爲發，沈則貪得之所爲施，夫子何所感而若是〔四〕乎？吾從子入而問焉。」曾子曰：「諾〔五〕。」二子入問孔子，孔子曰：「然，

〔一〕陸賈《新語・辨惑》曰：「人有與曾子同姓名者殺人，有人告曾子母曰：『參乃殺人。』母方織，如故。有頃復告云，若是者三，曾子母投杼踰垣而去。曾子之母非不知子不殺人也，言之者衆。夫流言之並至，衆人之所是非，雖賢智不敢自畢，況凡人乎？」

〔二〕劉向《新序・雜事》曰：「昔者，曾參之處鄭，人有與曾參同名姓者，殺人。人告其母曰：『曾參殺人。』其母織自若也。頃然，一人又來告之，其母曰：『吾子不殺人。』有頃，一人又來告，其母投杼下機，踰牆而走。夫以曾參之賢，與其母信之也，然三人疑之，其母懼焉。」

〔三〕《曾子家語・聞見第十二》。

〔四〕「所感而若是」，傅亞庶《孔叢子校釋》卷一作「所之感若是」；校語曰：「『所之感』，葉氏藏本、蔡宗堯本、潘承弼校跋本並作『所感之』，清抄本標記毛斧季藏宋本作『所之感而』。冢田虎曰：『言爲其心有所感焉。發於聲，施於音，將若是也。』」

〔五〕「諾」字，《孔叢子校釋》作「喏」。

汝言是也。吾有之，向〔一〕見猫，方取鼠，欲其得之，故爲之音〔二〕，女二人者執識〔三〕諸？」曾子對曰：「閔〔四〕子。」夫子曰：「可與聽音矣。」〔五〕

（以上《孔叢子·記義》。）

《韓詩外傳》（八）：「昔者孔子鼓瑟，曾子、子夏〔六〕側耳而聽。曲終，曾子曰：『嗟乎！夫子瑟聲殆有貪狼之志，邪僻之行，何其不仁，趨利之甚！』子貢以爲然。不對而入。夫子望見子貢有諫過之色、應難之狀，釋瑟而待之。子貢以曾子之言告。子曰：『嗟乎！夫參，天下賢人也。其習知音矣。鄉者，丘鼓瑟，有鼠出游，狸見於〔七〕

〔一〕「向」字，《孔叢子校釋》作「鄉」。

〔二〕「音」後，《孔叢子校釋》有「也」字。

〔三〕「女二人者執識」句，《孔叢子校釋》作「汝二人者孰視」。

〔四〕「閔」前，《孔叢子校釋》有「是」字。

〔五〕《曾子家語·聞見第十二》。

〔六〕「子夏」，屈守元《韓詩外傳箋疏》卷七作「子貢」，校語曰：「《類説》引無『子貢』二字。周云：『《記義》以「子貢」爲「閔子」。』」

〔七〕「於」字，《韓詩外傳箋疏》作「屬」；校語曰：「『屬』，明刻諸本皆作『於』。此從元本。《書鈔·類説》引皆作『屬』，屬謂貼近也。」

屋，循梁微行，造焉而避，厭目曲脊，求而不得〔一〕，丘以瑟浮〔二〕其音。參以丘爲貪狼邪僻，不亦宜乎！』《詩》曰：『鼓鐘于宫，聲聞于外。』」〔三〕

曾子問聽獄之術。孔子曰：「其大法有三焉：治必以寬，寬之之術歸於察；察之之術，歸於義。是故聽而不寬，是亂也〔四〕；寬而不察，是慢也；察而不中義，是私也。私則民怨。故善聽者，雖不越辭，辭不越情，情不越義。《書》曰：『上下比罰，無僭亂辭。』」〔五〕

（以上《孔叢子·刑論》。）

〔一〕「求而不得」，《韓詩外傳箋疏》作「逆色獲而不得」；校語曰：「『厭目曲脊逆色獲而不得』，諸明刻本作：『厭目曲脊，求而不得。』此從元本。《書鈔》引無『造焉而避厭目』六字。『求』字作『則逆懼』三字。《類説》引有『逆色』二字，『求』作『攫』。《能改齋漫録》引作『求而不得』，與今本同。今定從元本，與《類説》所引相近。《類説》『獲』作『攫』，似比元本更善。明刻以下作『求』，恐出後人肊改。」

〔二〕「浮」字，《韓詩外傳箋疏》作「爲」。

〔三〕《曾子家語·聞見第十二》。

〔四〕「也」後，原衍一「也」，作「也也」。

〔五〕《曾子家語·興仁第十》。

曾子謂子思曰：「昔者吾從夫子巡狩〔一〕於諸侯，按：夫子或作天子。夫子未嘗失人臣之禮，而猶聖道不行。今觀〔二〕子有傲世主之心，無乃不容乎！」子思曰：「時移世異，各有宜也。當吾先君，周制雖毁，君臣固位，上下相持，若一體然。夫欲行其道，不執禮以求之，則不能入也。今天下諸侯方欲力爭，競招英雄以自輔翼，此乃得士則昌、失士則亡之秋也。伋於此時不自高，人將下吾；不自貴，人將賤吾。舜禹揖讓，湯武用師，非故相詭，乃各時也。」〔三〕

（以上《孔叢子·居衛》。）

智者之所短，不如愚者之所長。文公種米，曾子駕羊。相士不熟，信邪失方。察察者有所不見，恢恢者何所不容。樸直者進忠〔四〕，便巧者近亡。〔五〕

〔一〕「巡狩」二字，《孔叢子校釋》卷二作「遊」；校語曰：「原本『遊』作『巡守』，葉氏藏本、藩承弼校跋本、章鈺校跋本、子思子《胡毋豹篇》並作『遊』。冢田虎曰：『「巡守」可疑也，當作「巡行」。』錢熙祚曰：『「巡」下，原衍「守」字，依《御覽》四百九十八刪。』庶按：作『遊』是，據改。」

〔二〕「觀」前，《孔叢子校釋》有「吾」字。

〔三〕《曾子家語·興仁第十》。

〔四〕「樸直者進忠」句，王利器《新語校注》卷上作「樸質者近忠」，校語曰：「『樸』下本有『直』字，《子彙》本無。」唐晏曰：「按（樸直質）三字，必有一衍。」

〔五〕《曾子家語·雜説第十八》。

（以上《新語・輔政》。）

夫法令者，所以誅惡，非所以勸善〔一〕，故曾閔之孝，夷齊之廉，豈畏死而爲之哉？教化之所致也。〔二〕

（以上《新語・無爲》。）

曾子孝於父母，昏定晨省，調寒温，適輕重，勉之於糜粥之間，行之於衽席之上，而德美重於後世。〔三〕

（以上《新語・慎微》。）

《春秋》之道，大得之則以王，小得之則以霸。故曾子、子石盛美齊侯，安諸侯，尊天子。〔四〕

〔一〕「夫法令者，所以誅惡，非所以勸善」三句，《新語校注》卷上作「夫法令所以誅暴也」，王先生校語曰：「宋翔鳳曰：『本作「夫法令者，所以誅惡，非所以勸善」，依《治要》改。』」

〔二〕「豈畏死而爲之哉？教化之所致也」二句，《新語校注》卷上作「此寧畏法教而爲之者哉？故堯舜之民可比屋而封，桀紂之民可比屋而誅，何者？化使其然也」，校語曰：「宋翔鳳曰：『本作「豈畏死而爲之哉？教化之所致也」，依《治要》改。』」《曾子家語・興仁第十》。

〔三〕《曾子家語・雜説第十八》。

〔四〕《曾子家語・聞見第十二》。此節以下爲《曾子輯佚（二續）》，原載《國專月刊》第五卷第四期，一九三七年五月十五日，頁二一～二七。

（以上《春秋繁露·俞序》。）

曾子仕於莒，得粟三秉。方是之時，曾子重其禄而輕其身。親殁之後，齊迎以相，楚迎以令尹，晉迎以上卿。方是之時，曾子重其身而輕其禄。懷其寶而迷其國者，不可與語仁。窘其身而約其親者，不可與語孝。任重道遠者，不擇地而息；家貧親老者，不擇官而仕。故君子矯〔一〕褐趨時，當務爲急。傳云：「不逢時而仕，任事而敦其慮，爲之使而不入其謀。貧焉故也。」《詩》云：「夙夜在公，實命不同。」〔二〕

（以上《韓詩外傳》一。）

曾子褐衣緼絮〔三〕，未嘗完也。糲米之食，未嘗飽也。義不合則辭上卿。〔四〕

（以上《韓詩外傳》二。）

《説苑·立節》：「曾子布衣緼袍未得完，糟糠之食，藜藿之羹，未得飽，義不合則辭上卿。不恬貧窮，安能行此？」〔五〕

〔一〕「矯」字，《韓詩外傳箋疏》卷一作「橋」。

〔二〕《曾子家語·養老第三》。

〔三〕「絮」字，《韓詩外傳箋疏》卷二作「緒」。

〔四〕《曾子家語·全節第九》。

〔五〕《曾子家語·全節第九》。

曾子曰：「往而不可還者親也，至而不可加者年也。是故孝子欲養而親不待也，木欲直而時不待也。是故椎牛而祭墓，不如雞豚逮親存也。故吾嘗仕齊爲吏，禄不過鐘釜，尚猶忻忻〔一〕而喜者，非以爲多也，樂其逮親也。既没之後，南遊〔二〕於楚，得尊官焉，堂高九仞，榱題三圍，轉轂百乘，猶北向〔三〕而泣涕者，非爲賤也，悲不逮吾親也。故家貧親老，不擇官而仕，若夫信其志約其親者，非孝也。」《詩》曰：「有母之尸饔。」〔四〕

（以上《韓詩外傳》七。）

曾子有過，曾晳引杖擊之仆地。有間乃蘇。起曰：「先生得無病乎？」魯人賢曾子，以告夫子。夫子告門人：「參來！女不聞昔者舜爲人子乎？小箠則待笞，大杖則逃。索而使之，未嘗不在側；索而殺之，未嘗可得。今汝委身以待暴怒，拱立不去。非王者之民，其罪何如？」《詩》曰：「優哉柔哉，亦是戾矣。」又曰：「載色載笑，匪怒伊

〔一〕「忻忻」，《韓詩外傳箋疏》卷七作「欣欣」。
〔二〕「南遊」前，《韓詩外傳箋疏》卷七有「吾嘗」二字。
〔三〕「向」字，《韓詩外傳箋疏》卷七作「鄉」。
〔四〕《曾子家語・養老第三》。

教。」（《藝文類聚》引同。）〔一〕

（以上《韓詩外傳》八。）

《説苑・建本》：「曾子芸瓜而誤斬其根。曾晳怒，援大杖擊之。曾子仆地，有頃，蘇〔二〕，蹶然而起，進曰：『曩者，參得罪于大人，大人用力教參，得無疾乎！』退屏鼓琴而歌，欲令曾晳聽其歌聲，令〔三〕其平也。孔子聞之，告門人曰：『參來，勿内也。』曾子自以無罪，使人謝孔子。孔子曰：『汝聞〔四〕瞽叟有子名曰舜？舜之事父也，索而使之，未嘗不在側，求而殺之，未嘗可得；小箠則待，大箠則走，以逃暴怒也。今子委身以待暴怒，立體而不去，殺身以陷父不義，不孝孰是大乎？汝非天子之民邪？殺天子之民罪奚如？』以曾子之材，又居孔子之

〔一〕《曾子家語・養老第三》。歐陽詢《藝文類聚・人部四・孝》卷二〇載：「曾子曰：『往而不可還者親也，故孝欲養而親不待。是故椎牛而葬，不如雞豚之逮親存也。初吾爲吏，禄不及釜，尚欣欣而喜者，非以爲多也，樂其逮親也。既没之後，吾嘗南遊於楚，得尊官焉，堂高九尺，轉嘗百乘，然猶北嚮而泣涕者，非爲賤也，悲不逮吾親也。故家貧親老，不擇官而仕。』《説苑》曰：『曾子常有爲不中，曾晳怒，援木擊之，曾子有頃乃蘇，退鼓瑟而歌。孔子聞之，告門人曰：「參來勿内也。昔舜事瞽瞍，索而使之，未嘗不在側，索而殺之，未嘗可得；而小箠則受，大箠則走。今曾子委身待暴怒，以陷父不義，不孝孰大乎。」』」

〔二〕「蘇」前，向宗魯《説苑校證》有「乃」字。

〔三〕「令」前，《説苑校證》有「知」字。

〔四〕「聞」前，《説苑校證》有「不」字，向先生校曰：「『不』字舊脱，孫仲容曰：『《御覽》四百十三引「汝聞」作「汝不聞」，是也，當據補「不」字。《家語・六本》篇云：「汝不聞乎？昔瞽叟有子曰舜。」《韓詩外傳》八亦云：「汝不聞昔者舜爲人子乎？」並其證。』承周按：孫説是，今據補。」

門，有罪不自知，處義難乎！」〔一〕

《孔子家語·六本》：「曾子耘瓜，誤斬其根。曾晳怒，建大杖以擊其背。曾子仆地而不知人久之。有頃乃蘇，欣然而起。進於曾晳曰：『嚮也參得罪於大人，大人用力教參，得無疾乎？』退而就房，援琴而歌，欲〔二〕曾晳聞之，知其體康也。孔子聞之而怒，告門弟子曰：『參來，勿内。』曾參自以爲無罪，使人請於孔子。子曰：『汝不聞乎？昔瞽瞍有子曰舜，舜之事瞽瞍，欲使之，未嘗不在於側。索而殺之，未嘗可得。小箠〔三〕則待過，大杖則逃走，故瞽瞍不犯不父之罪，而舜不失烝烝之孝。今參事父，委身以待暴怒，殪而不避。既身死而陷父於不義，其不孝孰大焉！汝非天子之民〔四〕也？殺天子之民，其罪奚若？』曾參聞之，曰：『參罪大矣！』遂造孔子而謝過。」〔五〕

公西華之養親也，若與朋友處，曾參之養親也，若事嚴主烈君，其於養，一也。〔六〕

曾子曰：「擊舟水中，鳥聞之而高翔，魚聲〔七〕之而淵藏。」故所趨各異，而皆得

〔一〕《曾子家語·養老第三》。
〔二〕「欲」後，《孔子家語》有「令」字。
〔三〕「箠」字，《孔子家語》作「棰」。
〔四〕「民」字，原作「死」，據《孔子家語》改。
〔五〕《曾子家語·養老第三》。
〔六〕《曾子家語·養老第三》。
〔七〕「聲」字，劉文典《淮南鴻烈集解》作「聞」。

所便。〔一〕

衣食饒溢，姦邪不生，安樂無事而天下均平，故孔丘、曾參，無所施其善。孟賁、成荆，無所行其威。〔二〕

（以上《淮南子·齊俗訓》。）

曾子攀柩車，引輴者爲之止也。曾子至孝，送親喪悲哀，攀援柩車，而輓〔三〕者感之，爲之止。輴，棺下輪也。輴，讀若「牛行輴輴」之輴也。〔四〕

曾子立孝，不過勝母之閭；墨子非樂，不入朝歌之邑；曾子立廉，不飲盜泉；所謂養志者也。〔五〕

（以上《淮南子·說山訓》。）

〔一〕《曾子家語·聞見第十二》。
〔二〕《曾子家語·興仁第十》。
〔三〕「輓」字，《淮南鴻烈集解》引許慎、高誘注作「挽」。
〔四〕《曾子家語·慎終第四》。
〔五〕《曾子家語·養老第三》。

《説苑·説〔一〕叢》：「邑名勝母，曾子不食〔二〕；水名盜泉，孔子不飲：醜其聲也。」〔三〕

《新序·節士》：「縣名爲〔四〕勝母，曾子不入；邑號朝歌，墨子回車。故孔子席不正不坐，割不正不食，不飲盜泉之水，積正也。」〔五〕

《鹽鐵論·晁錯》：「仲尼〔六〕不飲盜泉之流，曾子不過勝母之邑〔七〕，名且惡之。」〔八〕

《漢書·鄒陽傳》：「臣聞盛飾入朝者不以私汙義，砥礪名號者不以利傷行。故里名勝母，曾子不入；邑號朝歌，墨子回車。」〔九〕

《劉子·鄙名》：「水名盜泉，尼父不漱；邑名朝歌，顔淵不舍；里名勝母，曾子還軔〔一〇〕。何者〔一一〕？以其

〔一〕「説」字，《説苑校證》作「談」。
〔二〕「食」字，《説苑校證》作「入」。
〔三〕《曾子家語·養老第三》。
〔四〕「爲」字，石光瑛《新序校釋》無。
〔五〕《曾子家語·養老第三》。
〔六〕「仲尼」，王利器《鹽鐵論校注》作「孔子」。
〔七〕「不過勝母之邑」，《鹽鐵論校注》作「不入勝母之閭」。
〔八〕《曾子家語·養老第三》。
〔九〕《曾子家語·養老第三》。
〔一〇〕「軔」字，傅亞庶《劉子校釋》卷四作「軫」。
〔一一〕「何者」前，《劉子校釋》有「亭名柏人，漢后夜遁」八字。

名害義也。」〔一〕

《顔氏家訓·文章篇》引《吴均集·破鏡賦》：「昔者，邑號朝歌，顔淵不舍，里名勝母，曾參斂襟〔二〕。」〔三〕

吴起者，衛人也，好用兵。嘗學於曾子，事魯君。齊人攻魯，魯欲將吴起，吴起取齊女爲妻，而魯疑之。吴起於是欲就名，遂殺其妻，以明不與齊也。魯卒以爲將。將而攻齊，大破之。魯人或惡吴起曰：「起之爲人，猜忍人也。其少時，家累千金，游仕不遂，遂破其家。鄉黨笑之，吴起殺其謗己者三十餘人，而東出衛郭門。與其母訣，齧臂而盟曰：『起不爲卿相，不復入衛。』遂事曾子。居頃之，其母死，起終不歸。曾子薄之，而與起絶。」（《玉海》《天中記》〔四〕引同。）〔五〕

（以上《史記·吴起列傳》。）

曾子倚山而吟，山鳥下翔；師曠鼓琴，百獸率舞。未有善而不合，誠而不應者也。〔六〕

〔一〕《曾子家語·養老第三》。
〔二〕「曾參斂襟」句，王利器《顔氏家訓集解》作「曾子斂襟」。
〔三〕《曾子家語·養老第三》。
〔四〕陳耀文《天中記·父母》卷一七。
〔五〕《曾子家語·吾友第十六》。
〔六〕《曾子家語·雜説第十八》。

（以上《鹽鐵論·相刺》。）

曾參居曲阜，梟不入郭。〔一〕

（以上《水經·泗水注》。）

曾子衣弊衣以耕，魯君使人往致邑焉，曰：「請以此修衣。」曾守不受。反，復往，又不受。使者曰：「先生非求於人，人則獻之，奚爲不受？」曾子曰：「臣聞之，受人者畏人，予人者驕人。縱子〔二〕有賜，不我驕也，我能勿畏乎？」終不受。孔子聞之曰：「參之言，足以全其節也。」〔三〕

（以上《説苑·立節》。）

《孔子家語·在厄》：「曾子弊衣而耕於魯，魯君聞之而致邑焉。曾子固辭不受，或曰：『非子之求，君自致之，奚固辭也？』曾子曰：『吾聞受人施者常畏人，與人者常驕人。縱君有賜，不我驕也。吾豈能勿畏乎？』孔子聞之曰：『參之言，足以全其節也。』」〔四〕

〔一〕《曾子家語·雜説第十八》。
〔二〕「子」字，《説苑校證》作「君」。
〔三〕《曾子家語·全節第九》。
〔四〕《曾子家語·全節第九》。

《太平御覽・逸民部》：「曾參，字子輿〔一〕。魯哀公致邑焉，參辭不受，曰：『吾聞受人者常畏人，與人者常驕人。縱君不我驕，我豈無畏乎？』」〔二〕

《太平御覽・百穀部》：「曾子，魯君饋之粟，辭不受。使者曰：『子無求於人，人自致之。』曰：『與人者驕人，受人者畏人。縱子不以是驕我，能勿〔三〕畏乎？與其〔四〕富而畏人，不若貧而無屈。』」〔五〕

魯人攻鄪，曾子辭於鄪君曰：「請出。寇罷而後復來，請姑毋使狗豕入吾舍。」鄪君曰：「寡人之於先生也，人無不聞。今魯人攻我，而先生去我，我胡守先生之舍？」魯人果攻鄪而數之罪十，而曾子之所爭者九。魯師罷，鄪君復修曾子舍而後迎之。〔六〕

（以上《説苑・尊賢》。）

曾子曰：「狎甚則相簡也，莊甚則不親。是故君子之狎足以交懽，莊足以成禮也。」〔七〕

《孔子家語・好生》：「曾子曰：『狎甚則相簡，莊甚則不親。是故君子之狎足以交懽，其莊足以成禮。』孔子

〔一〕「輿」字，《太平御覽・逸民七》卷五〇七作「羽」。

〔二〕《曾子家語・全節第九》。

〔三〕「能勿」前，《太平御覽・百穀四》卷八四〇有「我能無」字。

〔四〕「其」字，《太平御覽・百穀四》卷八四〇無。

〔五〕《曾子家語・全節第九》。

〔六〕《曾子家語・三省第六》。

〔七〕《曾子家語・三省第六》。

聞斯言也，曰：『二三子志之，孰爲參也不知禮乎？』〔一〕」（《金樓子》〔二〕引同。）〔三〕

曾子曰：「入是國也，言信乎羣臣，則留可也；忠行乎羣臣，則仕可也，澤施乎百姓，則富〔四〕可也。」〔五〕

（以上《説苑·説〔六〕叢》。）

《孔子家語·致〔七〕思》：「曾子曰：『入是〔八〕國也，言信乎群臣，則留可也；行忠於大夫〔九〕，則仕可也。澤施於百姓，則富可也。』孔子曰：『參之言此，可謂善安身矣。』」〔一〇〕

曾子曰：「響不辭聲，鑑不辭形。君子正一，而萬物皆成。夫行非爲影也，而影隨之。

〔一〕「乎」字，廖名春、鄒新明校點《孔子家語》作「也」。

〔二〕蕭繹《金樓子·戒子》卷二文。

〔三〕《曾子家語·三省第六》。

〔四〕「富」字，《説苑校證》作「安」。

〔五〕《曾子家語·興仁第十》。

〔六〕「説」字，《説苑校證》作「談」。

〔七〕「致」字，《孔子家語》作「觀」。

〔八〕「是」字，《孔子家語》作「其」。

〔九〕「大夫」前，《孔子家語》有「卿」字。

〔一〇〕《曾子家語·興仁第十》。

呼非爲響也，而響和之。故君子功先成而名隨之。」〔一〕

曾子曰：「吾聞夫子之三言，未之能行也。夫子見人之一善，而忘其百非，是夫子之易事也。夫子見人有善，若己有之，是夫子之不爭也。聞善必躬親行之，然後道之，是夫子之能勞也。夫子之能勞也，夫子之不爭也，夫子之易事也。吾學夫子之三言而未能行。」〔二〕

《孔子家語·六本》：「曾子侍，曰：『參昔者嘗聞夫子三言，而未之能行也。夫子見人之一善而忘其百非，是夫子之易事也。見人之有善，若己有之，是夫子之不爭也。聞善必躬行之，然後導之，是夫子之能勞也。學夫子之三言而未能行，以自知終不及二子者也。』」（按：二子謂顏回、史鰌。）〔三〕

凡善之生也，皆學之所由。一室之中，必有主道焉，父母之謂也。故君正則百姓治，父母正則子孫孝慈。是以孔子家兒不知罵，曾子家兒不知怒〔四〕。所以然者，生而善教也。〔五〕

〔一〕《曾子家語·聞見第十二》。
〔二〕《曾子家語·三省第六》。
〔三〕《曾子家語·三省第六》。
〔四〕「怒」字，《説苑校證》作「路」。
〔五〕《曾子家語·雜説第十八》。

（以上《説苑·雜言》。）

公明宣學於曾子，三年，不讀書。曾子曰：「宣而居參之門，三年不學，何也？」公明宣曰：「安敢不學？宣見夫子居宮庭，親在，叱吒之聲未嘗至於犬馬，宣説之，學而未能。宣見夫子之應賓客，恭儉而不懈惰，宣説之，學而未能。宣見夫子之居朝廷，嚴臨下而不毀傷，宣説之，學而未能。宣説此三者，學而未能，宣安敢不學，而居夫子之門乎？」曾參避席謝之，曰：「參不及宣，其學而已。」〔一〕

（以上《説苑·反質》。）

今按鄗、畢之郊，文、武之陵，南城之壘，曾析之家。周公非不忠也，曾子非不孝也，以爲褒君顯父，不在聚財；揚名顯祖，不在車馬。《漢書·楚元王傳》劉向云：「文、武、周公葬於畢。」《史記·周本紀》集解引《皇覽》云：「文王、武王、周公冢，皆在京兆長安鎬聚東社中。」南城山，曾子公所葬，在今沂州費縣西南。曾析，《論語》作曾皙，孔安國曰：「曾參父也，名點。」《白虎通·謚篇》云：「人臣之義莫不欲褒稱其君。」《孝經》云：「以顯父母。」《禮記·祭統》云：「顯揚先祖，所以崇孝也。」〔二〕

（以上《潛夫論·浮侈》。）

〔一〕《曾子家語·吾友第十六》。

〔二〕《曾子家語·雜説第十八》。

《黔婁妻》：魯黔婁先生之妻也。先生死，曾子與門人往弔之。其妻出户，曾子弔之。王照圓云：「禮，婦人送迎不出門，見兄弟不踰閾，此出户爲受弔也。弔，施於生者。」上堂見先生之尸在牖下，王云：「禮，始死遷尸於北牖下。」枕墼席稿，王云：「墼，土堲未燒也。稿，當作稿，其字從禾。禾，禾稈也。」蕭道管按：「《説文》：『墼，令適也。一曰未燒者。』《爾雅》：『瓴甋，謂之甓。』郭注：『甗甎也。』《禮器》：『莞簟之安，而稿[一]鞂之設。』疏除穗粒，取稈稿爲席。」縕袍不表，王云：「縕，舊絮也。袍，衣之有著者。不表，《御覽》引作無表。」覆以布被，首足不盡斂。梁婉閑云：「首，舊誤手，今依《御覽》改。首足即下頭足。」覆頭則足見，覆足則頭見。曾子曰：「斜引其被則斂矣。」妻曰：「斜而有餘，不如正而不足也。先生以不斜之故，能至於此。生時不邪，死而邪之，非先生意也。」曾子不能應，遂哭之，曰：「嗟乎，先生之終也，何以爲謚？」其妻曰：「以康爲謚。」《逸周書・謚法》：「康，安也。」曾子曰：「先生在時，食不充虚，衣不蓋形。死則手足不斂，旁無酒肉。生不得其美，死不得其榮，何樂於此，而謚爲康乎？」其妻曰：「昔先生，君嘗欲授之政，以爲國相，辭而不爲，是有餘貴也。君嘗賜之粟三十鍾，王云：「釜十爲鍾，鍾六斛四斗。」先生辭而不受，是有餘貴也。……彼先生者，甘天下之淡味，安天下之卑位。

[一]「稿」，蕭道管《列女傳集注・賢明傳》卷二作「藁」字。

不戚戚於貧賤，不忻忻於富貴。求仁而得仁，求義而得義，其謚爲康，不亦宜乎！」曾子曰：「唯，斯人也，而有斯婦。」君子謂黔婁妻爲樂貧行道。《詩》曰：「彼美淑姬，可與寤言。」此之謂也。〔一〕

（以上《列女傳·賢明傳》。）

曾參食生魚甚美，因吐之。人問其故。參曰：「母在之日，不知生魚味；今我美，吐之，終身不食。」〔二〕

夫妻相爲隱乎？《傳》曰：曾子去妻，蒸梨〔三〕不熟。問曰：「婦有七出，不蒸亦預乎？」曰：吾聞之也，絶交令可友，棄妻令可嫁也。蒸梨不熟而已，何問其故乎？此爲隱之也。（按：《韓詩外傳》言「曾子喪妻不更娶」，不云去妻。）〔四〕

（以上《白虎通·諫諍》。）

〔一〕《曾子家語·弔喪第十三》。

〔二〕《孝子傳》文，李昉《太平御覽·飲食部二十》卷八六二引。按：此段以後乃《曾子輯佚（三續）》，載《國專月刊》第五卷第五期，一九三七年六月十五日，頁四三至五三。

〔三〕「蒸梨」，《白虎通疏證》作「藜蒸」。下「蒸梨」同。

〔四〕《曾子家語·聞見第十二》。

《孔子家語・弟子解》：「曾參……志存孝道……後母遇之無恩，而供養不衰。及其妻以烝梨〔一〕不熟，因出之。人曰：『非七出也。』答曰：『梨烝，小物耳。吾欲使熟，而不用吾命。況大事乎？』遂出之，終身不娶妻。其子元請焉，告其子曰：『高宗以後妻殺孝己，尹吉甫以後妻放伯奇。吾上不及高宗，中不比吉甫，庸知其得免於非乎？』」〔二〕《古文孝經述義》：「孝己伯奇之名偏著，母不慈也。曾子性雖至孝，蓋有由而發矣。蒸梨不孰而去其妻〔三〕，家法嚴也。耘瓜傷苗，幾殞其命，明父少恩也。曾子孝名之大，其或由茲。固非參性遲樸，躬行匹夫之孝也。」〔四〕

《禮曾子記》曰「大辱加於身，支體毁傷，即君不臣，士不交，祭不得爲昭穆之尸，食不得口昭穆之牲，死不得葬昭穆之域」也。《周禮・冢人》：「凡死於兵者，不入兆域。」注：「戰敗無勇，投諸域〔五〕外以罰之。」弟子爲師服者，弟子有君臣、父子、朋友之道也。故生則尊敬而親之，死則哀痛之，恩深義重，故爲之隆服，入則經，出則否也。〔六〕

曾子曰：「師行三十里，吉行五十里，奔喪百里。」既除喪，乃歸哭於墓。〔七〕

〔一〕「烝梨」，《孔子家語》作「藜烝」。下「烝梨」同。
〔二〕《曾子家語・聞見第十二》。
〔三〕「蒸梨不孰而去其妻」句，劉炫《孝經述義》（《漢魏遺書鈔》本）作「藜蒸不熟而出其妻」。
〔四〕《曾子家語・聞見第十二》。
〔五〕「域」字，《白虎通疏證》作「塋」。
〔六〕《曾子家語・慎終第四》。
〔七〕《曾子家語・慎終第四》。

（以上《白虎通・喪服》。）

曾子見疑能吟，（按：指耘瓜事。）**伯奇被逐而歌。**《琴操》：「尹吉甫子伯奇無罪，爲後母譖，而見逐自傷，作《履霜操》。」〔一〕

傳書言：「曾子之孝，與母同氣。曾子出薪於野，有客至而欲去。曾母曰：『願留，參方到。』即以右手搤其左臂。曾子左臂立痛，即馳至，問母：『臂何故痛？』母曰：『今者客來欲去，吾搤臂以呼汝耳。』蓋以至孝與父母同氣，體有疾病，精神輒感。」（按：類書引此事，云出《孝子傳》。《隋志・孝子傳》有數家，劉向、師覺授等是也。）〔二〕

（以上《論衡・感虛》。）

《搜神記》：「曾子從孔子〔三〕，在楚而心動。辭歸，問母，曰：『思爾〔四〕齧指。』孔子聞之曰：『曾參之孝〔五〕，

〔一〕郭茂倩《樂府詩集・琴曲歌辭》卷五七尹伯奇《履霜操》題下語。《曾子家語・雜説第十八》。

〔二〕《白虎通疏證》引此爲唐蘭語；「云出《孝子傳》」作「云《孝子傳》」。「曾子出薪於野」至「即馳至」見《曾子家語・養老第三》。

〔三〕「孔子」，李劍國《新輯搜神記》作「仲尼」。

〔四〕「爾」字，《新輯搜神記》作「之」。

〔五〕「曾參之孝」句，《新輯搜神記》作「曾之至誠也」；校語曰：「舊本『思之』作『思爾』，『曾之至誠也』作『曾參之孝』，皆與《御覽》不同。」

精感萬里。』」（按：《淮南子·説林》「母吟於巷，游子懷於荆」〔一〕指此。）〔二〕

《殘形操》者，曾子所作也。曾子鼓琴，墨子立外而聽之，曲終入曰：「善哉鼓琴！身已成矣，而曾未得其首也。」曾子曰：「吾晝臥見一狸，見其身而不見其頭，起而爲之絃，因而殘形。」〔三〕

（以上《琴操下》。）

《曾子歸耕》者，曾子之所作也。曾子事孔子十有餘年，晨覺〔四〕，念二親年衰，養之不備，於是援琴而鼓之曰：「往而不反者，年也。不可以再事者，親也。歔欷歸耕，來日安所耕？歷山盤兮崟崟。」〔五〕

《文選·思玄賦》：「嘉曾氏之《歸耕》兮，慕歷阪之嶔崟。」〔六〕

〔一〕《淮南鴻烈集解·説林訓》卷一七作「慈母吟於巷，適子懷於荆」。
〔二〕《曾子家語·養老第三》。
〔三〕吉聯抗輯《琴操·殘形操》（《平津館叢書》本）。
〔四〕「晨覺」後，前揭《琴操·曾子歸耕》有「眷然」二字。
〔五〕《曾子家語·雜説第十八》。
〔六〕《曾子家語·雜説第十八》。

《梁山操》者，曾子之〔一〕所作也。曾子幼少，慈仁質孝〔二〕，居貧，無業以事父母，躬耕力則，隨五土之利，四時惟宜，以進甘脆。嘗耕泰山之下，遭天霖澤，雨雪寒凍，旬日〔三〕不得歸，思其父母，乃作「憂思之歌」。（《北堂書鈔·歲時部》引同。）〔四〕

（以上《琴操》。）

曾參行孝，枯井生泉。〔五〕

（以上《太平御覽》引《孝子傳》。）

曾子質孝，以通神明。貫感神祇，著早來方。後世凱示，以正橅綱。（按：「橅綱」上二字，《金石志》均闕，茲據《濟寧州志》補。）〔六〕

（以上《漢武梁祠畫像贊》。）

〔一〕「之」字，《琴操·梁山操》無。
〔二〕「慈仁質孝」後，《琴操》有「在孔子門有令譽」；校語曰：「『在』下八字從《北堂書鈔·歲時部》引補。」
〔三〕「日」字，《琴操》作「月」。
〔四〕《曾子家語·雜説第十八》。
〔五〕《曾子家語·雜説第十八》。
〔六〕《曾子家語·雜説第十八》。

曾參鋤瓜，三足烏來集〔一〕其冠。（《初學記》、《太平御覽》引同。）〔二〕

（以上《古今注》。）

曾子曰：「人而好古〔三〕，福雖未至，禍其遠矣；人而不好古〔四〕，禍雖未至，福其遠矣。」

（以上《中論・修本》。）〔五〕

曾子曰：「或言予之善，予惟恐其聞；或言予之不善，惟恐過而見予之鄙色焉。」〔六〕

（以上《中論・貴驗》。）

孔子曰：「吾死之後，則商也日益，賜也日損。」曾子曰：「何謂也？」子曰：「商也好與賢己者處，賜也好説不若己者。不知其子，視其父；不知其人，視其友；不知其君，視其所使；不知其地，視其草木。故曰：與善人居，如入芝蘭之室，久而不聞其香，即與之化矣；與不善人居，如入鮑魚之肆，久而不聞其臭，亦與之化矣。丹之所

〔一〕「來集」二字，《伏侯古今注》《初學記・鳥部》卷三〇作「萃」；《太平御覽・服章部總叙冠》卷六八四作「來萃」。

〔二〕《曾子家語・雜説第十八》。

〔三〕「古」，徐湘霖《中論校注・脩本第三》作「善」。

〔四〕「古」，《中論校注》作「善」。

〔五〕《曾子家語・三省第六》。

〔六〕《曾子家語・三省第六》。

藏者赤，漆之所藏者黑，是以君子必慎其所與處者焉。」〔一〕

（以上《孔子家語·六本》。）

曾參……志存孝道……齊嘗聘，欲與爲卿而不就，曰：「吾父母老，食人之禄，則憂人之事。故吾不忍遠親而爲人役。」〔二〕

（以上《孔子家語·七十二弟子解》。）

孔子有母之喪，既練，陽虎弔焉。私於孔子曰：「今季氏將大饗境内之士，子聞諸？」孔子答曰：「丘弗聞也。若聞之，雖在衰絰，亦欲與往。」陽虎曰：「子謂不然乎？季氏饗士，不及子也。」陽虎出，曾參一本作曾點〔三〕。問曰：「語之何謂也？」孔子曰：「己則喪服，猶應其言，示所以不非也。」孔子衰服，陽虎之言犯禮，故孔子答之，以示不非其言也。〔四〕

（以上《孔子家語·曲禮子夏問》。〔五〕）

〔一〕《曾子家語·吾友第十六》。

〔二〕《曾子家語·全節第九》。

〔三〕「曾參」，陳士珂輯《孔子家語疏證》作「曾點」。

〔四〕《曾子家語·弔喪第十三》。

〔五〕廖名春、鄒新明校點《孔子家語》此文載於《公西赤問第四十四》，陳士珂輯《孔子家語疏證》此文載於《曲禮子夏問第四十三》。

曾子見益母感恩。〔一〕

（以上《毛詩草木鳥獸蟲魚疏》。）

曾子曰：「好我者知吾美矣，惡我者知吾惡矣。」〔二〕

曾子曰：「弟子不學古知之矣，貧者不勝其憂，富者不勝其樂。」〔三〕

（以上《博物志・雜説上》。）

曾參養母至孝。曾有玄鶴，爲弋人所射，窮而歸。參收養療治，瘡愈放之。後鶴夜到門外。參秉燭視之，鶴雌雄雙至，各銜明月珠報焉〔四〕。（《太平御覽》〔五〕引同。）〔六〕

（以上《搜神記》。）

〔一〕「感恩」，羅振玉校《毛詩草木鳥獸蟲魚疏》卷上作「而感」；校語曰：「『而感』，丁本作『感恩』，據《詩》《爾雅》疏引及毛本改。」《曾子家語・雜説第十八》。

〔二〕《曾子家語・三省第六》。

〔三〕《曾子家語・三省第六》。

〔四〕李劍國《新輯搜神記》訂此文作：「噲參寓居河内，養母至孝。曾有玄鶴，爲弋人所射，窮而歸參。參撫視，箭創甚重，於是以膏藥摩之。月餘漸愈，放而飛去。後數十日間，鶴夜到門外。參秉燭視之，鶴雌雄雙至，各銜一明月珠，吐之而去，以報參焉。」

〔五〕「曾參」，《太平御覽・珍寶部二》卷八〇三作「澮參」。

〔六〕《曾子家語・養老第三》。

或謂先孝後仁，非仲尼序回、參之意。蓋以爲仁孝同質而生，純體之者，則互以爲稱，虞舜、顔回是也。若偏而體之，則各有其目，公劉、曾參是也。夫曾閔以孝悌爲至德，管仲以九合爲仁功，未有論德不先回、參，考功不大夷吾。〔一〕

（以上《後漢書・延篤傳》。）

曾子孝於其親而沈乎水。〔二〕

曾子不逆薪而爨，知其不爲暴也。〔三〕

（以上《宋書・文九王傳》。）

終朝未餐，則囂然思食；而曾子銜哀，則〔四〕七日不飢。〔五〕

（以上《文選・嵇康養生論》。）

〔一〕《曾子家語・雜説第十八》。
〔二〕《曾子家語・雜説第十八》。
〔三〕《曾子家語・雜説第十八》。
〔四〕「則」字，嵇康《養生論》（李善注《文選》卷五三）無。
〔五〕《曾子家語・雜説第十八》。

曾子〔一〕曰：「患身之不善，不患人之莫己知。」〔二〕

曾子曰：「昔楚人掩口而言，欲以説王。王以爲慢，遂加之誅。」〔三〕

（以上《金樓子・立言》。）

曾子七十乃學，名聞天下。（按：《困學紀聞》七卷云：「《劉子・謹獨》篇曰：『顔回不以夜浴改容。』《顔氏家訓》曰：『曾子七十乃學，名聞天下。』皆未詳所出。《家語》：『曾參少孔子四十六歲。』非老而學者。」〔四〕《羣書札記》：「《大戴禮・曾子立事》篇：『三十四十之間而無藝，即無藝矣。五十而不以善聞，則不聞矣。七十而不德，雖有微過，亦可以勉矣。其少不諷誦，其壯不議論，其老不教誨，亦可謂無業之人矣。』之推正用此語，是文章活用之法，不必刻舟以求也。」）〔五〕

（以上《顔氏家訓・勉學》。）

曾子曰：「一井五鉼，泄之可待，分之者衆也。」〔六〕

〔一〕「曾子」，許逸民《金樓子校箋・立言下》卷四作「管子」。

〔二〕《曾子家語・三省第六》。

〔三〕《曾子家語・聞見第十二》。

〔四〕王應麟《困學紀聞・論語》卷七文。

〔五〕朱亦棟《羣書札記・曾子七十乃學》卷一〇文。「七十而不德」句作「七十而無德」。《曾子家語・雜説第十八》。

〔六〕《曾子家語・聞見第十二》。

（以上《太平御覽·器物部》三引。〔一〕）

老子見孔子從弟子五人。問曰：「爲誰〔二〕？」對曰：「子路爲勇〔三〕，其次子貢爲智，曾子爲孝，顔回爲仁，子張爲武。」老子嘆曰：「吾聞南方有鳥，其鳴爲鳳〔四〕。鳳之所居也，積石千里，河水出下，鳳鳥居上〔五〕，天爲生食。其樹名瓊枝，高百仞，以璆琳、琅玕爲實〔六〕。天又爲生離珠，一人三頭，遞臥遞起〔七〕，以伺琅玕。鳳鳥之文，戴『聖』嬰『仁』，右『智』左『賢』。」（《困學紀聞·古微書》注引同。）〔八〕

（以上《太平御覽》引《莊子》。按：今本《莊子》無。）

孔子閒居，曾子侍。《史記·孔子世家》：「名丘，字仲尼，生魯昌平鄉陬邑，其先宋人也。」〔九〕《仲尼弟子

〔一〕「曾子」，《太平御覽·器物部三》卷七五八作「魯子」；「分之者」作「分流者」。
〔二〕「爲誰」前，《太平御覽·羽族部二·鳳》卷九一五有「前」字。
〔三〕「子路爲勇」，《太平御覽》作「子路，勇且多力」。
〔四〕「其鳴爲鳳」，《太平御覽》作「名爲鳳」。
〔五〕「鳳之所居也」四句，王應麟《困學紀聞·諸子·莊子逸篇》卷一〇同；《太平御覽》作「所居積石千里」。
〔六〕「實」字，《太平御覽》作「寶」。
〔七〕「遞臥遞起」，《太平御覽》作「遞起」。
〔八〕《曾子家語·吾友第十六》。
〔九〕司馬遷《史記·孔子世家》卷四七文。

傳》：「曾參，字子輿，南武城人。」〔一〕鄭氏《三禮目録》：「退燕避人曰閒居。」〔二〕**孔子曰：「參！今之君子，惟士與大夫之言之聞也。其至於君子之言者甚希矣。於乎！吾王言其不出而死乎？哀哉！」**聞，宋本作「間」〔三〕；馬驌《繹史》作「問」〔四〕；孔氏廣森從楊氏《大訓》作「聞」〔五〕，今從之。王氏樹枏校本云：「聞，讀如《論語》『聞一以知十』，謂今之人唯問士夫之言而希詢君子之言，貴貴不貴德也。」〔六〕王言，王道之言也。孔謂：「不出而死，言終身不得其人而以王言教之。」〔七〕《釋名》：「死者，澌也。」〔八〕若冰釋澌然盡也。懷寶迷邦，馴至澌滅，傷何如之。《家語》「死」作「化」〔九〕。**曾子起，曰：「敢問何謂王**

〔一〕司馬遷《史記·孔子世家》卷六七文。

〔二〕《禮記注疏·孔子閑居》卷五一載陸德明《釋文》引鄭玄文。

〔三〕孔廣森《大戴禮記補注》卷一云：「聞，宋本訛『閒』。」孫詒讓《大戴禮記補斠》卷上云：「趙鉞校云：韓本『聞』作『閒』。」王樹枏《校正孔氏大戴禮記補注》卷一云：「各本『聞』作『閒』。」

〔四〕馬驌《繹史》卷九五文。

〔五〕楊簡《先聖大訓·主言第十七》文。

〔六〕王樹枏《校正孔氏大戴禮記補注》卷一云：「今按：聞，讀爲問，聞、問古字通。《論語·公冶長篇》『聞一以知十』……言今之君子惟士與大夫之言之問，無問及於王言者，此正引起問王言之意。」

〔七〕孔廣森《大戴禮記補注·曾子疾病第五十七》文。

〔八〕劉熙《釋名·釋喪制》第二十七文。

〔九〕「吾王言其不出而死乎」，《孔子家語·王言解第三》作：「吾以王言之，其出不户牖而化天下。」廖名春、鄒新明校語曰：「『出不』，叢刊本作『不出』。『其』字疑爲衍文。」

言？」孔子不應，曾子懼，肅然摳衣下席，曰：「弟子知其不孫也，得夫子之間〔一〕也難，是以敢問也。」《曲禮》「摳衣」，《釋文》：「摳，提也。」曾子非不遜者，而以此自請者，因夫子不答，懼蹴等也。王氏聘珍曰：「閒謂閒居。」〔二〕孔子不應，曾子懼，退，負序而立。此即《立事》所謂「雖不説，亦不彊爭」〔三〕也，具見曾子行之先言。《爾雅·釋宫》：「東西牆謂之序。」孔云：「負序，示不敢復問也。」〔四〕《文王世子》篇：「凡侍坐於大司成者，遠近閒三席，可以問，終則負牆。」〔五〕孔子曰：「參！女可語明王之道與？」曾子曰：「不敢以爲足也。得夫子之間〔六〕也難，是以敢問。」孔子曰：「居，吾語女。宋本脱「居」字〔七〕。道者所以明德也，德者所以尊道也。是故非德不尊，非道不明。王云：「《中庸》曰：『天下之達道五，所以行之者三。曰君臣也，父子也，夫婦也，昆弟也，朋友之交也，五者天下之達道也。知、仁、勇，三者天下之達德也。』《爾雅》曰：『明，成也。』」〔八〕戴禮按：「老子《道德經》云：『道生之，

〔一〕「間」字，《大戴禮記補注·曾子疾病第五十七》作「閒」。
〔二〕王聘珍《大戴禮記解詁·主言第三十九》文。
〔三〕《大戴禮記·曾子立事》文。
〔四〕孔廣森《大戴禮記補注·曾子疾病第五十七》注文。
〔五〕《禮記·文王世子第八》文。
〔六〕「間」字，《大戴禮記補注》作「閒」。
〔七〕孔廣森《大戴禮記補注·曾子疾病第五十七》注文。
〔八〕王聘珍《大戴禮記解詁·主言第三十九》文。

德畜之，物形之，勢成之，是以萬物莫不尊道而貴德。』」〔一〕**雖有國馬，不教不服，不可以取千里。雖有博地衆民，不以其道治之，不可以霸王。**馬，宋本作「焉」〔二〕；《家語》作「馬」〔三〕，戴氏震校本〔四〕、孔本〔五〕同。道，宋本作「地」〔六〕，《家語》作「道」〔七〕，《大訓》〔八〕、戴本〔九〕、孔本〔一〇〕同。《攷工記》：「國馬之輈深四尺。」鄭云：「國馬，謂種馬、戎馬、齊馬、道馬。」〔一一〕**是故**〔一二〕**明王内修七教，外行三至。七教修焉，可以守；三至行焉，可以征。七教不修，雖守不固；三至不行，雖征不服。是故明王之守也，必折衝乎千里之外；其征也，衽席之上乎還師。**七教三至，詳見下各本。

〔一〕戴禮《大戴禮記集注》文，據王懷信、孔德立、周海生《大戴禮記彙校集注》校。
〔二〕孔廣森《大戴禮記補注·曾子疾病第五十七》注文。
〔三〕王肅《孔子家語·王言解第三》文。
〔四〕聚珍本《大戴禮記·王言第三十九》載戴震校語云：「馬，他本訛作『焉』，今從劉本。」
〔五〕孔廣森《大戴禮記補注·曾子疾病第五十七》文。
〔六〕孔廣森《大戴禮記補注·曾子疾病第五十七》注文。
〔七〕王肅《孔子家語·王言解第三》文。
〔八〕楊簡《先聖大訓·主言第十七》文。
〔九〕聚珍本《大戴禮記·王言第三十九》載戴震校語云：「道，他本訛作『地』，今從方本。」
〔一〇〕孔廣森《大戴禮記補注·曾子疾病第五十七》文。
〔一一〕《周禮注疏·冬官考工記·輈人》鄭玄注文。
〔一二〕「是故」後，《大戴禮記補注》有「昔者」二字。

修，或作脩，今從汪氏照注補本，下同。汪引韋氏昭曰：「征，正也，上伐下之稱。」〔一〕王引《淮南·説山訓》：「國有賢君，折衝千〔二〕里。」高注云：「衝，兵車也。所以衝突敵城。言賢君德不可伐，故能折遠敵之衝車於千里之外，使敵不敢至。」〔三〕禮按：鄭注《曲禮》云：「衽，臥席也。」〔四〕揚雄《博士箴》曰：「大舜南面無爲，而衽席乎還師；階級之間，三苗以懷。」〔五〕還，讀如《玉藻》「周還」之「還」〔六〕。各本「上」下無「乎」字，今從王氏念孫説補〔七〕。**是故内修七教而上不勞，外行三至而財不費。此之謂明王之道也。」**

曾子曰：「敢問不費不勞，可以爲明乎？」不費則無以施惠，不勞則溺於晏安，故疑而問，以未明七

〔一〕汪照《大戴禮注補》卷一文。

〔二〕「千」字，王聘珍《大戴禮記解詁·主言第三十九》作「萬」。

〔三〕王聘珍《大戴禮記解詁·主言第三十九》文。

〔四〕戴禮《大戴禮記集注》文，據《大戴禮記彙校集注》校。

〔五〕揚雄《博士箴》（《藝文類聚·職官部二·博士》卷四六）引：「大舜南面無爲，而衽席平，還師階閒，三苗以懷。」

〔六〕《禮記·玉藻》：「周還中規。」鄭玄注：「反行也，宜圜。」陸德明釋文：「還音旋，本亦作『旋』，下同。圜音圓。」

〔七〕王引之《經義述聞·大戴禮記上·衽席之上還師》卷一一云：「《王言》篇：『是故明王之守也，必折衝乎千里之外；其征也，衽席之上還師。』家大人曰：『還師』上亦當有『乎』字，與上『乎』字相對。不言『還師乎衽席之上』，而言『衽席之上乎還師』者，變文以避複耳。下文云『此之謂衽席之上乎還師』，則此文原有『乎』字明矣。揚雄《博士箴》云：『大舜南面無爲，而衽席乎還師；階級之閒，三苗以懷。』『師』與『懷』爲韻。衽席乎還師，即用《大戴》之文。《古文苑·博士箴》『乎』字譌作『平』，章樵以『平』字絶句而釋之曰：『舜恭己南面，不下席而天下平。』則既失其句，而又失其韻矣。」

教三至也。汪云：「一本『明』下有『王』字。」〔一〕**孔子愀然揚麋曰：**「鄭注《小戴・哀公問》云：「愀然，變動貌。」麋，同眉，《士冠禮》「眉壽萬年」古文作「麋」〔二〕。**參！女以明王爲勞乎？昔者舜左禹而右皋陶，不下席而天下治。**《史記・五帝紀》：「虞舜名重華。」《夏本紀》：「禹名文命，姓姒氏。」〔三〕皋陶，其臣也。孔云：「天道左陽而右陰，王者左德而右刑，禹宅百揆，故言左；皋陶作士，故言右。不下席，所謂無爲而治。」〔四〕**夫政之不中，君之過也。政之既中，令之不行，職事者之罪也。明王奚爲其勞也？**汪云：「《説文繫傳》云：『中日以出令也，中所以記其中也。』」〔五〕**昔者明王關譏而不征，市鄽而不税，**《王制》「昔」作「古」，此二句倒置。鄭云：「謂殷時。」〔六〕故文王治岐猶行之，非成周制也。《地官・司關》：「國凶札，則無關門之征。」〔七〕是平時固有征也。鄭注彼文曰「譏，譏異服，識異言。鄽，市物邸舍。税其

〔一〕汪昭《大戴禮注補》卷一文。

〔二〕陸德明《經典釋文・儀禮・士冠禮》「眉壽萬年」釋文。

〔三〕司馬遷《史記・五帝本紀》《夏本紀》文。

〔四〕孔廣森《大戴禮記補注・曾子疾病第五十七》注文。

〔五〕汪昭《大戴禮注補》卷一文。

〔六〕《禮記・王制》云：「古者公田藉而不税，市廛而不税，關譏而不征。」鄭玄注：「藉之言借也。借民力治公田，美惡取於此，不税民之所自治也。孟子曰：『夏后氏五十而貢，殷人七十而助，周人百畝而徹。』則所云古者，謂殷時。」

〔七〕《周禮・地官司徒下・司關》文。

舍，不税其物」也〔一〕。**税十取一，**孟子曰：「夏后氏五十而貢，殷人七十而助，周人百畝而徹，其實皆什一也。」〔二〕**使民之力歲不過三日。**《地官・均人》：「凡均力政，豐，則年公司旬三日，中年二日，無年一日。國凶札則無力政。」〔三〕**入山澤以時，有禁而無征。**孔云：「禁者，禁非時。」〔四〕禮按：「即《王制》『不殺胎、不殀夭』，蓋亦夏殷制也。《天官・獻人》：『凡獻征入于玉府。』」〔五〕**此六者，取財之路也。明王捨其四者，**禮按：「關市、山澤，周皆有征，是成周之治，去古已遠。」〔六〕**而節其二者，**孔云：「田税、力役。」〔七〕**明王焉取其費也？」**不聚斂，故不施而惠。

曾子曰：「敢問何謂七教？」孔子曰：「上敬老則下益孝，上順齒則下益悌，此即《文王世子》謂「世子齒於學」，而國人「知父子之道」「長幼之節」也〔八〕。**上樂施則下益諒，**《毛詩・柏舟傳》：

〔一〕《禮記・王制》鄭玄注。
〔二〕《孟子・滕文公上》文。
〔三〕《周禮・地官司徒下・均人》云：「凡均力政，以歲上下。豐年則公旬用三日焉，中年則公旬用二日焉，無年則公旬用一日焉。凶札則無力政，無財賦。不收地守、地職，不均地政。」
〔四〕孔廣森《大戴禮記補注・曾子疾病第五十七》注文。
〔五〕戴禮《大戴禮記集注》文，據《大戴禮記彙校集注》校。
〔六〕戴禮《大戴禮記集注》文，此條《大戴禮記彙校集注》没有引録。
〔七〕孔廣森《大戴禮記補注・曾子疾病第五十七》注文。
〔八〕《禮記・文王世子》文。

「諒，信也。」君德施普則民信矣。**上親賢則下擇友，上好德則下不隱，**君好德則進賢，有功人自不蔽矣。**上惡貪則下耻爭，**君遠利，斯民亦化。**上强果則下廉耻。**孔云：「强果，謂勇於義也。」〔一〕**民皆有別則貞，**此總束上文。戴本〔二〕、孔本〔三〕删「則貞」二字。**則正亦不勞矣。**鄭注《尚書大傳》：「正，政也。」〔四〕按：二字古通，戴本〔五〕、孔本〔六〕改作「政」，王校改作「上」〔七〕，均非。《論語》「君子之德風，小人之德草，草上之風必偃。」〔八〕夫何勞之有？**此謂七教。七教者，治民之本也，教定是正矣。**朱本「是」

〔一〕孔廣森《大戴禮記補注·曾子疾病第五十七》注文。

〔二〕聚珍本《大戴禮記·王言第三十九》戴震校語云：「『則政』二字，他本作『則貞則正』四字。就上文廉耻有別爲七教之一，此句乃總上文，因『政』訛作『正』，更衍『則貞』二字耳，今從方本。」

〔三〕孔廣森《大戴禮記補注·曾子疾病第五十七》文。

〔四〕謹按：《周禮·天官冢宰第一·小宰》「一曰聽政役以比居」，鄭玄注：「玄謂政謂賦也。凡其字或作政，或作正，或作征，以多言之宜從征，如《孟子》『交征利』云。」又《尚書·湯誓》：「我后不恤我衆，舍我穡事，而割正夏。」孔安國注：「正，政也。」

〔五〕聚珍本《大戴禮記·王言第三十九》文，戴震校語見前注。

〔六〕孔廣森《大戴禮記補注·曾子疾病第五十七》文。

〔七〕王樹枏《校正孔氏大戴禮記補注》卷一校語曰：「『正』當爲『上』字之誤……『民皆有別則貞』，乃總束上文『下益孝』『下益悌』七句之意。『則上亦不勞矣』，應上『内修七教而上不勞』言，總束『上敬老』『上順齒』七句之意，非衍文也。」

〔八〕《論語·顏淵》文。

作「則」，孔從之〔一〕。今按：《爾雅》：「是，則也。」〔二〕不必改字。戴校〔三〕、汪校〔四〕、王校〔五〕均從《家語》〔六〕，非。「則本正矣」，亦非。**上者民之表也，表正則何物不正？**孔云：「表，建木以測影者。影隨表移，民隨君化。」〔七〕**是故君先立於仁，則大夫忠而士信、民敦、工璞、商愨、女憧、婦空空。**《禮運》曰：「仁者，義之本也，順之體也，得之者尊。」〔八〕《左·僖九年傳》：「公家之利，知無不爲，忠也。」《七年傳》：「守命共時之謂信。」《玉篇》：「璞，玉未治者，喻其真也。」〔九〕愨，即愨之俗字，《説文》：「謹也。」《集韻》：「憧，愚貌。」《論語》皇疏：「空空，無識也。」禮按：此七者皆尚忠尚質之道，夫子豈有不足有周之文乎。《淮南·氾論訓》作：「古人人醇，工龐，商樸，士重。」〔一〇〕**七者教之志也，**志，讀如《盤庚》「若射之有志」之志，言教以七者爲準。**七者布諸天下而不窕，内諸尋常之室而不塞。**《左·昭二十一年傳》：「小

〔一〕孔廣森《大戴禮記補注·曾子疾病第五十七》文。

〔二〕《爾雅·釋言》文。

〔三〕聚珍本《大戴禮記·王言第三十九》戴震校作「教定則本正矣」。

〔四〕汪照《大戴禮注補》卷一作「教定則本正矣」。汪中《大戴禮記正誤》(《皇清經解》卷八〇二)作「教定則本正矣」。

〔五〕王樹枏《校正孔氏大戴禮記補注》卷一作「教定則正矣」。王聘珍《大戴禮記解詁》卷一作「教定是正矣」。

〔六〕《孔子家語·王言解第三》作「政教定，則本正也」。

〔七〕孔廣森《大戴禮記補注·曾子疾病第五十七》注文。

〔八〕《禮記·禮運》文。

〔九〕顧野王《玉篇·玉部第七》云：「璞，普角切，玉未治者。老子曰：『璞散則爲器。』王弼曰：『璞，真也。』」

〔一〇〕戴禮《大戴禮記集注》文，據《大戴禮記彙校集注》校。「古人人醇」作「古人人醇」。

者不窕。」杜注：「窕，細而不滿也。」〔一〕高注：「《氾論》云：『不窕，在大能大也。八尺曰尋，倍尋曰常。在小能小，不塞急也。』」〔二〕**是故聖人等之以禮，立之以義，行之以順，而民棄惡也如澡**〔三〕**。**」《説文》：「澡，濯也。」〔四〕喻棄惡如滌穢。孔本「棄」作「弁」〔五〕。

曾子曰：「弟子則不足，道則至矣。」

孔子曰：「參！姑止。又有焉，昔者明王之治民有法，必別地以州之，《通典》：「昔黃帝始經土設井……井一爲隣，鄰三爲朋，朋三爲里，里五爲邑，邑十爲都，都十爲師，師七爲州。夫始分於井則地著，計之於州則數詳，及乎夏、殷，不易其制。」〔六〕**分屬而治之，然後賢民無所隱，暴民無所伏。**王引《廣雅》云：「州，居也。」《王制》曰：「量地以制邑，度地以居民。」屬，官衆也。《周禮》曰：「以官府之六屬舉邦治。」隱，蔽也。暴，亂也。伏，匿藏也〔七〕。禮按：《齊語》云：「是故匹夫有善可得而舉也，匹夫有不善可得而誅

〔一〕杜預《左傳·昭公二十一年》「小者不窕」注云：「窕，細不滿。」
〔二〕劉文典《淮南鴻烈集解·氾論訓》卷一三引高誘「是以舒之天下而不窕」注文。
〔三〕「澡」字，孔廣森《大戴禮記補注》作「灌」。
〔四〕許慎《説文解字·水部》卷一一云：「澡，洒手也。」
〔五〕孔廣森《大戴禮記補注》作「棄」，王樹枏《校正孔氏大戴禮記補注》作「弁」。
〔六〕杜佑《通典·食貨三·鄉黨》文；「師七爲州」作「師十爲州」。
〔七〕王聘珍《大戴禮記解詁·主言第三十九》文。

也。」〔一〕**使有司日省如時考之。**《爾雅・釋詁》：「省，察也。」《春秋》莊七年：「星隕如雨。」杜云：「如，而也。」〔二〕孔云：「古『如』『而』皆通用，《記》中甚多，各望文爲解。」〔三〕**歲誘賢焉，則賢者親，不肖者懼。**《釋詁》云：「誘，進也。」《月令》：「季春……聘名士，禮賢者。孟夏……令人大尉贊傑俊〔四〕，遂賢良，舉長大。行爵出禄，必當其位。」**使之哀鰥寡，養孤獨，**《尚書大傳・梓材》云：「老而無妻謂之鰥，老而無夫謂之寡，幼而無父謂之孤，老而無子謂之獨。」〔五〕《詩・正月》：「哿矣富人，哀此惸獨。」**恤貧窮，誘孝悌，選賢舉能。此七者修，則四海之內無刑民矣。**孔云：「言七者，以孝、悌爲二。」〔六〕禮案：無刑民，謂刑措也。〔七〕**上之親下也如腹心，則下之親上也如保子之見慈母也。**盧氏文弨曰：「保即緥字，子在繈緥者。」〔八〕

〔一〕戴禮《大戴禮記集注》文，據《大戴禮記彙校集注》校。
〔二〕杜預《左傳・莊公七年》「星隕如雨」注：「如，而也。」
〔三〕孔廣森《大戴禮記補注・曾子疾病第五十七》注文。
〔四〕「令人大尉贊傑俊」，《禮記正義・月令》作「命太尉贊桀俊」。
〔五〕李昉《太平御覽・人事部・施恩下》卷一一八文。
〔六〕孔廣森《大戴禮記補注・曾子疾病第五十七》注文。
〔七〕戴禮《大戴禮記集注》文，據《大戴禮記彙校集注》校。謹按：「禮案」，原作「禮榮」，據戴氏書改。
〔八〕戴禮《大戴禮記集注》引盧文弨注文，據《大戴禮記彙校集注》校。「保即緥字」作「保子，即緥字」。

王云：「慈母，養子者也。」〔一〕**上下之相親如此，然後令則從，施則行。因民既邇者悦**〔二〕**，遠者來懷。**近者悦其政，遠者懷其德。來，謂貢方物也。説，讀如《書·説命》之説，下同。**然後布指知寸，布手知尺，舒肘知尋，**此即《中庸》所云「治國如示諸掌」之義也。孔引《説文》云：「人手却十分，動脈爲寸口，十寸爲尺。」「中人手長八寸，謂之咫，周尺也。」「周制：寸、尺、咫、尋、常、仞諸度量，皆以人之體爲法。」《小爾雅》：「尋，舒兩肱也。」〔三〕**十尋而索，**十尋，八尺也。王引《廣雅》云：「索，盡也。」度始於寸，盡於尋；數始於一，終於十也〔四〕。禮按：《小爾雅》：「大者謂之索，小者謂之繩。」顔注《急就篇》：「索總，謂切撚之令緊者也。」〔五〕孔云：「營國者先視繩直。」〔六〕**百步而堵，三百步而里，千步而井，**王云：「《司馬法》：『六尺爲步，步百爲畝。』『堵』當爲『畝』，音近而譌也。以百步爲畝計之，應九百步而井，云千步者，包田間水道塗徑而言也。」〔七〕禮按：《韓詩外傳》云：「方里爲一井。廣三百步，長三百步爲一里，其田九百畝。廣一步，長百步爲一畝。」堵當爲畝。戴校亦云：「《説文》：『堵，垣也。』」一丈爲板，五板爲堵。非惟百步不止，五板即堵，亦當以

〔一〕王聘珍《大戴禮記解詁·主言第三十九》注文。
〔二〕「悦」字，《大戴禮記補注》作「説」。
〔三〕孔廣森《大戴禮記補注·曾子疾病第五十七》注文。
〔四〕王聘珍《大戴禮記解詁·主言第三十九》注文。
〔五〕戴禮《大戴禮記集注》引盧文弨注文，據《大戴禮記彙校集注》校。「謂切撚之令緊者也」無「令」字。
〔六〕孔廣森《大戴禮記補注·曾子疾病第五十七》注文。
〔七〕王聘珍《大戴禮記解詁·主言第三十九》注文。

丈尺量，不得以步數也。《記》文三百步而里，計其長未計其廣也。千步而井，則縱横數也。〔一〕**三井而句烈，三句烈而距。**《考工記》：「匠人爲溝洫。……九夫爲井，井間廣四尺，深四尺，謂之溝。……欲爲淵，則句於矩。」〔二〕孔《詩·關雎》疏：「句者，局也，聯字分疆也。」〔三〕烈，讀如《漢書·王莽傳》「軍人分烈」〔四〕之烈，言句裂助水流轉成淵。《釋名》：「鬢曲頭曰距。距，拒也，言其曲似拒也。」〔五〕三句烈則溝曲矣。孔云：「三句烈，一里之田。」〔六〕非也。**五十里而封，**《尚書大傳·多士》篇：「五十里之國，九里之遂，三里之郊，一里之城，以城爲官。」封，謂封彊。鄭注《地官·大司徒》「溝封」云：「封，起土界。」土在溝上謂之封；封上樹木，以爲固也。**百里而有都邑，**《多士》篇云：「古者百里之國，三十里之遂，二十里之郊，九里之城，三里之宫。」都，城也。《秋官·遂大夫》邑屬于遂。〔七〕**乃爲畜積衣裘焉，使處者恤行者有亡。**《地官·遺人》：「野鄙之委積，以待羈旅；……凡國野之道，十里有廬，廬有飲食；三十里有宿，宿有路室，路室有委；五十里有市，

〔一〕戴禮《大戴禮記集注》注文。《大戴禮記彙校集注》未引録「《韓詩外傳》」至「不得以步數也」一段注文。
〔二〕《周禮·冬官考工記下·匠人》文。
〔三〕孔穎達《毛詩正義·周南·關雎》疏文。
〔四〕班固《漢書·王莽傳第六十九下》文。「軍人分烈」作「軍人分裂」。
〔五〕劉熙《釋名·釋形體》文。
〔六〕孔廣森《大戴禮記補注·曾子疾病第五十七》注文。
〔七〕《周禮·地官司徒下·遂大夫》云：「令爲邑者，歲終則會政致事。」

市有候館，候館有積。」〔一〕「有」下宋本有「與」字〔二〕，戴校從方本作「與」〔三〕，孔從《大訓》〔四〕亦作「與」〔五〕，今從汪氏中校本〔六〕。惠氏棟曰：「『與』字疑衍。有亡，即有無也。」〔七〕**是以蠻夷、諸夏雖衣冠不同，言語不合，莫不來**〔八〕**，朝覲於王。故曰：無市而民不乏，無刑而民不違。**此即《中庸》所謂「柔遠人則四方歸之」。《竹書》「周武王十五年，肅慎氏來賓」「成王十年，越裳氏來朝」之類是也。《通典》曰：古者井田之制，使八家爲井，使民性情相親，生産相均，有無相貸〔九〕。故雖無市而民不乏也。孟子曰：

〔一〕《周禮·地官司徒下·遺人》文。

〔二〕孔廣森《大戴禮記補注·曾子疾病第五十七》注文。

〔三〕聚珍本《大戴禮記·王言第三十九》文。

〔四〕楊簡《先聖大訓·主言第十七》文。

〔五〕孔廣森《大戴禮記補注·曾子疾病第五十七》注文。

〔六〕汪中《大戴禮記正誤》(《皇清經解》卷八〇二)文；校語曰：「喜孫按：『與』字先君手删，用盧説也。戴校聚珍本從方本作『與』，孔氏注本從，楊氏《大訓》改作與，皆與此異。」謹按：據王懷信解釋，「盧説」指盧見曾刻《雅雨堂藏書·大戴禮記》盧文弨校本。

〔七〕汪中《大戴禮記正誤》(《皇清經解》卷八〇二)引惠棟語。

〔八〕「來」後，《大戴禮記補注》有「至」字。

〔九〕杜佑《通典·食貨三·鄉黨》云：「昔黄帝始經土設井以塞諍端，立步制畝以防不足，使八家爲井，井開四道而分八宅，鑿井於中。一則不洩地氣，二則無費一家，三則同風俗，四則齊巧拙，五則通財貨，六則存亡更守，七則出入相司，八則嫁娶相媒，九則無有相貸，十則疾病相救。是以情性可得而親，生産可得而均，均則欺陵之路塞，親則鬭訟之心弭。既牧之於邑，故井一爲鄰，鄰三爲朋，朋三爲里，里五爲邑，邑十爲都，都十爲師，師十爲州。夫始分之於井則地著，計之於州則數詳。迄乎夏殷，不易其制。」

「善教得民心。」〔一〕故雖無刑而民不違也。**畢弋田獵之得，不以盈宮室也；徵斂於百姓，非以充府庫也。**《說文》：「畢，網也。」〔二〕孔疏《詩・鴛鴦》：「罔小而柄長謂之畢。」〔三〕又《雞鳴》疏「弋」謂：「以繩繫矢而射也。」〔四〕莊二十八年《穀梁傳》：「山林藪澤之利，所以與民共也。」鄭注《曲禮》云：「府，謂寶藏貨賄之處；庫，謂車馬兵甲之處。」〔五〕**懮怛以補不足，禮節以損有餘。**《說文》：「懮，愁也。」「怛，憯也。」《白虎通》：「禮所以防淫佚，節其侈靡也。」又曰：「禮者，盛不足，節有餘。使豐年不奢，凶年不儉，富貧不相懸也。」〔六〕懮，宋本譌慢，孔從《大訓》改〔七〕。**故曰：多信而寡貌。**多信尚忠，寡貌尚質。**其禮可守，**《經解》曰：「禮之失煩。」簡，故可以常守。**其言可復，**《易》復卦云：「反復其道。」言近道，故人欲使復之。各本

〔一〕《孟子・盡心上》文。

〔二〕《說文解字・華部》曰：「畢，田罔也。」

〔三〕孔穎達《毛詩正義・小雅・鴛鴦》疏：「《月令》云：『羅網畢翳。』注云：『罔小而柄長謂之畢。』以畢、羅異器，故各言之。」又《禮記・月令》「田獵罝罘、羅罔、畢翳」鄭玄注云：「獸罟曰罝罘，鳥罟曰羅罔，小而柄長謂之畢翳，射者所以自隱也。」

〔四〕《毛詩正義・鄭風・女曰雞鳴》「弋鳧與鴈」，鄭玄注：「弋，繳射也。」孔穎達疏：「繳射，謂以繩繫矢而射也。」

〔五〕《禮記・曲禮下》「在官言官，在府言府，在庫言庫，在朝言朝」鄭玄注文。

〔六〕吳則虞點校《白虎通疏證・禮樂》文。

〔七〕孔廣森《大戴禮記補注・曾子疾病第五十七》注文。

「言」作「信」，今從王校本〔一〕。**其跡可履，**可蹈而常行也。**其信如四時**〔二〕**，**管子曰：「如四時之信。」〔三〕禮按：此言天道之春生夏長，秋斂冬蟄，無或失序也〔四〕。各本「其信」作「其於信也」，末有「春秋冬夏」四字，今從王校本〔五〕。**其博有萬民也，如饑而食，如渴而飲。**《玉篇》：「博，廣也。」〔六〕言得民心親上，如饑渴之思飲食也。**下土之人信之，若夫暑熱凍寒，遠若邇，非道邇也，及其明德也。**明德親民，若寒熱之無遠邇異者，則信矣。「德之流行，速於置郵而傳命」也〔七〕。「夫」上，各本無「若」字，孔從《大訓》〔八〕增。〔九〕**是以兵革不動而威，用利不施而親。此之謂明王之守也。折衝乎千里之外。**」〔一〇〕

〔一〕王樹枏《校正孔氏大戴禮記補注》卷一校語云：「《家語》作：『其言可復。』言字是，據改。」

〔二〕「其信如四時」，《大戴禮記補注》作「其於信也，如四時春秋冬夏」。

〔三〕黎翔鳳、梁運華整理《管子校注·任法第四十五》文。

〔四〕戴禮《大戴禮記集注》文，據《大戴禮記彙校集注》校。

〔五〕王樹枏《校正孔氏大戴禮記補注》卷一校語云：「春秋冬夏四字，當是注文未脱盡者，後人因誤入正文，宜刪。」

〔六〕顧野王《玉篇·十部第五百七》云：「博，布各切。廣也，通也。」

〔七〕《孟子·公孫丑上》文。

〔八〕楊簡《先聖大訓·主言第十七》文。

〔九〕孔廣森《大戴禮記補注·曾子疾病第五十七》注文。

〔一〇〕「千里之外」後，《大戴禮記補注》有「此之謂也」四字。

各本「外」下有「此之謂也」，今從王校本〔一〕。

曾子曰：「敢問何謂三至。」孔子曰：「至禮不讓而天下治，至賞不費而天下之士説，至樂無聲而天下之民和。《孔子閒居》曰：「『夙夜基命宥密』，無聲之樂也；『威儀逮逮，不可選也』，無體之禮也。」按：下文云「因天下之禄以富天下之士」，故謂「至賞不費」。**明王篤行三至，故天下之君可得而知也，天下之士可得而臣也，天下之民可得而用也。**君，謂天下諸侯。知，謂知其賢否。《孟子》曰：「發政施仁，天下仕者皆欲立於王之朝，耕者皆欲耕於王之野。」〔二〕

曾子曰：「敢問何謂也？」孔子曰：「昔者明王必盡知天下良士之名，既知其名，又知其數，既知其數，又知其所在。《秋官・司民》：「掌登萬民之數，自生齒以上皆書於板……其男女，歲登下其死生。及三年大比……獻其數於王。」〔三〕「必」各本作「以」，今從《家語》〔四〕及方本。**明王因天**

〔一〕王樹枏《校正孔氏大戴禮記補注》卷一校語云：「王念孫云：『「此之謂也」四字，涉上「此之謂」而衍。上文曰：「明王之守也，必折衝乎千里之外；其征也，衽席之上乎還師。」故此釋之曰：「此之謂明王之守也，折衝乎千里之外。」則不當更有「此之謂也」四字明矣。下文「此之謂衽席之上乎還師」，與此文相對，亦無「此之謂也」四字。今案《家語》本作「此之謂明王之守，折衝千里之外者也」，無「此之謂也」四字。』王説是也，據删。」

〔二〕《孟子・梁惠王上》文。

〔三〕《周禮・秋官司寇第五・司民》文。

〔四〕《孔子家語・王言解第三》作「古者明王必盡知天下良士之名」。

下之爵以尊天下之士，此之謂『至禮不讓而天下治』；因天下之禄以富天下之士，此之謂『至賞不費而天下之士説』；天下之士説，則天下之明譽興，此之謂『至樂無聲而天下之民和』。明譽，謂民皆譽王之明也。故曰：所謂天下之至仁者，能合天下之至親者也；孟子曰：「民之歸仁也，猶水之就下。」〔一〕所謂天下之至知者，能用天下之至和者也；智足知人，則賢者親，而不肖者退，是以天下和平，災害不生。所謂天下之至明者，能選天下之至良者也。明莫不燭，故野無遺賢。此三者咸通，然後可以征。是故仁者莫大於愛人，知者莫大於知賢，政者莫大於官賢。《大學》曰：「惟仁人爲能愛人。」《書・皋陶謨》：「惟帝其難之，知人則哲，能官人。」有土之君，修此三者，則四海之内拱而俟，然後可以征。有土之君，謂諸侯。若能修行王道，仁者無敵，亦可以征也。明王之所征，必道之所廢者也。彼廢道而不行，然後誅其君，改其政。孟子曰：乃葛伯仇餉，初征自葛〔二〕。廢道，誅其君之謂也。《書・武成》云：「乃反商政。」改其政之謂也。各本「改」作「致」，「政」作「徵」，今從《家語》〔三〕、《御覽》〔四〕引此同。弔其民，而不奪其財也。此

〔一〕《孟子・離婁上》文。
〔二〕《孟子・滕文公下》文。又《尚書・商書・仲虺之誥》文。
〔三〕《孔子家語・王言解第三》作「是故誅其君而改其政」。
〔四〕《太平御覽・兵部三十四・征伐上》作「然後誅其君，改其政」。

若《武成》「散鹿臺之財，發鉅橋之粟」之事。**故曰：明王之征也，猶時雨也，至則民説矣。**孔子曰：「誅其君而弔其民，若時雨降，民大説。」〔一〕**是故行施彌博，得親彌衆，此之謂『衽席之上乎還師』。**」（按：《孔子家語·王言解》同。）〔二〕

（以上《大戴記·王言》。）

〔一〕「孔子曰」當爲「孟子曰」，見《孟子·梁惠王下》文。

〔二〕《曾子家語·王言第十一》。

附録：《大戴禮記·曾子疾病篇》講義

【釋】此篇原載單行本《茹經堂新著》，爲七篇講義之最後一篇，題爲《大戴禮記講義》，小題《〈禮記·曾子疾病篇〉講義》。此篇應屬唐先生早年編輯之《曾子大義》之遺篇，與本編所收《孝經大義》來源相同，屬於經文傳注之體。唐先生《論語大義定本·里仁大義》嘗言：「《大戴禮記》中《曾子》十篇，最爲粹美，而《曾子疾病》一篇尤爲精要。其言曰：『君子苟毋以利害義，則辱何由至哉？』此即傳喻義、喻利之説也。至此篇事父母數章，當爲曾子終身所服膺者。《疾病》篇曰：『人生百年之中，有疾病焉，有老幼焉，君子思其不可復者而先施焉。親戚即殁，（親戚，謂父母也。）雖欲孝，誰爲孝乎？』故孝有不及，此之謂與！蓋『往而不反者，年也；逝而不可追者，親也』，此即傳『一則以喜，一則以懼』之説也。」此唐先生教孝之本，義貫《孝經大義》。

曾子疾病，曾元抑首，曾華抱足。曾子曰：「微乎！吾無夫顔氏之言，吾何以語汝哉？

抑，猶抱也。據此可見此篇亦有顔氏之言。《論語》載「曾子以能問不能」章，言「昔者吾友嘗從事於斯」，蓋顔、曾爲摯友，特著之者，《曲禮》篇所謂「直而勿友」也。

然而君子之務，盡有之矣；夫華繁而實寡者天也，言多而行寡者人也；鷹鶽以山爲卑，而曾巢其上，魚鱉黿鼉以淵爲淺，而蹶穴其中，卒其所以得之者餌也；是故君子苟無以利害義，則辱何由至哉？

孔子言「君子喻義，小人喻利」，又謂：「放於利而行多怨。」《孟子》七篇，首辨義利曰：「後義先利，不奪不饜。」文治講學，嘗謂學者首孝弟之行，次即義利之辨。蓋以利害義，大辱遂至。利字從刀，貪利必至自殺，其甚者殺及子孫，此大利所以爲大害也。吁！可不慎哉！

親戚不悦，不敢外交；近者不親，不敢求遠；小者不審，不敢言大。

親戚，謂父母。孔子曰：「其言之不怍，則爲之也難。」放言高論，毫無實際，爲學者之切戒。

故人之生也，百歲之中，有疾病焉，有老幼焉，故君子思其不可復者而先施焉。親戚既殁，雖欲孝，誰爲孝？老年耆艾，雖欲弟，誰爲弟？故孝有不及，弟有不時，其此之謂與？

「親戚既殁」以下，語極痛心，常謂人生萬事皆可追補，惟養親則不能追補，所謂「樹欲靜而風不動，子欲養而親不待」也。「君子思其不可復者而先施焉」，與《論語》「父母之年不可不知」章參讀，及時盡孝四字，學者當常銘之心，若追悔於後日，無及矣。

言不遠身，言之主也；行不遠身，行之本也；言有主，行有本，謂之有聞矣！君子尊其所聞，則高明

矣！行其所聞，則廣大矣！高明廣大，不在於他，在加之志而已矣！

此申上文之意。

與君子游，苾乎如入蘭芷之室，久而不聞，則與之化矣；與小人游，貸乎如入鮑魚之肆，久而不聞，則與之化矣；是故君子慎其所去就。

文治數十年閱歷，去就不慎、傷身敗名者，不可勝數，大抵皆爲利所餌也。

與君子游，如長日加益而不自知也；與小人游，如履薄冰，每履而下，幾何而不陷乎哉？

履薄冰而陷，則遍體鱗傷，而生命以隕矣！

吾不見好學盛而不衰者矣！

《孟子》云：「其進鋭者其退速。」讀書務宜循序漸進。詳見文治所撰《人格》〔一〕中。

吾不見好教如食疾子者矣！

疾子之寒暖飲食，皆宜細察其程序。《論語》子夏曰：「君子之道，孰先傳焉，孰後倦焉，譬諸草木，區以別矣。」若不審其程序，則教學亦足害人。

吾不見日省而月考之其友者矣！

敝鄉明末陸先生（諱世儀，號桴亭）、陳先生（諱瑚，號確庵）、江先生（諱士韶，號藥園）、盛先生

〔一〕唐先生《人格》成書於一九一二年，見《唐文治集文集》之「論説類」。

（諱敬，號寒溪），常集同志十餘人，在城北准雲寺講學；十日聚會一次，各出日記，用考德行學業之進退。後學宜倣行之。

吾不見孜孜而與來而改者矣！」

謂擇善而改過也。文治按：《大戴禮記》中載《曾子》十篇，如《曾子大孝》《曾子事父母》各篇，關係孝行者，精理名言甚夥，而此篇尤爲警切。特先發明其義，以勉學者。

附録：《大戴禮記・曾子疾病篇》講義

【釋】此篇原載單行本《茹經堂新著》，爲七篇講義之最後一篇，題爲《大戴禮記講義》，小題《〈禮記・曾子疾病篇〉講義》。此篇應屬唐先生早年編輯之《曾子大義》之遺篇，與本編所收《孝經大義》來源相同，屬於經文傳注之體。唐先生《論語大義定本・里仁大義》嘗言：「《大戴禮記》中《曾子》十篇，最爲粹美，而《曾子疾病》一篇尤爲精要。其言曰：『君子苟毋以利害義，則辱何由至哉？』此即傳喻義、喻利之説也。至此篇事父母數章，當爲曾子終身所服膺者。《疾病》篇曰：『人生百年之中，有疾病焉，有老幼焉，君子思其不可復者而先施焉。親戚即歿，（親戚，謂父母也。）雖欲孝，誰爲孝乎？』故孝有不及，此之謂與！蓋『往而不反者，年也；逝而不可追者，親也』，此即傳『一則以喜，一則以懼』之説也。」此唐先生教孝之本，義貫《孝經大義》。

曾子疾病，曾元抑首，曾華抱足。曾子曰：「微乎！吾無夫顔氏之言，吾何以語汝哉？

抑，猶抱也。據此可見此篇亦有顏氏之言。《論語》載「曾子以能問不能」章，言「昔者吾友嘗從事於斯」，蓋顏、曾爲摯友，特著之者，《曲禮》篇所謂「直而勿友」也。

然而君子之務，盡有之矣；夫華繁而實寡者天也，言多而行寡者人也；鷹鶽以山爲卑，而曾巢其上，魚鱉黿鼉以淵爲淺，而蹶穴其中，卒其所以得之者餌也；是故君子苟無以利害義，則辱何由至哉？

孔子言「君子喻義，小人喻利」，又謂：「放於利而行多怨。」《孟子》七篇，首辨義利曰：「後義先利，不奪不饜。」文治講學，嘗謂學者首孝弟之行，次即義利之辨。蓋以利害義，大辱遂至。利字從刀，貪利必至自殺，其甚者殺及子孫，此大利所以爲大害也。吁！可不慎哉！

親戚不悦，不敢外交；近者不親，不敢求遠；小者不審，不敢言大。

親戚，謂父母。孔子曰：「其言之不怍，則爲之也難。」放言高論，毫無實際，爲學者之切戒。

故人之生也，百歲之中，有疾病焉，有老幼焉，故君子思其不可復者而先施焉。親戚既殁，雖欲孝，誰爲孝？老年耆艾，雖欲弟，誰爲弟？故孝有不及，弟有不時，其此之謂與？

「親戚既殁」以下，語極痛心，常謂人生萬事皆可追補，惟養親則不能追補，所謂「樹欲靜而風不動，子欲養而親不待」也。「君子思其不可復者而先施焉」，與《論語》「父母之年不可不知」章參讀，及時盡孝四字，學者當常銘之心，若追悔於後日，無及矣。

言不遠身，言之主也；行不遠身，行之本也；言有主，行有本，謂之有聞矣！君子尊其所聞，則高明